U0125933

费曼在法洛克威骑自行车
©courtesy Joan Feynman

梅尔维尔、露西尔、理查德和
琼一家，与露西尔的妹妹一家
合住在新百老汇街14号的房子
©courtesy Joan Feynman

费曼和阿琳在长老会疗养院
©courtesy Michelle Feynman

在洛斯阿拉莫斯，费曼说："我打开了保险箱，里面是原子弹的全部秘密……"
©courtesy Michelle Feynman

在洛斯阿拉莫斯会议上，费曼懒洋洋地斜坐在 J. 罗伯特·奥本海默身边。"他无疑是这里最杰出的年轻物理学家，每个人都知道这一点。"

等待三位一体试验："我们科学家都是聪明人——太聪明了——你还不满意吗？一颗原子弹的威力覆盖四平方英里还不够吗？人们还在思考。告诉我们，你想要多大的原子弹！"

©Los Alamos Scientific Library, courtesy AIP Niels Bohr Library

I. I. 拉比（左）和汉斯·贝特（右）。拉比说："物理学家是人类中的彼得·潘。"
©S. A. Goudsmit, courtesy AIP Niels Bohr Library

1947年6月在谢尔特岛会议上，站着的是威利斯·兰姆和约翰·惠勒，坐着的是亚伯拉罕·派斯、费曼和赫尔曼·费什巴赫，蹲着的是施温格
©AIP Niels Bohr Library

朱利安·施温格——"似乎被麦考莱附了身,他的语言很精彩,精心构思的句子不断涌现,每个从句都适当地结束。"
©AIP Niels Bohr Library, Marshak Collection

1955年费曼和汤川秀树在日本京都,费曼提出了他的超流理论,即液氦奇异、无摩擦的行为——量子力学的写照
©AIP Niels Bohr Library, Physics Today Collection

在加州理工学院，费曼在他最初关于反粒子随着时间向后移动的演讲的幻灯片前
©Richard Hartt Photography, courtesy of Caltech

维克托·魏斯科普夫（左）和弗里曼·戴森（右）
©AIP Niels Bohr Library

费曼打邦戈鼓。"但当我偶尔被邀请在正式
场合打邦戈鼓时，介绍人似乎从未发现有必
要提及我也从事理论物理学。"
©AIP Niels Bohr Library, Physics Today Collection

费曼与一位学生交谈，默里·盖尔曼在一旁观看。"默里的面具是一个很有文化的人。迪
克的面具是自然先生，是一个来自乡下的小男孩，他能看穿城里人看不透的东西。"
©Joe Munroe, courtesy of Caltech

1962 年，费曼与他的英雄保罗·A. M. 狄拉克在华沙
©courtesy of the Archives, California Institute of Technology

费曼与 3 岁的卡尔·费曼一起在获诺贝尔奖的次日早晨面对摄影师。"听着，伙计，如果我能在一分钟内告诉你我做了什么，那就不值得获得诺贝尔奖了。"

上图 ©UPI/Bettmann

1965 年 10 月 21 日，西联公司的电传通知费曼与其他两人获得诺贝尔奖。

下图是费曼的回复。

中图、下图 ©courtesy Gweneth Feynman

 WESTERN UNION

O C8U432 WUDO 103 SWB B 19 94 PD INTL FR CD STOCKHOLM VIA RCA
21 1155
PROFESSOR RICHARD FEYNMAN PHYSICS DEPT
  CALIFORNIA INSTITUTE OF TECHNOLOGY PASADENA (CALIF)
ROYAL ACADEMS OF SCIENCES TODAY AWARDED YOU AND TOMONAGA AND
SCHWINGER JOINTLY THE 1965 NOBEL PRIZE FOR PHYSICS FOR YOUR
FUNDAMENTAL WORK IN QUANTUM ELECTRODYNAMICS WITH DEEP PLOUGHING
CONSEQUENCES FOR THE PHYSICS OF ELEMENTARY PARTICLES STOP PRIZE
MONEY EACH ONE THIRD STOP OUR WARM CONGRATULATIONS STOP LETTER
WILL FOLLOW

ERIK RUNDBERG THE PERMANENT SECRETARY

 WESTERN UNION
SENDING BLANK

| CALL LETTERS | FBC | CHARGE TO | Physics/XXXXXX 20,000 |

Pd RCA Cable

ERIK RUNDBERG
ROYAL ACADEMS OF SCIENCES
STOCKHOLM, SWEDEN

YOUR CABLEGRAM HAS MADE ME VERY HAPPY!

RICHARD P. FEYNMAN

Send the above message, subject to the terms on back hereof, which are hereby agreed to

PLEASE TYPE OR WRITE PLAINLY WITHIN BORDER—DO NOT FOLD

1965 年在斯德哥尔摩，费曼与格温妮丝·费曼（上图）和瑞典公主（下图）庆祝获诺贝尔奖
©courtesy Michelle Feynman

费曼与施温格在一起。"我以为你会很高兴,我终于把施温格打败了,"费曼在获得一个奖项后给他母亲写道,"但事实证明,他在三年前就得到了这个东西。当然,他只得到了一半的奖章,所以我想你会很高兴。你总是把我和施温格做比较。"
©courtesy Michelle Feynman

朝永振一郎,他在世界另一端的日本的工作成果,与费曼和施温格的新理论类似:"为什么自然界不能被更清晰、更容易地理解呢?"
©Consulate General of Japan, N.Y., courtesy AIP Niels Bohr Library

费曼与卡尔·费曼(上图左)和米歇尔·费曼(上图右)在沙漠露营

上图 ©courtesy Michelle Feynman
下图 ©Robert Walker, courtesy Michelle Feynman

费曼站在加州理工学院的黑板前（上图），
以及在学生制作的《南太平洋》中扮演一
名酋长（下图）
©Courtesy of Caltech

1986 年 2 月 10 日，费曼在总统委员会关于"挑战者号"航天飞机事故的听证会上。"我把从你的密封件里取出的东西放进冰水里，我发现，当你给它施加一些压力，然后松开它时，它就不会收缩了。它的大小保持不变了。换句话说，当温度为 32 华氏度时，在少则几秒，多则更长的时间内，这种特殊材料没有弹性。"

费曼传

GENIUS

THE LIFE AND SCIENCE
OF RICHARD FEYNMAN

天才的人生
与思想世界

[美] 詹姆斯·格雷克（JAMES GLEICK） 著

高爽　赵晓蕊 译

人民邮电出版社

北京

图书在版编目 (CIP) 数据

费曼传：天才的人生与思想世界 / (美) 詹姆斯·
格雷克著；高爽，赵晓蕊译. -- 北京：人民邮电出版
社，2023.11

（图灵新知）

ISBN 978-7-115-62395-9

Ⅰ.①费… Ⅱ.①詹… ②高… ③赵… Ⅲ.①费因曼
(Feynman, Richard Phillips 1918-1988) —传记 Ⅳ.
①K837.126.11

中国国家版本馆 CIP 数据核字 (2023) 第 145547 号

内 容 提 要

理查德·费曼是 20 世纪最伟大的科学家之一，1965 年诺贝尔物理学奖得主。作为科学家，费曼坚持质疑精神，追求真理，对近现代物理学发展做出了重大的贡献；生活中的他自由洒脱，爱开玩笑，为世人留下了不少有趣的故事。本书通过众多珍藏的信件、档案，以生动的语言、丰富的细节讲述了费曼的传奇人生与科学思想，带领我们走进这位科学大师的生活，窥见他卓越的科学成就和独特的人格魅力。

本书适合对费曼生平以及物理学、科学史等领域感兴趣的读者阅读。

◆ 著　　　　　[美] 詹姆斯·格雷克
　　译　　　　　　高　爽　赵晓蕊
　　责任编辑　　戴　童
　　责任印制　　胡　南

◆ 人民邮电出版社出版发行　　北京市丰台区成寿寺路 11 号
　　邮编　100164　电子邮件　315@ptpress.com.cn
　　网址　https://www.ptpress.com.cn
　　三河市中晟雅豪印务有限公司印刷

◆ 开本：720×960　1/16　　　　　彩插：8
　　印张：29.75　　　　　　　2023 年 11 月第 1 版
　　字数：437 千字　　　　　2023 年 11 月河北第 1 次印刷
　　著作权合同登记号　图字：01-2018-4240 号

定价：99.80 元
读者服务热线：(010) 84084456-6009　印装质量热线：(010) 81055316
反盗版热线：(010) 81055315
广告经营许可证：京东市监广登字 20170147 号

版 权 声 明

我生而无知，
只是有一点时间在四处做了些改变。

——理查德·费曼

目录

序言

　　没有什么是确定的，我们总能逢凶化吉。这条充满希望的信息从洛斯阿拉莫斯的秘密世界传到了阿尔伯克基的一家疗养院。

　　后来，恶魔折磨着原子弹制造者们的内心。J. 罗伯特·奥本海默（J. Robert Oppenheimer）发表了演讲，袒露了他被阴影笼罩的心灵，他因为自我毁灭的权力被交给人类而感到不安，其他物理学家也开始感受到这一点。理查德·费曼（Richard Feynman）比较年轻，责任也不大，他感到的悲伤更个人化。他觉得自己拥有的知识让他变得孤独，与世隔绝。令他苦恼的是，普通人过着平凡的生活，对科学为他们备下的核灾难毫无察觉。为什么还要建造可以使用一个世纪的道路和桥梁？如果知道了费曼所知道的事，人们肯定就不会这么做了。战争结束了，一个新的科学时代开始了，而他并不安心。有一段时间，费曼几乎无法工作——每天白天，他是康奈尔大学一个大大咧咧、容易激动的教授，晚上则在爱情中狂欢，从新生聚会（女士们对这个动作笨拙、自称原子弹科学家的舞者敬而远之）到酒吧和风月场。同时，当新同事们（与他同龄的年轻物理学家和数学家）初遇费曼，很快就形成了对他的印象。弗里曼·戴森（Freeman Dyson，也是一个正在崭露头角的奇才）给他在英国的父母的信中这样描述费曼："一半是天才，一半是小丑。"费曼给他的印象是狂热的美国人——无拘无束，浑身充满活力。戴森过了一段时间才意识到，他的新朋友多么痴迷于钻研现代科学的基石。

　　1948 年春天，27 名物理学家仍处在他们制造的原子弹的阴影下，他们聚集在宾夕法尼亚州北部波科诺山的一家度假酒店，来面对原子弹的危机。在奥本海默的帮助下（他此刻比任何时候都更像他们的精神领袖），他们凑足了一千多美元，以支付他们的房间、火车票，以及少量酒水的费用。在科学史上，这些人是第一次也是唯一一次在这种情况下聚在一起，没有任何仪式或宣传。他们正沉浸在一种幻想中，即他们的工作可以保持为一项小型的、个人的、学术性的事业，对公众来说是不可见的，就像十年前，丹麦哥本哈根的一座小楼曾是他们科学研究的中心。他们还没有意识到，自己是如何成功说服公众和军方，使物理学研究成为一项高技术和高费用的任务的。除了邀请少数物理界精英以外，这次会议不对外公开，亦没有记录在案[1]。次年，这些人中的大多数又聚了一次，用奥本海默的旅行车拖来两块黑板以及82个鸡尾酒杯和白兰地酒杯，但到那时，物理学的"现代史"已经真正开始了，科学有了前所未有的规模，而这些顶尖物理学家再也不会只为了工作而私下聚在一起。

原子弹展现了物理学的优越性。科学家们在其笔下的抽象概念背后找到了足以改变历史的关键。然而，在战争结束后的冷静日子里，他们意识到了自己的理论有多么脆弱。他们认为量子力学提供了一个粗糙的，也许是暂时的，但至少可行的方法来计算光和物质。然而，当被追问起来，理论却给出了错误的结果。它们不仅是错误的，还是毫无意义的。谁会喜欢这样一个理论：它一开始利落地得出近似值，但当科学家试图得出更精确的结果时，却莫名其妙地瓦解了？发明了量子物理学的欧洲人尝试了他们所能想象的一切来支撑这个理论，但没有成功。

这些人怎么会知道呢？电子的质量？这有待商榷：匆匆一瞥，给出了一个合理的数字，仔细一看却是无限大——简直一派胡言。质量的概念本身是不确定的：质量不完全是物质，但也不完全是能量。费曼想到了一个极端的观点。他有一本廉价的橄榄绿色地址簿，主要记着女人们的电话号码（注名"美丽的舞者"或"在她的鼻子不红时打电话"），他在这本地址簿的最后一页写下了形似日本俳句的内容：

　　原则，

　　你不能说 A 是由 B 构成的，

　　反之亦然。

　　所有的质量都是相互作用。

　　即使当量子物理学发挥作用时，它在预测自然界的行为的意义上，也留给科学家们一片令人不舒服的空白，而他们对现实的描述应该是这样的。其中一些人（虽然费曼从未在此列）相信维尔纳·海森堡（Werner Heisenberg）的俏皮话："方程了解一切。"他们没有什么选择。这些科学家甚至不知道如何去想象他们刚刚成功分裂的原子。他们创造了一种图景，然后又抛弃了它：微小粒子围绕原子核旋转，就像行星围绕太阳运行一样。现在，他们没有任何东西可以取代这种图景。他们可以在便笺本上写数字和符号，但他们对符号背后的物质的心理图景已沦为一个模糊的未知数。

　　当波科诺会议开始时，奥本海默已经达到了其荣誉的顶峰，他作为原子弹项目的英雄而崛起，尚未作为 20 世纪 50 年代安全审查的反英雄而倒下。他是会议的名义主席，还有更多颇有成就的物理学家也参与了本次会议。尼尔斯·玻尔（Niels Bohr），量子理论之父，从他在丹麦的研究所赶来；恩里科·费米（Enrico Fermi），核链反应的创造者，从他在芝加哥的实验室赶来；保罗·A. M. 狄拉克（Paul A. M. Dirac），英国理论家，其著名的关于电子的方程为目前的危机创造了条件。不言而喻，他们都是诺贝尔奖获得者；除了奥本海默，与会的每个人几乎都已赢得或即将赢得这一荣誉。几名欧洲科学家缺席了，其中包括阿尔伯特·爱因斯坦（Albert Einstein），他正处于像政治家隐退一样的状态。即便如此，波科诺会议代表了现代物理学的全体"神职"人员。

　　夜幕降临，费曼开始发言。椅子换了位置。"神职"人员很难跟上这个粗鲁的年轻人。他们花了大半天听了费曼的同龄人——哈佛大学的朱利安·施温格（Julian Schwinger）的一场非凡的演讲。他的演讲也让人很难跟上他的思路

（施温格的这项工作在发表时，违反了《物理评论》关于方程在页面中所占宽度的规定），但仍然令人信服。费曼给出的严密方程越来越少。无论如何，这些人知道费曼来自洛斯阿拉莫斯。奥本海默本人曾私下指出，费曼是原子弹项目中最杰出的年轻物理学家 [2]。至于费曼为什么会获得这样的声誉，他们都说不清楚。少数人知道他对核爆炸效率的关键方程的贡献〔40 年后仍然是机密，不过间谍克劳斯·富克斯（Klaus Fuchs）已迅速转达给起疑心的苏联雇主〕或他的预爆理论，即测量一块铀可能过早爆炸的概率。即使不能描述费曼的实际科学工作，但他们脑海中已经产生了一个原始的强烈印象。他们记得费曼组织了世界上第一个大规模的计算系统，由新的电子机械商业计算器和拿着彩色编码卡片的女性团队组成；或者仅针对初级算术，发表了一场催眠式的演讲；或者在一个游戏中疯狂地扭动一个控制旋钮 [3]，让一对电动火车撞在一起；或者在一辆军队的武器运输车中，在爆炸的紫白色强光的照射下坚定地笔直坐着，一动不动。

在波科诺庄园的会客室里，费曼面对着他的前辈们，意识到自己在混乱中越陷越深。他一反常态，很紧张。他一直无法入睡。他也听到了施温格的优雅演讲，担心相比之下，自己的演讲内容显得并不完整。他正试图提出一个新的程序，用于进行物理学现在所需要的更精确的计算——不仅仅是一个程序，而是一个愿景，一幅关于跳动、摇晃的粒子、符号、箭头和场的图景。这些想法令人感到陌生，他略显鲁莽的风格惹恼了一些欧洲科学家。他发出的元音就像一种刺耳的城市噪声。他口中的辅音模糊不清，让欧洲人觉得他特别像下等人。他来回晃动身体，在手指间快速旋转粉笔，一圈又一圈。还差几个星期就到他的 30 岁生日了，论年龄，他已不再能称得上"神童"。他想跳过一些看起来有争议的细节，但太晚了。爱德华·特勒（Edward Teller，这位饱受争议的匈牙利物理学家正准备领导"二战"后的"超级"氢弹项目）提出了一个关于基本量子物理的问题，打断了费曼："那不相容原理呢？"

费曼本希望避开这个问题。不相容原理意味着，只有一个电子可以位于一个特定的量子态中；特勒认为他抓住了"一顶帽子里的两只兔子"。事实上，在费曼的体系中，粒子似乎确实违反了这一人们深信不疑的原则，在虚幻的瞬间出现了。他开始回答："这并没有什么不同——"

"你怎么知道？"

"我知道，我从一个——"

"怎么可能呢？！"特勒说。

费曼在黑板上画着陌生的图示。他展示了一个反物质的粒子在时间上往回走。这让最先预测反物质存在的狄拉克感到困惑不解。狄拉克此刻问了一个因果关系的问题。"它是幺正的吗？"幺正！他到底是什么意思？

"我会向你解释，"费曼说道，"然后你可以看到它是如何运作的，接下来你就可以告诉我它是否是幺正的。"他继续讲，感觉时不时仍然可以听到狄拉克喃喃自语："它是幺正的吗？"

费曼在计算方面具有令人讶异的才华，奇怪的是，他对文献竟一无所知；对物理学充满热情，对证明却非常轻率——他曾一度高估了自己吸引和说服这些伟大物理学家的能力。然而事实上，他此时已经找到了他的所有前辈都没有找到的东西：一种将物理学带入新时代的方法。他开创了一门个人的新科学，将过去和未来结合在一起，形成一张鲜明而壮阔的挂毯。他在康奈尔大学的新朋友戴森瞥见了这一点。"这个奇妙的世界观是由空间和时间中的世界线编织而成的，一切都在自由移动，"戴森描述道，"这是一个统一的原则，要么解释一切，要么什么都不解释。"20 世纪的物理学已经达到了一个边缘。年长的物理学家正在寻找一种能跨越他们所遇到的计算障碍的方法。费曼的听众对年轻物理学家的新想法充满了渴望，但他们对原子世界的某种看法（或者说是一系列不同的看法，每一种看法都带有个人的困惑）已经束手无策。有些人主要是在思考波——将过去带入现在的数学波。当然，这些波往往表现为粒子，就像费曼在黑板上勾画并擦去的粒子轨迹。数学是一串串困难的计算，在穿越迷雾的图中使用符号作为垫脚石，有些人只是在数学中寻求庇护。他们的方程系统代表了一个亚微观世界，违背了棒球和水波等日常事物的逻辑，正如 W. H. 奥登（W. H. Auden）（在费曼厌恶的一首诗中 [4]）所说 [5]：

> 足够的质量，
> 全都在那里。
> 而不是不确定的稀粥，
> 部分在别的地方。

量子力学的对象总是有一部分在别的地方。费曼在黑板上画下的铁丝网状图，相比之下似乎是相当确定的。这些轨迹在精确性方面看起来是经典的。尼尔斯·玻尔站了起来。他认识这位来自洛斯阿拉莫斯的年轻物理学家——费曼曾与玻尔毫无顾忌地激烈争论过。玻尔看重他的坦率，曾在洛斯阿拉莫斯寻求费曼的私人建议，但此时玻尔为那些清晰的线条的明显含义所困扰。费曼的粒子似乎在空间和时间上遵循整齐固定的路径。粒子不可能这样。不确定性原理就是这么说的。

玻尔说，或者说费曼理解的意思是："我们已经知道，路径中的轨迹的经典想法在量子力学中并不合理。"玻尔柔和的嗓音与出了名的模糊的丹麦语调使听众很难理解。他走上前去，对不确定性原理发表了长达数分钟的演讲。费曼感到出了丑，不高兴地站在一边。他十分绝望。在波科诺，一代物理学正在融入下一代，而代际传承既不彻底，也不像后来看起来那样必然。

量子理论的设计师、原子弹项目的年轻组长、无处不在的费曼图的发明者、热情洋溢的邦戈鼓手和讲故事的人——理查德·菲利普斯·费

曼是现代最聪明的、最具标志性的、最有影响力的物理学家之一。他在
20 世纪 40 年代将未完成的波和粒子的概念，塑造成普通物理学家可以
使用和理解的工具。他有敏锐的洞察力，能够看到自然界所带来的问题
的核心。在物理学家群体中，有组织的、受传统约束的文化需要英雄，
但有时又不信任英雄，于是，费曼的名字有了特殊的光环。谈到费曼，
可以使用"天才"这个词。他占据了舞台的中心，而且一占就是 40 年，
主宰了战后时代的科学——这 40 年让物质和能量的研究转向了一条意想
不到的黑暗之路。

　　这项在波科诺遭遇波折的成果，最终将所有光、磁和电方面中的不同现象
联系在一起，形成一个实验上的完美组合。它为费曼赢得了诺贝尔奖。他后来
至少有三项成就也可能会让他获得诺贝尔奖：超流理论，即液氦奇异、无摩擦
的行为；弱相互作用理论，即在放射性衰变中起作用的力；以及部分子理论，
即原子核内假想的硬粒子，这推动了对夸克的现代理解。当比他更年轻的科
学家探索深奥的新领域时，费曼对粒子相互作用的看法不断回到物理学的最
前沿。他继续寻找新的谜题。他不能，或不愿意区分著名的基本粒子物理学
问题与较早时代明显不起眼的日常问题。自爱因斯坦以来，还没有其他物理
学家能如此大公无私地接受所有自然界谜题的挑战。费曼研究了高度抛光表
面的摩擦力，希望了解摩擦力是如何工作的（在大多数情况下失败了）。他试
图建立一个关于风如何使海浪增长的理论。他后来说："我们把脚放在沼泽地
里，拉上来时它是泥泞的。"他探索了原子力与它们所形成的晶体的弹性特性
之间的联系。他将实验数据和理论观点结合起来，将纸条折叠成奇特的形状，
称为"折变体"。他在爱因斯坦所忽视的量子引力理论方面取得了有影响力的
进展，但还不足以让他自己满意。他努力了好几年，也没能攻克气体和液体
中的湍流问题。

　　费曼在物理学家中所树立的地位，超越了他对该领域的实际贡献的总
和。在 20 多岁的时候，他发表的成果不过是一篇博士论文（具有深刻的原创

性，但鲜为人知）以及洛斯阿拉莫斯档案馆中的几篇秘密论文，即便如此，他的传奇已开始萌生。他是一个计算大师：在一群科学家中，他可以通过解决一个难题来给人留下深刻的印象。因此，科学家们（自认为是不宽容的功利主义者）很快发现自己比不过费曼。他的神秘感堪比角斗士或摔跤冠军。他不追求庄重，不受礼节的约束，好像在向众人宣布：这里有一个不守传统的灵魂。英国作家 C. P. 斯诺（C. P. Snow）在观察物理学家群体时，认为费曼缺乏前辈们的"威严"。"有点怪异……如果他做出了庄重的行为而感到不好意思，他就会对自己笑笑。他是个表演者，而且乐此不疲……就好像格劳乔·马克斯（Groucho Marx）① 突然变成一位伟大的科学家一样。"这让斯诺想到了爱因斯坦，而爱因斯坦后来是如此阴郁和庄重，以至于很少有人记得他在充满创造力的时期是个"快乐的男孩"。也许，费曼也会成长为一个庄重的人，也许不会。斯诺预言："晚些年见过费曼的年轻人，也一定觉得他很有趣。"

　　一个为曼哈顿项目组建的物理学家团队在芝加哥第一次见到了费曼，在那里，他解决了一个让团队困惑了一个月的问题。正如一位科学家后来所说，这是"评判一个优秀头脑的肤浅方式"，但他们还是被费曼不像教授的举止及其成就本身所打动。"费曼显然不像大多数战前风格的年轻学者。他的姿态有如舞蹈家一般流畅而富有表现力，他有着百老汇风格的快速讲话方式、骗子般的口头禅，说起话来像不停开合的'东南西北'折纸游戏一般有活力。"物理学家们很快就看到了他那跳跃的戏剧风格，以及他讲课时来回抖脚的习惯。他们知道，他永远无法久坐，当他真的坐下来时，他会滑稽地斜倚着，再跳起来提出尖锐的问题。对于玻尔这样的欧洲人来说，费曼的声音和他们听到的所有美国人的声音一样，就像用砂纸演奏的音乐；对于美国人来说，这种声音代表了原始、顽固的纽约。没关系。"我们看到了一个不可磨灭的明星形象，"另一位年轻的物理学家指出，"他迸发出了光芒，也迸

---

① 20 世纪美国著名演员。（如无特别说明，本书脚注均为译者注。）

发了妙语。……在希腊语中，areté 不就是指"发光的魅力"吗？他就有这个品质。"

原创性是他的执念。他必须从第一原理出发来创造，这是一种危险的优点，有时会导致浪费和失败。他常常像个怪人，十分不合群。他愿意，甚至热衷于考虑愚蠢的想法，在错误的小道上跌倒。如果不是一次又一次地被强大的智慧挽回，这种力量可能会成为一个弱点。"迪克①可以逃脱很多事情，因为他聪明得要命，"一位理论家说，"他真的可以赤脚攀登勃朗峰。"艾萨克·牛顿说他曾站在巨人的肩上。费曼试图通过各种扭曲的行为，站在自己的肩上。在康奈尔大学，一直观察费曼的数学家马克·卡茨（Mark Kac）是这样看的：

天才有两种，"普通的天才"和"魔术师"。"普通的天才"是一个你我都会和他一样好的家伙，他顶多比我们好很多倍。他的思想是如何运作的，这并不神秘。我们一旦理解了他所做的事情，就会确信自己也能做到。"魔术师"的情况则不同。用数学术语来说，他们处于我们所处的"正交补"中，他们思想运转的意图和目的都是不可理解的。即使在理解了他们所做的事情之后，其过程对我们来说也是神秘的。他们（确实）很少收学生，因为他们不能被模仿。对于一个聪明的年轻人来说，要应付魔术师头脑中的神秘工作方式，一定是非常令人沮丧的。理查德·费曼是一位最高水准的魔术师。

费曼憎恨大多数科学史上粉饰过的神话，这些故事将错误的步骤和停滞的不确定因素合并在有序的知识进步的表面之下，但他创造了一个属于自己的神话。当他登上物理学家心目中"英雄殿堂"的顶峰时，关于他的天才和冒险的故事，在物理学界成了一种艺术。费曼的故事透着聪明，又很滑稽。这些故事逐渐缔造了一个传奇，其真实的主题（和故事的主旨）很少出现。其中许多故事在 20 世纪 80 年代被转写并出版成两本书，书名别具一格——《别

---

① 理查德·费曼的昵称。

逗了，费曼先生！》（*Surely You're Joking, Mr. Feynman!*）和《你干吗在乎别人怎么想？》（*What Do You Care What Other People Think?*）。令出版社惊讶的是，这两本书成了畅销书。1988 年，在费曼去世时，他的朋友、合作者、办公室邻居、陪衬者、竞争者和反对者——尖刻的默里·盖尔曼（Murray Gell-Mann）在追悼会上激怒了费曼的家人，盖尔曼断言：“他用一团神话包围着自己，花了大量时间和精力来创造关于自己的逸事。”盖尔曼补充说，在这些故事中，“他必须登场，如果可能，还要看起来比其他人更出色”。在这些故事中，费曼是一只牛虻，一个浪子，一个小丑，一个天真的人；在原子弹项目中，他是军方审查人员的眼中钉，肉中刺；在调查 1986 年航天飞机爆炸的委员会中，他是对官僚风气置之不理，揭露真正原因的局外人。他与排场、传统、骗术和虚伪为敌。他是看到皇帝没穿衣服的男孩，他在生活中也是如此。然而，盖尔曼说的也是实话。在传说中，人们对费曼的成就、工作风格及其最深的信仰都有误解。他对自己的看法，与其说是展现，不如说是掩盖了他天才的本质。

不光是他这个人，费曼的声望也成为一座纪念碑，矗立在现代科学的风景中。在物理学家的语言中，费曼图、费曼积分和费曼规则加入了费曼的故事。当他们谈到一个大有前途的年轻同事，他们会说：“他不是费曼，但……”当费曼进入一个物理学家聚集的房间，比如加州理工学院的学生食堂，或任何科学会议的礼堂时，噪声水平也随之提高，现场的骚乱似乎从他端着托盘出现或在前排就座的地方开始。连比他资深的同事也试图悄悄地观察他。年轻的物理学家则被费曼不拘小节的魅力吸引住了。他们模仿费曼的笔迹和他把方程“扔”到黑板上的方式。一个小组就“费曼是人吗？”这个问题进行了半开玩笑的辩论。他们羡慕费曼的灵感乍现（在他们看来是这样的）。他们也钦佩费曼的其他品质：对大自然简单真理的信仰、对权威智慧的怀疑，以及对平庸的不耐烦。

费曼被众人视为一位伟大的教育家。事实上，即使是中等水平的物理学家也很少像费曼一样，留下如此少的骨干学生，或者如此"勤奋"地推卸平常的教学职责。虽然科学仍是少数几个真正保留"学徒制"（学生在师傅身边学习技艺）的领域之一，但很少有人以这种方式跟随费曼学习。他没有耐心指导学生解决研究问题，而且他给那些恳求他担任论文导师的学生设置了很高的门槛。尽管如此，当费曼教书时，他在这个领域仍留下了深刻的印记。虽然他从未真正写过一本书，但从 20 世纪 60 年代开始出现了以他的名字署名的书——《基本过程理论》(Theory of Fundamental Processes) 和《量子电动力学讲义》(Quantum Electrodynamics)，这是由他的学生和同事转写、编辑的讲座的初步版本。这些书逐渐变得具有影响力。多年间，他在地下室的一个小房间里开设了一门神秘的无学分课程，名为"物理学 X"，只为本科生开设。一些物理学家在多年后回忆起这个不可预知的自由的研讨会，认为这是他们受到的教育中最强烈的智力体验。最重要的是在 1961 年，费曼承担了在加州理工学院重组和教授物理学入门课程的任务。两年间，大一新生、大二学生与研究生助教团队一起，努力追随一项杰作，即费曼所说的宇宙。结果，著名的"红皮书"——《费曼物理学讲义》(The Feynman Lectures on Physics) 应运而生。他们彻彻底底重新认识了课程主题。使用"红皮书"的大学却在几年后放弃了它：事实证明，这对他们的目标读者来说太难了。相反，教授和在职物理学家发现费曼的这三卷书重新塑造了他们的学科概念。这些书已超越了权威性。一位物理学家在引用著名的段落之一时，会不动声色地对"第二卷，第 41 章，第 6 节"表示敬意。

费曼对量子力学、科学方法、科学与宗教的关系、美和不确定性在知识创造中的作用等主题的看法，也很有权威性。他对这些主题的评论大多是在技术背景下随口表达的，并写成了两本薄薄的科学范本——《物理定律的本性》(The Character of Physical Law) 和《QED：光和物质的奇妙理论》(QED: The Strange Theory of Light and Matter)，书中内容也是从讲座中提炼出来的。费曼被科学家和科普作家广泛引用（尽管他很少接受采访）。他鄙视哲学，认为它是软性的、不可验证的。他说，哲学家们"总是在外面发表愚蠢的言论"，他口中的 philozawfigal 一词，是为嘲笑哲学而给它起的绰号。但无论如何，他的影响是哲学性的，特别是对年轻的物理学家来说。例如，他们记得费曼关于量子力学有一种持续不安的格特鲁德·斯泰因[1]式言论，或者更准确地说，"量子力学所代表的世界观"。

对我来说，还没有明显的迹象表明，没有真正的问题。我无法界定真正的问题，因此我怀疑没有真正的问题，但我不确定是否没有真正的问题。

类似地，这可能是文献中引用最多的混合隐喻。

如果可能避免的话，尽量不要一直对自己说："但它怎么会是那样的呢？"因为你会沿着"下水道"进入一个无人能逃出的死胡同。没有人知道怎么会是那样的。

私下里，他用铅笔在草稿纸上写下了一些格言，这些格言看似是他在演讲中的即兴发挥。

大自然只用最长的线来编织它的图案，所以织物的每一小块都揭示了整段织锦的组织。

为什么世界是这样的？为什么科学是这样的？我们如何为周围愈演愈烈的复杂性找到新规则？我们是在向自然界的简单核心迈进，还是仅仅在剥开一个无限深的洋葱的层层外皮？尽管费曼有时会退回到纯粹实用的立场上，但他还是对这些问题给出了答案，尽管他知道这些问题是哲学性的、不科学的。很少有人注意到，对费曼来说，科学中最严峻的形而上学问题之一——事物的核心是否存在意义、简单性和可理解性——的答案，在他的一生中发生了深刻的变化。

---

[1] 美国先锋派女作家。

费曼重塑了量子力学：与其说，量子力学解释了世界是怎样的，或者为什么是这样的，不如说，它是在告诉人们如何面对这个世界。这是关于"如何"的知识：如何计算受激原子发射的光，如何判断实验数据，如何进行预测，如何为即将在物理学中大量涌现的新粒子家族构建新的工具箱。

科学知识有很多类，但实用的知识是费曼的专长。对他来说，知识不是描述，它是行动和成就。与他的许多同事——那些受欧洲传统教育的科学家——不同，费曼不看画，不听音乐，不看书，甚至不看科学书籍。他拒绝让其他科学家向他详细解释任何东西，这常常让他们感到非常沮丧。不管怎样，他还是会学习。他毫无偏见地追求知识。在一次休假期间，他学习了足够的生物学知识，为遗传学家对脱氧核糖核酸（DNA）突变的理解做出了微小但真实的贡献。费曼曾为发明第一个长度小于六十四分之一英寸^①的电动发动机提供了一千美元的奖金，他对微小机械的可能性的思考，使他在一代人之后成为一大批自称纳米技术专家的人的"知识之父"。在青年时代，他曾连续数月尝试观察自己在睡着时的意识流。在中年时期，他在一个感觉剥夺箱中进行了诱发体外幻觉的实验，包括使用和不使用大麻的情景。他的一生见证了被称为"物理学"的知识分支的分层。那些专门研究基本粒子的人开始控制该领域的大部分资金和大部分公共言论。他们声称粒子物理学是最基本的科学，甚至蔑视像固体物理学（solid state physics）这样的亚学科——"肮脏的状态"（squalid-state）就是盖尔曼的轻蔑之词。费曼既不接受大统一理论自我膨胀的言论，也不接受对其他科学的蔑视。

在他看来，任何技能都是平等的，没有优劣之分。他自学了打鼓、按摩、讲故事、在酒吧与女孩们打情骂俏，他认为这些都是有学习规则的技艺。在洛斯阿拉莫斯的导师汉斯·贝特（Hans Bethe）逗趣的刺激下（"你难道不知道如何取 50 左右的数的平方吗？"），费曼自学了心算的技巧，早已掌握了心智分化和整合的神秘技巧。他自学了如何使电镀金属粘在像收音机旋钮这样的

---

① 1 英寸 =2.54 厘米。

塑料物体上，如何在头脑中记录时间，以及如何使一列列蚂蚁听从他的命令前进。他毫不费力地学会了用装了水的水杯来制作"水杯琴"，而且他毫不羞涩，在一场晚宴上为惊讶的尼尔斯·玻尔演奏了整晚。当他全神贯注于物理学家们的终极努力——制造原子弹——时，却能同时离题万里，学习破解汽水机的铁质卡箍，撬开耶鲁大学的锁，打开保险箱——这是一种依赖精神而非身体的技能，尽管同事们误以为他能在指尖感受到滚珠坠落的振动（在看到费曼日复一日地在办公室的保险箱上练习旋转动作后，他们很可能也跟着这么做）。同时，他一直梦想着将原子能用于火箭，他研究出了一个核反应堆推力发动机，虽然不是很实用，但仍然足够可信，被政府列为专利，并立即因官方保密令被"埋藏"。很久以后，当他安顿好家庭生活，有了花园和门廊后，他仍不知疲倦，自学训练狗做一些反直觉的技巧，例如，不是直接捡起附近的袜子，而是绕远路，绕过花园，进入门廊，再回到外面……（他分阶段对狗进行训练，把问题分解开来，直到过了一段时间，狗清楚地意识到，人不会直接去拿袜子。）然后他自学以猎犬的方式找人，感知他们的体温和气味的轨迹。他自学模仿外语，他认为这主要是一个有关自信的问题，只需放松并让嘴唇和舌头发出愚蠢的声音。（他的朋友们想知道，为什么他从来没有学会弱化自己的法洛克威口音。）他在剩下的个人情感的海洋中建造了一些实用知识的岛屿。在对绘画一无所知的情况下，他自学在黑板上徒手画出完美的圆圈；在对音乐一无所知的情况下，他和女友打赌，说他能自学演奏一首《野蜂飞舞》，但这一次他惨遭失败；后来，他终于勉强学会了画画，他擅长画甜美浪漫的女性画。在他的一生中，他从来没有真正学会区分左和右。他的母亲指出了他左手背上的一颗痣，因此他在成年后想区分左和右的时候，会根据这颗痣判断。他自学用非爵士、非民族风的即兴打鼓来吸引观众；自学维持双手的多声部节奏，不仅是常见的三对二和四对三，还有七对六和十三对十二——这令受过古典音乐训练的音乐家感到惊讶。他自学了写中文，这项技能是专门为了惹恼他的妹妹而学的，因此他所学仅限于"哥哥也会说"的字样。在高能粒子加速器主导理论物理学的时代，他自学阅读最现代的象形文字，即云室和气泡室中粒子碰撞的花边星暴照片——阅读它们，不是为了寻找新粒子，而是为了寻找实验偏差和自我欺骗的微妙痕迹。他自学劝退索要签名的人，以及拒绝演讲的邀请；通过行政规定来躲避同事；除了他当下的研究问题，将其他一切从他的视野中清除；抵御科学家对衰老的特殊恐惧；与癌症共存，以及向它投降。

他死后，有几位同事试图为他写墓志铭。其中一位是施温格，在某一时期，他不仅是费曼的同事，也是其最杰出的对手。施温格斟酌后写下了这些话："一个诚实的人，我们这个时代杰出的直觉主义者，也是敢于追随不同鼓点的人可能遇到的最佳楷模。"费曼所创建的科学是前无古人的，它的崛起代表着其理念的最大成就，尽管有时，它将物理学家送入一个越来越模糊的隧道的狭窄分支。费曼离开了，他留下了一个教训，这也许是他最重要的遗产：在这个最不确定的世纪里，了解一些事，意味着什么。

注释

关于波科诺会议的叙述，主要基于对几位与会者（汉斯·贝特、罗伯特·马尔沙克、亚伯拉罕·派斯、朱利安·施温格、维克托·魏斯科普夫和约翰·阿奇博尔德·惠勒）的访谈、费曼在《今日物理》（费曼1948d）中的叙述与他在查尔斯·韦纳的采访中的回忆等、惠勒的手写和油印笔记（惠勒1948）、关于西尔万·S.施韦伯（1983和即将出版）的历史论文，以及我在网站上查找的资料。

[1] 然而惠勒写下了几十页笔记并传阅。（惠勒1948）

[2] "他无疑是这里最杰出的年轻物理学家，每个人都知道这一点。"史密斯和韦纳1980，268。

[3] 维克托·魏斯科普夫从苏联带来了电动火车。"他玩了这个游戏。拿着开关的人必须避免事故，而另一个人必须制造事故。这是你能想象到的最令人紧张的游戏，迪克非常投入。他扮演哪个角色无关紧要。"魏斯科普夫的采访，马萨诸塞州剑桥。

[4] 费曼写给罗伯特·韦纳夫人，1967年10月24日，加州理工学院档案馆。奥登写道：

"关于发现的过程 / 我们的这种热情 / 人们难以怀疑。"费曼对他的补充表达不满："但如果我更清楚地知道 / 我们学知识是为了什么 / 我会更愉快。""我们渴求知识，才能更热爱自然……一位现代诗人正在坦承自己不懂自然知识的情感价值。"

[5]　W. H. 奥登，《在阅读了一本儿童现代物理学指南后》（"After Reading a Child's Guide to Modern Physics,"《奥登诗选》(New York: Vintage, 1971)），214。

第 1 章

法洛克威

　　摆弄收音机的年代已经过去了。孩子们早就忘记了打开柜子拿出父母的老旧收音机的乐趣。固态电子元件替代了收音机杂乱的内部结构，以前，你可以拉扯收音机里面的电线，通过真空管产生的橘色辉光学习无线电的知识。但是此时，那里只剩下缺少特征的预制芯片。老旧的电路被压缩到原来的千分之一甚至更小。通过在小硅片上进行微型刻划制造出的晶体管，淘汰了容易出故障的电子管。就这样，世界上少了一种学习科学的绝佳方式。

　　20世纪20年代，固态电子元件到来之前，人们可以找到电路，"看到"电子如何流动。收音机上有旋钮，就像控制电流流动的管线上的阀门。打开旋钮，就可以听到不寻常的嘶嘶声，时隐时现。后来，据说物理学家分为两类，一类和化学器材打交道，另一类和收音机打交道。化学器材有它的魅力，但是对于理查德·费曼这样喜欢图表和地图的男孩子来说，只要他搞清楚电线、电阻、晶体管、电容的符号，就能通过图纸自己理解收音机每个部分的功能。他自己组装过一台晶体收音机，装上从杂货摊上找来的超大号耳机，藏在被子里一直听到睡着。有时候，他的父母蹑手蹑脚地走进来，拿下他头上的耳机。大气条件合适的时候，费曼的收音机能接收到很远的信号，包括纽约州北部的斯克内克塔迪电台，甚至是得克萨斯州的韦科电台。费曼的收音机是接触式的。他可以滑动晶体上的导线来改变频道。即便如此，收音机也和带着齿轮的手表不一样。收音机已经摆脱了机械的世界。其奥秘是肉眼完全看不见的。收音机中的晶体静止不动，却能捕捉到来自以太的电磁波。

　　以太其实并不存在，电磁波不需要物质来承载。如果科学家想要借助水池里水波的起起落落来想象无线电波，他们就必须面对这样一个事实：无线电波的传播不靠任何介质。在相对论的时代，电磁波的传播不需要以太：爱因斯坦证明，如果以太存在，那么它相对于任何观测者来说都必须静止不动，而这些观测者彼此有着相对运动，因此这是不可能实现的。数学家赫尔曼·外尔（Hermann Weyl）在1918年，即费曼出生那年，写道："看来，因为物理学家穷追不舍，以太最终把自己藏起来了。"那么，无线电波是靠着什么介质从纽约城区的半空中来到城市郊区费曼家小房子的二层卧室的呢？无论是什么，无线电波只是空间中每个区域分布着的众多振荡的一种。从物理上说，光波就是电磁波，只不过光的波长更短，疯狂地纵横交错；红外线，皮肤可以感受到它的热量；名字不好听的 X 射线；超高频的伽马射线，波长比原子的尺度还要小。所有这些都是同一种现象——电磁辐射的不同表现。空间已经充满了电磁波，人造的发射器让空间中的电磁波更密集了。支离破碎的人声，突发的咔嗒声，呼啸而过的无人机：奇怪的噪声彼此交错，更多的波在空间中掀起波浪。这些波都不在以太里，而是存在于一种更加抽象的介质中。这让物理学家犯了难。他们无法想象这是一种什么东西，只能给它简单地起个名字，这就是电磁场，简称为场。场其实是连续的表面或者空间，其中有某些量会发生变化。场不是物质，但它会晃动，会振动。物理学家发现，场振动的行为有时候很像粒子，但这就带来了更复杂的问题。如果场是粒子，它也一定会具备波的性质，能让像费曼这样的男孩子调节收音机，获得渴望的波长，接收到《影子》(Shadow) 和《唐叔叔》(Uncle Don) 等节目以及埃诺泡腾盐的广告。这种困境带来的科学上的麻烦令人费解，只有屈指可数的几位科学家了解真相，而且他们大部分人说的是德语，不是英语。但是，那些在业余时间阅读报纸上的爱因斯坦故事的人，和那些喜欢折腾收音机的人，却早把其中的奥妙看透了。

难怪有那么多物理学家都是从摆弄收音机开始的，也难怪在"物理学家"这个词流行之前，他们都觉得自己将来要成为电气工程师，这是一份薪水不错的工作。理查德·费曼——他的朋友叫他里蒂 (Ritty)，看上去目标十分明确。他从周围的邻居那里收集来电子管和老旧电池。他组装变压器、开关和线圈。从福特汽车上回收的线圈可以产生明亮的火花，把报纸烧出一个黑褐色的洞。有一次他发现了一个遗留的变阻器，在上面接通 110 伏的电流，直到变阻器过载烧毁。他把这个散发焦味、冒烟的东西举到二楼房间的窗外，燃烧的灰烬飘到院子里的草地上。这是费曼的"标准应急程序"。费曼的妈妈在打桥牌的时候，刺激性的气味飘到了游戏室，这就意味着费曼正把他的金属废纸篓举到窗外，等待实验中用到的鞋油燃烧结束。他本来想融化这些鞋油，用黑色的液体粉刷自己的"实验室"——费曼的"实验室"是一个冰箱那么大的木质盒子，就摆在房子后方的楼上卧室里。他给这个盒子装上各种电路开关和灯，电路有些是串联的，有些是并联的。他9岁的妹妹琼（Joan）给他当实验室助手，每个星期有4分钱的报酬。助手的职责包括把手指头放进电火花之间，忍受轻微的电击，以此来让费曼的朋友们开心。

心理学家早有定论，儿童是天生的科学家。他们用可能的和不可能的方式在令人困惑的宇宙里探索、摆弄、实验。儿童和科学家分享着关于生活的看法。*如果我这样做，会发生什么？*这既是孩子们在玩耍的时候常说的话，也是物理学家的真实格言。每个孩子都是观察者、分析师和分类学家，通过一系列智慧的革新建构自己的精神生活，确立建设性的理论，当它们不再恰当时便立刻舍弃。陌生和古怪的事物，是属于所有儿童和科学家的领域。

当然，这些还不能完全解释费曼的实验室、变阻器和实验助手——这些都是生动的文化刻板印象。理查德·费曼没完没了地把他的卧室填满象征科学的装饰物和系统。

既不是乡村，也不是城市

法洛克威的孩子们过着无忧无虑的生活。在长岛南岸漂浮的沙洲之上，法洛克威连绵几百英亩①，全是木屋和砖瓦公寓。邻近地区已经被合并进了纽约的大都市圈，那里的60多个城镇和周边地区在1898年合并为皇后区。纽约市在那里慷慨投资，耗资数千万美元建设地下水管总线、下水道、公路和宏伟的公共建筑。尽管如此，在20世纪上半叶，纽约独立地铁系统深入牙买加

---

① 1英亩≈4046.86平方米。

湾的沼泽地之前，纽约市看起来依然是一个遥远的地方。长途通勤的人们要乘坐长岛铁路的列车。在法洛克威东部边界之外坐落着拿骚郡的几个小镇。往西北走，穿过莫特湾和海瑟克海峡所在的那片海水边的湿地，有一大片空地，那里后来成为艾德威尔德机场，即今天的纽约肯尼迪国际机场。法洛克威的孩子们步行或者骑上自行车，就可以自由地驰骋在一个自给自足的世界里：这里有常春藤覆盖的房子，有田野，还有空地。在那个年代，还没有人总结出什么样的环境可以帮助儿童完整而独立地成长，但法洛克威显然具备这样的条件。在小镇发展的某些时间点上，房屋和篱笆越来越密，形成连接在一起的屏障。这种情况达到临界点的时候，运动只能被限制在公共街道上进行。在法洛克威，男孩和女孩依然会从附近涌到镇上，他们沿着自己创造的道路，穿过后院和房前街后的空地。他们自由自在地玩耍，离开父母的视线，骑着他们的自行车漫无目的地闯荡。他们可以在去海边的路上穿过田野，然后租来小船，划着船在安全的港湾里起起伏伏。费曼时常走到图书馆，坐在石阶上，看着往来的行人。尽管纽约看起来不近，但他感觉自己和这座伟大的城市有千丝万缕的联系，这足以让他看不起住在几个街区之外的长岛切达赫斯特的外地人。但是，他也清楚，他所在的地方只能算是远郊区。

另一位纽约人——评论家阿尔弗雷德·卡津（Alfred Kazin）写道：“当我还是孩子的时候，我觉得我就住在世界的尽头。”卡津在布朗斯维尔长大，那里临近布鲁克林，比法洛克威更落后一点，却几乎一样远，居民主要是犹太移民和移民子女，位于城乡之间的接合地带。卡津写道：“我们周围总有未经开发的小片荒地，充满了‘纪念性的作品’，他们在那里切割和存放墓碑。同时，我们的街道上依然有农舍和鹅卵石铺就的车道。大部分死气沉沉的土地，既不是乡村，也不是城市……我们总在夏天的晚上走到海边，穿过安静的街道，两旁都是破旧不堪的房屋，那里尽是维多利亚风格的烟熏红色建筑，就像煤灰与鲜血混合起来在墙上凝固，再经过漫无边际的荒草地……”

对小费曼来说，海滩是最棒的地方——长长的南部海滨几乎不间断地延续到长岛的最东端，沿途全是步行栈道、夏日酒店、村舍和上千个储物柜。法洛克威给城里人提供夏季休闲的海滨会所：奥斯坦德浴场、洛希（小费曼很长时间以来都觉得这是某种昆虫的名字）和阿诺德。这里按季节出租小木屋和更衣室，上面挂着锃亮的钥匙和锁。但是，对当地孩子们来说，海滩一整年都好玩。他们在海浪间玩水，长长的防波堤已经把海浪减弱。夏天游客最多的时候，粉色和绿色的泳装如橡皮糖一样点缀着沙滩。这是小费曼最喜欢的地方。他经常从家骑自行车 4000 英尺 [①] 到海边。在费曼后来的记忆中，这个距离成了 2 英里 [②]。小费曼有时候和朋友一起去，有时候独来独往。这里的天空比城市里的任何地方都要辽阔，大海激发着每个孩子的想象。所有的波涛，所有的空间，所有在海岸线上爬行着驶向纽约港、欧洲、非洲甚至更远的地方的航船，都位于天空下连绵不断、弯曲向下的弧线上。有时候，似乎只有海边的东西才足够美好。

天空的穹顶连绵向上。太阳和月亮从头顶上穿过，随着季节起落。小费曼能踩着浪花辨认出大地、海洋和天空三者交汇处的线条。在夜里，他会打着手电筒看海。对十几岁的孩子来说，海滩是男孩和女孩的社交场所。他尽了最大的努力，但依然感到自己有些笨拙。他经常游泳。费曼在 43 岁的时候，开设了一门为期两年的本科生课程"费曼物理学讲座"，后来形成了《费曼物理学讲义》一书。费曼用这门课教给学生自己对物理学的全部理解。他站在满堂大学新生面前，试图把他们的思想带到海滩上。他说："如果我们站在海边看着大海，我们看到海水，看到海浪破碎，看到泡沫，看到水的搅动、风和云、太阳和蓝天，还有光。那里有沙子，也有不同硬度、纹理、颜色和材质的石头。有动物和海藻，也有饥饿和疾病，还有海滩上的观测者。甚至可能有幸福和思想。"自然呈现出最基本的元素，在费曼看来，**基本**并不意味着简单或者粗糙。他在纯粹的理论物理中考虑的问题——基本问题——都来源于

---

① 1 英尺 = 30.48 厘米。

② 1 英里≈1.61 千米。

海滩。"沙子和岩石有什么不同？沙子是否就是一大堆非常非常小的石头？月亮是否就是一块巨大的岩石？如果理解了岩石，那么我们也能理解沙子和月亮吗？风是不是空气的搅动，就像大海中水的搅动？"

欧洲向美国的大规模移民结束了。对于俄国、东欧和德国的犹太人，以及爱尔兰人和意大利人来说，第一代移民的第一手记忆开始衰退。纽约周边地区在第二次世界大战之前的这一代人手中繁盛起来，之后开始衰落。在费曼一生的 69 年里，法洛克威没有发生什么看得见的明显变化。费曼在去世前几年，和自己的孩子回到法洛克威。一切都看起来荒凉且没落，田野和空地消失了，海滩的栈道还在，同样的高中，同样的房子，他就在那里组装自己的收音机。此时这个房子被分割出来一部分，住着房客，看起来不像记忆中那么宽敞。他没有按门铃。村子里的主街——中央大道，看起来破败而狭窄。大部分居民是正统的犹太人，费曼看到很多人戴着犹太人的传统礼帽很不习惯。他当时实际上说的是"他们戴的那些小帽子"，这意味着他根本不在乎这东西叫什么名字。他在不经意间拒绝了童年时代像城市中的烟雾和海水中的盐一样包围着自己的犹太文化。

法洛克威的犹太人接受各种各样的信仰，甚至接纳费曼父亲梅尔维尔（Melville）那样的无神论者。这算是一种犹太教改革派，放弃绝对主义和极端传统的信仰，而是转变为温和与道德的人文主义，恰好符合了新一代移民的需要，他们期待着自己的子女可以融入新世界的主流社会。有些家庭几乎不遵守安息日的习惯。还有一些家庭，比如费曼家，把传统的意第绪语（Yiddish）当成了外语。费曼家所属的犹太教会堂就在不远处。小费曼上过一段时间主日学校，参加过沙雷·特菲拉教会堂组织的少年团体课余活动。宗教仍然是这里的道德生活的核心部分。在整个大纽约地区，像费曼家这样 20 世纪前半叶涌现的家庭，在很多领域都很成功，尤其是科学领域。这片一百多平方英里的土地孕育出了数量与面积不成比例的诺贝尔奖得主。和犹太人家庭一样，许多家庭沐浴在鼓励学习和讨论的文化中。移民和他们的第二代努力工作，希望由子女来实现自己的追求。子女也理解父母的希望和牺牲。他们形成了一种共识，即在科学领域一分耕耘就有一分收获。实际上，最好的大学持续抬高了录取犹太学生的门槛。直到第二次世界大战之后，这些学校的科学院系的学者仍然以新教徒为主。不过，科学领域还算情况明朗，比较理性和清廉，不受个人品味和阶层的影响。

作为城镇，法洛克威有一片连切达赫斯特都没有的中心区。小费曼的母亲露西尔（Lucille）走到中央大道，走进奈本查尔和斯塔克等商店，她很喜欢这里。她和孩子们的老师私交不错，她帮忙粉刷了学校餐厅，也和邻居一起收集电影院赠送的红色玻璃用具。在一些人的记忆中，这个村子像极了传统的犹太人小村落。无论是信仰还是行为都很一致：要诚实，要有原则，要学习，要攒钱应对艰难的时期——这些都不是学来的规矩。每个人都努力工作，没有人觉得自己贫穷，费曼家肯定不会这样觉得。后来费曼才意识到，当时两个家庭共用一套房子，是因为彼此都没有能力独自负担。费曼的朋友伦纳德·毛特纳（Leonard Mautner）在父亲死后，靠哥哥挨家挨户卖鸡蛋和黄油维持生活，即便这样，他也没有觉得自己贫穷。费曼很久之后说："当时世界就是如此，但是我现在才意识到，我们每个人都像疯了一样抗争。每个人都在斗争，但看起来都不像斗争。"对孩子们来说，生活在那样的地方，珍贵的童年会被赋予自由以及道德上的严苛要求。对费曼来说，这些道德要求没什么难的，他生性诚实，不需要被迫接受，只需顺应自己的天性。

一生一死

梅尔维尔·费曼来自白俄罗斯的明斯克。1895 年，5 岁的他跟着自己的父母路易斯和安妮移民到长岛。他在长岛的帕乔格长大，热衷于科学，但是像同时代的其他犹太移民一样，他没有从事科学工作的机会。他研究过顺势疗法，之后做生意，售卖警察和邮递员制服，给汽车上蜡，开洗衣连锁店，最后回到制服生意，为温德尔和戈德斯坦公司工作，并在这个行业中打拼多年。

他妻子的成长环境要好一些。露西尔的父亲是成功的女帽制造商。他在童年时期从波兰来到英国的孤儿院，在那里有了亨利·菲利普斯（Henry Phillips）这个名字。之后，亨利来到美国，第一份工作是背着包贩卖针线。他在纽约下东区一家商店遇到了为他修手表的约翰娜·赫林斯基（Johanna Helinsky），约翰娜是德裔波兰移民的女儿。亨利和约翰娜结婚后一起做生意。他们想到可以对"一战"之前女士帽子的边缘的款式精雕细琢，后来他们的帽子生意越来越好。他们搬到了公园大道附近的 92 街的上城东区，1895 年在那里生下了露西尔，这是他们 5 个孩子当中最小的一个。

像许多其他已融入当地环境的富裕的犹太人一样，露西尔上的是伦理文化学校（这所学校有着宽容的人文主义思想，很快就在比露西尔小 9 岁的罗伯特·奥本海默身上留下印记）。露西尔原本计划去幼儿园任教，但还处于花季的她遇到了梅尔维尔。她最好的朋友把她"未来的丈夫"介绍给了她。梅尔维尔本来是露西尔朋友的约会对象，露西尔受到邀请陪同梅尔维尔的朋友。他们开车外出，一开始露西尔和梅尔维尔的朋友坐在后座上。在返程的时候，露西尔和梅尔维尔就坐到一起了。

几天以后，梅尔维尔对露西尔说："不要嫁给别人！"这可能还算不上求婚，直到三年以后，露西尔年满 21 岁时，她的父亲才允许她嫁给梅尔维尔。1917 年，他们婚后搬到曼哈顿上城区的廉价公寓里。第二年，小费曼在曼哈顿的一家医院里出生了。

后来费曼家里流传着一个传说，据说梅尔维尔曾经宣称，如果生下来的孩子是男孩，他将来会成为科学家。露西尔回答道，蛋还没破壳呢，别急着数小鸡。但是，梅尔维尔真的要让自己的预言实现。当小费曼还坐在婴儿椅里的时候，父亲就带回家一些蓝色和白色的小瓷砖，在孩子面前排列这些瓷砖，摆出蓝白蓝白或者蓝白白蓝白白的序列，想引导小费曼在视觉上认识规律，摸到数学的门路。小费曼很早就会走路了，但是两岁时还不会说话。母亲为此担心了好几个月。后来，和许多其他说话晚的孩子一样，小费曼一开口就停不下来了。父亲买了一套《不列颠百科全书》，小费曼如饥似渴地阅读。父亲带小费曼去美国自然历史博物馆，那里有放在玻璃展柜中的动物模型，以及著名的高耸的恐龙骨架。父亲这样描述恐龙："25 英尺高，头 6 英尺宽，这意味着如果它站在院子里，它高到可以把头伸进窗户，但是伸不进去，因为头太大了，会弄坏窗户。"这样的表达方式能让孩子学到如何用人类的单位表达尺度，对于一个小男孩来说足够生动形象。

父亲给家人留下的财富是知识和严肃。而费曼幽默和爱讲故事的性格则来自母亲这一边。在大多情况下，家庭知识总是容易以这样的方式对孩子们产生影响。晚餐时，费曼的母亲和孩子们讲故事。饭后，全家人通常大声读书。这些时候，父亲喜欢开心地笑。费曼的父亲会突然地咯咯大笑，这种风格丝毫不差地遗传给了费曼。戏剧化的是，对母亲来说，让家庭保持轻松幽默的气氛，也是她反抗厄运的方式，她用乐观的态度回忆生活在波兰贫民区的祖父母的艰苦往事，以及她自己家庭的灾难。她的母亲患有癫痫病，她的姐姐也有精神分裂症，除了一个妹妹珀尔以外，其他兄弟姐妹都早早去世。

夭折的厄运也降临到她自己的新家。小费曼五岁那年冬天，母亲生下第二个儿子，取名亨利，以纪念自己一年前过世的父亲。亨利出生四周之后开始发烧，一个指甲开始流血，怎么也治不好。没过几天亨利就死了，很可能死于脊膜炎。这份哀伤迅速把家庭的欢乐变成绝望，再加上小费曼心中的恐惧，给这个家庭带来长时间的黑暗。费曼一直等待弟弟的诞生，此刻却学到，人生在大自然无情的灾祸面前难以预料。费曼后来几乎从来不会提到这件事。直到费曼九岁那年，他才有了一个妹妹——琼。亨利的去世给家里留下了阴影。小费曼知道，甚至琼也知道，他们的母亲一直留着亨利的出生证明和曾经戴过的帽子。亨利的遗骨安放在离家五英里的家族墓穴中，前面的石碑上刻着：亨利·菲利普斯·费曼，生于 1924 年 1 月 24 日，死于 1924 年 2 月 25 日。

　　费曼一家人搬过几次家，从曼哈顿搬到城市郊区的小镇：先是到法洛克威，之后从法洛克威搬到长岛的鲍德温，然后搬到切达赫斯特，最后在费曼十岁的时候，又搬回法洛克威。费曼的外公在那儿有一栋房子，两层楼，有砂色灰泥的外墙，位于新百老汇街 14 号。房子有前院和后院，以及一个双车位的车库。费曼一家跟姨妈珀尔一家人合住：姨妈、姨父拉尔夫·莱温、表哥罗伯特和表妹弗朗西斯。房子有白色栏杆围绕的门廊，一楼有两间起居室，一间待客，一间家人常用，天冷时有煤气炉取暖。房子里的卧室都不大，但要容纳八口人。费曼的卧室在二楼，可以俯瞰种着连翘和桃树的后院。有时候，大人晚上回来发现费曼的表妹弗朗西斯坐在楼梯口发抖，不敢睡觉，因为充当保姆的小费曼会用楼梯旁挂着的古老的哥特式图画编出鬼故事来吓她。

　　在大萧条时代之前，一对德国移民夫妇路德维希和玛丽到家里帮佣以换取食宿，并把这当作进入美国社会的过渡。玛丽做饭，路德维希自嘲地说自己是园丁、司机兼管家，需要身着白色礼服上菜。这对夫妇还安排了一些深刻而有创意的游戏。在路德维希的帮助下，车库北边的窗户被改得像北芬斯特银行的窗口一样，每个人轮流扮演银行柜员和顾客。路德维希和玛丽一边学英语，一边教小孩一些规矩：园艺的流程以及正式的餐桌礼仪。尽管费曼学过那些技能，但他会小心地不显露出来。

　　琼是全家最小的孩子。在她看来，这个家真是井然有序，所有的事在该发生的时候都会发生。但是，在她三四岁时的一天深夜，费曼把她摇醒，打乱了这种节奏。费曼说他得到大人的允许，要给妹妹展示一些难得一见又神奇的东西。他们手牵手走到法洛克威的小高尔夫球场，远离明亮的街道。费曼说："往上看。"就在他们上方，酒绿色丝带般的条纹状极光飘荡在夜空里。这是大自然带给他们的惊喜。就在此刻，地球大气层上方，来自太阳的粒子被地球的磁场汇聚，明亮的高压电离在空中飘荡，随着城市的规模越来越大，街道的灯光越来越多，这样的景象再也看不到了。

那是值得的

除了数学，费曼也独立发展出了动手能力。费曼家里的科学器材扩充了，包括化学套装中的化学药品、从望远镜上取下来的透镜，以及冲洗照片的设备。小费曼把自己的实验室跟全家的电路连接起来，这样他就可以在任何地点用手提扩音器做即兴广播。他的父亲听说电化学是一个重要的新领域，于是在家里宣布这件事。小费曼想搞清楚电化学是什么，但是没有成功：他弄了一堆干化学药品，把通电的电线放上去，结果什么也没有发生。费曼做了一个简易的发动机，用来摇妹妹的摇篮。有一天，父母很晚从外面回来，他们打开门，突然响起了铛铛的声音，费曼大喊："成功了！"他们家现在有防盗报警器了。母亲的牌友问她如何忍受那些噪声、化学品产生的烟雾、高级亚麻毛巾上洗不掉的墨渍，母亲总是很平静地说，那是值得的。在发展孩子的天赋方面，纽约的中产阶级犹太家庭不会有丝毫的犹豫。

费曼的父母也按照众多邻居的理念养育孩子，虽然他们不太表达，但他们就生活在这些信念之中。他们正在把孩子们送往一个充满艰难与危险的世界，像费曼的父亲说的那样，家长的责任是倾其所有养育孩子，让他"能更好地面对世界，可以为了生存应对与其他人的竞争"。孩子必须找到自己适合的位置，在这个位置上过完自己有用而成功的一生。家长们的动机当然是自私的，只有孩子的成功才能让他们在邻居面前觉得有面子。费曼的父亲曾经写道："孩子表现得好而且出众的时候，父母会挺起胸膛，环顾周围邻居说（当然没有真的说出来）：'看看我的成就，很棒吧？你有什么能跟我比比的吗？'然后邻居会赞扬这个孩子，羡慕他的父母，让他父母的虚荣心得到满足，把孩子的成功归功于父母的养育……"有些家长经商，但觉得"商业世界"的生活乏味而劳累，他们希望孩子们可以转向专业的学习和文化的世界。最终，子女不会对父母的牺牲感到歉疚，即便歉疚，他们也可以在自己的子女身上偿还。

　　成年的费曼很擅长讲述关于自己的故事。从这些故事里，我们看到父亲曾教过他很多科学的知识。这种教育朴素又智慧。父亲相当看重好奇心的价值，却鄙视事物的外表。他希望费曼不要通过嘴上说的只言片语和身上穿的制服就轻信别人。作为卖制服的商人，他觉得制服毫无意义，就连教皇也只是穿着制服的男人而已。每当费曼父子一起散步的时候，他总会翻开石头，给小费曼讲讲蚂蚁和虫子，或者讲讲星星和海浪。他喜欢考虑事情的过程而不是事情本身。他渴望解释这些知识，但时常力不从心。费曼后来才意识到，有些事情是父亲编出来的。但这些教育的价值在于思考科学知识的方式。费曼讲过两个关于自己父亲的故事。

　　第一个故事和鸟有关。很多父子常在夏天的周末去纽约的卡茨基尔山徒步旅行。有一天，一个男孩问费曼："看到那只鸟了吗？它是什么鸟？"

　　我回答："我完全不知道那是什么鸟。"
　　男孩说："那叫棕喉鹪。你爸爸什么都没教你吗？"
　　事实正好相反，父亲已经教过我："看到那只鸟了吗？它叫斯宾塞莺（Spencer's warbler）。"（我明白父亲不知道这只鸟真正的名字。）"在意大利语里它叫 Chutto Lapittida，在葡萄牙语里叫 Bom da Peida，在汉语（粤语）里叫 Chung-long-tah，在日语里叫 Katano Tekeda。你可以知道这只鸟在世界上所有语言里的名称，可是然后呢，你对这只鸟还是一无所知。你仅仅学到了不同地方的人用不同的名字来称呼这只鸟而已。所以，我们来仔细观察这只鸟正在做什么吧，这才是最重要的。"

　　第二个故事的寓意让人理解名字和被命名的事物之间的区别。小费曼问父亲为什么他拉着红色玩具车往前走的时候，车上的球向后滚。

　　父亲回答："没有人知道这件事的原因。[1] 一般认为正在运动的东西试图保持运动，而静止的东西试图保持静止，除非你给它们施加力量。"然后他又说："这个保持的趋势叫惯性，但是没有人知道为什么会这样。"这就是真正深刻地理解问题。

我们还可以比费曼的父亲理解得更深刻：没有多少科学家或教育家意识到，即使对牛顿的力学有完整的理解，我们依然无法回答惯性产生的原因。宇宙不一定非得如此。要向孩子解释什么是惯性非常困难：球在往车后滚动的时候，实际上相对地面往前移动了一点儿，是车身的摩擦力让球的状态稍稍有所改变；摩擦力在力的传递过程中起到的作用；每一个物体都保持静止或向前匀速运动的状态，除非施加在它身上的力迫使它改变状态。只传达概念，而不增加学术上对本质的讨论，实在是够难的。从某种程度上说，牛顿定律确实可以解释为什么球向玩具车的后方滚，为什么棒球运动的轨迹是抛物线，甚至可以解释为什么收音机里的石英矿石可以捕捉到无线电波。后来，费曼敏锐地意识到这些解释有局限性。费曼曾经苦恼于不知道怎么解释磁铁能吸住铁棒，或者解释地球怎样对抛到空中的物体产生引力。费曼对于惯性这样的概念发展出了不可知论的态度，他心中的物理学和别人不一样。就在费曼和父亲讨论玩具车的时候，同样奇怪的物理学在欧洲诞生了。量子力学给科学带来了新的疑问，而费曼也经常用各种方式表达那样的疑问。不要问为什么会那样。没有人知道。

即便在费曼很小的时候，当他在吸收这样的智慧的时候，他也经常发现父亲对科学的理解很有限。有天晚上费曼上床睡觉时，他问父亲代数是什么。

父亲回答："如果算术不能解决问题，就需要用到代数。"

"比如什么呢？"

"比如房子和车库的总租金是 15 000 美元，车库的租金是多少？"

费曼看得出来问题在哪儿。当他开始读高中的时候，发现代数课 I 学得太浅，回到家里心里很不痛快。他到妹妹的房间问妹妹："琼，如果 2 的 x 次方等于 4，x 是未知数，你能告诉我 x 是多少吗？"她当然可以。但是费曼想知道，为什么到了高中还要学这么简单的东西。同一年，他也可以轻松看出 2 的 x 次方是 32 的话，x 是多少。学校马上把他换到代数课 II 的班上，授课老师是胖胖的摩尔小姐，要求非常严格。在她的课上，学生们要一个接一个到黑板上做题。费曼在一群年龄更大的孩子中间显得格格不入，但是他已经让朋友们知道自己比他们更聪明。不过，他在学校的智商测验结果只是勉强可接受的 125。

学校生活

那时候的纽约市公立学校因为办学质量高而得到推崇，部分原因是一些知名校友的温馨回忆营造的印象。但费曼自己觉得，他上的第 39 公立学校是使人变笨的"智力沙漠"。一开始，他主要靠在家自学，大部分知识来自百科全书。他自学了基本代数，有一次写了个四元方程组，向算术课老师炫耀，还给出了自己有条理的解法。老师受到震撼，但是也很困惑。她只能把题目拿给校长才知道答案是否正确。学校里有一门科学课只收男生，授课老师是爱吹牛且身材壮硕的康诺利少校——显然他是在第一次世界大战期间获得了军衔。费曼所有关于这门课的记忆是 1 米相当于 39.37 英寸，以及有一次跟老师争论，从单光源发射的光线到底是放射状发散的（费曼觉得这样比较符合逻辑），还是像传统教科书上透镜图中那样是平行的。虽然只是上小学，但费曼已经知道他在这些事情上是对的。从物理上看来，很明显这不是那种靠权威就能解决的争论。而这个时候，费曼在家里用 110 伏家用电路烧水，然后在切断电路的时候观看那些蓝色和橘色的火花线在水中漂动。从阳光到植物，到肌肉，再到玩具上满发条后储存能量的机械装置，父亲有时会

用日常生活来描述能量流动的美妙。学校作业要写诗，小费曼就把这些观念运
用到一个虚构的田园景象中，有个农民正在耕地，准备种植粮食、收割牧草：

能量实在太重要，
所有劳动都靠它，
能量威力实在大，
不会凭空不见了。

农民若是少能量，
他的损失一定大，
可是想想也悲伤，
能量全靠小棕马。

然后他又写了另外一首诗，表达他对科学和科学思想的执着。他借用《圣
经》中的神启意象，来表达科学就是对上帝的质疑的感觉——他指的至少是学
校里教的那种标准的上帝。在费曼家看来，上帝的形象更理性，也更有人文
主义精神。他先写道："科学让我们好奇。"深思熟虑之后，他把第一句最后的
"好奇"划掉了。

科学让我们 ~~好奇~~ 游荡，
浪迹远方；
就在此刻，你知道，
我们该把脸隐藏。

山峦总会颓败，
峡谷也要泛滥火海；
驱赶人们如同牛马，
禽兽陷入泥塘。

我们说，地球飞出太阳，
或许进化一路指航。
我们源自最低等的野兽，
后退一步就是猿与狐猴。

我们思考科学，
科学充盈双耳；
我们看见科学，
科学取代恐惧。

是啊，
我们从上帝处开始游荡，
远离神圣的君王；
我们情不得已，
木已成舟，不再彷徨。

但是费曼觉得这首诗写得有点儿"娘娘腔"，这不是小毛病。有聪明才智的男孩经常被刻板地看成"娘娘腔"，费曼深受其扰。他认为自己身体柔弱，体能糟糕。他完全搞不定棒球。街上有球滚过来都会把他吓坏。钢琴课也让他丧失信心，这还不光是因为他弹得差，而是因为他一直在练习的曲子叫《雏菊之舞》。那段时间费曼特别崩溃，母亲叫他去商店买点儿"胡椒饼"，他都能焦虑起来。

在女孩面前害羞也是常有的事。他害怕和强壮的男孩们起冲突。为了讨好他们，费曼帮他们做题，或是展现自己知道得多。他忍受了常见的羞辱：邻居家的孩子把他的第一套化学实验器材堆在他家门口，把人行道弄得一团糟，费曼也无可奈何。他想要做个好孩子，但又担心自己变得"太好"。他没办法把智力转化为力量，但他可以让自己的智力应用于比较实用的方面，这样就能摆脱"娘娘腔"的名声——至少他自己这么觉得。他认为自己是一个实用者。在法洛克威高中，他迷上一套数学基础教材，这套书的书名充满魔力——《实用者算术》《实用者代数》，他迅速把书读完了。他不想让自己太精致，诗歌、文学、绘画和音乐太有教养了，而木工和机械才是真正的"男人的活动"。

为了照顾那些无法在棒球上满足竞争欲的学生，纽约的高中学校之间发起了校际代数联盟，也就是数学代表队。费曼和朋友们在物理俱乐部研究光的波动现象，以及烟圈的奇异的旋涡现象。他们也重做了加利福尼亚州的著名物理学家罗伯特·密立根（Robert Millikan）提出的经典实验。他们用悬浮的油滴来测量单一电子所带的电量。但是，这些活动都不如参加数学代表队更让小费曼兴奋。每个学校派出五个学生在教室里会面，两组坐成一排，老师会问出一连串的题目。这些题目都经过巧妙的设计，按照约定，解题过程不能用到微积分，只能用课上教的标准代数，但在规定时间里很难完成。题目里总是暗藏圈套，或者存在揭开答案的窍门，只有识破它们才能在短时间内完成。如果题目本身没有捷径可走，学生就必须自己想出一个出题者没有见过的新解法。

教育者常说，学生应该关注正确的方法，而不是只想着得到正确的答案。但在比赛的有限时间里，只有答案才有意义。参赛的学生可以在草稿纸上任意书写，只要把最后的答案圈起来就可以。所以解题思路必须灵活多变，迎难而上往往不是最好的方法。费曼简直就是为这种比赛而生的。其他男孩是主席和副主席，但费曼是队长，他所在的队总能赢。队伍里的二号队员总是坐在费曼身后，他必须用铅笔拼命计算才能在规定时间内做完。可他总感觉到费曼一直在发呆，从来不写东西，直到最后才写出答案。曾经有这么一道题目：你正在划船逆流而上，水流速度是 3 英里 / 小时，你相对于水流的速度是 4.25 英里 / 小时。你的帽子掉到水里，45 分钟后你才发现，于是马上掉头，不考虑加速的情况，要多久才能追回帽子？

　　这道题目看起来很简单，给几分钟来算，过程不复杂。但是一开始就考虑3 和 4.25 的加法和减法的学生肯定会输掉比赛。这道题目的关键在于参照物，水流的运动其实完全用不上——就像地球在太阳系中的运动，或者太阳系穿过银河系的运动。实际上，题里给出的速度完全不重要。你要把参照物放在帽子上——想想你自己就是漂在水上的帽子，水对你来说是静止的，你可以对河岸视而不见——现在看看那条船，你马上就明白了，费曼就是这样看出来的，你花了 45 分钟将船划向远处，现在要花同样时间才能回来。

　　对最优秀的参赛者来说，题目的答案只需要闪现的灵光，根本用不着仔细思考。在理想状态下，你不需要使劲考虑，只需要放松。费曼经常在题目还没念完的时候就已经想明白了，而他的对手还没开始计算就看到费曼直接写出最后的答案，再画一个圈把数字圈起来。对手这时候只能发出深深的感叹。费曼读高三那一年，纽约市所有的公立学校和私立学校都派队参加一年一度的比赛，本次比赛在纽约大学举办，费曼得了第一名。

　　数学是什么？对大部分人来说，答案足够清楚——一堆冷冰冰的事实和一些死记硬背的运算，位列算术、代数、几何、三角学和微积分的大标题下。不过总有个别人能找到门径进入更自由、更多彩的世界，甚至被称为"娱乐"的数学世界。在这个世界里，必须划船载着狐狸和兔子渡过想象中的河流，而兔子丝毫不会受到伤害。在这个世界里，总有特定的一群人说谎，而另一群人永远说实话。在这个世界里，只用天平称量 3 次就能从假币中找到金币。在这个世界里，粉刷匠要在角落里架上 12 英尺高的梯子。有些问题从来不会过时，一直在被讨论。要把一罐 8 夸脱 [①] 的酒平分成两份，但是只有 5 夸脱和3 夸脱的量杯怎么办？一只猴子爬绳子，绳子末端穿过滑轮，在另一边有个重物跟猴子平衡（这其实是物理题）。关于质数、平方数和完全数的问题总会出现。概率论充斥在游戏里，翻硬币和扑克牌让人筋疲力尽。无穷大的数有好多个：整数的个数无穷大，却可以证明这个数小于直线上所有点的数目。小

―――――――――

①　1 夸脱（美制）≈ 0.946 升。

男孩用圆规和直尺玩几何学，就像欧几里得那样画出三角形、五边形和圆的内接多边形，用纸折出五种柏拉图多面体，等等。费曼曾经梦想着青史留名，他和他的朋友毛特纳以为他们找到了仅用圆规和直尺就可以三等分角的方法，而这个问题几千年来无人能解。实际上，他们误解了问题的本意，他们可以三等分等腰三角形的一条边，却错误地认为对角到等分点的连线可以三等分对角。小费曼和朋友骑着自行车在附近兜风，兴奋地想象报纸上的大标题："两个初学几何的高中生破解了三等分角的千年难题。"

　　这个丰饶的世界适合玩耍，却不适合工作。高中学习生活虽然沉闷，但它连接着真实的成年人的数学世界。费曼一开始觉得一切有些虚幻，但他逐渐想要从事研究工作，解决谜题，主动地探索真正的前沿，而不是被动地接受陈旧的智慧。在学校里，每个问题都有答案。在娱乐的数学里，大家可以迅速理解和研究开放性的问题。玩数学游戏也可以逃离权威。费曼注意到三角函数的符号不合逻辑，他发明了一套新符号：

$\overline{5x}$ 是 $\sin(x)$

$\overline{cx}$ 是 $\cos(x)$

$\overline{Tx}$ 是 $\tan(x)$

他是自由的，但也特别讲究方法。他把对数表背下来，然后练习用心算求出中间的函数值。他的笔记本里开始充满了数学公式，以及加起来可以得到 π 和 e 的连分数。

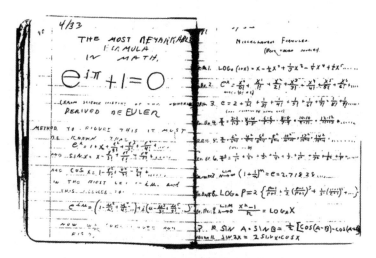

费曼十几岁时笔记本上的一页

费曼 15 岁的前一个月，他用一英寸大的字写满了一页纸：

数学中

最出色的

公式

$e^{i\pi} + 1 = 0$

（摘自《宇宙科学史》）

这一年过完之前，他已经掌握了三角学和微积分。他的老师看得出来费曼的才华所在。奥格斯伯里老师上了三天几何课之后，就走下讲台，把脚翘到课桌上，让费曼代替自己管理课堂。在代数方面，这时的费曼已经自学了圆锥曲线和复数，解方程已经有了几何学的内涵，方程的解直接联系着平面上或空间中的曲线符号。他确信自己所学的知识有实际用途。他的笔记本里不仅有这些题目的原理，也有丰富的三角函数表和积分表，这些可不是从教科书上抄来的，而是费曼用学到的方法自己算出来的。对于这本微积分笔记本，他借用了自己曾经读过的那些书的名字，给笔记本起名为《实用者微积分》。同学们在纪念册中互相起外号，费曼得到的称呼不是"最有可能成功"或"最聪明"，大家一致给了他"疯狂天才"（Mad Genius）的称号。

所有物质都由原子构成

最早的量子思想——事物本质上由看不见的基本成分组成——至迟在2500年前就有人提出了。从这里开始，物理缓慢地诞生了，如果没有这些基本认识，就难以理解土、水、火和空气。这个观念一开始让人免不了怀疑，因为泥土、石头、树叶、水、肌肉或骨骼看起来完全不是那样。但是公元前5世纪的几位古希腊哲学家发现，自己难以表达出任何其他令人满意的可能性。物质会改变状态——破碎、褪色、枯萎或成长——但是物质的本质没有变。不会变化的物质本质，意味着物质的基本成分不会变。物质会运动，会重新组合，这会带来外观的改变。更有意义的是，把物质的基本成分当成不会改变和不可分割的东西，比如原子（atomos），意为"不可分割的"。无论原子是不是真的完全统一或不可分割，都不妨碍这样的观念。柏拉图把原子想象成纯几何形状的硬块：立方体、八面体、四面体和二十面体，对应着土、气、火和水四大基本元素。其他人想象有小钩子一样的东西把原子钩在一起（不过这些钩子又是什么做的呢？）。

希腊人不太重视实验，但是有些观察结果支持了原子的观念。水会蒸发，水蒸气会凝结。动物会发出看不到的信息，它们的气味随风飘散。装满灰烬的罐子还能倒得进去水，两者原来的体积加起来并不是最后的体积，这意味着物质之间存在空隙。其中的机制让人困扰，现在仍然如此。这些小颗粒如何运动？它们之间如何连接？诗人理查德·威尔伯（Richard Wilbur）写道："云啊，云啊，充满了石头。"即使在今天这样的原子时代，我们还是很难理解为什么物理学家说的粒子云可以构成摸起来坚硬的物体边缘。

相信科学解释的人，每天都要把教科书上的知识和真实世界联系起来，因为只有真实世界的知识才是我们真正接收到的和真正拥有的知识。小时候，别人教我们地球是圆形的，它绕着太阳运动，也绕着倾斜的轴自转。我们可以不加怀疑地接受这些知识，但这只是现代世俗宗教经不起推敲的说教。或许，我们可以把这些知识的碎片连接成更大的框架来理解，这样就不会轻易崩塌。随着冬天临近，我们看到太阳在天上运行的弧线越来越低。我们根据路灯的阴影长短猜出时间。我们跨越旋转木马转台的时候要对抗侧方的科里奥利力，我们也可以把这种感觉跟学到的地球气旋的知识建立联系：北半球的低气压呈逆时针方向旋转。我们计算船上高高的桅杆要在多长时间之后才会消失在海平面之下。太阳、风和波浪的种种特征都让我们不再相信"地球是平的"，我们再也不会无法理解潮汐随着月亮涨落。

所有的物质都由原子构成——要把这一观念和日常经验中的坚固的桌椅联系起来可不容易。看一眼办公大楼的石阶上光滑的凹陷痕迹，我们很少会想到这是千万次的踩踏日积月累地刮掉了无数小粒子的最终结果。我们也很少从珠宝的几何切面联想到把原子像小球一样堆起来，呈现出特定的晶向，并形成人眼可见的规则角度。如果真的考虑自己身体内外的原子，我们还是无法回答为什么石头那么硬。费曼曾经问过他的高中老师（却从未得到令他满意的答案）："如果原子总是轻轻晃动，那为什么尖锐的东西总是那么尖呢？"

成年的费曼曾经问过：如果人类的所有科学知识都在一次巨大的灾难中丢失了，哪一句话可以为下一代保留最多的信息？我们如何把对世界的理解最有效地传递下去？他建议的这句话是："**所有的物质都由原子构成**——这种小微粒一直在运动，彼此分开时会相互吸引，但在被挤压时会相互排斥。"他又说："在这句话中，只要稍加想象和思考，你就能找到大量关于这个世界的信息。"自从自然哲学家提出原子的概念以来，人类已经走过了几千年岁月，而费曼这一代科学家才真正且普遍相信这个概念。原子不再只是为了方便思考问题而想象出来的概念，而是实实在在的物理事实。即便到了 1922 年，尼尔斯·玻尔在发表诺贝尔奖获奖感言时仍然觉得自己有义务提醒听众，科学家"相信原子的真实存在已经毫无疑问地被证实了"。可是小费曼在家里的《不列颠百科全书》上反复读到的句子是："纯粹从化学的观点来说，即使到了今天，针对这个问题的争议还在继续。"物理学这门更新的科学已经掌握了强有力的证据：被称为辐射的现象，似乎暗示了物质真的会分解，而且这个过程是真实发生的，可以听到清脆的声音或看到短暂的亮光。可是直到20世纪80年代，人们才敢说终于看到了原子。虽说是间接看到，但是在电子显微镜拍摄的照片中，那些阴影重重的、整齐排列的小球，还有激光交织产生的"原子阱"中发亮的橙色小点，总能激发人的想象力。

让17～18世纪的科学家们开始相信物质由基本微粒构成的证据，不是固体，而是气体。在牛顿力学引发的科学革命之后，科学家做了很多测量，找到一些常数，写下一些数学关系式，这是过去不用数字的哲学讨论所无法提供的知识。研究者生成并分解了水、氨、碳酸、碳酸钾和数十种其他化合物。他们在仔细地称量出原材料和最终产物的重量时，发现了一些规则。氢气和氧气以二比一的体积比消失而转变成水。罗伯特·玻意耳（Robert Boyle）在英国发现，只要温度固定，虽然密闭活塞内的空气的压强和体积会改变，但是两者的乘积是一个常数。这些测量值好像被一个看不见的规则联系起来，为什么会这样呢？加热气体就会使它的体积或者压强增大，这又是为什么？

热仿佛是看不见的流体，从一个地方流动到另一个地方——无论它是"燃素"还是"热量"。但是一代又一代的自然哲学家想到了另一种观念：热是一种运动。这是个大胆的想法，因为谁也没有看见物质在运动。一位科学家必须想象微风吹在脸上的柔软压力，其实是无数的粒子碰来碰去地向各个方向运动的结果。不过算术证实了这种猜测。瑞士的丹尼尔·伯努利（Daniel Bernoulli）假设压强正是微小的球状粒子持续碰撞的作用，由此推导出了玻意耳定律。同样，他又假设热量就是这些运动加剧的表现，还算出了气体的温度和密度的关系。安托万－洛朗·德·拉瓦锡（Antoine-Laurent de Lavoisier）仔细测量化学反应前后的物质重量时，这种微粒的观念再次取得胜利。他证明任何化学反应之前和之后的分子数可以像账本一样算得清清楚楚，即使在铁生锈这种气体与固体的反应中也一样成立。

"物质本身不会变化，它由特别简单的小点组成，不可分割，没有实质内容"——原子自身又包含着拥挤的、可以测量的内在世界，这只能留给下一个世纪的科学家去猜测了——"而且每个小点相互分离"。鲁杰罗·博斯科维克（Ruggiero Boscovich）是 18 世纪的数学家和法国海军光学研究的负责人。他发展出的这套关于原子的观点充满了先见之明，两个世纪之后，费曼的一句话也表达了同样的意思。博斯科维克所说的原子更像是力，而不是物质。这样的观念可以解释很多现象：为什么橡胶压缩后可以反弹，而蜡却不行？为什么物体会反弹？为什么固体保持原状，而气体和液体容易液化或蒸发？"不同的物质会冒泡和发酵，粒子来来回回往复运动，时而远离，时而又彼此靠近"，这都是为什么？

要理解这些微小的粒子，就必须理解看得见的现象背后的那些看不见的吸引力和排斥力。"小粒子分开一定距离时会相互吸引，但是被挤压到一起的时候又会互相排斥。"费曼曾这样简单地描述过。1933 年，这个聪明的高中生心里已经产生了基本的科学思路。两个世纪以来，对物质的化学性质已经有了越来越精确的研究，发现的化学元素越来越多。即使是高中的化学实验室，也装配了把水通电分解出爆炸性的氢气和氧气的设备。教学过程中所呈现的化学，好像已成为一套规则和方法的常识。但是只有充满好奇，才能问出一些最根本的问题：如果原子一直在"晃动"，固体怎样维持原状？是什么样的力在控制着空气和水的流动？而什么样的原子运动会产生火焰？

一个世纪的进步

当时对力的研究让人们用了十年重新解释原子的本质。化学物理学学科很快就被所谓的核物理学和高能物理学所取代，而那些探讨各种物质的化学性质的人，也尝试着把量子力学早期的惊人发现纳入研究之列。那年夏天，美国物理学会在芝加哥召开一场会议。化学家莱纳斯·鲍林（Linus Pauling）讲述了量子力学对生命的原始组成部分——复杂有机分子有什么影响。来自麻省理工学院的物理学家斯约翰·C. 斯莱特（John C. Slater）努力地在量子力学中的电子和化学家可以测量的能量之间建立联系。会议之后，人们就分散到主题为"一个世纪的进步"的芝加哥世界博览会的会场去了。玻尔本人讲解了新的物理如何进行测量的问题，这是在回应大家共同的疑惑。在或站或坐的拥挤人群面前，玻尔轻柔的丹麦口音总被婴儿的哭声或出故障的麦克风打断，他提议用一个"互补性"原理来处理物质注定要面对的双重性。他说是他本人引入了这个革命性的观念。不只是原子粒子，真实世界里的一切都要受它支配。他说："我们已经不得不接受这个观念 [2]，我们不只是要修正所有经典物理学中的观念，就连日常生活中的一些想法也需要修正。"他最近跟爱因斯坦碰过面（他们的讨论并没有玻尔所描述的那么平和），发现实在是别无选择。"我们必须放弃用因果律来描述物理现象。"

费曼一家人也在那年夏天的博览会上，他们忍耐着热浪在博览会上参观。为了参加这样的活动，家人还特地教琼用刀叉吃培根。然后，全家人把行李箱绑在汽车后面就出发了。在那个还没有州际高速路的时代，驾驶在乡间道路上的旅程似乎没有尽头。他们在旅途中住在农家过夜。博览会位于密歇根湖边占地 400 英亩的地方，到处都有科学的象征。进步的确存在：博览会庆祝的是大众对科学的认知达到新顶点。"知识就是力量"，这句最诚挚的格言印在费曼的一本叫作《少年科学家》（*The Boy Scientist*）的书上。科学意味着发明和革新，它改变了人类的生活方式。由发明家爱迪生、贝尔和福特本人创建的企业，正在用电线和柏油路的网络连接广大的乡村——这一切似乎正在取得积极的结果。这些光子和电子的表现多么神奇啊！它们点亮的街灯和敲响的电铃，在百里之外都明亮和悦耳。

即使在大萧条时代，科学的奇迹也激发了人们对未来的乐观信念。在目光所及之处，有高速飞机、数百米高的摩天大楼，人体甚至国家的疾病都可以通过技术得到治疗。谁知道今天这些聪明的年轻学生明天会把世界带向何方呢？一位纽约作家写下了他心目中 50 年后的纽约：他预计 1982 年的纽约会有5000 万人口，东河和哈德逊河大部分会被"填平"。"在交通方面，无疑会有好几层的高架桥和无声电车轨道——建在摩天大楼两边伸出来的平台上……"一位天才高中生（他总是知道得比别人多）这样想象：补充营养只需要服用浓缩的小药丸，女装的剪裁会像 20 世纪 30 年代的泳装那样更贴身。那时候，人们对年轻一代有着无限的期望。

科学家也一样，他们在努力地接受社会文化赋予实验室的新形象。芝加哥大学的研究人员在那年夏天发表结论，认为人脑也靠电力运作，大脑的中心交换机有大量的连线来连接脑细胞，而每个脑细胞都可以被看成一个微小的化工厂和电池。芝加哥的商业界也最大限度地利用这些科学成果。在博览会开幕那天的特别表演中，四座天文台的技术人员用从 40 光年外的大角星（牧夫座 α）传来的微弱星光，经过望远镜聚焦，再用电放大的方式点燃现场的灯光。"展现在我们眼前的，是人类在物理科学世界的成就，证明人类有能力战胜所有阻挠自己的障碍。"在大会主席鲁弗斯·C. 道斯（Rufus C. Dawes）宣布这句话的同时，无数的美国国旗被射上天空，然后缓缓飘下。真实尺寸的恐龙模型震慑了观众，还有机器人在发表演讲。对科学不太感兴趣的人可以去看失业女演员萨莉·兰德拿鸵鸟毛做的扇子跳舞。费曼一家人乘坐了悬挂在两座高 600 英尺的高塔间的钢缆上的缆车，还去看了科学厅，那里的墙上用 151 个单词概括了从毕达哥拉斯到欧几里得，到牛顿，再到爱因斯坦的科学史。

费曼一家人从没听说过玻尔和其他来芝加哥开会的物理学家。但是，像大多数美国报纸的读者一样，他们对爱因斯坦的事迹耳熟能详。那年夏天，爱因斯坦已经离开德国，正在欧洲大陆流浪，他准备在 10 月抵达纽约。过去 14 年来，美国一直很狂热地向大众宣传这位"数学家"的故事。费曼家里常看《纽约时报》，这份报纸所领导的这股风潮只有一个前例可以与之相提并论，那就是在此一个世纪前，它差点把爱迪生捧成神。无论美国还是欧洲，无论在这之前还是之后，都从来没有哪位从事理论研究的科学家能像爱因斯坦这样引发狂热的崇拜。传说里面最真实的一部分就是他提出的相对论，让 20 世纪的人知道如何去思考宇宙。传说还提到，爱因斯坦自称全世界只有 12 个人能够理解他的理论。1919 年，《纽约时报》一篇文章的标题写着："天空的光线全是歪的，爱因斯坦理论大获全胜。星星其实不在你看到的或计算出的位置，不过不必担心。一本为 12 位聪明人写的书。爱因斯坦说，世上没有其他人能理解。"接下来有一连串的评论，其中一则标题叫作"挑战绝对的观念"，另一则很开心地说，"连九九乘法表是否可靠都会引起信心危机"。

正因为相对论晦涩难懂，反而让它流行起来。不过，如果爱因斯坦的理论真的不可能读懂，也就不可能真的传播得这么好。市面上出版的号称能解释这些谜团的书超过一百种，报纸上谈到相对论那些似是而非、充满矛盾的谜时，语气总是又崇敬又谦卑。而事实上，报纸和读者对这门新物理学的内容的了解是正确的。空间是弯曲的，即空间中有看不见的经纬线被引力扭曲了，而时空里有一个以太这样的绝对参考坐标系的假设也被扫地出门。光的速度是固定的，约 30 万千米 / 秒，而且它的轨迹也受到引力的控制。广义相对论从欧洲经海底电缆传到纽约市的报馆后不久，连不太会算直角三角形斜边长度的小学生都能背诵爱因斯坦的著名方程式：$E=mc^2$（能量等于质量乘以光速的平方）。有人居然还能讲出公式的含义：理论上，质量和能量可以相互转化，而且在原子中，巨大的力量还没有释放出来。他们也感觉到，宇宙已经缩小了。宇宙再也不是过去那种包罗万象、无从想象的整体，现在，宇宙可能是有限的，因为它的四维曲率特性而开始显得有点儿不自然。英国物理学家 J. J. 汤姆森（J. J. Thomson）很不高兴地说："我们有爱因斯坦空间、德西特空间、膨胀的宇宙、收缩的宇宙、振荡的宇宙、神秘的宇宙，等等。事实上，纯数学家只要写下一个方程就可以创造宇宙……他可以拥有自己的宇宙。"

　　世界上再也不会有另一个爱因斯坦了，当然也不再会有另一个爱迪生、雅舍·海费兹（Jascha Heifetz）[1]或贝比·鲁斯（Babe Ruth）[2]，这些人物跟同代的人比起来是如此崇高，甚至被看成传奇人物、英雄、半神。未来还会出现天赋异禀的科学家、发明家、小提琴家和棒球选手，过去也的确出现过。但是世界已经大到不容易找到独一无二的天才，如果有 12 个贝比·鲁斯，岂不是跟没有一样？在 20 世纪初，数百万美国人只能说出一位同时代的科学家的名字；到了 20 世纪末期，能举出的科学家名字有五六个。宣扬爱因斯坦学说的人属于一个人心比较纯真的时代，而在今天这个打破神话、推翻成规的年代，要创造新的偶像就没那么容易了。当初把爱因斯坦捧红的人有那个意愿，也有那个能力来重塑科学天才的大众印象。爱迪生那"1% 的灵感加 99% 的汗水"的秘诀似乎已经不适用于天资聪颖、善于抽象思考的爱因斯坦。爱因斯坦的创造力和禀赋简直是天赐的：他想象一个宇宙该是什么样的，那个宇宙就诞生了。"天才"这个称呼一方面似乎带有不食人间烟火的意味，另一方面好像必然充满智慧。他像电视时代以前的运动明星一样，人们只能从很远的距离之外看到他。没有多少真人真事会跟神话形象互相干涉。这时候，爱因斯坦已经不再是一个很执着的苦行僧——一位在 19 世纪的前 20 年里，天赋达到顶峰的年轻职员。民众以前几乎都没见过这个人，现在一讲爱因斯坦，大家就会想到他鲜活又有点儿心不在焉的形象：乱蓬蓬的头发，松松垮垮的衣服，还有不爱穿袜子的模样。把爱因斯坦神化的这种例子有时候也会用到别人身上。英国量子物理学家狄拉克在 1929 年到美国威斯康星大学访问，当地的《威斯

[1]　俄裔美籍小提琴家，20 世纪最伟大的小提琴家之一。
[2]　美国棒球运动员，被誉为"棒球之神"。

康星州报》登了一篇俏皮的文稿："在今年春天，大学里有这号人物……他正要把牛顿、爱因斯坦和其他所有人从报纸头版挤下来。"记者写道，平常美国科学家一定都显得很忙碌，也很活跃，"但是狄拉克不一样，他仿佛拥有全世界的时间，他最繁重的工作就是看向窗外"。狄拉克在对话中总是以恰如其分的简短话语结尾。（报纸的读者一定会以为狄拉克德高望重，但事实上，他那时才 27 岁而已。）

"博士，现在可不可以请您用短短几个字简单介绍一下您的研究内容？"

"不。"

"好。我换个问法：'狄拉克教授解决了所有的数学物理学的问题，可是还找不到更好的方法来估算贝比·鲁斯的击球成功率。'您觉得这样介绍可以吗？"

"好。"

"……"

"您看电影吗？"

"看。"

"什么时候？"

"1920 年，可能 1930 年也看过。"

这个天才真像是从其他世界来的外星人，对追求实用的美国人来说，科学指的是机械装置等玩意儿，可是爱因斯坦和狄拉克等这些从欧洲来的科学家让美国人再次觉得，科学家的想法就是古怪。

在电影《淑女伊芙》（*The Lady Eve*）中，芭芭拉·斯坦威克饰演的角色在打听亨利·方达扮演的人物——一个费曼这么大年纪的蛇类研究者："是那个高个子的迟钝男孩吗？"

"他不迟钝，他是科学家。"

"哦，他是干这个的啊。我就知道他很**怪**。"

"怪"的意思是对人无害，意味着聪明的人有天赋，但为此要付出一些代价，带有一些缺陷。大众会这么想，也有一点儿自我安慰的意思。不过，某种程度上说这也算事实。很多科学家人在平凡世界里行事，思想却在远方。他们有时候无法掌握穿衣打扮或社交的技能。

假如当初那位记者询问狄拉克对美国科学状况的看法，可能会得到更长的回答。狄拉克曾经在一个比较私人的场合很刻薄地说过："美国没有物理学家。"这个评论不怎么好听，不过狄拉克的判断并不离谱，误差只有几年，而且狄拉克所说的物理学是全新的物理学。物理学不是真空吸尘器或人造纤维等在那十年间蓬勃发展的技术宠儿，也不是点亮路灯和发射无线电波，甚至不是在实验室里测量电子的电量或气体光谱的频率。物理学是看待如此破碎、随机、曲折的现实世界的全新眼光，少数几位美国物理学家看到了这个发展趋势，却恐惧它的到来。

"我觉得真实世界反映了我们的感官认识，"耶鲁大学首席物理学家约翰·泽勒尼（John Zeleny）向美国明尼阿波利斯市的观众演讲时为自己辩护道，"我相信明尼阿波利斯是一个真实的地方，而不是我的梦境。"不管爱因斯坦是不是真的说过相对论比量子力学更接近真相，只有很少几个人具备足够的数学基础能把它搞懂。

理查德和朱利安

夏天给法洛克威带来咸咸的热浪，暖风吹过沙滩。沥青路面因空气的折射闪闪发光。冬天，雪从低空的灰色云层中早早地降下。很快，雪停之后天空又恢复晴朗，日光使肉眼无法正视天空。小费曼尽情地享受自由和恶作剧的时光。他埋头于笔记本，或是到街上的杂货店，把一分钱的小费放在光滑的桌面上，然后用一个装满水的玻璃杯倒过来盖着，目的是利用光学折射的原理戏弄女店员。

他会在沙滩上注视着一个特别的女孩。这个女孩有着温柔的深蓝色眼睛,长长的头发被灵巧地编成辫子。游泳过后,她会把头发梳开,费曼学校里的男同学都会围过去。她的名字叫阿琳·格林鲍姆(Arline Greenbaum)。费曼很长时间都以为这个名字应该拼写成 Arlene。她住在长岛的切达赫斯特镇上。费曼夜里会梦见她,觉得她温柔美丽。可是结识女孩子看起来都希望渺茫,更何况费曼发现阿琳已经有男朋友了。即使这样,他还是跟着她去上犹太教会办的课后才艺班。阿琳参加美术班,费曼也跟着去上,丝毫没考虑到自己欠缺此类天赋。很快,费曼就只能躺在地上,用吸管呼吸,让同组的另一位同学在他脸上涂石膏来做模子。

即使阿琳注意到费曼的存在,她也没有表现出来。有一天晚上,她来到一个少男少女的聚会,一位年纪稍大的男孩在教大家如何亲吻,包括嘴唇的角度和鼻子的姿势,等等。这种"教学"当然包括实际演练。当阿琳到达的时候,费曼正跟一个刚认识的女孩练习。此时场面有点儿乱,几乎所有的人都站起来向她打招呼,只有一个没有礼貌的人在角落里正很夸张地继续练习。

费曼偶尔会跟其他女孩约会。他总是挥不去一种不自在的感觉,像是陌生人初来乍到,不知道有什么规则。母亲教过他一些基本礼仪。但是,跟女孩的父母一起在起居室等候、加入舞会的程序,以及客套话("谢谢你陪我度过一个美妙的夜晚")都让费曼觉得很愚蠢,就好像他无法破译这套人人都懂的密码。

费曼没有感觉到父母对他的期望。他也不太能意识到弟弟夭折给母亲带来的空虚感——母亲还时常想到他弟弟,他也没有注意到母亲的社会地位降到了中产阶级下层,而家里的经济也越来越拮据。大萧条时代到来,费曼一家只能放弃新百老汇街上有院子的大房子,他们住进一间小公寓,餐厅也用作卧室。父亲经常出门在外做销售。父亲在家的时候,就会读二手的《国家地理》

杂志。星期天，他会去户外画树林的景色或花草，有时带费曼和琼到大都会艺术博物馆参观。他们会去博物馆的古埃及区研究那里的象形文字，因为事先看过百科全书里的说明，他们能站在展览面前解读文字符号，吸引很多人围观。

费曼继续动手摆弄机械，到处探索。大萧条时代扩大了廉价收音机维修的市场，让费曼发现了商机。经过十年的大规模商业化生产，美国几乎半数的家庭拥有了收音机。1932 年，一台新收音机的平均价格跌到 48 美元，还不到三年前价格的三分之一。"袖珍"机型已经上市了，只有五个真空管，很精巧地装在 6 磅 ① 重的盒子里，其中还包括内置的天线、只有钞票大小的嵌入式喇叭。有些收音机还有分别调节高低音的旋钮，有些用高雅外形来打广告，比如"绸缎般的黑木外壳，配上电镀的铬条面板及边线"。

发生故障的收音机有各式各样的毛病，这是费曼熟悉内部线路细节的绝佳机会。他也帮人家重新接插座，或者爬到屋顶上去安装天线。他修收音机时会到处找线索，例如电容冒出的蜡，或者烧坏的电阻上一目了然的焦黑痕迹，如此就看出毛病在哪里了。后来他就用这些修收音机的经验作为素材，编了一个故事——"他用思考来修理收音机"。故事的主角是一个非常年轻的男孩，后裤袋里插着一把大得可笑的螺丝刀，解决了一系列异常困难的挑战。修好了最后一个，也是故障最严重的收音机，奠定了费曼的名气。那个收音机一打开就会发出恐怖的鸣叫，然后才慢慢消退。费曼来回踱步，思考原因，而吝啬的收音机主人说着风凉话："你在干什么啊？你到底会不会修啊？"费曼想了又想，到底是什么原因造成这个怪声先大后小呢？一定跟真空管的热度有关系，刚开始的时候外来的信号太多了，造成了鸣叫声，过一会儿就好了。费曼停下脚步，走到收音机旁，拔出第一个真空管，再拔出第二个真空管，把它们互换位置。打开收音机，噪声消失了。那个用思考来修理收音机的男孩，就是费曼眼中的自己，也是法洛克威的顾客眼中的他。理性管用，方程可信，它们的意义远远超出学校里的练习题。费曼痴迷于解决谜题，在头脑中移动

①　1 磅≈ 453.6 克。

线索的碎片，直到灵光一现，发现最合适的位置，整个过程充满力量和智慧，这种乐趣让费曼沉醉其中。有时候，他陶醉在这种满足的情绪中，无法分心，恍恍惚惚，让家人感到担心。

知识在当时还很稀罕。读到二手杂志都很不容易。对法洛克威的少年来说，光是弄到一本数学教科书都要费很大力气。每个广播节目、每通电话、每场犹太教会的演讲、莫特大街上新电影院放映的每场电影，都带着特殊的分量。费曼读过的每一本书都在他的脑海中留下烙印。如果数学方法入门书上有什么地方看不明白，费曼会一直算下去，写满自己的数学笔记本。他和同学间会像交换棒球卡一样交换数学心得。他的同学莫里·雅各布（Morrie Jacobs）告诉他 cos20° 乘上 cos40° 乘上 cos80° 刚好是 1/8，他记住了这个奇妙的公式一辈子，甚至还记得自己是在同学父亲开的皮革店里听来的。

即使在广播事业最兴旺发达的时代，人们的感受还是远远比不上后来电视带来的声光体验，电视会带来快速、转瞬即逝、用过就丢的知识。可是在广播时代，知识很稀奇，所以很珍贵。科学家也一样，科学信息的价值还没有因为知识的过量而贬值。对年轻学生来说，这意味着好题目往往就在手边，唾手可得。费曼很早就意识到靠近知识前沿的那种独特的感觉，而大家都不知道答案。即使在小学时代，他也会放学后留在实验室里，玩玩磁铁，帮老师整理东西，他已经感受到拿问题把老师问倒的开心。此时，费曼即将高中毕业，他说不清自己距离科学的前沿有多远或多近。在科学的未知领域里，科学家提出问题就像从田里拔出土豆一样简单。实际上，费曼离这些并不遥远。量子力学带来了巨大变化，很多基本问题都有待重新讨论。物理学仍然是一门年轻的科学，比当时人类所拥有的知识都更艰涩，其工作形式就像家庭小作坊。量子力学的书面资料依然很少，新科学的完整框架，比如核物理学和量子场论正在诞生之中。学术期刊只有数得过来的几种，且大部分在欧洲出版。费曼对这些都一无所知。

在城镇的另一头，还有一位目光远大的少年——朱利安·施温格，他已经悄悄地沉浸在新物理学的世界中。都市生活塑造了施温格，就如同郊区环境塑造了费曼一样。施温格是富裕的服装制造商的儿子，他小时候在纽约哈莱姆区的犹太社区长大，然后搬到曼哈顿西侧的河滨大道。深色的公寓大楼和石造大宅勾勒出沿河的曲线。这条路为汽车而建，也考虑了马拉的货车把货物运输到东边几条街外的百老汇大街。施温格知道怎样找到书，他经常去第四大道和第五大道上的旧书店找高等数学和物理学的教科书。他上的是美国著名的汤森哈里斯高中，附属于纽约城市学院。1934 年，他 16 岁，在进入纽约城市学院之前就已经知道现代物理学是什么了。他进入纽约市立学院就读时，长长的脸上写满严肃，微微塌着肩坐在学校图书馆里读狄拉克发表在《伦敦皇家学会学报》（*Proceedings of the Royal Society of London*）或《苏联物理杂志》（*Physikalische zeitschrift der Sowjetunion*）上的论文。他也读美国的《物理评论》，这份刊物彼时已经出版 40 年，一开始是月刊，后改成双周刊，希望跟欧洲的学报竞争。施温格给老师留下了极度害羞的印象。他总是带有一种优雅尊贵的气质。

这一年，施温格很仔细地打印出 6 大张纸 [3]，那是他第一篇真正的物理学论文——《论若干电子的相互作用》（"On the Interaction of Several Electrons"）。论文中同样能看见作者身上的优雅。文章立论的起点是假设了场论里新的中心法则："两个粒子没有直接产生相互作用，而是把相互作用解释成一个粒子影响它附近的空间，然后这个影响向外扩散，直到碰上第二个粒子。"也就是说，电子并不是直接把彼此弹开。电子穿过场，也就是过去所说的"以太"，然后电子产生的波撞上其他电子。施温格没有在这篇论文中打破基础。他证明他的思路只是继承了"狄拉克、福克、波多尔斯基的量子电动力学"、真空中势能的"海森堡表象"，还有用来简化势能方程式的"洛伦兹－赫维赛德单位制"，施温格在使用重型工具处理简单的问题。麦克斯韦的场方程把电和磁有效地结合起来，现在必须被量子化，从现有的简单的形式开始重新建构，被进一步简化。电磁波同时具有光滑连续和小块不连续的特性。施温格在第一次专业物理学尝试中，甚至超越了眼前这一困难的电磁场，他看到的是更抽象的场，离实体物质两倍远的场，里面没有粒子，只有数学运算。他用一连串的 28 个方程讨论这个思路，在计算第 20 个方程时，他被迫停下来，因为方程的一部分已经变得无法处理，接近无穷大。这个部分对应的物理概念是，电子的场对自己也会产生作用。电子扰动空间产生了场，而电子本身也受到这个场的扰动，能量就变为无穷大，数学公式就体现了这个结果。狄拉克和其他人都已经无奈地接受了这个困境，施温格却干脆把这个麻烦丢掉，继续算第 21 个方程。

朱利安·施温格和理查德·费曼年纪相同，都在 16 岁时就醉心于科学家那种抽象的思想，现在却走上了不同的道路。施温格研究的是新物理学中的最新进展，而费曼的笔记本上写满了标准数学公式。施温格已经进入了前辈们的领域，费曼还在想怎样跟朋友恶作剧。施温格走向了这座城市的才智中心，而费曼还在郊外的海滨和人行道上游荡——两个人完全不会有什么共同话题。直到 10 年之后，他们才会在洛斯阿拉莫斯相遇。很长时间之后，两个人都已经老去，在作为竞争对手分享了同一届诺贝尔奖之后，他们在一次宴会上比赛谁能先把用了 50 年的旧版《不列颠百科全书》书脊上的字母背出来，让在场的宾客赞佩不已。

费曼的童年结束了，他在家附近的印刷店打工，或是帮姨妈照料在法洛克威的夏季度假旅店。他在申请大学，他的数学和科学成绩不是满分就是接近满分，但是其他科目就不是那么理想了。而且 20 世纪 30 年代的大学对犹太学生有名额限制。费曼花了 15 美元参加哥伦比亚大学的入学考试，结果被拒绝，他很长时间都对那 15 美元耿耿于怀。麻省理工学院接受了他的入学申请。

注释

费曼的家庭成员和儿时伙伴提供了 20 世纪 20 年代至 30 年代的会议与信件复本：琼·费曼、弗朗西斯·莱温、朱尔斯·格林鲍姆（阿琳·格林鲍姆的兄弟）、伦纳德·毛特纳、杰里·毕晓普、玛丽·D. 李，以及诺维拉·H. 斯佩克特。法洛克威高中与布鲁克林历史学会有这一时期的记录、校报、商会出版物及其他有用的文件。萨莉·安·克里格斯曼和查尔斯·韦纳亲切地分享了他们与露西尔·费曼口述历史访谈的记录。

[1] 惯性是一种内在的基本力吗？它总是无法进行终极的分析。或者惯性是一种源于其他已知力（如引力或电磁力）的力吗？

[2] 玻尔正在为他对量子力学的哲学诠释进行宣传。媒体非常乐意合作，尽管这为写新闻头条的人带来了难题。《纽约时报》的威廉·L. 劳伦斯乐观地写道："新理论有望……与相对论和量子力学一起成为现代科学思想的革命性发展之一……玻尔教授终其一生对物理和心理世界的可衡量和不可衡量进行了思考之后，发现了一种内在的本质二元性……换言之，了解大自然的一面无法使我们了解它的另一面。"（"Jekyll-Hyde Mind Attributed to Man", *New York Times*, 23 June 1933, 1.）

[3] 朱利安·施温格于 1934 年在加利福尼亚州贝尔艾尔接受的采访。他后来（1983 年）说，他一直在"模仿前辈的智慧，后来被拒绝了"。

第 2 章

麻省理工学院

1936 年，麻省理工学院的春季校园开放日，17 岁的大学新生西奥多·韦尔顿（Thedore Welton）帮助高年级学生操作风洞演示实验。和绝大多数同学一样，他在进入麻省理工学院时，已经具备了关于飞机、电学和化学的大量知识，而且同样崇拜爱因斯坦。韦尔顿来自纽约州的小城萨拉托加泉。在大学学习了快一年，他丝毫没有丢失自信心。那一天，他在完成了自己的任务之后，到处溜达，去参观其他展览。这些小型科学展览，让校园开放日成为家长和来自波士顿的参观者的博览会。韦尔顿路过数学展览区时，看见人群拥挤，他的耳朵被一个声音吸引了，那声音来自一张陌生的脸，看起来也是大学新生的男孩正在操作手提箱大小的复杂机械数学装置，名叫"谐波分析仪"（harmonic analyzer）。男孩用热情的嗓音像国会议员在新闻发布会上那样介绍这部仪器。它能将任何波形分解成普通正弦波和余弦波的集合，韦尔顿听着费曼快速地解释傅里叶变换的原理，他感到耳根发热。对于这种分析复杂波形的先进数学技术，韦尔顿直到刚才还十分确信，除了自己，没有其他新生了解。

韦尔顿（他喜欢别人叫他的名字缩写 T. A.）已经知道自己要主修物理学。而费曼两次都犹豫不决。他原本主修数学，并通过考试跳级学习大学二年级的微积分课程，包括微分方程及三维空间的积分。但这对他来说仍然太简单，费曼觉得也许应该再参加二年级的跳级考试。但他也开始怀疑，数学并不是自己想要的专业。20 世纪 30 年代的美国数学家比以往任何时代都更强调数学的严格性和抽象性，他们很看不起外行人所谓的"应用"。对费曼来说，数学此时显得太抽象、太遥远了。

在现代物理学家的故事里，总有一个决定命运的时刻，让他们发现自己的兴趣不再是数学。数学总是他们的起点，因为没有其他学科可以像数学这样清晰地展现他们的天赋。但危机还是来了，他们要么顿悟，要么开始忍受逐渐积累的不满，然后就会急切或缓慢地转身投入其他更多元的领域。海森堡比费曼大 17 岁，他在德国慕尼黑大学数学家费迪南德·冯·林德曼（Ferdinand von Lindemann）的办公室中经历了自己的危机时刻。出于某些原因，海森堡从来都不会忘记林德曼那只令人讨厌的狂吠的黑狗，它总让海森堡想起《浮士德》中的卷毛狗。更何况，当教授了解到他正在读外尔有关相对论的新书时，就告诉他："这样的话，你已经完全丢掉了数学！"费曼自己在大学一年级读了爱丁顿有关相对论的书后，问了数学系主任一个有关数学的典型问题："学数学有什么用？"他得到了一个经典回答："如果你一定要问这个问题，那你就入错了行。"学数学看起来只适合教数学。系主任还建议他将来可以为保险公司计算统计概率。这不是开玩笑。门格博士（Edward J. v. K. Menge, Ph.D., Sc.D.）在他的论文《理科生的出路》（"Jobs for the College Graduate in Science"）中讨论了就业问题。门格说："美国人倾向于重视应用，而不重视基础科学，这就是所谓的'实际'，"这些未来的数学家发展的空间很有限，"除了在大学里任教，数学系毕业生的就业机会不多。或许可以为了更实际的工作，给大型保险公司计算统计概率。"费曼从数学转到了电子工程学，之后又转到了物理学。

当然，学物理学也不能保证有更好的就业机会。虽然美国物理学会的会员数量在后来的十年间翻了一倍，但当时只有可怜的 2000 人。在大学任教或是为标准局和气象局这类政府机构工作的物理学家可以有不错的收入，年薪从 3000 美元至 6000 美元不等。但大萧条迫使政府和大公司的实验室裁掉了几乎半数的科研人员。哈佛大学物理学教授埃德温·肯布尔（Edwin Kemble）说，他发现物理系毕业生找工作的过程已经变成了"噩梦"。但如果终身从事物理学研究，就不会遇到太多争论。

门格把他的务实主义暂时放到一边，提出了可能唯一的观点。他问道："那些学生是否渴望扩展人类的知识？是否希望他的研究工作持续不断，如同一颗石子扔进平静的湖水激起的涟漪那样传播影响？换句话说，他是否只是单纯地知道，他无法放弃这个学科，直到倾尽所有？"

在美国的顶尖物理学家中，有三位来自麻省理工学院，他们是约翰·斯莱特、菲利普·莫尔斯（Philip Morse）和尤里乌斯·斯特拉顿（Julius Stratton）。他们三人有着共同特点：有绅士风度、美国人、基督徒。相比之下，一些成就更卓著的后起之秀的气质就比较多元了。比如来自美国以外的汉斯·贝特和尤金·维格纳（Eugene Wigner），他们刚刚分别来到康奈尔大学和普林斯顿大学。还有伊西多·艾萨克·拉比（Isidor Isaac Rabi）和奥本海默这样的犹太人，他们刚刚分别受聘于哥伦比亚大学和加利福尼亚大学伯克利分校，而且完全无视这些地方弥漫的反犹情绪。[1] 斯特拉顿后来成为麻省理工学院的院长，莫尔斯担任美国布鲁克海文国家实验室的首任主任。当时，麻省理工学院物理系主任是斯莱特。他是曾出国留学的美国年轻学者之一，但没有受到欧洲物理学思想的深刻影响。而拉比曾周游欧洲，到过苏黎世、慕尼黑、哥本哈根、汉堡和莱比锡，最后又回到苏黎世。斯莱特只是 1923 年在英国剑桥大学就读过一阵，其间他和狄拉克至少同时选修了一门课，但错过了认识彼此的机会。

斯莱特和狄拉克在随后的十年间在研究领域中反反复复地打交道。斯莱特总在做出一些狄拉克在几个月前就已经做出的小发现。他觉得这有些困扰。而且在斯莱特看来，狄拉克总是在他的发现上笼罩一层不必要且令人难以理解的数学形式主义之网，因此他不太相信狄拉克的这些研究。事实上，斯莱特完全不相信来自欧洲量子力学学派的哲学思想：二元性、互补性或双重性本质，有关时间及概率的质疑，以及有关人类观察者的角色干扰了事物的理论。斯莱特说："我不喜欢神秘事物，我喜欢明确的定义。"但当时大多数的欧洲物理学家都在思考这类问题。有些人觉得面对方程的结论是他们的义务，却因其发展出来的重要新技术有可能无法为物理学的发展做出相同贡献而感到十分气馁。在他们处理矩阵或是解微分方程的时候，问题层出不穷。"没有人观看粒子的时候，它们在哪儿？"在那些古老的传统大学中，哲学问题仍然占据着学术的中心阵地。受激原子的能量衰变会自发地产生光子，这样的奇特现象却没有原因。于是，在对康德的因果律的晚期辩论中，科学家有了一件可以扬威的"大锤"。但在美国，情况很不一样。费曼来到麻省理工学院之后不久，斯莱特曾说："现在的理论物理学家对他的理论只提出了一个问题。"理论产生的预测必须符合实验，这就足够了。

> 他通常不去议论哲学的应用……对我而言，对正确预测实验结果不能发挥作用的理论，只是文字游戏……我把这类问题留给那些可以从中得到满足感的人。

斯莱特谈论常识、实用性，以及服务于实验的理论，其实是在为美国的同行们呼吁。爱迪生的精神，而不是爱因斯坦的精神，仍主宰着美国科学家的内在灵魂。他们重视的是实在的劳动，而不是思想的启蒙。他们觉得数学深不可测，而且不可信。另一位物理学家爱德华·康登（Edward Condon）说，大家都知道数学物理学家在做什么："他们仔细研究实验物理学家获得的结果，然后再用自己也难以理解的数学语言在论文里重做一遍。"他认为，只要理论给人们提供有意义的实验结果的预测，物理学靠自身就能得到检验。当然，前提是预测所花的时间少于做实验的时间。

美国的理论物理学家和欧洲的同行们很不同，他们只能和实验物理学家共用办公室，倾听他们的问题，尝试帮他们解决。尽管如此，以爱迪生为代表的科学时代已经过去，斯莱特很清楚这一点。在麻省理工学院校长卡尔·康普顿（Karl Compton）的授权下，斯莱特设立了物理系，期望让麻省理工学院成为美国科学界的领头军，同时帮助美国科学界提升在世界中的地位。他和他的同事们知道，当时的美国还没有准备好培养物理学家。那些美国快速发展的技术行业的领导者也知道这个问题。在斯莱特刚到麻省理工学院时，物理系只有 12 名研究生，六年后，研究生数量增加到 60 名。虽然遇到大萧条，但学校仍在工业家乔治·伊士曼（George Eastman）的资助下设立了新的物理和化学实验室。当时的实验领域中已开展重大的研究计划，运用电磁辐射来探测物质的结构，特别是光谱学，可以用来分析不同物质发出的光的特征频率，以及 X 射线晶体学（每当物理学家发现了一种新的"射线"或粒子时，都会试着拿来做照亮分子缝隙的实验）。新的真空设备和做工精细的镜子让光谱分析工作具有极高的精确度，人们还用巨大的新的电磁铁设备建造出地球上最强大的磁场。

斯特拉顿和莫尔斯给大学四年级学生和研究生教授更高深的"理论物理学导论"课程，教科书采用斯莱特的同名著作。斯莱特和同事们在几年前才开设了这门课。这是他们对麻省理工学院物理教学新构想的关键一步。传统上，物理系学生总是细分为主修力学、电磁学、热力学、流体力学及光学，学生们只能零碎地得到片面的理论，然后把大部分时间花在实验室里的实验操作上。而现在，他们试着将物理学整合起来。斯莱特把学生引入一个全新的领域——"现代原子理论"。过去的量子力学从来没有这样一门课，但斯莱特的学生们此时可以从经典力学之外的基础入手了。他们不仅讨论固体物质的运动，也研究振动的弦、在空箱中回荡的声波等波动力学。导师们从一开始就告诉学生，理论物理学的本质不是解决数学问题，而是将数学应用于真实现象，比如移动的物体、流体、磁场和力、电流和水流、水波与光波。作为大学新生的费曼，同屋住着两位修这门课程的大四学生。费曼常加入他们的讨论，有时很令人惊讶的是，他还会协助解决问题。"为什么不试试伯努利方程呢？"他说。但他弄错了"伯努利"的发音，因为这个定理与他拥有的绝大部分知识一样，都是他在法洛克威生活时从百科全书和艰涩的教科书上自学来的。到了大二，费曼决定去上这门课。

上课的第一天要先填选课卡：大四学生的是绿色卡片，研究生的是棕色卡片。费曼自豪地揣着大二学生的粉红色卡片。大一和大二的学生按规定必须先接受后备军官的训练，费曼上课的时候还穿着后备军官训练队的制服。当费曼正觉得自己太醒目时，另一位也身穿制服、手拿粉红色卡片的大二学生在他身旁坐下，那就是韦尔顿。韦尔顿马上认出身旁的人就是春季校园开放日那天的数学奇才。

费曼看到韦尔顿放在桌上的书，其中一本是他一直想从图书馆借的图利奥·列维－奇维塔（Tullio Levi-Civita）的《绝对微积分》（*Absolute Differential Calculus*）。同时，韦尔顿也在费曼的桌上看见他一直想借却借不到的 A. P. 威尔斯（A. P. Wills）的《矢量与张量分析》（*Vector and Tensor Analysis*）一书。两人热烈讨论起来。来自萨拉托加泉的大二学生自称了解相对论的一切，而来自法洛克威的大二学生则宣称已经读完了狄拉克的量子力学。他们花了好几个小时讨论爱因斯坦有关引力的研究工作。这两个男孩都了解合作的重要性，就像韦尔顿所说的："面对一群高年级学生和研究生的竞争，合作是互惠且互利的。"

高年级学生也发现了"理论物理学导论"的课堂上来了两位特别的低年级学生。负责第一学期授课的斯特拉顿有时会在黑板上讲解一连串方程时失去头绪，弄得自己面红耳赤，这时他就会递出粉笔说："费曼先生，你如何解决这个问题？"[2] 费曼会大步走向黑板。

最佳路径

"最小作用量原理"这条自然定律一直以不同的形式被反复表达。它起源于一个简单的问题：在海滩上离海数米远的救生员发现有一位游泳者溺水，游泳者距离岸边尚有一段距离（见下页图），如果救生员跑步的速度一定，游泳的速度也一定，但比跑步稍微慢一些，那么如何找出救援游泳者的最快路径呢？

直线距离虽然最短，但并非最快的路径，因为救生员会在游泳上耗费太多时间。如果他跑到另一个较远的点，然后正对着游泳者纵身入海，这虽然是游泳的最短距离，但他仍然会因跑步距离太远而浪费太多时间。最佳的折中方案是采取费时最少路径，即跑到略偏游泳者左边的点，再跃入海中游泳。任何学过微积分的学生都可以较容易地算出最佳路径，但救生员在面临这一紧急状况时只能依靠本能反应。数学家皮埃尔·德·费马（Pierre de Fermat）在 1661 年猜测，光从空气中行进到水中或玻璃中时，之所以采取弯曲的路径（这种折射造成了透镜及海市蜃楼的现象），是因为光具有与救生员一样完美的本能，光总是循着这条费时最少的路径前行。（费马推测光在密度较高的介质中，行进速度较缓。后来，牛顿和他的追随者却认为他们证明出了相反的结果：光就像声音一样，在水中的行进速度比在空气中更快。但坚持简单性原理的费马是正确的。）

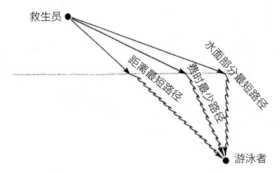

费时最少路径：救生员在岸上跑得比在水中游得快，最佳的路径是一种折中方案。光在空气中比在水中行进得更快，所以在观察者看来，光从水面上的某处传播到水面以下的鱼，其实也走了一条曲折的道路。

神学、哲学和物理学之间还没有特别清晰的界限，科学家会很自然地讨论上帝会创造出什么样的宇宙。甚至在量子时代，这样的问题也没有从科学意识中完全消失。爱因斯坦就毫不犹疑地使用了"上帝"这个词，但他也怀疑上帝会不会和世界玩掷骰子的游戏。爱因斯坦那句或许是文字游戏的名言，后来被镌刻在普林斯顿大学数学系所在的法恩大楼的石碑上："上帝高深，但并无恶意。"（The Lord God is subtle, but malicious he is not.）简洁明了的陈述，不仅易懂，而且不论有无信仰的物理学家都可以引用。爱因斯坦在阐释他对宇宙可能是如何设计出来的信念时，既没有冒犯最虔诚的教徒，也没有触怒那些没有宗教信仰的大学同事，那些教授总喜欢把上帝看成一个诗意的简称，代表了规范一切物质与能量的定律或原理。爱因斯坦的信仰真诚但中立，甚至连激烈反对宗教的狄拉克都能接受。沃尔夫冈·泡利（Wolfgang Pauli）曾经抱怨："我们的朋友狄拉克也有信仰，他的信仰是'上帝并不存在，狄拉克是上帝的先知'。"

17 ~ 18 世纪的科学家也必须玩这种加倍游戏，但他们的赌注更大。否认上帝的存在仍然是重大罪行，可能被绞死或烧死。科学家常常因为坚持一些知识有待观察和验证而触犯宗教禁忌，但哲学家们面临的问题就不那么严重，他们没有明显被分成一类人研究落体的运动，而另一类人探讨奇迹的起源。相反，牛顿和他同时代的学者很高兴地从科学上证明上帝的存在，或者把上帝当作一连串推理的前提。基本粒子不能被分割，牛顿在他的《光学》一书中这样表达："坚硬得永不磨损、不碎不裂，没有任何普通力量可以将上帝最初的创造物再予以分割。"基本粒子当然不是不能分割，勒内·笛卡儿（René Descartes）在他的《哲学原理》（*Principles of Philosophy*）中说：

不可能有任何原子或物质的其他部分不能分割（如某些哲学家的想象）……因为上帝创造的粒子虽然小得无法以任何生物的力量加以分割，但是上帝不会剥夺自己分割的力量，因为上帝绝不可能减少自己的全能……

上帝能创出有瑕疵的粒子并导致它破碎吗？抑或上帝创造的粒子如此完美，能挑战上帝使它破碎的能力？这只是上帝"全能"导致的难题之一，而此时，为速度定出精确上限的相对论，以及为确定性定出精确上限的量子力学都尚未出现。自然哲学家希望确认上帝在宇宙任何角落中的存在和力量。他们甚至还热切地希望用神的旨意来解释行星没有脱离轨道、物体不至于坠落、射出之物不至于弹回。难怪笛卡儿补充了一段总结："同时，鉴于我微不足道，我无法确认任何事，我的意见都是遵从罗马教会的权威和贤能哲士的判断。希望大家不要相信我写的任何东西，除非你被合理的证据所说服。"

现代科学越发展，越不需要上帝。一只麻雀坠落田野并不需要神的旨意，而是依据牛顿第二定律：$f=ma$。力、质量和加速度到哪里都一样。牛顿理论中的苹果从树上掉落到地面是机械式的运动，而且可以预测，就像月亮环绕牛顿理论中的地球一样。为何月球会沿着弯曲的路径前进呢？因为整条路径由每一瞬间的一小段路径连续不断地组合而成，而每一瞬间的前进动作和苹果一样，都略微向地球偏斜。路径不需要上帝的选择。或者说，在创造宇宙之初，这一固定路径就已经选定，上帝不需要重新选择。不能干预所有事的上帝，无可避免地要退居更无足轻重的地位。

但就在 18 世纪的哲学科学家还在学着用牛顿的方法计算行星和抛射物体的路径时，法国几何学家和哲学家皮埃尔·路易·莫佩尔蒂（Pierre Louis Maupertuis）发现了一个神奇的新方法来重新研究路径问题。他认为行星的路径有其逻辑，而不能被单纯视为每一瞬间力量增减的运动结果。他和他的继承者，特别是拉格朗日证明，运动物体的路径总是遵循最经济的路径，这很有意思。这些路径都会将"作用量"减至最小，这种作用量由物体的速度、质量及其通过的空间决定。不管是什么样的力量在起作用，行星都会在所有可能的路径中，选择最节省作用量、最简单且最好的一条。这就像吝啬的上帝终究留下了他的印记。

在"理论物理学入门"课程上学到的"计算捷径"的方法让费曼觉得毫无收获，他只知道他一点儿也不喜欢这件事。但是，对韦尔顿和其他同学来说，拉格朗日的公式看起来既优雅又有用。这些公式可以使他们忽略问题中许多力的作用，从而直接找出答案，特别是可以帮助他们从牛顿理论所要求的传统直角参考坐标系中解脱出来。拉格朗日的计算方法可以在任何参考坐标上起作用，但费曼拒绝使用这条计算捷径。他认为，除非能找出并计算出所有的力，否则就不能真正了解物理学体系。但随着课程越深入，经典力学问题也越困难，比如球体滚下斜面、抛物面的旋转等。费曼运用他在数学比赛中所学到的巧妙计算技巧，来取代看似盲目却不易出错的拉格朗日方法。

费曼首次接触到"最小作用量原理"是在法洛克威。在上完一堂无聊的高中物理课后，他的老师艾布拉姆·巴德（Abram Bader）特地将他拉到一旁，在黑板上画了一条曲线，表示某人从楼下把球抛给二楼窗口的朋友时可能形成的一个抛物线图形。如果球运动的时间不确定，那么球的路径的可能性有无数种，从高而缓的慢速曲线到近乎直线的快速轨迹都有。但如果你知道球从抛出到抵达所需要的时间，那么球的路径只有固定的一种。巴德要费曼算出球的两种能量：动能，即运动所产生的能量；以及势能，即因其所在高度受引力影响而具有的能量。与所有高中生一样，费曼习惯将这两种能量加在一起。一架飞机加速俯冲，或者过山车随着引力下降，都是用势能换取动能，也就是在高度下降时获得速度。在相反的情况下，如果不考虑摩擦力，飞机或过山车也会出现相反的情况，动能会再度转化成势能。但不论在什么情况下，势能和动能的总和都不会改变，整体的能量是守恒的。

巴德要费曼考虑一个不那么直观的量：动能与势能之差。将势能从动能中扣除，正如将它们加起来一样简单，这只是符号转换的问题。但是，要了解这个差值的物理学含义就比较困难了。这个能量之差被巴德称为作用量，不像能量总和一样守恒，而是会不停改变。巴德要费曼计算出球从抛出到窗口的作用量，而他所指出的重点对费曼来说简直是一个奇迹。在不同的时刻，作用量可能增加或者减少，但是当球到达终点时，其所走过的路径一定是总作用量最小的路径。而费曼在黑板上尝试画出的其他路径，不论是从地面到窗口的直线、较高的弧形轨迹，还是与实际选择的路径差距十分微小的轨迹，都会使动能和势能之间的差增大。

物理学家在谈到最小作用量原理时，不可能不提到抛射物体本身似乎具有意志，球似乎已经事先知道所有可能的路径，再从中选择一条。自然哲学家也开始通过科学接触到"最小作用量原理"。拉格朗日自己就提供了一套计算行星轨道的方程。台球桌上两球相撞的行为，似乎也遵循最小作用量原理；砝码在天平上的摆动如此，从某种程度上说，光线在水中或玻璃中的弯曲也是这样。费马从原本的数学概念中截取出"最少时间原理"，创建了相同的自然法则。

牛顿的方法让科学家恍然大悟，而"最小原理"却有神秘的意味。物理学家戴维·帕克（David Park）说："这不光是动力学的思想。"人们愿意认为，球、行星与光线的运动是由瞬间动作连接而成的路径，而不是沿着预定好的路线。从拉格朗日理论的观点来看，将球的弧线拉成平缓抛物线的力服从更高的法则。莫佩尔蒂写道："我们不应在所有的细枝末节中寻找上帝，而应在现象中寻找，现象具有毫无例外的普遍性，而它的简洁就展现在我们眼前。"宇宙希望简洁。牛顿定律带来了力学，最小作用量原理确保了优雅。

这个难题仍然存在。（实际上，它会继续存在，让个别继续追寻答案的物理学家感到不安，直到费曼克服了长久以来对最小作用量原理的厌恶，在量子力学中找到答案。）帕克把这个问题简化为：球怎么知道要选哪条路径呢？

工程师的社交

麻省理工学院的年鉴上严肃地说："不要把工程师当成只知道公式和计算尺而没有社交的动物。"有些管理者和学生的确担忧这些木讷的"怪人"的社交生活。学生们的生活导师开出了一剂药方——下午茶聚会，强制全体新生参加。（但当学生们克服了起初的恐惧，学会如何在和教授夫人谈话时让茶杯在茶碟上保持平衡之后，强制性就没有必要了。）学生们在晚餐自由讨论时段练习社交技能，在无休止的舞会中磨炼其他社交技巧，例如宿舍餐舞会、圣诞舞会、春季舞会等，除此之外，还有以轮盘赌为特色的蒙特卡洛舞会和提供雪橇兜风的谷仓舞会，另外有吸引邻近的拉德克利夫及西蒙斯等女校学生来参加的舞会，由奈·梅休（Nye Mayhew）与格伦·米勒（Glenn Miller）及其管弦乐团伴奏的盛大舞会，在传统拳击赛后举行的一年一度的野外舞会，以及在兄弟会举行的正式舞会，这一切都让费曼也无法免俗，他几乎每个星期都得穿上礼服参加盛会。

麻省理工学院的兄弟会和其他地方的兄弟会一样，对宗教信仰的限制比较严格。犹太人只有两个社团可以选择，而费曼选择加入位于查尔斯河对岸、波士顿湾州路的"Φ Β Δ"①兄弟会。加入兄弟会不能只是单纯地"加入"，而是从新生入学前的暑假就会开始一段竞逐过程。费曼就经历了许多纠缠不休、近乎绑架的入会邀请，成员还提供交通、住宿。但是一旦决定加入某个兄弟会，新生们就会从人人争相邀请沦为备受欺凌的对象，新入会者必须忍受一系列的屈辱。兄弟会成员将费曼和其他男孩丢在马萨诸塞州荒野无人区的冰冻湖泊旁边，让他们自己找路回家。他们还被要求在泥泞中进行摔跤比赛，还被绑起来丢在一间废弃房子的木地板上过夜。费曼担心被别人看成"娘娘腔"，不惜对抗几位大二学生，费曼抓住他们的腿，试图把他们摔倒。这些是对性格的考验，因为掺杂着施虐，学校不得不慢慢地加以限制。但这些可怕的行为让很多人对其他受难者产生了情感上的联系。

走进"Φ Β Δ"兄弟会位于湾州路的会馆，学生们可以走进有大飘窗的前厅俯瞰街景，或者直接进入餐厅。在大学期间大部分时间里，费曼在这里吃饭。用餐的时候，成员必须穿西装、打领带。他们需要提前 15 分钟在接待室集合，等待宣布开饭的铃声响起才能进餐。会馆内白色的壁柱伸向高耸的天花板，楼梯优雅地分成四段蜿蜒而上。兄弟会的成员通常倚靠在雕刻精美的楼梯扶手上向下大喊大叫，或是围聚在角落的木质收音机旁，或是等着使用安装在墙壁上的公用电话。这部电话也给高年级学生提供了"骚扰"新生

①　希腊字母，该兄弟会英语为"Phi Beta Delta"。

的机会：新生不得不随身带着硬币，供高年级学生兑换。他们甚至还各自带着一个黑色笔记本，记下新生没带硬币的错误和其他事情。费曼后来找到了戏弄新生的办法：他先抓住一个没带硬币的新生，记在他的黑色笔记本上，几分钟之后，找同一个新生再惩罚一次。会馆的二楼和三楼全是书房，学生们总是三三两两地学习课业，顶楼才是挤满双层床的卧室。

尽管有强制性的下午茶聚会的训练，但兄弟会的一些成员仍强烈批评其他成员缺乏基本的礼节，也缺乏跳舞和邀请女伴共舞的能力。有一段时间，兄弟会三十多位成员的每日讨论会中充满了类似的抱怨。"一战"结束后安逸的一代人常用"书呆子"这类字眼。在阶级分化更明确且缺少清教徒文化的社会中，这个概念甚至成形更早。在英国，科学家和研究员常成为才华横溢的绅士们嘲弄的对象。在 20 世纪 30 年代的麻省理工学院，"书呆子"并不存在，衬衫口袋上夹着笔并不显得特别无礼，只知道读书的男孩也不会成为被取笑的对象。这对费曼和其他像他一样的男孩来说非常幸运，因为他们在社交方面感到吃力，体能也不足，除了科学课程之外一窍不通。他每念一个陌生的名字，都会冒着被取笑的危险。他每次取邮件时必须经过站在门前的女孩，为此他总是浑身发抖，感到担忧。美国未来的科学家和工程师，大多出身于工人阶级家庭，要论勤奋好学当然没问题。他们成群地待在兄弟会书房中，几乎整天学习，在笔记本上写下课程笔记，否则这些笔记怎能成为流传后世的手稿呢？尽管如此，"Φ B Δ"兄弟会察觉到一个问题。看起来，努力学习和不会跳舞之间似乎有关联。兄弟会制订了一个合作计划，目的是激发笨拙但深具潜力男生的活力。参加舞会成为"Φ B Δ"兄弟会每个成员的义务，对找不到约会对象的人，师兄们帮忙安排约会。作为回报，学习能力较强的学生负责辅导较弱的同学。费曼觉得这项计划很划算。最后，费曼可以在波士顿音乐厅附近的天花板装有旋转玻璃球的瑞莫·珀雷莫舞厅待上好几个小时。即使是社交活跃的朋友，也对此感到惊讶。

对费曼建立社交信心帮助最大的人是阿琳。她是费曼认识的女孩中最美的一位，红润的圆脸上有着一对迷人的酒窝，虽然两人大部分时候相距很远，但她已成为费曼生活中独特的存在。每个星期六，阿琳都会到法洛克威的费曼家教琼弹钢琴。她是那种被称为"有天分"的年轻女孩，在音乐与其他艺术上都才华横溢。她在劳伦斯高中的滑稽剧《美国向前行》（*America on Her Way*）中负责歌舞表演，她画的鹦鹉被费曼家挂在楼下衣橱的门里。琼觉得她是一位特别亲切的大姐姐。她们常在钢琴课结束后一起散步或骑自行车去海边。

　　阿琳开始偶尔在周末看望费曼的时候，也让兄弟会的男生们印象深刻，而费曼也放弃了去找隔壁女校的女生，或找他常去的咖啡馆的女招待约会。对费曼来说，确实存在希望。但兄弟会的男生们还是怀疑，阿琳在耐心耗尽之前能否"驯服"费曼。寒假期间，费曼邀了几位朋友回到法洛克威的家里度假。新年前夜，他们搭了很长的一段地铁，越过布鲁克林向北，穿过曼哈顿到布朗克斯参加除夕舞会。第二天早晨再循同样的路线回家。当时，费曼坚持认为酒精会使他变得愚蠢，所以异常坚决地拒绝喝酒。他的朋友们知道他在舞会上滴酒未沾，却在回家途中一路装出大声喧哗的蹒跚醉态，在电车门口喋喋不休，抓着吊环摇摇摆摆，还往坐在位子上的乘客直靠过去，可笑地说些含糊不清的废话。阿琳看到费曼的样子很不开心，尽管如此，她已对二人的关系下定决心。大三的时候，费曼提议订婚，她同意了。很久以后，费曼发现阿琳当时认为那是第二次而非首次求婚，因为之前有一次他说（费曼觉得自己是无心的）希望阿琳能成为他的妻子。

　　阿琳在弹钢琴、歌唱、绘画和文学艺术方面的良好天赋，恰恰是费曼所欠缺的。他憎恨艺术，各种音乐都让他觉得烦躁和不舒服。他觉得自己有节奏感，常心不在焉地用手指在墙壁或纸篓上敲出断音，这个习惯激怒了他的室友和读书的同伴。但是旋律和合声对费曼毫无意义，味同嚼蜡。虽然心理学家认为数学天赋与音乐天赋之间的确存在智慧上的关联，费曼却觉得音乐几乎等于痛苦。他积极对抗文化素养，当别人讨论绘画或音乐的时候，他只听见了术语和傲慢。他拒绝在传统、故事和缓解人类压力的知识中寻找归属感，拒绝由宗教、美国历史、英国文学、希腊神话、荷兰绘画和德国音乐交织而成的文化栖息地。他甚至对父母的温和犹太教信仰也无动于衷。父母送他去上教会的主日学校，但他对那里所讲的故事感到吃惊，发现那些关于以斯帖女王、末底改、神殿、马加比家族、燃烧八夜的油、西班牙宗教裁判所、与哥伦布同航的犹太人，以及其他在周日分发的粉彩圣徒画传和道德故事，全是事实与虚构的混合。费曼从主日学校退学了。高中老师布置的文学书籍阅读作业，他几乎没有读过。为了准备纽约高中会考，他才被迫选了《金银岛》一书来读，遭到了朋友们的嘲笑。（但他的成绩超过了朋友们，因为他写了一篇有关"科学对航空的重要性"的文章，在其中堆砌了大量多余却极具权威性的科学用语，比如"涡动和涡流，飞机后面的气压形成涡旋……"，所以就连英语成绩也名列前茅。）

他正是俄语中所谓的"nekulturniy"（缺乏教养）的典型，这也是欧洲人心目中有教养的科学家所不容许的行为——欧洲的科学家必须具有广博的知识。在费曼日渐加速的生活中，也曾有过决定命运的一刻。当他与奥地利理论家维克托·魏斯科普夫（Victor Weisskopf）站在一起，看着一道光线闪耀着划过新墨西哥州南部的天空，一瞬间，费曼看见一个橘色的巨大火球在晦暗的云雾中蒸腾，而魏斯科普夫则听到（或自以为听到）收音机里传出柴可夫斯基的圆舞曲。这是一幅奇异的景象，橙黄色的天空环绕着蓝色的光晕。魏斯科普夫曾在法国科尔马的一张祭坛屏风上看到过这种颜色，那是中世纪大师马蒂亚斯·格吕内瓦尔德（Matthias Grunewald）所画的一幅描绘耶稣升天（他的玩笑有点儿过了）的作品。费曼却没有类似的联想。麻省理工学院是美国最顶尖的科技类大学，他得意于此，也因此遭罪。学校明确要求英语课是必修课，因为学生们总有一天要写专利申请书。费曼知道兄弟会中的一些朋友真的喜爱法国文学，或是真的热爱英文名著精选课，但这些伟大的作品对费曼来说都是干扰，都让他喘不上气。

　　他甚至在一门课上作弊。[3] 他拒绝阅读规定的书目，在每天固定的小测验中抄身边同学的答案。在费曼看来，英语课意味着拼写和语法的随意规则，是对人类习性的记忆，这些都是无用的知识，或者应该说，只是对真正知识的一种拙劣模仿而已。为什么英语课教授们不共同努力，让语言变得直接明了呢？费曼大学一年级时的英语成绩极低，勉强及格，甚至比他的德语成绩还差，当然，他也没有学会德语。过完大一之后，生活就变得较轻松了。他试着读了歌德的《浮士德》，但觉得完全没有办法理解其中的含义。和过去一样，在兄弟会朋友的帮助下，他写了一篇论文来探讨理性的极限，他认为，艺术和伦理中的问题不能用一连串确定的逻辑链条推理解决。他甚至在课程论文中提出道德的观点。他读了约翰·斯图尔特·密尔的《论自由》，书中提到"任何对个体的镇压都是专制主义"，他还针对一些社交礼仪的专制写了文章，如善意的谎言和虚伪的礼节，这些都是他想要逃避的。他在读了托马斯·赫胥黎的《一支粉笔》（"On Piece of Chalk"）之后，没有依照要求分析文章，而是模仿他的笔调写了一篇《一粒尘埃》（"On a Piece of Dust"），思考尘埃形成雨滴、掩埋城市、涂绘晚霞的方式。虽然麻省理工学院仍要求学生上人文课程，对"人文"的范围却采取宽松的态度。例如费曼大二的人文课程就是"描述天文学"，"描述"的意思就是"没有公式"。在物理学方面，费曼选了两门力学课程（涉及粒子、刚体、液体、压力、热、热力学定律）、两门电学课程（涉及静电学、磁学……）、一门实验物理学课程（要求学生设计新颖的实验，以表现他们对许多不同仪器的了解）、光学的一门讲授课程和一门实验课程（涉及几何学、物理学和生理学）、电子学的一门讲授课程和一门实验课程（涉及装置、热离子学和光电效应）、一门有关 X 射线和结晶的课程、原子结构的一门讲授课程和一门实验课程（涉及光谱、放射性和物理学家对元素周期表的观点）、新核子理论的特别讲座、斯莱特的高等理论课程、量子理论的特别讲座，以及一门研究经典和量子统计力学的热与热力学课程。眼下，他的课程表已排满了，但他仍旁听了五门更高深的课程，包括相对论和高等力学。而他为了丰富自己的课程内容，又修了一门金相学课程。

　　然后就是哲学了。在读高中的时候，费曼就产生了一种想法，他觉得知识有等级，生物学和化学是最初级的，再往上是物理学和数学，而哲学凌驾于一切知识之上。他的等级从具体而特殊的知识，到抽象而理论的概念——从蚂蚁、树叶之类的具体事物，到化学物质、原子、公式，再到上帝、真理和美。哲学家也抱有同样的观点。但是费曼没有长时间纠缠于哲学，他对什么是证明的理解，已经比阿琳所读的笛卡儿古怪论证更为尖锐了。他认为在笛卡儿的理论中，对上帝完美无瑕的证明并不够严谨，笛卡儿的"我思故我在"（I think，therefore I am）在他的分析下变成了"我在且我思"（I am and I also think）。笛卡儿认为不完美的存在意味着完美，因为他模糊不清、不完美的头脑中存在着"上帝"的概念，即意味着上帝是一个绝对完美与无限的存在，从而创造出这一概念，费曼却从中看出了明显的谬误。他完全了解科学的不完美，即"近似度"，他曾画出接近但从未达到理想直线的双曲线。费曼告诉阿琳，像笛卡儿这样的人都很愚蠢，他很享受自己敢于挑战伟人权威的勇气。阿琳回答，她认为凡事都有两面。费曼很高兴地反驳了这句话。他拿起一张纸条，把一头转一个面，再将两头相连——他制造出了只有一个面的纸环。

　　反过来说，没有人告诉费曼有关笛卡儿证实"显而易见"（obvious）的思想精髓，"显而易见"是因为，他和他同时代的人都认为人和上帝的存在是既定的。笛卡儿哲学的主要精义在于否定"显而易见"、否定"既定"，并从全然怀疑的状态重新开始，笛卡儿甚至主张连"我"都可能只是梦或幻觉。这是对信念的首次大质疑，它为怀疑论开启了一扇门，而费曼此时正将怀疑论视为现代科学方法的一部分。虽然费曼之前停止了阅读，但他后来从反驳笛卡儿关于上帝存在的非三段论的最终论证中得到了乐趣：笛卡儿认为，一个完美的人除了拥有众多卓越特征，肯定还有"存在"的属性。

　　麻省理工学院的哲学更让费曼恼火。在他看来，学校的哲学课就像是由无能的逻辑学家建造的工厂一样。因把科学实验引入哲学思想而闻名的罗杰·培根似乎理论多于实验，培根对"实验"的理论更接近于纯粹的"经验"，而不是 20 世纪的学生在实验室课程中所做的测量试验。现代的实验专家会运用某些物理仪器，在上面反复地做一些特定动作，最后写下数据。威廉·吉尔伯特（William Gilbert）是 16 世纪一位不太知名的磁学研究者，他与费曼的观点不谋而合，他的信念是："在神秘事物的发现及其隐藏原因的研究上，可靠的实验和可验证的论证是比推测和某些哲学家的意见更强有力的依据。"这是费曼可以信赖的知识理论，而吉尔伯特认为培根谈论科学问题时就"像个首相"，这更让费曼印象深刻。麻省理工学院的物理系老师根本不鼓励学生接触哲学理念，斯莱特确立了这种务实的基调，他认为哲学如同烟雾和香气般自由飘浮，是无法验证的偏见。哲学使知识飘移不定，而物理学让知识附着在真理上。

威廉·哈维（William Harvey）早在 17 世纪就提出，科学和哲学的区别"不在于哲学家的地位，而在于自然的结构"。他说，解剖尸体得到的知识要比解析字句更有确定的基础，这两种知识形式之间的鸿沟也为双方阵营所接受。当科学家的小刀刺进原子中，依然能观察到更小的实体时，会发生什么呢？此刻，虽然费曼仍对哲学苛责颇多，但一位老师有关"意识流"（stream of consciousness）的隐晦评论，使他开始思考，也许可以靠着内省来了解自己的心灵，而他内省的形式要比笛卡儿更具实验精神。他爬上兄弟会大楼四楼的房间，拉下窗帘，躺在床上，试着"观察"自己入睡，就像有一位观察者站在他身旁一样。他的父亲在多年前曾问过有关人睡着之后会发生些什么的问题。他想促使费曼跳出自己，重新观察平常的思考方式：父亲的这个问题在刚降落到法洛克威的火星人看来怎么样？如果火星人从来都不睡觉呢？他们想知道些什么？火星人入睡的感觉如何？像关掉开关一样轻易让一切停下来吗？或者，思想会越来越慢而最终停止吗？费曼在房间里为哲学而午睡时，发现他可以感受到意识越来越深沉，直到伴随睡眠而最终消散。他发现，他的思想并没有迅速变缓，而是不停跳跃，不像清醒时的大脑运作那样有逻辑上的关联。他会突然意识到自己正想象床升到一个由滑轮和电线组成的奇怪装置中,绳子卷起并互相缠绕,他想到绳子的张力会保持住……然后就在此刻醒来。他在一门课程的报告上写下了自己的观察,最后用拙劣的诗来表达真正的内省是不可能的:"我想知道为什么我想知道为什么。我想知道为什么我想知道。我想知道为什么我想知道为什么我想知道为什么我想知道!"

在老师当着全班同学的面读完这篇报告以及最后的小诗之后,费曼开始尝试观察自己的梦境。他甚至对此也没能抑制住自己鼓捣的冲动,对现象做了拆分,观察其内部的运作方式。他总是反反复复做着同一个梦,只是细节有一点儿变化。他在梦里坐上地铁,非常清晰地注意到肌肉运动的感觉,他能感觉到车厢摇摇晃晃,能看见色彩,能听到钻进隧道时的空气啸鸣。他走过车厢遇到三个穿着泳衣的女孩,她们都站在商店橱窗一样的玻璃背后。火车一直在摇晃,他突然发现,看到自己如何产生性兴奋会很有趣。他转身走到玻璃后面,但是,现在女孩们变成了三位演奏小提琴的老人。他意识到自己能影响梦的内容,但结果算不上完美。在另一个梦境里,阿琳在波士顿坐地铁去看他。他们见面的时候,费曼感觉到一阵幸福。绿草茵茵,阳光明媚,他们一起散步,阿琳问他:"我们会不会是在做梦呢?"

费曼回答:"不,不,这不是梦。"他发现阿琳的出现如此生动,以至于自己在醒来之后听见附近男生们的声音,依然不知道自己身处何方。一阵迷糊之后,他才意识到自己做了一个梦,他正在兄弟会的卧室里,而阿琳已经回到了纽约的家。

弗洛伊德关于梦的新观点,就像一扇打开人的内心生活的大门,但费曼心里却没有容纳它的空间。费曼不在意梦是否让潜意识里令人害怕的问题或混乱且无法通过"自我"直接传达的欲望表现出来,也不曾深思梦的主题是否就是隐藏的欲望的象征。他所注意的只是他的"自我",也就是理性思维。费曼把自己的思维看成一部有趣而复杂的机器来研究,对他来说,其倾向和能力比任何其他东西都重要。他也的确在他的哲学论文中发展出关于梦的初步理论，虽然比较接近"幻象"的理论：大脑有一个将混乱的知觉印象转换成熟悉的事物与概念的"翻译部门"，我们自以为看到的人物或树木等景象，其实是由进入我们眼中的色彩斑点经过"翻译部门"创造的。而梦就是"翻译部门"将我们清醒时看到、听到的印象，自由截取组合而制造出的产品。

费曼在内省上所下的哲学功夫，丝毫没有减轻他对麻省理工学院"创造现代思维"（The Making of the Modern Mind）的哲学观念的厌恶。他认为麻省理工学院的哲学课缺乏足够的实验和明确的论证，而且充斥着太多可能的猜想和哲学思辨。有一次在上课时，他心不在焉地转着一支小铁锥来刺着鞋底。他想：这么多的废话，这么毫无意义，我最好还是使用自己的现代思维。

最新的物理学

有关快速和微小的理论，正在窄化一些人对物理学本质的理解。构成大多数人的经验的实际生活既不快速，也不微小，所以相对论和量子力学看起来既没必要，也不太自然。河水流淌，白云飘荡，棒球腾空和旋转，这一切都依赖经典的规律，但是对那些追求关于宇宙结构的更基础知识的年轻科学家来说，经典物理学无能为力了。他们不能忽略量子力学研究者们引人深思又令人迷惑的言论，也不能忽视爱因斯坦的老师闵可夫斯基有关一致性的诗句："空间和时间本身终将沉沦，只有两者之间的统一可以幸存。"

后来，量子力学像一团神秘的迷雾一样弥漫在世俗文化中。它不确定，它不计因果，它是最新的"道"，它是 20 世纪最丰富的悖论之泉，它是观察者与被观察者之间一层可穿透的薄膜，它是令所有执着于决定论的科学理论战栗的笑话。但是无论如何，今天它只是在人们所能达到的小尺度上，用来精确描述自然行为的必需且有用的架构。

　　自然似乎具有连续性，但科技使离散性和不连续性成为日常生活经验的一部分，比如齿轮的咬合造成了连续运动中的小跳跃，电报代码用线和点的方式把信息数字化。物质发出的光呢？在常温下，物质发出的光是红外线，它的波长太长，肉眼看不见它的存在；在较高的温度下，物质发射波长较短的光，所以熔炉中的铁棒会因为过热而从红色变为黄色，甚至变为白色。进入20世纪之后，科学家们正奋力解释温度和波长的关系。如果可以用粒子的运动来解释热，也许就意味着这种经过精密调谐的辐射能就像小提琴的琴弦共振一样，具有内部振荡。德国物理学家马克斯·普朗克（Max Planck）用这样的概念推导出符合逻辑的结果，他在1900年宣称必须对能量的陈旧想法进行重大调整。只有假设辐射由一团叫作"量子"（quanta）的东西放射出来，他的方程才能得到预期的结果。他推导出一个新的自然常数，一种存在于量子之下无法被分割的单位。它并非关于能量的单位，而是时间和能量结合而成的单位，称为"作用量"。

　　5年后，爱因斯坦用普朗克常数解释了另一个困难的问题——光电效应，即金属吸收了光，光撞击出自由电子而产生电流。爱因斯坦从波长和电流的关系中也得出了一个无法避免的数学结论：当光与电子发生相互作用时，光本身的行为不是连续波，而是一串零碎的片段。

　　这是一个含糊的主张，而大多数物理学家觉得，爱因斯坦在那一年公布的"狭义相对论"更清晰易懂。1913年，丹麦青年玻尔正在英国曼彻斯特的卢瑟福实验室工作，他提出了建构在量子基础上的新原子模型。卢瑟福不久前才提出将原子想象为小型的太阳系，即电子绕着原子核旋转。在不采用量子理论的情况下，物理学家就必须接受这样的推论：电子辐射出部分能量，之后会逐渐向内盘旋移动，结果是能量持续辐射出去，原子本身最终坍缩。玻尔提出了一个替代方案，他认为原子中的电子会在特定的轨道上旋转，这些轨道可以根据普朗克常数算出。当一个电子吸收了一个光量子的一瞬间，电子跳到了更高的轨道上，这就是不久之后闻名全球的量子跃迁。当电子跳到能量较低的轨道时，会以特定的频率放射光量子。位于两条轨道之间的电子发生了什么事呢？人们不问这样的问题了。

这些使科学发展出"能量"概念的新构想，正是量子力学的精华。但与这个概念相配合的数学理论尚待建立。经典的直觉必须被抛弃，必须为概率和原因赋予新的含义。一段时间之后，大部分早期量子物理学家已经去世。头发灰白、骨瘦如柴、留着少许白胡子的狄拉克让量子力学的诞生成为无稽之谈。当时有很多科学家和作家均持这个看法，但很少像狄拉克这样毫不掩饰地直捣问题核心。物理学界曾有过一些英雄和一些几乎成为英雄的人，他们就在发现的边缘，勇气和信心使他们义无反顾地全心投入。

狄拉克的简单学说来自洛伦兹。这位荷兰物理学家认识到，光是由原子中的电荷振荡产生的，洛伦兹还建立了一种重新排列空间和时间的代数的方法，使接近光速的事物发生一种奇特的收缩。正如狄拉克所说："洛伦兹成功地得到了所有建立时空相对论所必需的基本方程，他却未能踏出最后一步。"恐惧让洛伦兹停止了前进的脚步。

下一个更大胆的人是爱因斯坦，他不会如此自抑，而是向前跨出一步，宣布时间和空间是一体的。

海森堡则以一个"出色的想法"开始他的量子力学之路："人们应该根据实验所得的数据来建构理论，而不是像以往的人们所做的那样，根据包含许多无法观测到的数据的原子模型来建立理论。"狄拉克认为这不啻为一种新哲学。

（狄拉克的泛论中显然遗漏了玻尔，其 1913 年的氢原子模型现在已成为经典哲学的代表。电子绕着原子核旋转吗？海森堡私底下写道，这个概念毫无意义："我所有的努力都是在毫无痕迹地摧毁轨道的概念。"人们可以观察到不同频率的光从原子中发出，但人们无法观察到电子在缩小的行星轨道中绕转的情形，也无法观察到任何其他的原子结构。）

1925 年，海森堡创建了一个理论去配合他的概念，却不考虑新理论将带来何种结果。这个理论带来了一个奇怪又令人惊讶的概念，"使他自己也感到害怕"。海森堡的"数学量"，即在矩阵中排列的数，违反了 $a \times b = b \times a$ 这一可交换的乘法法则，他的"数学量"是不可交换的。这一概念具有重大影响，这一形式的方程无法同时绝对精确地确定动量和位置，对不确定性的测量有待建立。

海森堡的报告原稿到了狄拉克手中，对他产生了巨大的影响，他仔细研读后说："看吧，我比海森堡更有优势，因为我没有他的恐惧。"

与此同时，薛定谔则采取了不同的途径。他受到德布罗意两年前的观念的影响：电子（电荷的点状携带者）不是粒子也不是波，而是一种神秘的组合。薛定谔创设了一个有关波的方程，"一个非常整洁且美丽的方程"，可以计算出在原子内被力场吸引出来的电子。

然后，他计算氢原子发射出的光的光谱来验证他的方程，结果却失败了。理论与实验的结果不一致。但他最后发现，如果进行折中，不去考虑相对论的效应，他的理论就会与观察到的结果更为接近。他发表了这个不那么雄心勃勃的方程。

"恐惧"再度取胜。狄拉克说："薛定谔太胆小了。"另外两个人——克莱因和戈登则对此理论做了更完整的修正并予以发表。因为他们"足够大胆"，不过分担心实验的结果，所以第一个相对论的波函数便以他们的名字为名。

但是，如果仔细计算的话，克莱因－戈登方程仍然与实验结果不完全一致。这对狄拉克来说，也是一个痛苦的逻辑缺陷。根据这个方程，某些特定事件的发生概率必为负数，即比零小。狄拉克说，概率为负数"当然是不合理的"。

这个缺陷留待狄拉克去发明（还是说"设计"或"发现"？）一个有关电子的新方程，其形式的简单性，及其所传达的必然性，都带给敏感的物理学家异常美好的感觉。这个方程成功了，它正确地预测（对物理学家来说是"解释"）了被称为"自旋"的新发现的性质，以及氢的光谱。在狄拉克之后的人生中，这个方程仍是其代表性的成就。当时是 1927 年，狄拉克说："这是量子力学的新起点。"

这是"小伙子物理学"（knabenphysik）的年代，即年轻物理学家的时代，起步的时候，海森堡 23 岁，狄拉克 22 岁。（薛定谔年长一些，37 岁，一位历史学家指出，他的发现产生于"后来复杂的情感经历"时期。）新一代的"小伙子物理学"于 1936 年春天在麻省理工学院起步，费曼和韦尔顿急欲投身于量子力学，学校却没有关于这个刚刚萌芽的学科的课程，它甚至远比相对论更欠缺清晰的概念。他们只靠仅有的几本书自学。他们两人的合作从湾州路兄弟会楼上的一间书房开始，并持续到春季学期结束。之后，费曼回到法洛克威，韦尔顿也回到萨拉托加泉的家。他们轮流在一个笔记本上写下心得，再邮寄给对方。在短短几个月间，他们几乎已对 1925 年至 1927 年的物理学革命做了地毯式的回顾。

"亲爱的理查德……"韦尔顿在 7 月 23 日写道，"我注意到你写的方程：

$$[(P_\mu - K_\mu)g^{\mu\nu}(P_\mu - K_\nu) + m^2c^2]\psi = 0 \text{ ."}$$

这是相对论的克莱因－戈登方程。费曼重新发现了它，他正确地考虑到了物质以亚光速运动时质量会变大，这已经不仅是量子力学，而是相对论的量子力学。韦尔顿兴奋地问："你为什么不把这个方程用在氢原子的问题上，看看会产生什么结果呢？"如同薛定谔在此十年前所做的那样，他们详加计算，并看出了它的错误所在，至少它在用于做精确预测时是存在着错误的。

"电子在重粒子形成的引力场里必然有些我们还不了解的情况。当然电子也会反过来给引力场造成某些影响……"

"我怀疑能量能不能量子化？我想得越多，这个问题越有趣，我会试试看……"

"……我可能会得到一个自己完全无法解决的方程。"韦尔顿悲伤地加上这句话。（轮到费曼做笔记时，他在旁边潦草地写上"对！"。）"这是量子力学的麻烦，它固然可以用来建立各种不同问题的方程，却需要两倍于微分分析仪的能力来解决它们。"

大约有十年历史的广义相对论，已经将引力和空间并入同一主题。引力是时空（space-time）的弯曲现象。韦尔顿想要更进一步，为什么不将电磁力也并入时空几何学呢？"现在你知道我所说的要像引力现象一样，让电现象成为空间度量的结果是什么意思了吧。我想知道你的方程能否扩展到爱丁顿的仿射几何学……"（费曼在回信中写道："我在尝试，但运气未到！"）

费曼也尝试发明算子微积分，为不能交换的数学量写下积分和微分的法则。这些法则必须依赖数的序列，即它们自身在空间与时间中的力的矩阵表示。"现在我想我在这些该死的分部积分上错了，"费曼写道，"我在对与错之间摇摆不定。"

"现在我知道我是对的……我的理论中有比其他理论更多的'基本'不变量。"

他们持续通信。"太好了！经过三个星期的工作之后……我终于发现了一个简单的证明，"费曼写道，"但这并不值得写下来，我想这样做的唯一原因是，我不相信在 A^n 和我尚未发现的它们的导数之间有更多的关系……也许我可以将电学纳入度规之中。晚安，我得去睡了。"

很快，笔记本中记满了这些方程，有时费曼叫它们"定律"。当他在努力改进计算技巧时，也不停地问自己：什么是最基本的？什么又是次要的？哪些是基本的定律？而哪些是衍生出来的推论？在早期量子力学的混沌世界中，这种层级体制毫不明显。海森堡和薛定谔对相同的物理学采取了全然不同的途径，他们的方法都十分抽象，而他们也拒绝把这些方法具体化。薛定谔的"波"甚至还与每个人日常见到的景象相悖：它们并不是物质或能量的波，而是在数学空间中滚动的一种概率。这个空间本身通常与经典物理学的空间相似，具有详细标明电子位置的坐标，但物理学家发现使用动量空间（以 P_α 表示，即植根于动量而非位置的坐标体系；或者说是植根于波阵面的方向，而非其上任何特别点的坐标体系）更为方便。在量子力学中，不确定性原理的意思是位置和动量不能同时被标示出来。费曼在大二结束后的 8 月里，着手研究坐标空间（Q_α）——从波的观点来看，这些符号似乎较为不便，但能比较直接地把问题形象化。

"P_α 不比 Q_α 更重要，反之亦然——为什么 P_α 在理论中扮演了那么重要的角色？我为什么在方程的特定归纳上，不试着用 Q_α 代替 P_α？……"的确，费曼证明了，当以动量空间为依据来计算时，从这个理论中可以直接衍生出惯用的研究途径。

就在这段时间，两个男孩同时为健康问题而苦恼不已。韦尔顿有时候会在椅子上突然睡着，却找不出令他犯困的原因。在暑假期间，他天天午睡，洗矿泉浴，进行太阳灯治疗（从巨大的水银弧光灯放射出强紫外线的治疗方法）。而费曼在大二结束时，苦恼于精神衰弱的症状。刚开始的时候，医生告诉他必须一整个夏天都要卧床休息。"如果是我，一定会疯掉！"韦尔顿在他们的笔记本上写道，"总之，我希望你在秋天回校时，一切都会好起来。记住，量子力学领域中堪称权威的莫尔斯教授会亲自教授量子力学课，我对此真是热切期盼!"（"我也一样!"费曼写道。）

他们极度渴望站在物理学的前沿。他们开始阅读像《物理评论》这样的期刊（费曼暗自注意到，其中众多的文章都来自普林斯顿大学），希望能掌握最新的发现，并努力超越。韦尔顿开始致力于有关波的张量微积分的发展，费曼则着手把张量巧妙地运用到电工学的研究上；但在浪费了几个月的时间之后，他们才了解期刊不适合作为"入门手册"。大多数研究结果在期刊上发表时已经过时，其中很多只是将例行的计算结果转化成专门术语而已。有时《物理评论》上也会出现新的启发。但大二学生并未受过充分的训练，很难从大部分没有因果关系的资料中学到新的知识。

费曼与韦尔顿在一起学习的理论物理学课程的后半段是由莫尔斯负责教授的。他对这两位大二学生能提出量子力学的深入问题印象深刻。1937 年秋天，他们与其他高年级学生一起，每星期与莫尔斯会面，并且开始将他们盲目摸索的发现与物理学家已然解决了的物理学体系配合起来。他们最后读到狄拉克1935 年的经典之作《量子力学原理》(The Principles of Quantum Mechanics)，莫尔斯让他们用自己发明的方法计算不同原子的性质，这种变换所谓类氢径向函数〔hydrogenic radial function，费曼坚持称之为"卫生方程"(hygienic function)〕中的参数来计算能量的方法所需的计算，远比这两个男孩以前遇到的问题所需的计算更复杂。幸运的是，他们有了新式的计算机，可以取代过去那种靠电动机运转的老式手摇计算机。新机器不仅可以计算加法、减法、乘法，还有计算除法的功能，只是需要更多时间。他们先转动金属号码盘输入数字，然后启动电动机，看着号码盘归零，听到铃声，咔嚓咔嚓、叮叮当当的声音在他们的耳边持续好几个小时。

在课余时间，费曼和韦尔顿也用这台机器打工赚钱。他们经过美国国家青年局在大萧条时期设立的一家机构介绍，帮一位要出版参考图表的教授计算晶体的晶格结构。在此时期，他们仍尽力研究更快速地使用计算机的方法。

当他们认为系统已经完美的时候，二人又做了一项计算：这项工作要花多少时间？答案是 7 年，于是他们说服那位教授搁置了这项计划。

车间工人

当时的麻省理工学院仍然是机械发明鼎盛时期的工科学校。在那时看来，车床和凸轮、发动机和磁铁似乎都有着无限的力量。可是仅在半代人之后，电子设备开始小型化，那些机械的极限还是显露了出来。学校的实验室、技术课程和机械工厂提供给大学生世上绝无仅有的大型"游乐场"。费曼上实验课的时候，授课老师是发明家哈罗德·埃杰顿（Harold Edgerton）。不久之后，埃杰顿因高速摄影而闻名于世。他所用的频闪仪发出一次闪光，能比任何机械快门更精确地分割时间。埃杰顿将人类的视野扩展到非常快速的领域，就像显微镜和望远镜把人类视野扩展到极小和极远的地方一样。他在麻省理工学院的研究室中，拍下了子弹射裂苹果和纸牌、蜂鸟飞翔、牛奶溅起、高尔夫球在被击出的瞬间变形成卵状等照片，人眼从未看到过这样的景象。频闪仪显示了太多人眼未曾见过的东西，他说："我所做的只是将上帝的荣光放在容器中。"埃杰顿和他的同事还给"科学家"下了一个具体的定义：科学家永远像孩童一样，不断尝试，发现更精巧的方法来把世界拆开，看看里面是些什么。

这就是美国的技术教育。在德国，年轻的未来理论家可以三五成群地在高山湖畔郊游、演奏室内乐、滔滔不绝地辩论哲学来打发日子。海森堡，他的名字是 20 世纪最著名的不确定性的代表。海森堡还是学生的时候，就欣喜地发展出自己的"全然的确定性"，即自然表现出玄妙的柏拉图秩序。巴赫《d小调恰空舞曲》的旋律、雾色中的月光下的景象、在时间和空间中的原子隐藏结构等，一切似乎都是一体的。海森堡曾加入第一次世界大战后德国在慕尼黑形成的青年运动，这些年轻人的对话内容常是自由而漫无边际的，比如：

德国的命运比"全人类的命运更重要吗"？人类的感知能否深入到原子的深处，去看看为何一个碳原子和两个而不是和三个氧原子结合在一起？年轻人是否有"靠自己的价值观过流行生活的权利"？对这些学生来说，哲学要优于物理学。寻求意义、寻求目的，自然就将他们带向原子的世界。

穿梭于实验室和机械车间的麻省理工学院学生，把对意义的追求放在一边。男孩们在这里试验他们的男子气概，学习操作车床，并谈论着似乎从"车间工人"身上所散发出来的肌肉力量。费曼想要成为车间工人，但他觉得自己在这些专家之中像个冒牌货，其他人总能轻松地操作工具，并像工人一般交谈，他们将领带塞进腰带，防止被卡盘绊住。每当费曼想用机器处理金属时，总会有些差错，不是圆盘不大平整、洞太大，就是轮子摇晃不稳。但在了解操作的窍门之后，他开始尝到胜利的滋味。有一次，一位经常捉弄费曼的机械师要将一个沉重的铜盘精确地放置在车床正中央，却屡次受挫。他将铜盘靠着一个有磨针的位置仪表旋转。每转一圈，磨针就会猛磨这个需要打磨的铜盘，但他不知如何将铜盘固定在正中央的位置，使磨针不会叽叽作响。机械师试着用一根粉笔缓缓地接近旋转的边缘，在铜盘凸出的最远处做下记号，但铜盘倾斜的情形不易察觉，使他无法拿稳粉笔以画下正确的点。费曼有个好主意，他在距铜盘稍高处拿着粉笔，并配合磨针摇动的节奏轻轻地上下晃动。铜盘的凸起处不易看清楚，但节奏是清晰的，他问了机械师当凸起处向上时磨针的指向，及时抓住了时机，配合磨针的节奏做好了记号。机械师用锤子轻敲在费曼的记号上，铜盘便恰好位于中央了。

实验物理学家的机械装置这时候刚开始超越车间中一些人的能力。在20世纪30年代初的罗马，费米在他位于帕尼斯佩纳路的研究所中，用口红大小的铝管制造出他自己的小型辐射计数器。他将元素一个个按顺序分别和从放射性材料中流出来的自由中子接触，创造出一系列新的放射性同位素，它们都是之前大自然中不存在的物质。其中有些同位素的半衰期非常短，费米不得不在走廊尽头快速测试这些样本，否则它们会快速衰变而难以测量。他还发现了一种比任何自然界中已发现的元素都重，而且还没有命名的新元素。他还把铅栅放置在中子流中，试验能阻隔中子穿过的物质；后来，在一个被神秘灵感激发的时刻，他又用石蜡的障栅做了尝试。石蜡中的某些物质（可能是氢？）似乎可以给中子减速。但出乎意料的是，这些慢中子在一些受到撞击的元素上，具有更强大的效果。因为中子是不带电的，所以它们可以直接穿越围绕在原子四周的电荷，其速度几乎比被击中的棒球还快，它们有更多时间完成核破坏。费米在试图了解此现象之后，发现这个过程的本质似乎是一种扩散，就像香水的气味在房间里静止的空气中慢慢扩散。他想象它们穿越石蜡的障栅，与氢原子发生一次、两次、三次……上百次的碰撞，每次碰撞都会损失一些能量，碰撞根据概率的法则反复进行。

中子是原子核中不带电的粒子，直到 1932 年才被发现。当时的物理学家还假设原子核是带正电的质子与带负电的电子这两种粒子的混合体。根据一般化学和电学实验所获得的证据，无法得到对原子核的完整说明。物理学家所知道的只是这个核集中了原子的几乎全部质量，而且包含了与外面的电子形成平衡所需的所有正电荷。在化学中，重要的似乎是在原子核壳层、轨道或云团中飘浮或旋转的电子。只有在用粒子撞击物质并测量粒子偏向之后，科学家才能开始穿透原子核，同时开始分割它们。到了 1938 年春天，不止十来位，而是有几百位物理学教授和学生，至少开始注意到创造重元素、释放核能等新观念。麻省理工学院决定开一门有关核子结构理论的研究生课程，由莫尔斯和另一位同事共同执教。

大学三年级的费曼和韦尔顿出现在坐满了兴奋的研究生们的教室中。当莫尔斯看到他们时，问他们是否打算修这门课。费曼很怕自己被拒于门外，但当他回答"是"时，莫尔斯说他可以安心上课了，反而是其他的研究生都只想旁听。加上费曼和韦尔顿，选课人数达到三人。就像量子力学一样，这是个困难的新领域，没有任何教科书可用，当年只有一份基本的材料可供所有学习核物理学的人参考，这就是由刚到美国康奈尔大学任教的年轻德国物理学家汉斯·贝特在《现代物理评论》上发表的三篇系列长文。在这些论文中，贝特有效地重建了这个新学科。他以最简单的核粒子的电荷、质量、能量、大小和自旋为基础，接下来是最简单的复合核子，即由单一质子与单一中子结合而成的氘。贝特系统地研究了在已知最重的原子中开始显现的力。

在学习这些最现代的物理学学说的同时，费曼也寻找机会去发现更多经典物理学的问题——一些他可以清楚了解的问题。他研究被云层散射的太阳光，"散射"这个词在物理学家的词典中越来越居于中心地位。正如其他许多从日用语中借用来的词一样，这个词也令人迷惑地接近它的"普通"含义：大气中的粒子使光散射，就如同园丁撒种或海洋冲散流木一样[①]。在量子时代之前，物理学家在运用这个词时并不限于仅从波或粒子的观点来看这一现象。光在穿过某些介质时会四下分散，因而丧失其部分或全部的方向性。波的散射意指一种普遍的扩散，也就是其方向性的一种无规则化。天空呈现蓝色，是因为大气中的分子对蓝色光的散射作用强过对其他颜色光的散射作用，于是蓝色便在天空中从四面八方显现出来。粒子的散射促进了一种更精确的形象化，如台球的碰撞和弹回。一个单一粒子能使另一个粒子散射。的确，这些极少数粒子的散射作用，很快成为现代物理学实验中最突出的一环。

云层对阳光的散射非常明显。靠近看，每一个晃动的水滴都会因光的反射和折射而闪耀，而光从一个水滴到另一个水滴的传递过程就是另一种扩散。在系统的科学教育中，孕育出一种错误的观念：当问题易于陈述并能以数学方式建立时，也就易于解决。对费曼来说，云层散射的问题正可以驱除这个错误的观念。而这个问题正像他在教科书中记下的上百个问题一样，都是基本的，它具有能标示出许多基本问题的特质。但是，它只在我们为何会看到云层的问题上前进了一小步：当水分子以水蒸气形态飘浮时，可以完美地散射光；但当水蒸气凝结液化时，光则会变得更白且更密，因为分子靠得如此紧密，所以它们微小的电场可以共振，从而增强了效果。费曼也试图了解散射的光在

---

① 在英语中，scatter 一词兼有散射、撒种和冲散的含义。

方向上发生了什么变化，却发现了一些他一开始并不能相信的事情。当光再度从云层中显露出来时，无数的小水滴撞击跳跃，似乎整个被涂上一层灰色，光确实还保有其原来方向的一些记忆。在一个多雾的日子，他远眺河对岸波士顿市区的一栋建筑，看着它的轮廓，有些模糊，但仍可辨，其明暗对比虽然减弱，焦点却不会消失。他想：数学终究是有用的。

费曼当然是犹太人

　　费曼的深入探索已到达已知科学的边界。他有关散射的计算，立即被运用在让他的一位教授曼纽尔·巴利亚塔（Manuel Vallarta）备感困惑的宇宙射线问题上。宇宙射线在当时已经成为一个重要的问题，不只是专家，连一般人也担忧这些不知来自宇宙何方、以强大能量通过太空进入大气层而留下带电荷轨迹的未知射线。电离现象首次揭露了它们的存在。在进入 20 世纪之前，科学家才发现大气层应该是不导电的。此时科学家已在分布于全球各地的船只、航空器和气球上安装射线探测仪器，特别是密立根和卡尔·安德森（Carl Anderson）使位于加利福尼亚帕萨迪纳附近的加州理工学院成为美国宇宙射线的研究中心。后来，人们对整件事情有了较清晰的了解，知道宇宙射线是一个广义的词，包含了不同来源的各种粒子。在 20 世纪 30 年代，探测工作是为了尝试了解宇宙到底有哪些组成物可以散发出宇宙射线，而哪些又可能影响宇宙射线发射的时间及方向（从地球上来看）。在麻省理工学院，巴利亚塔苦思冥想为何宇宙射线会被银河系中恒星的磁场散射，就如同云团中的小水滴散射阳光一般。不管宇宙射线是从星系内部还是外部发射出来的，散射的效果是否会使其向显而易见的方向偏斜，以致靠近或偏离银河系的主体？费曼的研究得到一个否定的答案：二者皆非。散射的净效果是零。如果宇宙射线看上去像是从四面八方发射而来的话，也不是因为恒星的干涉掩饰了它们原来的方向。他们把这个研究结果寄给《物理评论》发表，这是费曼发表的第一篇研究报告。虽然这篇报告的主题不具有革命性，但它所用的理论却带来了一个足以引发议论的聪明的想法 [4]：粒子从一团散射物质的特定方向放射出来的概率，等于它的反粒子从相反方向放射的概率。而从反粒子的观点来看，时间是倒流的。

虽然费曼对巴利亚塔的研究做了最大的贡献，但巴利亚塔在报告发表后的感谢名单中，却将费曼的名字列在一些较年长的科学家之后。费曼在几年之后得以讨回公道。海森堡在一本讨论宇宙射线的书中，以一句话为结论："这样的效果是巴利亚塔和费曼不曾期待的。"在他们下一次会面时，费曼甚为高兴地问巴利亚塔是否看到了海森堡的书，巴利亚塔知道费曼意指为何。"是啊，我看到了，"他回答说，"你对宇宙射线的研究至关重要。"

费曼培养出对任何新问题刨根问底的习惯，常常在物理楼的走廊中拦下认识的人，问他们正在研究些什么。其他人很快便发现这不是一般的简短谈话，费曼还想知道细节。有一天，他碰到一位沮丧的同学——莫纳齐·卡特勒（Monarch Cutler）。卡特勒选了以 1938 年两位教授 [5] 在光学实验室的重要发现为基础来撰写毕业论文。他们发现，在透镜上蒸发的盐会形成只有几个原子厚的一层薄膜，可将透镜的折射和反射性质加以调整。这层薄膜后来被运用在照相机和望远镜的透镜上，以减少不必要的眩光。卡特勒被指定去找出一个方法，以计算不同的薄膜层层相叠时所产生的结果。他的教授想知道，是否有方法可以制造出完美的滤色镜，只允许特定波长的光通过。卡特勒感到十分为难。应用经典光学应该已足够了，因为没有特别的量子效应要处理，但没有人曾分析光穿过比单一波长更薄的近乎透明的膜的行为。卡特勒告诉费曼，他无法找到任何有关的文献，不知从何着手。几天之后，费曼带着解答回来了：一个统计光从薄膜内部表层无限次连续来回反射的公式，显示出折射和反射过程的结合将如何影响光的状态，从而使其改变颜色。利用费曼的理论，卡特勒在马钱特计算器上花了几小时之后，找到了他的教授需要的制造滤色镜的方法。

对费曼来说，运用多层重叠薄膜的观念发展出一个反射理论，与他在法洛克威时的数学研究并没有太大的不同。他能看到或感受到这个问题所纠结的无限性，光束在一对表面之间来回共振，然后再来到另一对上，依此类推。但他有一个巨大的智囊袋，装满了公式，让他去一一试验。他在 14 岁时就能巧妙地处理一长串连分数，如同钢琴家练习音阶一般。现在，他有将公式转化为物理学，然后再转化回来的直觉，也对一组符号所暗示的节奏、空间或力有了一种感觉。在大四时，数学系邀他加入一个由三名选手组成的小组，去参加最为困难但声誉卓著的全美数学竞赛，即第二届普特南比赛。比赛的前五名可成为普特南研究员，第一名将获得哈佛大学的奖学金。竞赛题目是错综复杂的微积分演算和代数处理，没有人能在指定的时间内做完所有题目；甚至有好几年，参赛者的成绩中位数是零，意即有超过一半的参赛者连一道题都没有做完。兄弟会的一位成员很惊异地看到，比赛时间还没有结束，费曼便回来了。在成绩公布后，费曼才发现他和次于他的第二名至第五名的优胜者间，有着惊人的分数差距。哈佛大学探询他是否有意接受该校提供的奖学金，但他告诉校方，他已决定就读另一所学校——普林斯顿大学。

他本来想继续留在麻省理工学院，他对系主任斯莱特说，他相信没有其他的美国大学能够与之匹敌。斯莱特以前也从其他忠诚的学生那儿听到过这句话，但他们的生活范围仅包括波士顿与学校，或布朗克斯与学校，或弗拉特布什与学校。斯莱特坦白地告诉费曼，为了他的将来，麻省理工学院不会收他为研究生。

斯莱特和莫尔斯在 1939 年 1 月与普林斯顿大学的同行们直接联系，表示费曼是个特殊的人才，一个说他的成绩"确实完美"，另一个则说"他是物理系至少五年来最好的本科生"。在普林斯顿大学，当费曼的名字出现在研究生招生委员会的审议会上时，"未经雕琢的钻石"不断出现在对话之中。委员会所看到的是一个偏科的申请者，他们从未让在研究生入学考试中历史与英文成绩如此低的学生入学。费曼的历史成绩在所有学生中排倒数第五，文学成绩排倒数第六;在参加这项考试的学生中,93% 的人美术成绩超过了费曼。但是,他的物理和数学成绩则是委员会前所未见的高分,事实上,他的物理成绩是满分。[6]

普林斯顿大学对费曼的入学仍有其他疑虑,系主任 H. D. 史密斯(H. D. Smyth)明白地告诉莫尔斯,他写道:"有个问题总会发生,特别是对理论物理学有兴趣的人。"

"费曼是犹太人吗?我们并没有反对犹太人的明文规定,但因为安置上的困难,我们必须将系里的犹太人数量控制在一个较低的比例。"

到了 3 月,普林斯顿大学还没有消息,斯莱特十分关切地又给史密斯写了一封信:"亲爱的哈利……他确实是我们近几年来最好的学生……不论在课业还是人品上都是一流……"这封推荐函正式而传统,但信末的手写附言不会出现在印刷副本上,斯莱特指出重点:"费曼当然是犹太人……"但他要史密斯放心,因为情况不若他想象的严重:

……但与坎纳和艾森巴德等人相比,他的个性更有吸引力。我们并不是想赶他走,事实上我们想留住他,而且私下希望你们不要给他任何允诺。但他显然已决定要到普林斯顿大学,如果他去了,我保证你们一定会喜欢他。

莫尔斯也保证费曼的"长相和气质都没有任何犹太人特征的痕迹 [7],而且我不认为这会引起任何大的障碍"。

在第二次世界大战前夕,美国学院中的反犹太主义仍是美国科学发展的一大障碍,而且研究生院中存在的障碍比大学本科阶段的更大。大学里的研究生与本科生有所不同,与其说是被录取入学,倒不如说是被学校聘用来从事教学与研究,以领取酬劳,并在教职生涯中追求晋升。而且研究生院自觉对工业界负有培育人才的责任,而当时在应用科学上从事最多研究工作的工业

公司大多不欢迎犹太人加入。"我们知道，名字凡以'堡'（berg）或'斯坦'
（stein）结尾的，都必须跳过去。"哈佛大学化学系主任艾伯特·斯普拉格·库
利奇（Albert Sprague Coolidge）在 1946 年这样说。20 世纪二三十年代，美国
各大学对犹太人入学名额广泛设限，因为当时有大量的移民子女申请大学入
学。反犹太人的原因很难用语言表达清楚。人们觉得他们的辛勤奋斗散发着贫
寒的味道，认为这是不体面的。哈佛大学的一位新教徒在 1920 年写道："他们
显然以学术成就为荣……我们看不起那些年轻犹太人的勤奋。"托马斯·沃尔
夫（Thomas Wolfe）虽看不起"犹太男孩"的野心，却了解科学事业对他的吸
引力："因为他挑灯夜战，看见了班级、课堂、巨大实验室中的闪亮仪器、学
术及纯粹研究的开放领域，以及爱因斯坦这个名字的世界声望。"另外，大家
也明白，教授需要有一定的风度才能与学生相处融洽。犹太人通常不是说话缓
慢且羞怯，就是太聪明出色，以至于缺乏耐心、态度冷漠。在封闭、讲求和
谐的大学社区中，这个表现的代名词就是"有吸引力"或"彬彬有礼"。甚至
在奥本海默任教的加利福尼亚大学伯克利分校长期担任系主任的雷蒙德·伯
奇（Raymond Birge），在提到奥本海默时曾这么说："纽约的犹太人成群地来此
找他，但是一部分人却没有他这么彬彬有礼。"

　　来自纽约的费曼显然是个对犹太教的信仰与社会学不感兴趣的犹太人，也
没有表现出对反犹太主义的任何感受。普林斯顿大学最终接受了他。从那时
起，他再也没有为谋求教职而烦恼过。他在麻省理工学院就读时，虽然有贝
尔电话实验室未来的诺贝尔奖得主威廉·肖克利（William Shockley）的推荐，
但贝尔电话实验室还是年复一年地拒绝了他的暑期工作申请，他们在"二战"
前完全不雇用犹太科学家。伯奇也曾有机会聘请费曼到加利福尼亚大学伯克
利分校——倍感挫折的奥本海默急切地推荐费曼，伯奇却一再犹豫，拖了两年
才做决定，但已太迟。在第一种情况下，反犹太主义可能起了决定性作用；但
在第二种情况下，反犹太主义就没那么重要了。尽管费曼也察觉到他的信仰
可能改变了他的职业道路，他却拒绝承认这一点。

分子中的力

1939 年，13 名主修物理学的学生完成了毕业论文。在那时，知识所累积成的世界仍然很小，所以麻省理工学院可以期待学生的毕业论文具有相当高的原创性，并且研究成果可以发表。这些分析涉及单离子化的钆或水合锰氯化物结晶的光谱等微观现象。（识别出这些物质所发射的波长的内部组合，仍需要耐心及良好的实验技术，而科学似乎总在不断产生新物质，使光谱学家几乎来不及分析它们。）这类论文应该成为开启科学家生涯的钥匙，也应该为系统知识之墙砌补上遗失的砖。大四学生也可以设计新的实验仪器或研究挤压时会产生电流的晶体，费曼的论文就始于此范畴的问题，终于一个基本的发现：作用于任何物质的分子中的力。虽然这个发现与费曼日后的重大研究并没有太多关联，他自己也认为这不过是一个显而易见的结果，只值得他写下半行字，但无论如何，这个问题在固体物理学中占有一席之地。

虽然费曼毫不知情，但其量子力学教授莫尔斯曾在他大三时推荐他提前一年毕业，却遭到了否决。大四时，斯莱特成为费曼的论文指导教授，他提出了一个问题，乍看之下并不比大多数毕业论文更艰深，几乎像是从理化手册中节录出来的：为何石英受热时膨胀率如此小呢？例如，与金属相比，为何石英的膨胀系数如此小呢？物质之所以会膨胀，是因为热扰动了分子（热是分子间的扰动）。但是就固体而言，膨胀的详细情况必须视分子的实际分布而定。一个内部分子呈规则几何图形排列的晶体，其在某一条轴线上的膨胀率会大于其他轴线上的膨胀率。传统上，科学家会以球体黏附在棍子上的球棍模型来呈现晶体的结构，但其实际的组织结构并非如此严谨。原子可能或多或少地固定在点阵之中，也可能或多或少地从一处自由游动到另一处，而金属中的电子是可以自由移动的（叫作自由电子）。一种物质的颜色、结构、刚度、脆度、传导性、软度和味道等都视原子的局部习性而定，而这些局部习性又都取决于物质中力（包括经典力学和量子力学的力）的运作，当费曼开始他的研究时，这些力都尚未被人完全了解，甚至连石英这种地球上最普通的矿物中的力也不例外。

老式的蒸汽机由机械式的调速器所控制，它是一对铁球，依靠旋转的轴心向外摇摆，轴心转得越快，铁球就会往外摇摆得越远；但如果铁球摇摆得越远，就越难使轴心旋转。费曼从想象石英的原子（二氧化硅，即一对氧原子与一个硅原子结合）中具有相似的效应着手，且不把硅原子想成会旋转，而是会振动。他认为，当石英受热时，氧原子可能会提供一种机械力，将振动逐渐加剧的分子往里拉，因而抵消了一般物质会出现的膨胀作用。但这些在每个分子中朝不同方向作用的力应该如何计算呢？似乎尚未有直接的方法可用。

他过去从未用诸如此类的细节来设想过分子结构，他尽自己所能地自修有关晶体的一切知识，如它们的标准排列方式、几何性与对称性，以及原子间的角度。这一切都归结为一个未知的问题，费曼发现，力的本质会迫使分子呈现出特殊的排列方式。如果将物质的组成成分依体积的大小排列，分子无疑居于极低的位置，科学的触角从未伸到这一范围，而费曼对分子基本法则的研究，已将物理学带进了一个新的阶段，分子力从此成为焦点。科学家可以测量出在特定距离、特定方向挤压石英需要多大的压力，也可以使用当时仍算新颖的 X 射线技术，用 X 射线晶体衍射图像呈现规则晶体的内部形态，从而推演出其结构。当有些理论家更深入地探测原子核时，其他人则尝试将量子技术运用到结构和化学的问题上。结构学家西里尔·斯坦利·史密斯（Cyril Stanley Smith）当时说："可能会出现与物质不同的材料科学。"史密斯在几年后与费曼共事，担任洛斯阿拉莫斯秘密计划的首席冶金学家。从原子力到引起我们的感觉的物质，两者之间的关系仍未建立。从抽象的能量层次到三维形式，正如史密斯加注的："物质即其内部辐射的全息图。"

力还是能量，这就是那些试图将有关原子的量子知识运用到真实材料之功用研究上的学者所面临的选择。这不仅是用词的问题，而是对如何建构一个问题并加以计算解决的根本决定。

从力的观点来看，自然的概念可以回溯到牛顿，这是应对想象物体间有着直接相互作用的世界的直接方法。一个物体在另一个物体上施加力，但力与能量之间的分界线，直到19世纪都还未清楚显现出来；然后，能量渐渐开始取代力，成为科学家思想中的重要支点。用现代的名词来说，力是一个矢量，具有大小和方向；能量则无方向，是仅有大小的标量。随着热力学的兴起，能量逐渐跃居最重要的位置，开始更具基本性。把化学反应视为使能量最小化的过程，人们就可以计算化学反应。即使是一个球从山顶滚下，即从较高势能的状态转变为较低势能的状态，也是寻求能量最小化。费曼在大二物理学课程中抗拒不用的拉格朗日方法，也是用最小能量法来绕过直接相互作用的计算的捷径。能量守恒定律给各种不同的计算提供了一种简洁的记录方法，而力却没有一种相应的定律。

费曼仍然在寻求使用力之语言的方法，其毕业论文所涵盖的范围，已超越了斯莱特提出的问题。在费曼对分子结构的设想中，力是一种自然的成分。他发现键合的刚度会变化，原子会彼此吸引与排斥。通常用来计算能量的方法似乎都是间接而委婉的，而费曼这篇题目恢宏的论文《分子中的力与应力》一开始即提出，以"力"的方法来直接着手研究分子结构，将会更具有启发性，尽管人们过去认为这种方法很棘手。

他主张量子力学以"能量"为开端有两个理由，其一是原来的量子力学理论家习惯以单一的应用方式来验证其方程，即计算由原子放射出来的光的光谱，力在其间并没有明显的作用。其二是薛定谔的波动方程不适用于矢量的计算，因为其本质上只是测量无方向的能量。

费曼大四的时候，正是海森堡、薛定谔和狄拉克的"三年革命"十周年，物理学和化学的应用领域已迸发出相当的活力。对门外汉来说，量子力学可能是一件讨厌的事，因为它具有哲学的纠结以及计算的梦魇。但在分析金属结构或化学反应的学者眼中，新的物理学却能解开经典物理学无法解决的谜团。量子力学的胜利不是因为部分顶尖理论家证实其在数学上的可信度，而是因为上百位材料科学家发现它确实有用。量子力学让他们洞悉了一直困扰他们的问题，给了他们新的生计。只要了解一些方程的处理，就可以计算原子的大小或铅锡合金表面的灰色光泽，等等。

位居新物理学蓝图中首位的是薛定谔的波函数。量子力学认为粒子不再是一个确定的粒子，而是一团污点，一团浮动的概率云，就如同会散播的波一般。量子力学可以计算这团污点，并让这些物质在任意地点以特定概率出现成为可能，这是关键所在。没有哪种经典计算方法可以显示出电子如何在特定原子中排列自己：传统上，带负电的电子会寻求其最低能量状态，并向带正电的原子核靠拢。这样物质本身就会消失，会自行瓦解。前述情况只有从量子力学的观点来看才不会发生，因为它会给予电子确定的点状位置。量子力学的不确定性是使气泡免于破裂的空气。薛定谔的方程显示出电子云在何处可以找到其最低能量，这个世界的存在依赖于电子云。

量子力学通常已经能够勾勒出足够清晰的图像，以表现电子的电荷在固态晶体的分子晶格中的三维空间里会如何分布，电荷的分布会将原子核吸引到适当的地方，也就是那些可以将总能量维持在最小值的适当地方。如果研究者想要计算作用在特定原子核上的力，有一个十分费劲的方法：他首先必须计算能量，然后在原子核稍微移动位置之后再算一遍，最后可以画出一条表现能量变化的曲线，曲线的斜率代表了改变的程度，也就是力。每一个不同的原子组态都必须重新计算。在费曼看来，这简直既浪费时间又十分笨拙。

费曼只用几页纸就提出了一个更好的方法，他认为可以直接计算一个特定原子组态的力，完全不必顾及其他邻近的原子组态。他的计算技巧直接指向能量曲线的斜率——力，而不必先画出整个曲线，再计算它的斜率。这个结果在麻省理工学院物理系中引起了小小的轰动，很多在应用分子问题上耗费相当多时间的人，都颇欣赏费曼的建议："值得强调的是，这个方法节省了颇多的计算精力。"

但斯莱特要求费曼重新改写这篇论文，因为费曼以自己讲话的语气来写作，不同于一般的科学论文。他建议稍加精简，以便出版。《物理评论》接受了这篇论文，并将题目改为《分子中的力》。

并不是所有计算方程的工具都与科学家描述事实时所用的世界图景有相似之处，但费曼的发现却是如此。它符合易于表达与易于形象化的规则：作用于原子核的力与带电荷的电子周围的场中所发出的电子"力"（静电力）相等。一旦以量子力学的方式计算出电荷分布，从此就不再需要考虑量子力学，它变成了经典物理学问题，原子核可以被看成带有质量与电荷的静止点。费曼的方法可应用于所有化学键上。如果两个原子核互相强烈吸引，如同氢原子核在结合形成水分子时一样，这是因为两个原子核均被拉向在它们之间以量子力学方式集中的电荷。

这就是全部的情况。费曼的论文偏离了他对量子力学的思考主线，他很少再去想它。当他再度想起时，总会为在这个现在看来微不足道且不证自明的计算方式上花了这么多时间而羞愧。就他所知，这篇论文根本是无用的。他从未见到其他科学家引用这篇论文，所以他在 1948 年听说物理化学家们对这个发现展开了一场论战后，感到很惊讶。[8] 今天该发现被称为费曼定理（Feynman's theorem）或是赫尔曼 – 费曼定理（Hellmann-Feynman theorem），有些化学家觉得这个定理太简单因而怀疑其真实性。

他是不是够好？

在毕业前几个月，兄弟会的 32 位成员几乎全员到齐，拍了一张合影。费曼坐在第一排的最左边，看来仍比他的同学瘦小且年轻，他紧收下巴，遵照摄影师的指示将手放在膝上，并严肃地略向中央倾靠。他在学期结束时回家，在 1939 年 6 月返校参加毕业典礼。那时他刚学会开车，便载着父母和阿琳到剑桥。在途中，他觉得严重反胃，猜想是开车紧张所致，于是在医院住了几天，幸而及时康复参加了毕业典礼。数十年后，费曼曾回忆起这段开车的旅程，也记得朋友们在他穿上学士服后百般戏弄了他——普林斯顿大学不知道他们收进了一个如此粗鲁的学生。他还记得阿琳。

"这就是我所记得的一切，"他对一位历史学家说，"我记得我那甜蜜的女孩！"

斯莱特在费曼毕业几年之后也离开了麻省理工学院。当时，出于战争相关研究的迫切性，拉比离开哥伦比亚大学，成为活跃的科学界名人，主持新设立的辐射实验室。这个实验室旨在研究将极短波长的无线电波用于穿越云层或在夜间探测飞机与船舰，这就是后来的雷达。对不习惯处于同事盛名之阴影下的斯莱特来说，拉比的存在令他无法忍受。后来莫尔斯也离开了麻省理工学院，在日渐成长的物理学管理机构中任职。如同许多成绩平平的科学家一样，斯莱特和莫尔斯发现自己的声誉正随着时间逐渐褪色，两人也都出版了简短的传记。莫尔斯在他的传记中提到了引导学生从事物理学这般艰深的职业所面临的挑战，回忆起大四准毕业生费曼的父亲来访的事。令莫尔斯意外的是，这位父亲并未受过良好的教育，对造访大学感到紧张，他也不善辞令。莫尔斯记得他说（省略了他的犹豫和道歉）：

我的儿子理查德明年春天就要大学毕业，现在他又说要继续做更多的研究，拿另一个学位。我再供他上个三四年学倒是没问题，但我想知道，这对他是不是值得呢？他告诉我，您曾和他一起做研究。他是不是够好，可以继续深造呢？

莫尔斯差点儿忍不住笑出来。[9] 在 1939 年，物理学方面的工作并不好找，但他告诉这位父亲，理查德绝对可以胜任。

注释

在费曼的同学和兄弟会兄弟中，T. A. 韦尔顿、科尼尔斯·赫林、约翰·L. 约瑟夫、莫纳齐·L. 卡特勒、伦纳德·毛特纳、莫里斯·A. 梅耶和丹尼尔·罗宾斯做了最具启发性的采访。韦尔顿在一份名为"回忆"（加州理工学院档案馆）的手稿中记录了他对费曼的回忆，美国物理联合会有一本笔记本，他和费曼在其中提出了他们对量子力学的看法。费曼在麻省理工学院的成绩单和其他一些学术记录保存在他的个人文件中。麻省理工学院档案馆提供了一些信件和年鉴。琼·费曼提供了她哥哥与父母的通信。其他重要来源包括：关于麻省理工学院物理学，约翰·C. 斯莱特（1975）和菲利普·莫尔斯（1977）的回忆录，以及施韦伯对斯莱特的简介（1989）；关于美国量子物理学的早期发展，凯夫利斯1987，施韦伯（即将出版），索普卡1980；关于最小作用量原理，《费曼物理学讲义》Ⅱ-19、帕克1988、格雷戈里1988和《QED: 光和物质的奇妙理论》；关于科学中的反犹太主义，西尔伯曼1985，斯坦伯格1971，利普塞特和拉德1971；多布可夫斯基1979，以及费曼在麻省理工学院的诸位教授和哈里·D. 史密斯（麻省理工学院图书馆和普林斯顿大学图书馆的一份机密文件）之间非同寻常的通信。

[1] 比如，拉比回忆起1929年哥伦比亚大学不愿接受他为校内第一位犹太人："在美国大学里，在某种意义上，一个系就像一个俱乐部，非常学院化、家庭化……当然，犹太人不一样，他们不太能融入进去。"摘自施韦伯（即将出版）。

[2] 韦尔顿补充道，费曼的解决方案"总是正确的，并且经常是巧妙的"，"斯特拉顿从未委托我或任何其他学生讲课"。韦尔顿1983；查尔斯·韦纳的采访，美国物理联合会，物理史中心，尼尔斯·玻尔图书馆。

[3] 三十年后，他向一位为科学档案收集口述历史的学者尴尬地承认"我有一段时间失去了道德感"。查尔斯·韦纳的采访，美国物理联合会，物理史中心，尼尔斯·玻尔图书馆。

[4] 假设我们考虑一个粒子沿向量 R 给定的方向被送入散射物质的体积为 dV 的元素中。在方向 R'' 上出现的概率由每单位立体角的散射函数 $f(R, R'')$ 给出。相反，沿 R'' 方向进入的粒子将有 $f(R'', R)$ 的概率在 R 方向上出现。我们假设散射体（恒星的磁场）具有互反性质，因此，$f(R, R'') = f(R'', R)$。在我们的情况中，如果粒子的符号与其运动方向同时反转，则满足该特性。也就是说，电子走任何路线的概率等于正电子走相

反路线的概率……巴利亚塔、费曼 1939。

[5] 这两位教授是霍利·C. 卡特赖特和阿瑟·F. 特纳。

[6] 除了物理取得满分外，数学也取得了 99 分的高分；另外，69% 的考生在语言技能方面超过了他，85% 的人在文学方面超过了他，93% 的人在美术方面超过了他。费曼还申请了加利福尼亚大学伯克利分校，那里的院系明确表示，他将被录取，但只批准他作为每年 650 美元的奖学金的第八位候补者。

[7] 普林斯顿大学被说服了。史密斯后来听说费曼在普特南比赛中取得了胜利，他在给莫尔斯的信中写道："我的同事们一直坚持认为，费曼明年不会来这里，因为他参加了一次考试，并获得了哈佛大学的奖学金。我的立场是，只要他对我表示接受普林斯顿，并且没有异议，那么即使人们让他去当哈佛大学校长，他也会来这里。"

[8] 早在 1963 年，斯莱特就在他的教材里使用"费曼定理"一词，尽管他发现一位德国人——H. 赫尔曼比费曼早两年就做出了同样的发现。

[9] 尽管莫尔斯并没有这么说，但梅尔维尔的部分顾虑在于，反犹太主义是否会阻碍儿子在物理学领域的职业发展。他在几年后和约翰·惠勒的一次类似谈话中也表达了这一顾虑。

第 3 章

普林斯顿大学

尼尔斯·玻尔在普林斯顿大学的信徒是一位身材结实、有着灰色眼睛的
28 岁助理教授，名叫约翰·惠勒（John Wheeler）。他在 1938 年来到普林斯顿
大学，比费曼早了一年。惠勒有着和玻尔一样的圆润额头和温和面容，他谈
论起物理学的时候总是心存神圣。在接下来的几年里，没有物理学家能超越
惠勒对神秘事物的欣赏，也没有人能比他更擅长创造名言警句。

"黑洞无毛。"（实际上，就是惠勒发明了"黑洞"这个词。）

"除了没有定律这一条定律之外，没有别的定律。"

"我总是保持用两条腿走路，其中一条总是试图超过另一条。"

"在任何领域里发现最奇怪的事，然后探索它。"

"个别事件、无法用定律解释的事件、如此多的难以理解的事件，从公式
中飘荡而出，无法编织成确定的形式。"

惠勒的穿着像商人，他打着笔直的领带，白色袖口干净笔挺，在他开始和
学生讨论问题之前，总是优雅地掏出一只怀表（这个动作传达的信息是：教授
只能拿出这么多空闲时间）。他在普林斯顿大学的一位同事罗伯特·R. 威尔逊
（Robert R. Wilson）觉得，在惠勒绅士外表的背后是又一个完美的绅士，无穷
无尽……"但是，"威尔逊说，"在这些礼貌的表面之下，仍隐藏着一只猛虎，
就像一个无所畏惧的海盗……有勇气面对任何疯狂的问题。"给学生上课的时
候，惠勒表现得尤其自信，用优雅的文采和启发性的图表给听众留下深刻印
象。当惠勒还是个孩子的时候，花了很多时间阅读《精巧的机械和机械装置》
（*Ingenious Mechanisms and Mechanical Devices*）这本书。他记住了书里的绘
画，还用齿轮和横杆造出了加法机和自动手枪。就在惠勒在黑板上画出晦涩
难懂的量子悖论的图像时，仍然体现出了这种心灵手巧的风格，这个世界就
像一台银色的神奇机器。惠勒在俄亥俄州长大，他父亲是图书馆的管理员，
三个叔叔都是采矿工程师。他在巴尔的摩上大学，在约翰斯·霍普金斯大学
取得研究生学位，之后获得美国国家科学研究委员会的奖学金，靠着这笔资
助，惠勒在 1934 年乘坐单程票价 55 美元的货船前往丹麦哥本哈根，师从玻

尔学习量子力学。

1939 年的头几个月，惠勒和玻尔以同事的身份再次一起工作。普林斯顿大学聘用了惠勒，并谨慎地激励杰出的匈牙利物理学家尤金·维格纳转到核物理方向。麻省理工学院在这场竞争的浪潮中却采取审慎保守的态度。斯莱特和康普顿倾向于全面发展以及与应用领域的联系。普林斯顿大学完全不同。惠勒仍然记得他第一次见到放射性感受到的神奇：他坐在暗室里，盯着硫化锌的黑色屏幕，数着从氡元素中放射出来的一个个 α 粒子产生的闪光。此时的玻尔离开了越来越动荡的欧洲，到普林斯顿大学拜访爱因斯坦的研究院。惠勒在纽约的码头迎接玻尔的时候，玻尔带来了一个新消息——有关即将成为物理学开始关注的一种最重要的物质，这就是铀原子。

氢原子是玻尔开始量子力学革命的核心主题。与氢原子相比，铀原子简直是怪兽。它是自然界存在的最重的原子，携带着 92 个质子和 140 多个中子，在宇宙中极其稀少，数量只有氢原子的 17 万亿分之一，而且很不稳定，它会在量子力学无法预测的时间内发生衰变，产生一系列较轻的元素。或者，像玻尔在穿越北大西洋的旅程中在便携黑板上记录的那样：铀原子遭受中子撞击后会分裂成零散的几对更小的原子，比如钡与氪，或者碲与锆，同时释放出更多的中子和能量。要如何形象化地表示这个膨胀了的原子核呢？是一堆相互碰撞的玻璃球吗？还是一串受到原子核橡胶带挤压的葡萄呢？又或者就像"小液滴"（这个词在 1939 年像病毒一样扩散到整个物理学界）——一种闪耀的、推来挤去的、振动着的小圆球，它被挤压在沙漏里，然后从狭窄的裂缝中滴落下来。就是最后这种小液滴模型，促使惠勒和玻尔创造出一种强有力却极其简单的科学，仅仅一年之后，这些现象的有效理论被命名为"裂变"〔fission，这个词不是他们的原创，他们曾经花了一整夜思索更好的名字，他们考虑过"分裂"（splitting）或者"有丝分裂"（mitosis），但后来都放弃了〕。

根据合理猜测，较重的原子核心中葡萄干般的复杂结构，可以被粗略地近似为一颗小液滴。每一个原子核中都包含两百多个粒子，它们靠着强有力的短程核力结合在一起，这种力与费曼分析过的整个分子尺度上的电磁力完全不同。对于较小的原子来说，小液滴的比喻不够恰当；但对于像铀原子这样较大的原子来说，液滴的描述特别合适。原子核的形状就像小液滴的表面，依赖于两种相反的作用力之间的精妙平衡。如同液滴的表面在表面张力的作用下形成紧密的几何形态，原子里的核力也是这样。质子之间的正电荷产生的电磁力相互排斥，对抗着相互吸引的核力。玻尔和惠勒意识到，费米在罗马的实验室里发现的慢中子有着特别重要的意义。他们两人做出了两项引人注意的预言：只有相对稀有的同位素铀235会剧烈地裂变，以及铀被中子轰击产生的裂变会生成原子数为94、质量数为239的新物质，这些物质还没有在自然界和实验室里被发现过。他们的两项理论预测很快将会激发世界上最伟大的技术突破。

核物理学的实验室迅速发展起来。美国人的发明热情都投入了兵工厂的机械设计，以加速粒子束，让它们撞击金属片或气体原子，使撞击后的产物穿过离子气体室。普林斯顿大学在1936年花费几辆汽车的成本建造了美国最早的大型回旋加速器之一，这个名字在未来成为普林斯顿大学的骄傲。大学也让一些小型加速器每天工作，生产稀有的元素和同位素，在此基础上产生大量的数据。在这个几乎一无所知的年代，一切实验结果都看起来充满价值。同时，所有新拼凑起来的仪器带来了测量和解释数据的困难，结果经常杂乱无章。1939年初秋，惠勒的学生海因茨·巴沙尔（Heinz Barschall）带着一个典型的问题来找他。和很多新入门的实验员一样，巴沙尔正在用加速器产生的射线通过离子室散射粒子。在离子室中，这些粒子的能量可以得到测量。他需要估计在不同的角度反弹回来的粒子的不同能量。巴沙尔已经注意到，他的结果因受到离子室自身环境的影响而改变。一些粒子在抵达离子室之前就已经开始碰撞。还有些粒子在离子室内开始碰撞，但是会朝着离子室的墙壁撞上去。这些粒子都不会再保持原有的全部能量，而计算的关键就在于怎样补偿这些差异，以及怎样把测量的结果换算为粒子的实际能量。这是一套复杂的几何学中相当麻烦的概率问题。巴沙尔不知道该从哪里开始。惠勒说，他太忙了，来不及思考这个问题，但是他新招了一名非常聪明的研究生……

巴沙尔听从惠勒的建议，去研究生院的宿舍找到费曼。费曼听了巴沙尔的问题，什么也没说。巴沙尔觉得一切就这样结束了。费曼当时正在适应这个新的世界。对一名物理学家来说，这里比费曼离开的那个科学中心要小得多。他在校园西边的拿骚大街的商店购买日用品，遇到了一位高年级的研究生——伦纳德·艾森巴德（Leonard Eisenbud）。艾森巴德说："你看起来就像是优秀的理论物理学家。"他指着费曼新买的垃圾桶和黑板擦说："你买对了工具。"两人第二次见面的时候，让巴沙尔惊讶的是，费曼带来了一大摞手写纸。费曼利用坐火车的时间写下了完整的解答。巴沙尔感觉很挫败，从此以后，又多了一位年轻的物理学家加入崇拜费曼才智的小团体。

费曼被指定为惠勒的助教，此前两人都不知情。惠勒也开始欣赏费曼的才华。费曼本来期待跟随维格纳工作。他第一次见到惠勒的时候，惊讶于这位教授比自己大不了几岁。之后，他再次惊讶于惠勒掏出怀表的动作，费曼领会了惠勒的意思。在他们第二次见面时，费曼掏出一块怀表，放在惠勒面前。停顿了一会儿之后，两个人都笑了。

传统老派的村子

小餐馆、林荫路、仿乔治时代的石刻与彩色玻璃、用餐时穿的学院袍和茶歇时一丝不苟的礼节，这些优雅别致的特质让普林斯顿大学颇负盛名。没有哪所大学像普林斯顿大学这样热切地为本科生的社交活动提供社团支持。虽然 20 世纪不可避免地到来了，各个院系都在迅猛扩张，拿骚大街人满为患，但是，普林斯顿大学依然保持着"一战"前的状态。就像弗朗西斯·斯科特·菲茨杰拉德（F. Scott Fitzgerald）充满爱慕之情地描述纽约、费城和南方社会的先前一代人，"懒散，精致，有贵族气"。虽然普林斯顿大学的教职人员的专业性日渐提升，但依然沾染着菲茨杰拉德所说的"温和、诗意的绅士"气质。就连1933年来到此处定居的最著名的天才——爱因斯坦也忍耐不住嘲弄："这是传统老派的村子，这里的人就像踩着高跷的小精灵。"

已经走上了通往学术道路的研究生，有一部分远离了大学里轻浮的一面。物理系尤其能与时俱进。费曼冷眼旁观，从人数比例来看，普林斯顿大学的物理学家们出现在当时的学术刊物上的频率似乎过高了。即便如此，费曼还是要努力适应这里的环境。普林斯顿大学比哈佛大学和耶鲁大学更具有英国名校的风格，还带有庭院和住宿"学院"。在研究生院，门卫监管着楼梯入口。这种正式的气氛让费曼感到害怕，直到他发现学生们会在黑袍子下面裸露着胳膊或穿着网球服。1939年秋天，费曼来到普林斯顿大学。每周日与院长艾森哈特（Eisenhart）共进下午茶，让他对社交紧张不安。他穿着西装，走进门看见年轻的女孩们，这比他想象的还要糟糕。他不知道自己应该往哪儿坐。一个声音出现在费曼身后："先生，你想要在茶里加奶油还是柠檬？"他转身看见了院长夫人——普林斯顿大学著名的"悍妇"。据说，数学家卡尔·路德维希·西格尔（Carl Ludwig Siegel）在访问普林斯顿大学一年后于1935年回到德国，他告诉朋友们，希特勒很坏，但是艾森哈特夫人更坏。

费曼脱口而出："都要，谢谢。"

"哈哈哈哈，"费曼听到艾森哈特夫人说，"别逗了，费曼先生！"这句话透露出更多的含义，主要是指责费曼在社交场合的失态。日后只要费曼想起这件事，这句话就在他的耳边响起："别逗了！"适应这里的环境可不容易。父母寄给他的雨衣太短了，这让费曼很困扰。他尝试赛艇活动，常春藤联盟的体育运动对来自法洛克威的费曼来说是最不陌生的事——他还记得自己在南岸的河口划船的快乐时光——但很快他就从船上掉落到水里。他为钱发愁。他在房间里用米布丁和葡萄，或者饼干配花生酱、果冻和菠萝汁招待客人。做助教的第一年，他每周赚 15 美元报酬。为了支付 265 美元的账单，他去兑现支票，花了 20 分钟计算哪种组合方式损失的利息最少。他发现，最糟的和最好的方式利息只差了 8 美分。从外表上看，他不再像过去那样粗鲁无礼。他来到普林斯顿大学不久，虽然还没有见过爱因斯坦，但研究生院的邻居们都觉得他和爱因斯坦说话的语气一样。邻居们敬畏地听着费曼在大厅公用电话上与他们以为的那位伟人的对话："对，我试试……对，我就是那样做的……哦，好，试试。"实际上，费曼大部分时间只是在和惠勒对话。

费曼担任惠勒的助教，一开始是力学课，后来是核物理课。费曼很快发现，他要在教授缺席的时候代课。（费曼这才意识到，他如果选择这条学术的职业道路，就必须经常面对坐满教室的学生。）他每周和惠勒见面，讨论他们自己的课题。起初是惠勒布置题目，后来两人建立了相互合作的模式。

在 20 世纪的头 40 年里，物理学涵盖的范围急剧扩大。相对论、量子力学、宇宙射线、放射性、核反应——这些新领域争取到了顶尖物理学家们的关注，他们开始排斥力学、热力学、流体力学和统计力学这些经典物理学的领域。对于一个刚刚接触理论问题的聪明的研究生来说，这些经典领域就像是科学教科书般不可动摇，已经成为历史的一部分，而且在工程领域得以应用。用物理学史作家亚伯拉罕·派斯的话说，物理学的边界是向内的，向着理论物理学家奔赴的原子核心深处。一切"之最"聚集于此：实验设备最贵（机器动辄几千万美元），耗能最高，实验所用的物质和"粒子"（这个词的意义有待确定）最神秘，思想最天马行空。众所周知，相对论改变了天文学家对宇宙的认识，却在原子物理学中找到了最常规的应用。原子中存在着接近光速的运动，使相对论数学变得至关重要。实验物理学家在学会用更高的能量水平做实验的时候，发现物质的组成成分其实是比原来更基本的新单位。通过量子力学，物理学已经取代了化学所获得的最基础科学的地位，负责解释自然界的基本成分。

20 世纪 30 年代末 40 年代初，粒子物理学还没有确立它后来在各学科关系之间的主导地位。在 1940 年召开的理论物理的年度华盛顿会议上，组织者选定的主题是"基本粒子"。同时，研究地球内部的历史悠久的地球物理学为年会选定的主题是"地球内部"。尽管如此，无论是费曼还是惠勒，都不关心纯粹理论物理学家的焦点应该转向哪里。量子力学的核心弱点就是基础科学中的基础问题。在麻省理工学院，费曼读了狄拉克在 1935 年发表的文字后感到绝处逢生，狄拉克写道："看来，这里需要一些新的物理学思想。"狄拉克和其他先驱们已经竭尽所能地采用了新的方法来处理问题，其中包括量子电动力学，这是关于电、磁、光和物质相互作用的理论。但是狄拉克很清楚，这些方法还不完整。

最困难的问题是电子，它是带负电的基本粒子。虽然许多高中的学生今天都会用桌面实验演示单个电子不连续的带电量（就像费曼在法洛克威做过的那样），但是，电子的概念在现代科学体系中还相当年轻。电子究竟是什么东西？X 射线的发现者威廉·伦琴在 1920 年之后在他的实验室中禁止使用"电子"这个新发明的术语。量子力学的研究者，试图在几乎所有的新公式中尝试描述电子的电荷、质量、动量、能量或自旋，但仍然对电子的很多问题束手无策。特别麻烦的问题是，电子到底是有限小的颗粒还是无穷小的点？在玻尔已经老掉牙的原子模型中，电子被想象成围绕原子核旋转的小球。而现在看来，原子中的电子更像是在进行一种和谐的振荡。在量子力学的一些公式里，电子被写成了一个波动的形式，波动代表了电子在特定时间出现在特定位置的概率分布。但是，出现的是什么东西？是实体，是单位，还是一个粒子？

实际上，在量子力学出现之前，经典物理学的概念就已经开始动摇。将电子能量（也就是质量）和电子的电荷联系起来的方程，暗示出另一个量，即电子的半径。随着电子缩小，能量就会增大。就像木匠的锤子集中敲打一枚钉子的时候，每平方英寸上受到的压力有数千磅。更麻烦的是，如果电子是一个体积有限的小球，那到底是什么样的力量或黏性可以让它在自己的电荷作用下保持稳定而不支离破碎呢？物理学家发现自己推算出来一个量，叫"经典电子半径"。从某种程度上说，"经典"在这里表示"虚幻"的含义。如果是另一种情况呢？电子不是有半径的小球，而是无穷小的点，电动力学的方程中就会出现除以零的情况。就像无穷小的钉子，会带来无穷大的压力。

在某种程度上，方程是在测量电子的电荷对电子自身的影响，也就是它的"自能"。这种影响随着距离的缩小而增加。那么电子可以距离自身多近呢？如果距离是零，影响的效果就是无穷大，而这是不可能的。量子力学的波动方程只是让无穷大变得更复杂了而已。物理学家不再像小学生那样恐惧除以零的计算，却要考虑方程中边界的溢出，要结合很多无穷多的波长和无穷多的振荡。只不过，费曼在当时还不能完全理解这些问题。面对简单问题的时候，物理学家用权宜之计，尴尬地舍弃掉方程中有分歧的部分，暂且能得到合理的答案。但是，狄拉克在他的《量子力学原理》中总结道，电子的无穷小意味着现有理论的缺陷，看来，这里需要一些新的物理学思想。

费曼默默地呵护着一个如此激进而直接的解决方案，只有对过去的传统文献一无所知的人，才会觉得这种解决方案有吸引力。他私下提出了一个设想，电子根本不能作用于自己。这个想法似乎是在自我论证，看起来傻里傻气。但是他意识到，消除电子对自己的作用就意味着消除了电场本身。电场是所有电子的电荷的总和，是电子自作用的媒介。一个电子把自己的电荷贡献给电场，又反过来被这样的电场影响。假如不存在电场，小球型的电子模型就被破坏了。每一个电子都直接对另一个电子产生作用，电荷之间只允许有直接的作用力。无论这种作用力是什么，它的传播速度都不能超过光速，所以在方程中还必须考虑作用力在时间上的延迟。相互作用就是光，以无线电波、可见光、X 射线或其他任何形式的电磁波向外辐射。费曼后来说："摇动这个电子，另一个电子随后也晃动起来。太阳中的原子摇动了，因为直接的影响需要 8 分钟才能来到我的眼前，所以我眼中的电子在 8 分钟之后会跟着晃动。"

没有电场，也没有自作用。费曼的态度中隐含着一种意识，他觉得自然规律不是被发现的，而是被人为建构起来的。虽然语言模糊了两者的区别，但费曼问的不是电子是否作用于自身，而是理论物理学家能否合理地抛弃这个概念；不是电场是否真实存在于自然界中，而是电场是否必须存在于物理学家的思维中。当爱因斯坦抛弃以太的概念的时候，他报告以太并非真实的存在，就像一位外科医生打开了病人的胸腔，报告没有发现血淋淋的跳动着的心脏。电场很不一样。它一开始就是人造的概念，不存在实体。19 世纪的英国人迈克尔·法拉第和詹姆斯·克拉克·麦克斯韦发明了电场的概念，并把这个概念用到了可有可无的情景中。他们写下"磁力线"的时候，不是想表达字面的意思。虽然法拉第确实看到了磁场附近的铁屑排列的形态，麦克斯韦想象着空间中充满了这种看不见的非机械性的旋涡，但是他们想让读者理解，这只是一个类比，凭借的是全新、强有力的数学直觉。

电场不会被无缘无故地发明，它折叠了光和电磁，永远地建立了一种波动涟漪的形式。以太的概念已经失效了，电场作为它的抽象的继承者，是理想的波的伴随者，似乎能量正在从它的源头波浪般地涌出。任何接触电路和磁铁的人，都能感受到法拉第和麦克斯韦感受过的那种颤动和起伏。最关键的是，电场的概念可以避免一个物体影响另一个遥远物体的尴尬情况——超距作用。在电场中，作用力合理而持续地从一个地方向相邻的地方传播。这里的传播没有跳跃，也不需要遵循距离法则的魔法。就像美国实验物理学家和哲学家珀西·布里奇曼说的那样："举个例子，利用场的概念，我们从思想上感觉更容易理解太阳和地球之间的引力作用，一个点只影响它邻近的一点，影响在空间中依次传播出去，而不是寄希望于有力量超越遥远的距离，通过某种心灵感应的方式找到目标。"那个时候的科学家已经彻底忘记了，电场的概念其实也有一点儿魔法的意思，这种魔法让空间充满了波浪形的东西，而不再是完全纯粹的空洞。后来史蒂文·温伯格（Steven Weinberg）用更优雅的方式说，电场就像是"薄膜上的张力，但是薄膜不存在"。场的概念在物理学家的思维中占据了主导地位，以至于有时连物质本身也退居到了仅仅是附属物的地位，物质只是场中的结点，或者一个瑕疵，或者像爱因斯坦自己所说的，仅仅是场特别强烈的地方。

无论接受还是厌恶场的概念，到了 20 世纪 30 年代，物理学家的选择只是有了更多的实现方法，而不是更多的现实。海森堡和薛定谔分别在 1926 年和 1927 年提出了矩阵力学和波函数，现在不会有人幼稚到问这两种东西是否真实存在。它们只是实现相同过程的不同方法。因此，费曼用他自己新的目光，回归到经典方式，即寻找不需要场概念的粒子交互方式。能量的波动性传播和超距作用的把戏都是他此刻必须着手处理的问题。电子有可能不需要电场，直接产生相互作用——惠勒也有理由被这样模棱两可的纯观念问题吸引。

折叠和节奏

在研究生院，费曼倾向于与数学家而不是物理学家交往。根据学校保留的英格兰传统，数学系和物理系的学生们在同一间公共休息室喝下午茶。费曼在这期间会听到越来越陌生的专业术语。纯粹的数学已经无法被当代物理学家直接应用，而是转向了拓扑学这样的看似神秘的领域，研究二维、三维或多维空间中的形状，不考虑刚性的长度或角度。数学和物理已经貌合神离，甚至分道扬镳。数学专业和物理专业的学生在研究生阶段上的课程都不一样，彼此之间也没有什么实际的交流。费曼听着站在人群中或坐在沙发上喝茶的数学家们谈论自己的证明。不管对错，费曼都觉得自己就算不完全理解题目的含义，也能用直觉从公理中推导出那些定理。他喜欢这些奇怪的修辞，喜欢尝试猜测他们几乎看不到的问题的反直觉的答案。费曼喜欢物理学家对数学家的讽刺：数学家花时间证明显而易见的问题。虽然费曼会取笑这些数学家，但他认为数学家是一个令人兴奋的群体——这群人非常快乐，对费曼所不了解的科学领域感兴趣。其中一位朋友叫阿瑟·斯通（Arthur Stone），是一个有耐心的年轻人，靠英国的奖学金在普林斯顿大学读书。另一位朋友叫约翰·图基（John Tukey），他后来成为世界顶尖的统计学家之一。这些人用自己的休闲时间来满足好奇心。

斯通带来了英式标准活页夹当作笔记本。他在伍尔沃斯百货商店买的美式标准活页纸比他的活页夹长出一英寸。为了把纸装入活页夹，他必须裁剪掉一英寸的纸边。这些一英寸宽的纸带很适合被折叠和扭曲成不同的结构。他试着从纸带的一端沿60度角反复折叠，折成一串等边三角形。然后，他沿着这些折痕，把纸带折成完美的六边形。

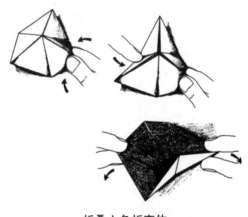

折叠六角折变体

他把纸带的一端和末端连在一起，发现得到了一个奇怪的小玩具：他捏住六边形的对角拉伸之后，像玩折纸一样把六边形向外翻，就能得到一组由等边三角形组合成的新六边形表面。重复这样的操作，就可以反复展示出新的表面。继续翻折，就能回到之前的六边形表面。实际上，他制造了一条扁平化的内外翻转的通道。

他思考了一整夜。第二天一早，他找了一条更长的纸带，确认了一个新猜想：如果制作得更精致一些，可以让六边形呈现六个面，而不只是三个面。这次的循环操作可不那么简单。其中三个面会反复出现，而另外三个面似乎不容易找到。这对斯通的拓扑想象力来说是不小的挑战。几个世纪以来，从来没有人用折纸制作过如此优雅的卷曲物体。几天之内，这种折变体（flexagon）——更准确地说，是有六个面和六条边的六面六角折变体（hexa-hexaflexagon）——的复制品在午饭和晚饭的时候在整个食堂流传开。很快，斯通、图基、一位名叫布赖恩特·塔克曼的数学家，再加上他们的物理学家朋友费曼，组成了"折变体指导委员会"。他们磨炼自己摆弄纸条和胶带的灵巧度，制作出 12 个面的六角折变体，之后做出了 24 面，再然后做出了 48 面。不同种类的折变体的制作难度随着面数的增加而迅速增长。从数学的角度来说，这就是折变理论开花结果，获得了拓扑学和网络理论的混合味道。费曼对这个"委员会"的最大贡献是发明了一种后来被称为费曼图的信息图。通过它，可以实现全部可能的六角折变体。

17 年后的 1956 年，《科学美国人》杂志上一篇署名为马丁·加德纳的文章介绍了折变体。这篇文章开启了加德纳的职业生涯，他之后撰写了 25 年的"数学游戏"专栏，出版了 40 多部著作，成为美国趣味数学领域的领军人物。他的第一篇文章捕捉到并激活了一个小热点。折变体被印刷在广告宣传页和贺卡上，启发了几十篇学术或半学术文章，以及好几本书。在这篇文章吸引来的数百封来信中，有一封来自新泽西州阿伦·杜蒙特实验室，开头这样写道：

　　我对你在 12 月号上那篇题为《折变体》的文章很感兴趣。我们只花了六七个小时就把六边形以适当的构造粘贴在一起。从那一刻开始，奇迹就一直在持续发生。

　　但是我们遇到一个问题。今天早上，一位同事闲来无事，正坐在那里玩着六面六角折变体，这时，他的领带尖端卷进了折变体的褶皱中。每经过一次连续翻折，他的领带就有更多的部分消失在折变体里。在第六次翻折的时候，他整个人都消失了。

　　我们疯狂地翻折这个东西，但找不到他的踪迹。不过，我们找到了六面六角折变体的第 16 种构造。

　　游戏的精神和探索的智慧交织在一起。费曼花了一下午坐在他房间的窗台上，用纸条牵引着蚂蚁在绳子吊起来的糖罐里来来回回。费曼想看看蚂蚁是如何交流的，以及它们能学会多少种几何图形。一位邻居闯进来，看到费曼在一个寒风凛冽的日子里坐在窗边，开着窗，疯狂地用勺子搅动一锅果冻，并喊着："别打扰我！"费曼想看看果冻在运动时如何凝固。另一位邻居挑起了一场关于人类精子运动技术的争论；费曼不见了，之后很快拿着一份采样回来。费曼与约翰·图基一起，对人类通过计数来记录时间的能力进行了长期反思性的研究。他在楼梯上跑上跑下，让自己的心跳加速，然后练习同时数袜子和数秒。大家发现，费曼可以在默读的时候保持准确的时间计数，只要说话就会丧失时间的稳定感。而图基在大声背诗的时候可以保持时间的稳定感，默读的时候却不行。他们确定自己的大脑在处理计数任务的时候，应用了不同的系统：费曼用的是听觉节奏，他听到了自己数的数字；图基用的是视觉节奏，他看到了数字在眼前穿过。图基后来说："我们对此很感兴趣，而且很高兴用经验去尝试，并组织、得出基于观察的结论。"

　　偶尔，来自科学以外的世界的一小块知识会飘浮在费曼的面前，像栗子上的毛刺一样粘过来。一名研究生对伊迪丝·西特韦尔（Edith Sitwell）的诗歌产生了浓厚的兴趣，当时，西特韦尔因其作品中华丽的辞藻和喧闹的爵士乐节奏而被看作现代和古怪的代表。费曼大声读了几首诗，突然，他似乎明白了；他拿起书，开始高兴地背诵。"节奏是梦想和现实之间的一位主要翻译者，节奏对声音的世界的意义，就像光对于视觉的世界。"诗人在讲述她自己的作品。对费曼来说，节奏是药物和润滑剂。他的思想有时似乎滑落，流淌着斑斓的鼓点，他的朋友注意到他的指尖有思想溢出，让他不停地敲打着桌子和笔记本。西特韦尔写道：

　　　宇宙在我的头脑中生长，

我有梦想，虽然你我没有床——

想到世界和时光

当一切都有可能的时候，还是会来到我的身旁。

向前还是向后？

有一段时间，普林斯顿大学和高等研究院的物理学家茶话会被一个旋转的草坪洒水器"霸占"了主题——这个 S 形装置受到其喷出的水的后坐力而旋转。核物理学家、量子论理论物理学家，甚至纯数学家，都被一个问题困扰着：如果一台类似的设备被放在水下，让它吸水而不是喷水，会发生什么呢？因为水流的方向相反，推力变成拉力，所以它是否会以相反的方向旋转？还是因为无论水往哪边流，在绕着 S 的曲线弯曲时，都会产生同样的扭曲力，所以会以相同的方向旋转？（费曼有位朋友在几年后对他说："我一眼就看明白了。"费曼回应说："所有人都能一眼就看明白。但问题是，有的人看明白的是一种方向，而其他人看明白的是另一种方向。"）在一个越来越复杂的时代，简单的问题也能让人吃惊。人们不必深入探究物理学家对牛顿定律的理解，就能触及不太艰深的问题的实质。每一个作用力都会产生大小相等、方向相反的反作用力——这就像草坪洒水器和火箭的工作原理一样。相反的问题是，人们必须思考反作用力到底对什么地方产生了影响。作用力产生在喷嘴处？或者在 S 曲线的某个地方，扭曲的金属迫使水流改变方向？有一天，有人问惠勒对这个问题的看法。他说，费曼在前一天让他绝对相信洒水器是向后转的；但今天，费曼又让他绝对相信洒水器会向前转。他也不知道，明天费曼会让自己相信什么。

虽然思想是最方便的实验室，但它不是最值得信赖的实验室。由于思想实验室的失败，因此费曼决定将草坪洒水器问题带回物质世界——用坚硬的金属和湿漉漉的水来解决问题。他把一根管子弯曲成 S 形，在里面放进一块软橡胶。现在，他还需要压缩空气的简便方法。

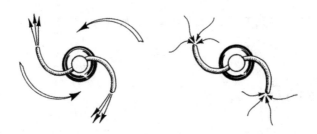

洒水器的秘密。它在洒水时会逆时针旋转，但它在吸水时，会发生什么？

尽管还没达到麻省理工学院的标准，但普林斯顿大学的帕尔默物理实验室也拥有一系列的宏伟设施。四座大型实验室和几间小实验室占据了超过 2 英亩的一整层楼的空间。机械车间提供了电气设备、电池、开关面板、化学设备和光栅。三楼是高压电实验室，能直接产生 40 万伏高压。低温实验室可以产生液态氢。但是，帕尔默实验室最骄傲的是在 1936 年新建的回旋加速器。费曼到普林斯顿大学的第二天就去逛了逛，还和实验室主任喝了茶。相比之下，麻省理工学院更新的回旋加速器是一个由闪亮的金属和几何排列的表盘组成的优雅的未来主义杰作。当麻省理工学院最终决定投身高能物理领域的时候，在投资建造实验室方面毫不吝啬。普林斯顿大学给了费曼很大的震撼。他走进帕尔默物理实验室的地下室，打开门，看到天花板上像蜘蛛网一样密集的电线。冷却系统的安全阀暴露在外，水从上面滴下来。工具散落在操作台上。这看起来不像在普林斯顿大学，倒是令费曼想起了在法洛克威家里的木质实验室。

在实验室的一片混乱中，费曼借用一个压缩空气的设施似乎也没什么大不了的。他将橡胶管连接起来，并将末端推过一块大软木。他把他的微型草坪洒水器放入一个巨大的玻璃水瓶，用软木塞封住瓶子。这将增加水的压力，然后水会向后流进 S 形管道，沿着橡胶管，从瓶子里流出。

他打开空气阀门。仪器轻微颤抖了一下，水开始从软木塞中滴落。更多的空气，也就是水流，在增加，橡胶管似乎在摇晃，但还没有扭曲——至少没有任何扭曲的迹象。费曼把空气阀门开大，瓶子爆炸了，水流和玻璃在整个房间中飞溅。回旋加速器实验室的管理员禁止费曼再到这里来。

尽管费曼的实验失败让人唏嘘不已，但在以后的日子里，他和惠勒都乐于讲述这个故事，而且他们都很谨慎，从不透露原始问题的答案。当然，费曼已经正确地解决了这个问题。他的物理直觉从未如此敏锐，他在物理学的可感性和正式的数学方程之间流畅转换的能力也从未如此强大。他的实验在爆炸之前确实起到了作用。洒水器到底会怎样旋转呢？它根本就不会旋转。[1]当喷嘴吸水的时候，水不会拉动自己，就像人不能用手拉着自己的手往上爬。而在 S 曲线内作为扭矩被施加的力这一想法不重要。在正常情况下，水以喷射的方式涌出，作用力与反作用力都是直接的、可以测量的。水朝着一个方向喷射的动量，等于喷嘴向相反方向旋转的动量。但把这一切都放进水下之后，水被吸进去的时候没有喷流。水没有被组织起来定向移动，水可以从任意方向进入喷嘴，因此根本没有力的作用。

20 世纪娱乐业的伟大发明——电影——大大发展了思想实验的技术。对科学家来说，在头脑中倒放电影场景的想法已经特别自然。在洒水器的例子中，可逆性被证明是一种假象。如果水的流动是可见的，倒放的普通草坪洒水器的动态图片与正放的吸水草坪洒水器看起来会有明显的不同。电影制作人自己也被往往略显滑稽的新影像所诱惑，将一条电影胶片和投影仪逆着运行就可以获得这样的影像。在影像中，潜水员们从湖泊中首先窜出，然后水花消失在他们身后的空间；火焰从空气中抽出烟雾，并创造出一卷新造的纸张；破碎的蛋壳自动在颤抖的雏鸟周围组合起来。

对费曼和惠勒来说，可逆性是原子层面的核心难题，自转和相互作用力比洒水器更抽象。众所周知，描述物体运动和碰撞的方程对向前和向后的运动都一样有效。它们是关于时间对称的，至少需要额外考虑的东西不多。但是，在现实世界中，时间似乎是单向的，少量的能量可以炒熟鸡蛋或打碎一个盘子，而还原鸡蛋和盘子却超出了科学的能力，这是多么令人尴尬的事啊。科学上用"时间之箭"这个比喻表明时间的方向性，这在普遍经验中是如此明显，在物理学家的方程中却体现不出来。在方程里看，从过去到未来的旅程，似乎和从未来回到过去的旅程没有区别。阿瑟·爱丁顿曾经说："物理学的方程里缺少指明单行道的路牌。"至少从牛顿开始，这个悖论就一直存在，但相对论的出现让它更加突出。数学家赫尔曼·闵可夫斯基通过将时间可视化为第四维，将过去－未来简化为任何一对方向的状态：左－右、上－下、后－前。绘制图表的物理学家获得了上帝之眼的视角。在时空图中，一条直线代表一个粒子穿过时间简单地存在着，过去和未来在一起呈现。四维空间的时空流形同时显示了所有的永恒。

自然法则不是控制现在的东西变成未来的东西的规则，而是对整个时空中同时存在的模式的描述。这幅画面很难与我们的日常意识相协调，即时间是如此特殊。即使物理学家有对过去的记忆和对未来的预见，也不会有任何时空图能完全抹去它们之间的差异。

哲学家们往往在属于他们的领域留下一套泥泞和衰老的概念。时间的哲学家们用一串副词表达了他们的苦恼：亘古不变地、本质地、不知不觉地、可追溯地。几个世纪的猜测和争论让他们对物理学家突然推翻同时性的概念毫无准备（在相对论宇宙中，说两个事件同时发生毫无意义）。随着同时性的消失，顺序性被打破，因果关系受到压力，科学家们普遍感到他们可以自由地考虑时间上的可能性，而这些可能性在上一代人看来似乎还很牵强。

1940 年秋天，费曼开始重新面对他上大学时就一直在调侃的基础问题。量子理论中丑陋的无限性是否可以通过禁止电子对自身的作用消除？——通过消除电子对自身的作用，实际上消除了场的存在。不幸的是，他同时了解到自己的想法有什么问题。这个问题是，某个现象似乎只能用电子对自身的作用来解释。当真正的电子被推动时，它们会推回来：加速的电子通过辐射来消耗能量。实际上，电子感觉到了一种阻力，称为辐射阻尼，必须施加额外的力来克服它。广播天线以无线电波的形式辐射能量，遭遇到辐射的阻力，比如额外的电流，必须通过天线来弥补。当热的、发光的物体冷却时，辐射阻尼在起作用。由于辐射阻尼，原子中的电子在空旷的空间中独自失去能量而消亡，失去的能量已经以光的形式辐射出去。为了解释为什么会出现这种阻尼，物理学家认为他们别无选择，只能想象电子对自身施加的一种力。在空旷的空间里，还能靠什么？

然而有一天，费曼带着一个新的想法走进惠勒的办公室。他承认，他当时"眼冒金星"，因为他在与惠勒给他的一个模糊的问题做斗争。他放弃了那个问题，重新思考电子自作用的问题。如果（他认为）一个电子在空旷的空间中不会发出任何辐射，就像一棵树在空旷的森林中不会发出声音一样。假设只有在有起源和有受体的情况下才允许辐射，费曼想象一个只包含两个电子的宇宙，第一个电子晃动，它的力量作用在第二个电子上。第二个电子也晃动起来，并且产生反作用在第一个电子上的力。他用类似麦克斯韦场方程的方法计算了作用力，但是如果电场意味着允许电磁波自由扩散的介质，在包含两个电子的宇宙中，就不存在电场。

他问惠勒，这种由一个粒子施加在另一个粒子上，然后又反作用在第一个粒子上的力，能否解释辐射阻尼的现象？

惠勒很喜欢这个想法——这是他可能采取的那种思维方式，把一个问题剥离到只有一对点电荷，并试图从第一原理建立一个新的理论。但是他立即看出费曼得出的数字是错误的。对第一个粒子的反作用力强烈依赖于第二个电荷的强度、质量，以及距离。但是这些量都不会影响辐射阻尼。这种反对意见事后在费曼看来是显而易见的，但当时他对教授快速的洞察力感到惊奇。这里还有另一个问题，费曼没有真的考虑力和反作用力在传输过程中的延迟。

无论作用力如何反作用于第一个粒子，时间都错了，太慢了，以至于无法匹配已知的辐射阻尼的效果。实际上，费曼突然意识到，他已经描述了一种不同的现象，一种无聊的简单现象，即光的反射。他感觉自己很傻。

时间延迟并不是原始电磁理论的一个特征。在麦克斯韦的时代、相对论的前夜，像牛顿那样假定力的作用是瞬时发生的，似乎仍然很自然。想象力的飞跃很有必要，要看到地球在其轨道上的运动不是因为太阳在那里，而是因为太阳8分钟前就在那里了。这是太阳的引力的影响跨越近一亿英里的空间所需要的时间——如果太阳被摘走，地球将继续运行8分钟。为了适应相对论的观念，必须对场方程进行修正。现在的波是滞后波，被有限的光速延迟了时间。

在这里，时间的对称性问题出现了。当正确考虑了滞后波时，电磁方程开始起到巨大的作用。当时间的符号被颠倒过来，从正数变为负数时，它们的效果同样好。把数学转换回物理学，这意味着波的超前，即波在发射前就已经被接收到。可以理解的是，物理学家更喜欢滞后波的结果，而超前波沿着时间往回跑，看起来太古怪了。在特写镜头下，它看起来就像其他波，但它会汇聚到其源头，就像一个同心的波纹回到池塘的中心，那里有一块石头即将飞出——影片再次倒放。因此，尽管场方程的超前波解在数学上是合理的，但它们仍然停留在背景中，是一个未解决但不是特别紧迫的难题。

惠勒立即向费曼提议，他们考虑如果在他的双电子模型中加入超前的波会发生什么。如果方程表现出的时间对称性被认真对待呢？我们必须想象一个晃动的电子在时间上向外对称地发出辐射。就像灯塔向南和向北发射光束一样，电子可以向前和向后照亮未来和过去。在惠勒看来，超前波和滞后波的组合可能会抵消，从而避免了辐射阻尼现象中缺乏任何时间延迟的问题。（波的抵消很好理解，取决于波是同相还是异相，相同频率的波会产生建设性还是破坏性的干扰。如果波峰和波谷正好对齐，那么海浪的大小就会翻倍。如果波峰和波谷排成一列，那么波就会精确地相互抵消。）他和费曼在接下来的一个小时里兴奋地讨论着，发现其他的困难似乎也消失了。回到源头的能量不再取决于第二个粒子的质量、电荷或距离。或者说，他们在惠勒的黑板上进行的粗略计算产生的第一个近似值似乎是这样的。

费曼开始研究这种可能性。他并不为其中看似荒谬的意义所困扰。他最初的概念中没有任何异常之处：在这里晃动一个电荷——稍后另一个电荷跟着晃动。新的概念一旦用语言表达出来，就变成了悖论：在这里晃动一个电荷——然后另一个电荷提前晃动。这样的行为暗示了时间的逆流。哪里是原因，哪里是结果？如果费曼曾经觉得仅仅为了消除电子的自我作用而进入这个艰深的领域，那么他现在也压制了这种想法。毕竟，自作用在量子力学中产生了不可否认的矛盾，而整个行业都发现它还无法解决。无论如何，在爱因斯坦和玻尔的时代，再多一个悖论又算得了什么呢？费曼已经相信，一个好的物理学家的标志就是永远不要说："哦，这怎么可能呢？"

这项工作需要密集的计算 [2]，得出方程的正确形式，经常检查，确保表面上的悖论不会变成实际的数学矛盾。渐渐地，基本模型不再是两个粒子的系统，而是变成了一个电子与周围众多其他"吸收体"粒子相互作用的系统。在这样的宇宙里，所有的辐射最终都将被周围的吸收体接收。正如模型表达的这样，它弱化了最诡异的时间逆流的问题。对于那些对因果顺序颠倒的前景感到胆怯的人，费曼提供了一个勉强更容易接受的观点：能量是瞬间从空旷的空间"借"来的，并在稍后以精确的尺度偿还。这种能量的借贷者，即吸收体，被认为是混乱的众多粒子，可以在所有方向上运动，它对一个特定粒子的几乎所有影响都会相互抵消。电子只有在加速的时候才会感觉到这个吸收层的存在。考虑到辐射阻尼，源头对吸收体的影响将在完全正确的时间、以完全正确的力量返回源头。因此，考虑到一个宇宙学的假设——宇宙在每个方向上都有足够的物质来吸收出射的辐射——费曼发现，如果一个方程系统中的超前波和滞后波被一半一半地结合起来，该系统似乎可以抵御每一个反对意见。

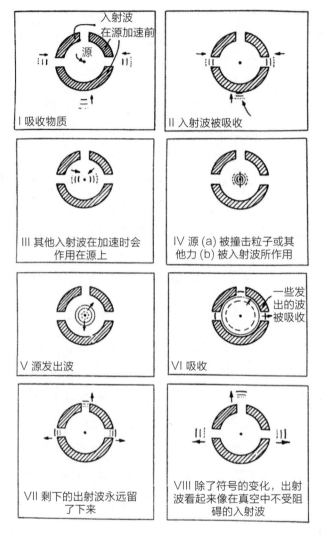

在时间上向前和向后的波。惠勒和费曼尝试为粒子的相互作用找到一致性的图景，结果让自己陷入了过去与未来的时间困境。一个粒子晃动，它的影响向四周扩散，就像石头掉进池塘里扩散的水波。为了让这样的理论对称，它们还必须考虑向内收拢的水波，也就是沿着时间回溯的相互作用。他们发现，他们可以避免不愉快的悖论，因为这些正常的（滞后）和逆着时间传播（超前）的波相互抵消——但前提是，宇宙的安排要保证所有的辐射都会在某个地方、某个时间被吸收。如果有一束光进入无限的空旷空间，从未撞击任何吸收体，这将违背他们的理论。因此，宇宙学家和研究时间问题的哲学家在他们的方案被量子理论的主流所取代后，依然没有放弃。

费曼向他的研究生同学描述了这一点，希望他们找到一个他无法解释的悖论。例如，是否可以设计一个有目标的机制，以便在弹丸到达之前关闭大门，在这种情况下，弹丸不能击中目标，超前的场域终究不会关闭大门。他想象出一个鲁布·戈德堡机械，可能直接来自惠勒的关于巧妙机制和机械装置的旧书。费曼的计算表明，这个模型对悖论有惊人的免疫力。只要该理论依赖于概率，它似乎就能避免致命的矛盾。吸收的粒子的位置或形状并不重要，只要在每个方向的某个距离上有吸收粒子就可以了。只有周围有"洞"，即辐射永远不会被吸收的地方，超前的效应才会产生麻烦，在它们被触发之前就回到源头。

惠勒追求这个古怪的理论有他自己的动机。大多数物理学家现在相信，原子至少包含三种不可调和的不同粒子，即电子、质子和中子，而宇宙射线则暗示了另外几种粒子的存在。粒子种类越来越多，这违背了惠勒对世界最终的简单性的信念。他继续珍视一个奇怪的概念，以至于不愿意大声讨论它，惠勒希望有一种理论将揭示一切都由电子构成。他知道这很疯狂。但是，如果电子是建造一切的最基本的砖块，它们的辐射力量就成为关键，这些恰恰是标准理论无法解释的部分。几周之内，他开始要求费曼写出初步的论文。如果他们继续发展这项伟大的理论，惠勒就确定要对这项工作进行恰当的宣传。1941 年初，他要求费曼准备在物理系的研讨会上做报告，这通常是杰出物理学家参加的学术论坛。这是费曼第一次进行专业学术报告，他为此感到很紧张。

这一天快要来临了，学术报告组织者维格纳在报告厅里拦住了费曼。维格纳说，他已经听过足够多次惠勒的吸收器理论，他认为这个理论十分重要。由于这一理论暗示了宇宙学的问题，因此他还邀请了伟大的天文学家亨利·诺里斯·罗素来旁听报告。正在这时，数学家冯·诺伊曼也走了进来。令人钦佩的泡利正好从苏黎世来这里访问，他也来听报告。爱因斯坦一般不怎么参加这种学术报告会，这次他也有兴趣参加。

惠勒在观众席上跟费曼提起了场方程，借此试着帮助费曼冷静下来。维格纳试图向费曼说明情况，他说："如果罗素教授在你做报告的时候睡着了，别担心，罗素教授总是睡着。如果泡利一直点头，可别以为他赞同你，那是习惯性点头。"泡利会非常粗暴地打断演讲者，只要他觉得内容可疑，就会说"完全不对"（ganz falsch），更严重的时候甚至会说"连错都算不上"（not even false）。费曼很认真地做了准备。他整理了笔记，把它们放进一个棕色的信封。费曼早早地走进会议室，在黑板上写满了公式。他写的时候，听到背后有人温和地说话。那是爱因斯坦，他来到会议室，先问年轻的费曼哪里可以倒茶。

在此之后的事，费曼几乎完全不记得了。费曼只记得自己颤抖的手从信封里拿出笔记，以及自己的思维自动聚焦在物理学上，忘记了场合和人物。泡利确实表示反对 [3]，也许是因为他意识到超前位势的使用只是一种数学重言式。之后，泡利很礼貌地问："爱因斯坦教授，你同意我的意见吗？"费曼再次听到温和的德国口音，爱因斯坦回答："不同意，这种理论看起来有可能成立，它可能和引力理论有冲突，但是引力理论毕竟还没有建立完善……"

理智的人

费曼过分理性，自己深受其害。理性的想法出现的时候，既不够促进科学工作的进展，也不能减轻妈妈的开支；既不能让自己收支平衡（洗衣服要花18美元，寄回家10美元……），也不能在朋友看自己修自行车的时候让对方明白相信神和超自然力量多么愚蠢。费曼写下以小时计算的日程表，包括学习和生活两方面活动，"以高效分配我的时间"。他发现，无论自己多么小心，还是必须留下很多时间间隙。他在给家里的信里写道："在那些我没有标注日程的时间里，我就做特别必要的事，或是做我最感兴趣的事，有时是解答惠勒的题目，有时是阅读运动学理论。"如果有一种疾病，症状是相信逻辑的力量可以控制复杂的生活，费曼一定病入膏肓，还伴随着长期的消化问题。阿琳多敏感啊，但她也能在费曼身上激发出理智的火花。费曼越来越担心将来夫妻之间的情感纠纷。甚至他自己的父母也在吵架。他讨厌争斗和愤怒。他不明白为什么两个智慧的人彼此相爱，乐意坦诚沟通，却陷入争吵。他想出了一个计划，但是决定在向阿琳披露之前，先去 1 号公路环岛附近吃汉堡，和一位物理学家朋友聊一聊。费曼的计划是，当他和阿琳对某件事的结论意见不一致的时候，他们就设定一个讨论的时限，比如一个小时。如果时间到了，他们还没有解决争议，为了避免继续争吵，就需要有人做出最后的决定。因为费曼年纪更大，也更有经验（他自己解释道），所以费曼负责最后的决定。

　　费曼的朋友听了这个计划，看着他笑。朋友认识阿琳，知道真实情况会怎么样。他们会争论一个小时，费曼会放弃，阿琳最终做出决定。费曼的理性思维在这个计划中表现得淋漓尽致。

　　阿琳来的次数越来越多。她经常和惠勒的学生们一起吃饭，然后和费曼在雨中漫步。阿琳有独特的本事让费曼难堪，她了解费曼的虚荣心，每当她发现费曼担心其他人对自己的看法，她就会毫不留情地戏弄他。阿琳送给费曼一盒铅笔，铅笔上刻着字："亲爱的理查德，我爱你！猫咪。"后来她抓到费曼切下这些"罪证"，因为他害怕无意中在维格纳教授的桌子上留下一支。阿琳反反复复地问他："你干吗在乎别人怎么想？"她知道费曼以诚实和独立为荣，所以用他自己的高标准来要求他。这成了两人关系的试金石。阿琳给费曼寄了一张一美分的明信片，上面写着一段打油诗：

> 如果你不喜欢我做的事，
> 我的朋友，一边儿去 [1]！
> 如果我的新铅笔激怒了你，
> 我亲爱的朋友，一边儿去！

---

[1]　原文为"pecans to you"，是俚语"nuts to you"的变体，nuts（坚果）也有"傻瓜"的意思。

……

若是你在意世俗眼光。

……

如果你心里萌生出坚定的想法，

却人云亦云，

我可怜的朋友，一边儿去！

她的话很有说服力。同时，她对自己的健康感到担忧：她的脖子上似乎有一个肿块反复出现，而且她出现了不舒服的、原因不详的发烧。她的叔叔是一名医生，让她用一种叫作欧米伽油的药品擦拭肿块（这种治疗方法在一百年前曾有过全盛时期）。

那年 2 月，费曼在物理学讨论会上发言后的第二天，他去剑桥参加美国物理学会的会议，阿琳从纽约乘火车到波士顿南站与他会合。一个兄弟会的老朋友来接她，他们穿过大桥来到麻省理工学院，搭上了一辆运货马车。他们在 8 号楼，也就是物理楼的走廊里发现了费曼，他正在与一位教授兴致勃勃地交谈着。阿琳与他目光交流，但费曼没有与她打招呼，她意识到此时最好不要说话。

当天晚上费曼回到兄弟会的房子时，发现阿琳在客厅里。他很兴奋，他抓住她摇来摇去，和她跳舞。"他当然相信物理学会。"其中一个兄弟会的男孩说。在惠勒的鼓动下，费曼第二次向更多的人介绍了他们的时空电动力学。在公开面对过爱因斯坦、泡利、冯·诺伊曼和维格纳之后，他对美国物理学会的普通成员没有什么恐惧了。不过，他还是担心自己紧张地拘泥于准备好的文本，可能会让听众感到厌烦。报告会上有几个礼貌性的问题，惠勒帮助回答了这些问题。

费曼阐述了一套相互作用的粒子理论的原则。他把这些原则写成如下的形式。

1. 一个点电荷的加速度仅仅是由于它与其他带电粒子的相互作用的总和……电荷不会作用于自身。

2. 一个电荷对第二个电荷施加的相互作用力是通过洛伦兹力公式计算出来的，其中的场是第一个电荷根据麦克斯韦方程产生的场。

第三条原则的措辞更加困难。他尝试了一下。

3. 基本方程对于时间符号的改变是不变的……

然后他说得更直接。

3. 自然界的基本（微观）现象在过去和未来的方向上是对称的。

泡利尽管对这些原则持怀疑态度，但他理解最后一个原则的力量。他向费曼和惠勒指出，爱因斯坦本人在 1909 年一篇鲜为人知的论文中论证了过去和未来的基本对称性。惠勒不需要什么鼓励 [4]，他预约了与爱因斯坦在默瑟街 112 号的白色木板房子里见面。

爱因斯坦同情地接待了惠勒和费曼这对雄心勃勃的年轻物理学家，就像他在最后几年里接待来访的大多数科学家一样。他们被领进了书房，爱因斯坦面对他们坐在书桌后面。费曼对现实与传说的吻合程度感到震惊：一个温和、善良的人，穿着鞋，没穿袜子，穿着毛衣，没穿衬衣。众所周知，爱因斯坦对量子力学的无因果悖论很不满意。他此时把大部分时间花在了写关于世界政府的文章上。这些文章如果出自不那么受人尊敬的作者，会被认为是狂妄的言论。他对新物理学的厌恶，使他变成了他所说的样子——"一个顽固的异教徒"和"一种石化的物体，被岁月弄得又盲又聋。"但惠勒和费曼描述的理论还不是量子理论——到此为止，它只使用了经典的场方程，没有任何他们知道最终需要的量子力学修正——而爱因斯坦没有看到任何悖论。爱因斯坦告诉他们，他也曾考虑过滞后波和超前波的问题。他回忆起他在 1909 年发表的那篇奇怪的小论文，这是一篇与瑞士同事沃尔特·里茨意见相左的宣言。里茨宣称，一个适当的场论应该只包括滞后解，时间向后的超前解应该被简单地宣布为不存在，尽管这些方程看起来很无辜。然而，爱因斯坦认为没有理由排除超前波。他认为，在基本方程中找不到对时间之箭的解释，因为这些方程确实是可逆的。

那是费曼和惠勒的观点。通过坚持过去和未来的对称性，他们使滞后势能和超前势能的结合似乎成为必然。最后，他们的理论的宇宙中存在着一种不对称性——普通滞后场的作用远远超过了落后的超前场——但这种不对称性并不存在于方程中。它的出现是因为周围吸收体的无序、混杂的性质。无序的趋势是时间之箭最普遍的表现形式。一部显示一滴墨水在一杯水中扩散的电影在逆着运行时看起来是错误的。然而，显示任何一个墨水分子的微观运动的电影，向后播放看着或向前播放看着都一样。每个墨水分子的随机运动可以被逆转，但整体扩散不能被逆转。该系统在微观上是可逆的，在宏观上是不可逆的。这是一个关于混沌和概率的问题。随机漂移的墨水分子有一天会重新组织成一个墨水滴，这不是不可能的，这只是概率太低。在费曼和惠勒的宇宙中，同样的不可能性通过确保吸收器的无序性来保证时间的方向。费曼在 1941 年初写的 22 页手稿中不厌其烦地说明了这一区别：

> 我们必须区分两种不可逆转性。如果一连串的自然现象在每一个细节上的时间顺序颠倒了，就会被说成微观上的不可逆现象。如果原始序列和时间上颠倒的序列在宏观意义上的发生概率顺序大不相同，那么这些现象就会被说成是宏观上不可逆的……因此，本作者认为，所有明显不可逆的现象都是完全宏观上不可逆的。

即使是现在，可逆性原则似乎也是令人震惊且十分危险的，它违背了牛顿在科学中建立的单向时间意识。费曼用注释提请惠勒注意他的最后一句话："惠勒教授，"他写道——然后自觉地划掉了"教授"，"这是一个相当笼统的说法，也许你不同意它。RPF。"

　　同时惠勒在搜索文献，他发现他们的吸收器模型有几个不明显的先例。爱因斯坦自己指出，德国物理学家 H. 泰特罗德（H. Tetrode）于 1922 年在《物理学周刊》（*Zeitschrift für physik*）上发表了一篇论文，提议将所有辐射视为源和吸收体之间的相互作用——没有吸收体，就没有辐射。泰特罗德也没有因为这一想法的"森林中的树木倒下"的后果而退缩：

　　如果太阳在太空中单独存在，没有其他物体可以吸收它的辐射，那么它就不会发出辐射。例如，如果我昨天晚上用望远镜观察 100 光年外的那颗星，那么我不仅知道它让我的眼睛看到的光是 100 年前发出的，而且这颗星或它的个别原子在 100 年前就知道我（当时我甚至不存在）将在今天晚上这个时间看到它。

　　就这一点而言，一个遥远的（在 20 世纪 20 年代，这是无法想象的）类星体不是在 1000 年前，而是在 100 亿年前发出看不见的发红的低声辐射（该辐射在宇宙的大部分时间里畅通无阻，直到最后它击中了一个巨大望远镜核心处的半导体接收器），这也不可能在没有其吸收者合作的情况下发出来。泰特罗德承认："在最后几页中，我们让猜想远远超出了数学已经证明的范围。"惠勒在文献中发现了另一个晦涩但有启发性的言论，其作者是吉尔伯特·N. 刘易斯，一位物理化学家，他碰巧创造了"光子"一词。刘易斯也担心物理学似乎未能认识到其自身的基本公式所隐含的过去和未来之间的对称性，对他来说，过去－未来的对称性也表明辐射过程中的源－吸收者对称性。

　　我将做出这样的假设：一个原子除了向另一个原子发射光以外，永远不会发射光。认为一个原子发射光而不考虑接收原子的存在是荒谬的，就像认为一个原子吸收光而不存在被吸收的光一样。我建议消除单纯的光发射的概念，而代之以"传输"的概念，或两个明确的原子之间的能量交换过程。

费曼和惠勒推进了他们的理论。他们想看看能在多大程度上扩大其影响。他们的许多尝试都无疾而终。他们致力于研究引力问题，希望能将其简化为类似的相互作用。他们试图构建一个模型，其中空间本身被消除：没有坐标和距离，没有几何或维度；只有相互作用本身才是重要的。这些都是死胡同。然而，随着理论的发展，一个特征获得了最重要的意义。事实证明，根据最小作用量原理计算粒子的相互作用是可行的。[5]

这种方法正是费曼在麻省理工学院的第一门理论课上不屑一顾的捷径。对于一个在空中划过弧线的小球来说，最小作用量原理让我们有可能避开在连续的时间里对瞬间轨迹的复杂计算。相反，人们能利用的知识是，最终的路径将是作用量最小的路径，最小作用量即球的动能和势能之间的差异。在吸收器理论中，由于场不再是一个独立的实体，粒子的作用突然成为一个有意义的量。它可以直接从粒子的运动中计算出来。就像施了魔法一样，粒子再一次选择了最小作用量的路径。费曼用最小作用量的方法次数越多，他就越感到物理观点的不同。传统上，人们总是从时间流的角度思考，表示为微分方程，捕捉到了从一个瞬间到另一瞬间的变化。使用最小作用量原理，人们发展了一种鸟瞰视角，将粒子的路径视为一个整体，所有的时间都是一次性的。费曼后来说："相反，我们有一个东西，它描述了整个空间和时间的路径特征。自然界的行为是通过描述整个时空路径具有某种特征来确定的。"在大学里，这似乎是一个太简单的概念，对真正的物理学太过抽象了。现在，它似乎格外美丽，毕竟不那么抽象。他对光的概念仍在变化中——仍是既不完全是粒子，也不完全是波，仍在推测性地压制着量子力学的未解决的无限性。自从欧几里得在他的《光学》的第一个假设中写下"系统发出的光线在一条直线上移动"以来，运动的概念早已不是当时的样子。

物理学家想象中的空白空间——就像黑板上的每一种运动、每一种力量、每一种相互作用，在不到一代人的时间里发生了变化。一个小球在日常的三维空间中追寻轨迹。费曼计算中的粒子在相对论不可或缺的四维时空中开辟道路，并通过更抽象的空间，其坐标轴代表着距离和时间以外的数量。在时空中，即使是不动的粒子也遵循某条轨迹，即一条从过去延伸到未来的线。对于这样的路径，闵可夫斯基创造了"世界线"这个概念——"可以说是实质性的点的永恒形象，是世界上的一条曲线……整个宇宙被看作被分解成类似的世界线。"科幻小说家们已经开始想象世界线从未来扭曲回过去的奇怪后果。然而，没有一个小说家像惠勒那样让他的幻想走得那么远。有一天，他用研究生院的大厅电话给费曼打电话。后来费曼这样回忆这次谈话：

——费曼，我知道为什么所有的电子都有相同的电荷和相同的质量了。

——为什么？

——因为它们都是同一个电子！假设我们之前在时间和空间上——不止是在时间上进行——通常考虑的所有世界线是一个巨大的结，然后，穿过这个结，通过对应于固定时间的平面时，我们会看到很多很多的世界线，这将代表很多电子，除了一件事。如果在一个部分中，这是普通的电子世界线，它在其中逆转自己，并从未来回来，我们对此有错误的符号……因此，那部分路径将像一个正电子一样行事。

正电子（positron）是电子的反粒子孪生兄弟，在此前十年内（在宇宙射线雨中）被发现和命名（另一个现代电子，即 positive electron 的简称）。它是第一个反粒子 [6]，证明了狄拉克的一个预测，其依据不过是对其方程的可爱程度的信任。根据狄拉克的波方程，一个粒子的能量相当于 $\pm\sqrt{某个数}$。从这个正负值中，正电子诞生了。正解是一个电子。狄拉克大胆地抵制了将负解视为代数怪癖的诱惑。就像惠勒在超前波的问题上实现了跨越一样，狄拉克遵循符号的镜像变化，得出了自然结论。

费曼考虑了通过电话听筒传来的疯狂想法——所有的创造都是通过一个电子的意大利面似的路径的切片——并提出了许多可能的反驳中最温和的一个：前进和后退的路径似乎并不一致。一根绣花针在画布上来回拉动一根线，其返回的次数必须与它前进的次数相同。

——但是，教授，正电子的数量不如电子多。

——嗯，可能它们藏在质子或者其他什么东西里。

惠勒仍然试图使电子成为所有其他粒子的基础。费曼放下了它。然而，关于正电子的观点却引起了反响。他在两年前发表的第一篇论文中，通过关于恒星对宇宙辐射的散射，已经建立了这种联系，将反粒子视为遵循相反路径的普通粒子。在闵可夫斯基的宇宙中，为什么反转不应该适用于时间和空间？

X 先生和时间的本质

20 年后，即 1963 年，时间问题的神秘性依然存在。物理学家、宇宙学家、数学家和其他人士共 22 人在康奈尔大学围坐一桌，讨论这个问题。时间是输入方程账簿中的值，以标记前后的数量吗？还是说，它是一种全面的流动，像一条恒定的河流一样包容一切？无论是哪种情况，现在说的是什么意思？爱因斯坦曾担心过这个问题，接受了一种不受欢迎的可能性，即现在只属于我们的思想，科学无法理解它。哲学家阿道夫·格伦鲍姆（Adolph Grünbaum）认为，时间向前流动的通常概念只是一种幻觉，一种"伪概念"。如果在我们这些有意识的实体看来，新的事件不断"出现"，那么这只是有意识的实体存在的古怪后果之一——"在概念上登记（思想上代表）"它们的有机体。物理学家不需要过分担心这个问题。

当格伦鲍姆完成他的演讲时，一位对他所认为的哲学和心理学上的模糊性感到厌恶的与会者开始了严厉的诘问。（讨论的出版版本指出，这个对话者只是"X 先生"[7]，这骗不了任何人；躲在这件"斗篷"后面的费曼使自己像美国国务卿被称为"国务卿飞机上的高级官员"一样，还是很显眼。）

格伦鲍姆：我想说的是，有意识的东西和无意识的东西之间是有区别的。

X：什么区别？

格伦鲍姆：好吧，我没有更精确的词来表达这个意思，但如果一台计算机失业了，我不会担心。如果一个人失业了，我会担心这个人由于概念化的自我意识而感到悲伤。

X：狗有自我意识吗？

格伦鲍姆：呃，有。这是一个程度的问题。但我想知道，它们是否已经将意识**概念化**了。

X：蟑螂有自我意识吗？

格伦鲍姆：呃，我不了解蟑螂的神经系统。

X：好吧，它们不会因为失业感到悲伤。

在费曼看来，一个强有力的"现在"的概念不应该依赖于心理学的模糊概念。他指出，人类的思想也是物理规律的表现。无论是什么隐藏的大脑机制创造了格伦鲍姆的出现，都必须与两个空间区域的事件之间的相关性有关——一个在颅内，另一个"在时空图上"。X 先生说，从理论上讲，人们应该能够在一个足够精细的机器中创造出一种无知的感觉。

一个人对现在的感觉是主观的、任意的，可以有不同的定义和解释，特别是在相对论的时代。物理学家戴维·帕克说："我们可以很容易地说，t 的任何特定值都可以被视为现在，这不会错，但它与经验并不相符。如果我们只关注周围发生的事情，让自己活着，我们的注意力就会集中在时间的某个时刻。现在就是想我们所想和做我们所做的时候。"出于类似的原因，许多哲学家希望放逐这一概念。费曼在这种辩论中确立了特有的立场，拒绝接受人类意识的特殊性。他和其他严谨的科学家，通过量子力学测量问题的经验扩大了他们的容忍度，发现他们可以接受不精确性——不同观察者的现在在时间和持续时间上有所不同的可能性。至少是出于争论的需要，技术提供了收紧定义的方法：照相机快门或计算机记录的"现在"中出现了较少的主观性。惠勒也出席了康奈尔的会议，他提出了高射炮上的计算机的例子。它的"现在"是一个有限的时间间隔，不仅包含刚刚过去的时间，即来自雷达轨道的几段数据，还包含即将到来的未来，即从数据中推断出的目标飞机的飞行。我们的记忆也是如此，融合了眼前的过去和对即将到来的预期，是一个活生生的混合体，而不是一些一直在逃离的无穷小的点状时刻。这种混合体就是我们的现在。惠勒引用了《爱丽丝漫游仙境》中白皇后对爱丽丝说的一句话："这是一种可怜的记忆，它只能倒着用。"

惠勒和费曼的吸收器理论当时已经失去了对日益单一的粒子物理学的兴趣，但它在这次讨论折中方案的聚会中占据了中心位置。它诞生于对可逆过程和不可逆过程的关注，而现在成为理解时间流、时间之箭的三种不同方法的共同基础。当粒子物理学家对吸收器理论视而不见时，新一代的宇宙学家已经开始研究它。天文学家的领域已经开始从单纯的观星过渡到询问有关宇宙的最宏大问题：从何而来，为何而来。天文学开始从现代科学中脱颖而出，成为一项不完全是科学的事业，而是哲学、艺术、信仰和巨大希望的混合体。只有很少的窗口可以让天文观测穿过阴暗的大气层，比如山顶上一些复杂的玻璃装置和一些无线电天线。但天文学家们相信，他们可以窥视得足够远，或者猜测得足够准确，以揭开物质和时间的起源。他们眼中的空间已经不是其父母那一代人在爱因斯坦时代之前的直觉中那种平坦、中性的东西，而是一种可怕的可塑性媒介，以某种方式体现了时间和引力。其中一些天文学家，但不是全部，相信因为在 150 亿年前发生了宇宙大爆炸，所以空间正在高速膨胀，并将其中的天体拉得相距越来越远。宇宙在任何地方都是一样的、无限的、静态的、欧几里得的、不老的、同质的：世界没有尽头——曾经的这些假设似乎不再安全了。支持宇宙在 1963 年仍然在膨胀的最强有力的证据是，埃德温·哈勃在 1929 年发现其他星系在远离我们的银河系，而且离我们越远的星系看起来运动得越快。宇宙是会一直持续膨胀下去，还是会开始坍缩，仍然是一个开放性的问题。也许，宇宙在膨胀和坍缩之间来来回回的循环就是它的终极宿命。

这个问题似乎与时间本身的性质有关。关于时间的假设被建立在导致光的产生和消散的粒子相互作用的方程中。如果人们像惠勒和费曼那样思考时间，就不能逃避这些亲密的相互作用和宇宙膨胀过程之间的宇宙联系。正如赫尔曼·邦迪在会议开始时所说："这个过程导致了黑暗的夜空，导致了物质和辐射之间的不平衡，导致了辐射能量的有效损失……我们接受宇宙学和我们的物理学的基本结构之间非常密切的联系。"由于大胆地构建了一个半进半退的时间对称理论，因此惠勒和费曼被迫采取了宇宙学方面的大胆行动。如果方程要正确地保持平衡，他们就必须做出数学上的假设，即所有的辐射最终都会在某个地方被吸收。如果一束光永远进入一个永恒的未来，永远不会与一个会吸收它的物质相遇，这将违反他们的假设，所以他们的理论规定了某种特殊性质的宇宙。如果宇宙会永远膨胀，可以想象，它的物质可能会非常稀薄，以至于光不会被吸收。

物理学家已经学会了区分时间的三个箭头。费曼将它们描述为热力学或"生命事故"之箭、辐射或"滞后或超前"之箭，以及宇宙学之箭。他建议记住三种物理图景：一个水箱，一边是蓝色的水，另一边是清澈的水；一个带电荷的天线移动或离开；以及遥远的星云在一起或分开移动。这些箭头之间的联系就是图景之间的联系。如果一部电影显示水变得越来越混合，那么它也必须显示辐射离开天线和星云漂移开来吗？一种形式的时间是否支配着其他的时间？他的听众只能猜测，而他们也确实猜测了。

"这是物理学中非常有趣的事情，"X 先生说，"定律告诉我们可允许的宇宙，而我们只有一个宇宙可以描述。"

量子力学中的最小作用量

欧米伽油对阿琳的肿块和发烧毫无作用，她被送进了法洛克威的医院，医生担心她得的是伤寒。费曼开始发现，医学上的不确定性可能会对一个科学工作者造成特殊的无力感。他已经开始相信，科学的思维方式在困难的情况下会带来一定程度的冷静和控制——但此刻不是。虽然学科之间相距较远，但他认为医学属于自己的知识领域的一部分。它属于科学，他的父亲曾一度有希望研究一种医学。近来，费曼参加了一个生理学课程，学习了一些基本的解剖学知识。他在普林斯顿大学的图书馆里阅读了有关伤寒的资料，当他到医院看望阿琳时，他开始质疑医生。是否已经进行了肥达试验①？是的。结果是什么？阴性。那怎么可能是伤寒呢？为什么阿琳的所有朋友和亲戚都穿着长袍，以防止被所谓的细菌感染，甚至敏感的实验室测试都无法检测出来？在她的脖子和腋下出现和消失的神秘肿块与伤寒有什么关系？医生对他的问题很反感。阿琳的父母指出，他作为未婚夫无权干涉她的医疗护理。费曼退缩了。阿琳似乎已经康复了。

同时，费曼正与惠勒一起，试图将他们的工作向前推进关键一步。至此，尽管具有现代的、无因果的味道，但它是一个经典的理论，而不是一个量子的理论。它把物体当作物体，而不是概率的点。它把能量当作一种连续的现象，而量子力学则要求在定义明确的情况下有离散的数据包和不可分割的跳动。自能的问题在经典电动力学中和在量子理论中一样严重。多余的无限性早于量子出现。它们在人们面对点状电子的后果时就出现了，这就像除以零一样简单。费曼从一开始就觉得，自然的路线是先从经典的情况开始，再向量子化的电动力学发展。将经典模型转化为其温和的量子模型已经有了标准配方。一个对策是，用某些更复杂的表达式来代替所有的动量变量。问题是，惠勒和费曼的理论中没有动量变量。费曼在创建他的基于最小作用量原理的

① 一种试管凝集反应，用于伤寒诊断的参考。

简化框架时已经消除了它们。

有时惠勒告诉费曼不要费心，他已经解决了问题。后来在 1941 年的春天，惠勒竟然安排在普林斯顿物理学讨论会上介绍量子化理论。泡利仍然心存疑虑，有一天，他在进入帕尔默图书馆的路上向费曼打听惠勒打算说什么。费曼说他不知道。

"哦?"泡利说,"教授没有告诉他的助理自己正在解决什么问题吗? 也许教授还没有解决好。"

泡利是对的。惠勒取消了这次演讲。[8] 但他没有丧失热情，他正在计划的不是一件事，而是一系列的五篇论文。这时的费曼正在准备自己的博士论文。他决定像他在麻省理工学院处理复杂问题一样，通过解决被剥离到只剩最基本要素的案例，来处理其理论的量子化问题。他试图计算一对耦合、有时间延迟的谐振子的相互作用——就像一对不平衡的弹簧。一根弹簧会晃动，发出纯正弦波；另一根弹簧会反弹，在它们的相互作用下，会演化出新的波形。费曼取得了一些进展，但无法理解量子版本。他的模型过于简化了。

传统的量子力学通过解决微分方程，即所谓的哈密尔顿方法，从当下走向未来。物理学家们经常要为系统"找到一个哈密尔顿"：如果能找到一个，他们就可以继续计算；如果不能，他们就束手无策了。在惠勒和费曼的直接超距作用的观点中，哈密尔顿方法完全指望不上。这是因为引入了时间延迟。仅仅写下此时此刻的位置、动量和其他量还不够。人们永远不知道什么时候有些延迟效应会从过去（或在惠勒和费曼的情况观点中，从未来）的画面中突然出现。由于过去和未来是相互作用的，因此人们习惯的微分方程观点被打破了。另一种拉格朗日方法的最小作用量方法也不算了不起，它成了一种必须采用的方法。

带着这些想法，费曼去参加了拿骚酒馆的啤酒派对。他和刚从欧洲来的物

理学家赫伯特·耶勒（Herbert Jehle）坐在一起，他曾是薛定谔在德国柏林的
学生，是个贵格会教徒，也是德国和法国战俘营的幸存者。美国科学界正在
迅速吸收这些难民，而欧洲似乎越来越动荡不安。耶勒问费曼正在研究什么。
费曼反过来问耶勒是否知道量子力学中最小作用量原理的应用。

　　耶勒当然知道。他指出，费曼自己的英雄狄拉克在八年前就已经发表了一
篇关于这个问题的论文。第二天，耶勒和费曼在图书馆里一起看了这篇文章。
它很短。他们在《苏联物理学杂志》的合订本中发现了《量子力学中的拉格
朗日方法》一文。这本杂志算不上最好的。狄拉克在费曼所寻求的风格中研
究出了最小作用量方法的雏形，这是一种处理粒子随时间变化的整个路径的
概率的方法。狄拉克只考虑了一个细节，即把波函数——量子力学知识包——
在时间上向前推进一个无穷小的量、一个单纯的瞬间的数学。无穷小的时间
没有什么意义，但它是微积分计算的起点。这种限制并不是困扰费曼的原因。
当他翻阅这几页时，他一直停在一个词上：相似。"一个非常简单的量子相
似，"狄拉克写道，"……它们有其经典的相似物……现在很容易看到这一切
的量子相似物必须是什么。"费曼想知道，在一篇关于物理学的论文中，这算
哪门子的词？如果两个表达式是相似的，是否意味着它们是相等的？

　　不，耶勒说，狄拉克肯定不会认为它们相等。费曼找到一块黑板，开始研
究这些公式。耶勒是对的，它们并不相等。因此，他尝试添加一个乘法常数。
他的计算速度太快了，耶勒跟不上。费曼替换了一些项，从一个方程跳到另
一个方程，然后突然得到了一些非常熟悉的东西：薛定谔方程。这就是费曼
的拉格朗日公式和量子力学的标准波函数之间的联系。这真是个惊喜的结果，
狄拉克所说的相似指的是成正比。

　　现在耶勒拿出笔记本，迅速抄下费曼在黑板上的公式。他告诉费曼，狄拉
克没有意识到这样的结果。在他看来，狄拉克的想法仅仅是一种比喻，这位
英国人根本不觉得这种方法能有什么应用。耶勒告诉费曼，他已经取得了重

要的发现。他被费曼处理数学问题时不加掩饰的实用主义所打动，这与狄拉克更超脱、更关注审美的气质如此不同。耶勒说："你们美国人，总是要找到某种东西的用途！"

灵感

　　这是理查德·费曼接近他力量的巅峰状态的时刻。费曼此时 23 岁，再过几年，他对待物理学的眼光就会像鹰之眼一样敏锐而宽广，但这时世界上可能已经没有任何物理学家能与他对理论科学的原生材料的掌握程度相媲美。这不仅仅是数学方面的才能（尽管对普林斯顿大学的高级物理学家来说，在惠勒与费曼合作中出现的数学机制已经明显超出了惠勒自己的能力）。费曼似乎对方程背后的实质内容拥有一种可怕的轻松感，就像在他这个年纪的爱因斯坦一样，就像苏联物理学家列夫·朗道（Lev Landau）一样，这样的人很少见。他就像雕塑家，睡觉和做梦时都能感觉到泥土在他的手指间。研究生们和导师们发现自己虽移步到法恩大楼享用下午茶，心里却想着费曼。他们期待着他与图基和其他数学家的调侃，期待着他对半认真的物理理论的讨论。当听到一个想法时，他总会产生一个似乎能刺穿本质的问题。罗伯特·威尔逊是来自劳伦斯伯克利实验室的著名实验物理学家，在与费曼随意交谈了几次后，他就在心里记下了：这是个伟大的人。

　　费曼的所谓灵感，其实非常具有局限性。费曼读研究生的第二年还没有结束，他仍然对基本文献一无所知，甚至不愿意通读狄拉克或玻尔的论文。费曼故意如此。在准备他的口头资格考试时（这是每个学生都要经历的仪式），他选择不研究已知的物理学大纲。相反，他走到麻省理工学院，在那里他可以独处，并打开一个新的笔记本。他在笔记本的封面写下："记录我不知道的东西。"这是他第一次但不是最后一次开始组织自己的知识。他用了几个星期拆解了物理学的分支领域，分析不同的领域，再把它们组合到一起，寻找比较粗糙的前沿领域和相互不一致的领域。他尝试找出每个主题的核心关键问题。他完成这项工作的时候，就记满了一本令人自豪的笔记。事实证明，这不是用来准备考试的笔记。在考试中，费曼被问到彩虹的最外层是什么颜色，他差点就答错了，他记反了折射率和波长的关系。数学物理学家 H. P. 罗伯逊问了费曼一个关于相对论的很好的问题，和在地球上用望远镜观察遥远恒星的路径有关。费曼答错了。后来他意识到了自己的错误，但当时他对教授坚称自己的答案是对的。惠勒读了一段来自光学教科书上的文章，其中提到来自 100 个随机状态的原子的光，强度是来自一个原子的光的 50 倍。惠勒要求费曼推导出这个结果。费曼看出这是一个陷阱。他回答道，教科书一定是错了，如果按照教科书中的逻辑，两个原子发的光就相当于一个原子发的光。这些考试只是走个形式。普林斯顿大学的高级物理学家们明白费曼的表现如何。在写核物理课的笔记时，费曼被维格纳的粒子方程的复杂形式挫败了锐气，他没能理解。后来费曼靠自己解决了这个难题，他发明了一种图表——成为一种先驱，让他能统计粒子之间的相互作用，对中子和质子进行计数，并根据对称或不对称的粒子对以群论的方式进行排列。这种图表就像他为了理解折纸游戏的挠性路径而发明的图表一样，他并不真的理解为什么他的方式管用，但他确信会管用，而且事实证明，他对维格纳的方法做了相当大的简化。

在高中时，他没有通过逻辑顺序一步一步地跟踪证明来解决欧几里得几何问题。他在脑海中操纵图表：他把一些点固定下来，让其他点漂浮起来，把一些线想象成坚硬的棒子，把其他线想象成可拉伸的带子，让这些形状滑动，直到他能看到结果。这些精神结构的流动比任何真正的仪器都更自由。现在，在吸收了大量的物理知识和数学技术后，费曼以同样的方式工作。漂浮在他脑海中的线条和顶点现在代表着复杂的符号和运算符。它们有一个递归的深度；他可以专注于它们，并将它们扩展为更复杂的表达式，由更复杂的表达式组成。他可以滑动它们，重新排列它们，锚定固定点，拉伸它们所处的空间，有些思维操作需要参考框架的转变，在空间和时间上重新定位。固定不变的

视角变为稳定的运动和加速。有人说费曼有一种非凡的物理直觉，但这本身
并不能说明他的分析能力。他把对力的感觉与代表它们的代数运算的知识融
合在一起，微积分、符号、运算符对他来说几乎与它们所作用的物理量一样，
具有实实在在的意义。就像有些人在头脑中看到彩色的数字一样，费曼将颜
色与他所理解的公式的抽象变量联系在一起。他曾说："当我说话的时候，我
看到杨克和埃姆德书中的贝塞尔函数的模糊图片，浅褐色的 J、略带紫蓝色的
H，以及深褐色的 x 在飞舞。我想知道它在学生眼里到底是什么样子的。"

在过去的八年里，无论是狄拉克还是其他物理学家，都没能改进量子力
学中的拉格朗日概念——用作用量来描述粒子的历史。现在，狄拉克的想法
在费曼的想象中得到了爆炸性的释放。量子力学的不稳定因素从此挣脱并重
新排列为全新的方程。狄拉克指出了计算波函数在无穷小的时间间隔中如何
演变的方法，而费曼则需要将波函数带得更远，穿过有限的时间。无穷小的
时间与有限的时间之间还存在相当大的差别。利用狄拉克的无穷小时间需要
增加许多步骤——无穷多的步骤。每一步都需要进行积分，对代数量求和。
在费曼的头脑中，形成了一连串的乘法和复合积分。他考虑了指定粒子位置
的坐标，它们在他的复合积分中搅动。出现的数量再次成为作用力的一种形
式。费曼意识到，为了计算，他必须做一个复杂的积分，包括一个粒子可能
移动的每个可能的坐标。其结果是一种概率的总和，但又不完全是概率，因
为量子力学需要一个更抽象的量，称为概率幅。费曼总结了从起始位置到最
终位置的每一条可以想象的路径的贡献——尽管起初他看到的更多的是坐标
位置的杂乱排列，而不是一组不同的路径。即便如此，他意识到自己已经回
到了第一原理，并找到了量子力学的新表述。他不知道这将导致什么结果。
然而，他对时空中的路径的感觉似乎在某种程度上更干净、更直接。现在看
来，关于后以太场的特殊约束性振荡，即在 20 世纪 20 年代对波的继承，似
乎有些古板。

白色瘟疫

20 世纪的医学正在努力奋斗，希望像物理学在 17 世纪开始取得的科学地位一样，获得同等的成就。其从业者拥有整个人类历史上赋予医者的最大权力；他们说着专业的语言，顶着专业学校和协会的头衔；但他们的知识是民间智慧和对准科学潮流的拼凑。很少有医学研究人员了解受控统计实验的基本原理。权威人士证实或反对特定疗法的方式大致与神学家证实或反对他们的理论一样，都是以个人经验、抽象理性和审美判断的组合为依据。数学在生物学家的教育中没有发挥任何作用。人体在很大程度上仍然是一个黑匣子，其内容只能通过外科医生的刀或早期 X 射线的昏暗轮廓来获得。研究人员正步履蹒跚地走向对饮食的初步了解。听起来很现代的"维生素"一词刚刚被创造出来，并在实验室中被分离出一些样本。与此同时，费曼的父亲梅尔维尔被诊断出患有慢性高血压，他正在被富含鸡蛋、牛奶和奶酪的高盐饮食慢慢毒害。免疫学和遗传学还是一片未知领域。盛行的心智理论与其说是一门科学，不如说是与忏悔治疗法相混合的文学概念的集合。癌症、病毒以及心脏和大脑的疾病甚至抵制了最初的理解曙光。它们将继续嘲弄医学科学一整个世纪。

然而，随着疫苗接种和抗生素药物等相关武器的出现，医学在全球范围内首次取得了对抗细菌性流行病的胜利。在费曼进入研究生院的那一年，乔纳斯·索尔克（Jonas Salk）成为一名医生；他还需要几年才能攻克小儿麻痹症。然而，大型临床试验和统计思维的习惯还没有在医学研究中根深蒂固。亚历山大·弗莱明（Alexander Fleming）在此前十年就发现了青霉菌的抗菌作用，却没有采取进一步的措施。他在一篇题为《分离弗氏杆菌的培养基》的论文中发表了他的看法。他试着把他的霉菌抹在几个病人的开放性伤口上，结果不清楚，但他从未想过要尝试对其效果进行系统研究。整整十年过去了，当生物学家（和弗莱明本人）徒劳地梦想着有一种神奇的抗菌剂可以拯救数百万人的生命时，终于有两名研究人员偶然发现了弗莱明的论文，提取了青霉素，并在 1940 年跨越了逸事与科学之间的界限：他们将青霉素注射到四只生病的小鼠体内，让另外四只没有注射的小鼠作为对比参照。在 20 世纪 30 年代的医学科学的背景下，这失去的十年几乎不值一提。人们把弗莱明誉为英雄，并授予他诺贝尔奖。

结核病——肺痨、消耗性疾病、瘰疬、咽喉炎、白色瘟疫——在肆虐时期成为全球众多地方致死率最高的疾病。对小说家和诗人来说，肺结核带有浪漫的光环。这是一种苍白的美学家的疾病，是一种脆弱的疾病，是身体的自我挥霍。它所造成的漫长而缓慢的发烧让人误以为，生命力得到增强，新陈代谢得到提高，生存过程被激活。肺结核激发了托马斯·曼的灵感，让他创作了他最著名的小说，他把肺结核的破坏与炎症，同罪恶、堕落、从冰冷的无机分子中创造生命本身联系起来，他说："那种病理上的病态的恣意生长，在某种未知的渗透物的刺激下产生……一种陶醉，身体状态的提升和未经验证的亢进。"托马斯·曼在 1924 年写下这些文字的时候，他的小说《魔山》中的欧洲风格疗养院已经成了远古的过去。美国公共卫生部门要面对的问题更现实，肺结核越来越成了一种标志着贫穷的疾病。

可能来自未经消毒的牛奶中的结核菌已经感染了阿琳的淋巴系统。她脖子上和其他地方的淋巴结重新出现了肿块，肿块呈橡胶态，没有疼痛。她出现了发烧和疲倦的症状。但是她的医生依然没有能力做出准确的诊断。他们认为阿琳不是典型的结核病患者：她不够贫穷，也不够年轻。淋巴结核也不像肺结核那样常见（它比肺结核罕见 20 到 30 倍）。当他们放弃伤寒的猜测，考虑其他标准的可能性时，他们把重点放在了淋巴瘤、淋巴肉瘤、霍奇金病这些癌症上。

费曼回到了普林斯顿大学的图书馆，阅读他能找到的一切书籍。一本教科书上列出了所有的可能性。第一种是局部感染。这种可能被首先排除了，因为肿块已经扩散了很远。第二种可能是淋巴结核，书里说这种情况很容易诊断。接下来是癌症，他惊恐地读到，这些癌症几乎都是致命的。有那么一刻，他嘲笑自己可能跳到了最严重的可能性上。他想，每个读过这种目录的人都必须开始思考死亡问题。他去了法恩大楼喝茶，那里的谈话似乎正常得不自然。

在 1941 年的那几个月里，阿琳去了好多次医院。她的症状出现又消退，她向越来越多的医生咨询。费曼在外面徘徊，通过阿琳的父母听到大部分二手消息。他和阿琳互相承诺，他们将勇敢而诚实地面对一切。阿琳坚持认为，就像她在事关重大的时候一样，诚实是他们爱情的基石，阿琳看重费曼面对现实的勇气，不畏陷入困境或不愿逃避的品质。她说不希望在她的病上听到任何委婉的说法或伪装。很少有病人敢于这样做，但医疗实践的责任感让医生们在面对绝症时不敢直言不讳。诚实的坏消息被认为对治疗有害。费曼陷入了一个两难境地，因为医生们最终做出了霍奇金病的严格诊断。他们说，病情会有缓解期，但病程是无法逆转的。

为了阿琳，医生们提出了"腺热"的假诊断结果。费曼拒绝了这个建议。他解释说，他和阿琳有一个约定——不说谎，也不说善意的谎言。他怎么能用这么大的谎言来面对她呢？

他的父母、阿琳的父母和医生都劝他不要这么残忍地告诉一个年轻女人她快死了。他的妹妹琼啜泣着告诉他，他是个固执而无情的人。他崩溃了，向传统屈服了。在法明代尔医院的病房里，在她父母的陪伴下，费曼确认阿琳患有腺热。与此同时，他开始随身携带一封信，他称之为"告别情书"。他计划在阿琳发现真相时给她。他确信她永远不会原谅这个不可原谅的谎言。

他没有等多久。阿琳从医院回家后不久，她蹑手蹑脚地走到楼梯口，听到她的母亲在厨房里和一个邻居哭泣。当她与费曼对峙时，他的信就在口袋里。费曼告诉她真相，把信交给她，并向她求婚。

婚姻并不那么简单。像普林斯顿这样的大学还没有想到要把这种事情留给学生自己决定。在最好的情况下，经济和情感责任被认为是相当严重的事。作为研究生，费曼靠奖学金养活自己，他是初级女王学者，后来成为夏洛特·伊丽莎白·普罗克托学者，作为研究助理可以每年赚取 200 美元。他告诉一位大学院长，他的未婚妻快死了，他想和她结婚，院长不允许，并警告他，他的奖学金会被取消，不会有任何妥协。他对这种反应感到很失望。他考虑暂时离开研究生院去找工作。在他做出决定之前，医院里传来了更多的消息。

一次检查发现了阿琳的淋巴腺上的结核。她根本没有得霍奇金病。结核并非不可治愈，或者说，它可以通过几十种无效的方法来治疗，疗效既不迅速，也不确定。解脱之情涌上理查德心头。令他惊讶的是，他从阿琳的声音中听到的第一个音符是失望。现在他们没有理由立即结婚了。

准备打仗

随着 1941 年春季转入夏季，战争的苗头到处可见。对科学家来说，这一切来得似乎特别真实。国际科学界已经在撕裂。半年多来，来自希特勒占领的欧洲的难民已经在美国的大学里确立了自己的地位，并经常担任领导职务。最新的难民，如赫伯特·耶勒，有越来越多关于集中营和恐怖事件的残酷故事要讲。早在日本袭击珍珠港之前，战争工作就开始吞噬科学家。费曼的一位加拿大同事在回国后加入了加拿大皇家空军。其他人似乎悄悄地溜走了：战争的技术已经在吸引科学家进入秘密企业，成为顾问、工程师和技术小组委员会的成员。这将是一场物理学家的战争。当科学家们被秘密告知不列颠战役时，关键的细节包括通过反射的无线电脉冲探测飞机，雷达当时还没有名字。少数人甚至听说了通过先进的数学技术和机电设备破译密码的情况。警惕的物理学家们从公布的记录中得知，在柏林郊外的威廉皇帝研究所发现了核裂变；通过中子生成链的反应可以释放出巨大的能量；然而，任何原子弹都需要大量的稀有铀同位素。普林斯顿的空气有 100 千克，比一个人的重量还要大。这似乎令人望而生畏。但其中纯粹形式的铀 235 一粒也没有。世界上唯一将放射性同位素以大于微观的规模分开的经验在挪威——那时是德国的殖民地，那里的蒸馏厂紧张地生产富含氘的"重"水。而铀并不是水。

科学家们从闲聊中获得了一些小道消息，或者发现自己被偶然介绍到秘密活动的内部圈子里。费曼大部分时间无动于衷，他的资深教授尤金·维格纳两年来一直是"匈牙利计划"的一部分，与利奥·西拉德和爱德华·特勒一起，合谋提醒爱因斯坦，并通过他提醒富兰克林·D. 罗斯福总统注意原子弹的可能性。（"我从来没有想过！"爱因斯坦曾对维格纳和西拉德说。）另一位普林斯顿大学的教师罗伯特·威尔逊被卷入一连串的事件，这些事件始于他在伯克利回旋加速器的导师——欧内斯特·劳伦斯的一封电报。在麻省理工学院，在一个传统的科学会议的掩护下，威尔逊和其他几位物理学家了解到，成立新的辐射实验室是为了将英国在雷达方面的新经验转化为一种技术，引导船舶、瞄准枪支、搜寻潜艇，并完全改变战争的性质。这个想法是在脉冲中发射无线电波，其强度高到目标会发回可探测的回声。雷达开始时的波长超过 30 英尺，这意味着分辨率不高，而且需要建造巨大的天线。显然，一个实用的雷达要发射几英寸波长的无线电，并向微波区域延伸。实验室必须考虑发明一种新的电子装置，结合更高的强度、更高的频率和更小的硬件，超出了他们经验中的任何东西。英国人已经发明了一种"磁控管"，产生的微波束非常集中，可以点燃香烟，这足以让美国人感到困惑。（"这很简单，它只是一种口哨。"拉比告诉第一批不安地聚集在英国原型周围的物理学家。其中一个人抢着说："好吧，拉比，口哨是怎么工作的?"）这些科学家早在美国公众接受冲突的不可避免性之前就采取了行动。威尔逊同意加入辐射实验室，尽管他在加利福尼亚大学伯克利分校时认为自己是和平主义者。但当他试图离开普林斯顿大学时，维格纳和系主任史密斯决定是时候启动另一个项目了。他们告诉威尔逊，普林斯顿大学很快就会承担一个创建核反应堆的项目，并告诉了他原因。

推动"二战"前科学家和武器制造商合作的动力是一种爱国主义精神，而这种精神在随后的战争中是无法实现的。它很容易克服了威尔逊的和平主义。费曼亲自访问了一个军队招募办公室，并提出加入通信部队。当被告知必须从非专业的基础训练开始时，他退缩了。1941 年春天，经过三年的挫折，他终于得到了纽约贝尔实验室的工作机会，他想接受。他的朋友威廉·肖克利带他参观时，他被聪明、实用的科学行动的氛围所振奋。贝尔实验室的研究人员可以从他们的窗户往外看见乔治·华盛顿大桥横跨哈德逊河，他们在玻璃上描画出第一条电缆的曲线。当桥被悬挂在上面的时候，他们正在标记一些细微的变化，这些变化将曲线从悬链线转变成抛物线。费曼认为这正是他可能会做的那种聪明的事情。然而，当一位来自费城附近的法兰克福兵工厂的招聘人员——一位陆军将军——访问普林斯顿大学寻求物理学家的帮助时，费曼毫不犹豫地拒绝了贝尔实验室，并在夏天与军队签约。这是一个为国家服务的机会。

到 12 月美国参战时，全美七千多名物理学家中的四分之一 [9] 已经以不同的方式，加入了一个分散但迅速巩固的军事研究机构。一代人在成长过程中认识到，科学促进进步，利用知识和增强人类的能力，此时发现了一个广泛的国家目的。联邦机构和科学机构的领导人之间已经形成了一种伙伴关系。1941 年夏天，美国政府成立了科学研究和发展办公室，并将国防研究委员会纳入其中，负责协调麻省理工学院院长卡尔·康普顿的研究，它是新伙伴关系的缩影，被称为"战争的机制、装置、工具和材料领域"。除了雷达和炸药，还有计算机器和战场上的药品，都占据了紧迫的战争计划。像火炮这样的领域不再涉及胡乱试验和错误地投掷随机设计的炮弹。核物理学家汉斯·贝特主动转向了一个新生的装甲穿透理论；他还承担了研究超声速冲击波的问题，这些冲击波会从射弹的边缘颤动。不太光彩的是，费曼在法兰克福兵工厂度过了他的夏天，研究一种原始的模拟计算机，一种旨在瞄准火炮的齿轮和凸

轮的组合。这一切看起来都是机械、陈旧的，后来他认为贝尔实验室其实是
一个更好的选择。

　　然而，即使在他的大学研讨会上，他也从未面对过如此紧迫的数学与金
属相结合的难题。瞄准炮塔意味着将正弦和切线转换为钢制齿轮。三角学突
然间产生了工程后果：在一个接近垂直的炮塔的切线发散到无穷远之前，施加
在齿轮上的扭矩就会把它们折断。费曼发现自己被一种他从未考虑过的数学
方法所吸引，即对函数根的操作。他把一个正弦分成五个相等的子函数，使
函数的函数的函数的函数的函数等于正弦。而齿轮可以承受这个负荷。在夏
天结束之前，他也遇到了一个新问题：如何使一个类似的机器计算出一条平滑
的曲线（例如飞机的路径）从一连串的位置中以几秒的固定间隔出现？直到后
来，他才知道这个问题是怎么产生的，它来自雷达，是麻省理工学院辐射实
验室的新技术。

　　暑假之后，费曼回到普林斯顿大学。此时他的研究生阶段的生活中就只
剩下撰写论文这一件事可做。他慢慢地工作，在各种基本的、说明性的问题
上尝试他对量子力学的最小作用量的观点。他考虑这样一个例子，两个粒子
或粒子系统 A 和 B 不会直接相互作用，而是通过一个具有波动行为的中间系
统——简谐振子 O。A 导致了 O 的振动，O 反作用于 B。一旦 O 开始运动，B
将感受到 A 的行为带来的影响，反之亦然。但这种影响在时间上有延迟，所
以整个图景中存在着复杂的时间延迟现象。这个例子是对两个粒子经过某种
场的相互作用的小心简化后的版本。费曼问自己，在什么情况下可以从最小
作用量的原则中推导出运动方程，可以运用的信息只有两个粒子 A 和 B，以
及完全无关的代表场的 O。最小作用量原理似乎不仅仅是一种有用的捷径。他
现在觉得，这直接关系到物理学传统上所依赖的问题，如能量守恒的原则。

　　"这种依赖……"他写道，然后又改成："这种对最小作用量原理的渴望，
除了获得简单性外，当运动可以被如此表达的时候，能量和动量等物理量的

守恒也得到了保证。"

一天早上，威尔逊来到他的办公室坐下。他说，有些秘密正在发生。他不应该透露这个秘密，但他需要费曼，没有其他办法。此外，这个秘密没有任何规则。军方仍然没有完全认真对待物理学家。物理学家们自己决定不讨论某些事情，而此刻威尔逊决定要自己来讨论这个问题。眼下是让费曼参与进来的时候了。

威尔逊说，有可能造出原子弹。英国物理学家两年前就听到了玻尔和惠勒关于铀 235 的消息，并对所需材料的临界质量做出了新的估计。英国团队中的一位德国化学家弗朗茨·西蒙乘坐"飞行船"横渡大西洋，带来他们在伯明翰实验室的最新消息，这种材料只需一两磅就够了，也许甚至更少。英国人正在努力解决分离铀同位素的问题，从更常见的铀 238 中筛选出更轻的同位素铀 235。这两种形式的铀在化学上是没有区别的，化学反应把它们看成同一种原子。但不同同位素的原子有不同的质量，理论物理学家可以通过几种合理的方式利用这一事实。西蒙本人正在研究一种通过布满针孔的金属箔实现的缓慢的气体扩散方案。铀 238 原子稍重，在气体飘过时将落在后面。围绕着铀的问题，秘密的委员会和领导机构正在形成。英国人给这项行动起了一个代号：管状合金（tube alloy）。美国人正在建造一个核反应堆，普林斯顿大学的其他教授也参与其中。威尔逊说他已经想出了一个自己的想法。他发明了一个装置——迄今为止只存在于他的头脑中——他希望能更快地解决分离问题。西蒙想到的是金属上的小孔，有一天早上，他走进厨房，用锤子敲打一个金属丝滤网，这让威尔逊想到了新型电子技术和回旋加速器技术的结合。

他说服了哈利·史密斯让他在导师、研究生和工程师中组建一个团队。在美国国防研究委员会的帮助下，一个全国范围内的"工作车间"正在形成；这将帮助他找到一些必要的工作人员。在简单的权宜之计的帮助下，研究生们被征召入伍。普林斯顿大学叫停了大部分学位工作，要求学生从三个与战争有关的项目中进行选择。威尔逊的项目、开发一种新的测量爆炸压力的爆炸仪的任务，以及一项听起来无关紧要的石墨热性能的研究。（人们直到后来才明白，这是一种用于核反应堆材料的热中子性能研究。）威尔逊希望费曼签字参与自己的项目。他想到，费曼持续的怀疑主义，以及他不愿意接受任何权威的断言，将对自己的项目有用。他想，如果项目中有任何胡扯或自欺欺人的地方，费曼一定会发现。他希望在向其他研究生介绍该计划时，费曼能够参与其中。

令他失望的是，费曼一口回绝了他。一方面是因为费曼的论文正写到关键之处；另一方面，虽然他没有说，但法兰克福兵工厂让他对战争工作略感失望。他说他会保守这个秘密，但他不想参与其中。威尔逊要求他至少要来参加会议。

很久以后，在所有的原子弹制造者都重新审视他们做出决定的时刻之后，费曼想起了那个下午的动荡。他一直没能回去工作。当他回忆时，他想到了这个项目的重要性，想到了希特勒，想到了拯救世界。在其他地方，一些物理学家已经猜到，从大学名册和发表的论文中进行微妙的推断，德国正在实施的不过是一个粗略的核武器研究项目。不过，维尔纳·海森堡也在消失的物理学家中。这个威胁似乎足够真实。后来，费曼回忆起他做出决定时的行为——打开办公桌抽屉，并把他的论文的散页放了进去。

曼哈顿计划

芝加哥、伯克利、橡树岭、汉福德：曼哈顿项目的第一个前哨最终成为美国核机构的永久中心。要想在仅有几磅的规模上生产纯化铀和钚，就需要迅速建立有史以来最大的单一用途的工业企业。通用电气公司、西屋公司、杜邦公司、艾利斯－查尔默斯公司、克莱斯勒公司、联合碳化物公司和几十家较小的公司联合起来，巨大的新型工业区拔地而起。然而，在偷袭珍珠港事件后最不稳定的几个月里，核研究的规模不大，甚至没有任何迹象预示出美国的战争能力即将发生转变。车间是根据偶然性和便利性进行改造的。在普林斯顿大学，可用于威尔逊项目的资金不超过几千美元。为了得到电子学方面的帮助，他不惜在麻省理工学院辐射实验室拉比的办公室里大发脾气。包括车间工人和技术人员在内，他的团队人数增加到约 30 人。实验部看起来像一个丑陋的管子，有汽车那么长，还长出了更小的管子和电线。理论部由两名狂妄的研究生组成，他们并排坐在一间小办公室里的卷帘桌前。

他们发现自己能够承受为国家最致命的秘密研究项目工作的压力。有一天，高级理论家把一张纸揉成一团，递给他的助手，并命令把它扔进废纸篓。

"你为什么不自己扔呢？"助手回应。

"我的时间比你的更有价值，"费曼说。"我得到的报酬比你多。"他们测量了从科学家到垃圾箱的距离，乘以工资，嘲笑他们对核科学的相对价值。于是助手保罗·奥卢姆（Paul Olum）扔掉了这张纸。奥卢姆曾认为自己是哈佛大学最好的本科生数学家。他于 1940 年来到普林斯顿大学，成为惠勒的第二研究助理。惠勒把他介绍给了费曼，在几个星期内他就大受打击。"这里发生了什么？"他想，"难道物理学家就是这样，是我错了吗？"哈佛大学的物理学家没有一个是这样的。费曼，一个欢快的、像小男孩一样的存在，骑着自行车在校园里旋转，对现代高级数学的形式主义不屑一顾，在他周围的精神圈子里奔跑。他不是一个出色的计算者，奥卢姆知道那个游戏的诀窍。费曼仿佛来自火星，奥卢姆无法追踪他的思维。奥卢姆从未见过有人能如此直观地与自然相处——以及与自然中看似最不容易接近的表现形式相处。他怀疑，当费曼想知道一个电子在特定情况下会做什么时，他只会问自己："如果我是一个电子，我会怎么做？"

费曼发现，在稀少的理论背景下对电子行为的直觉与预测，与金属和玻璃管以及电子器件组成的庞大的组合的行为之间存在巨大差异。他和奥卢姆匆匆忙忙地工作。他们从一开始就可以看出，威尔逊的想法介于可能和无望之间——但到底在哪一边呢？计算很糟糕。他们常常不得不求助于猜测和近似，而且很难看到哪些工作可以允许猜测，哪些需要严格的精确性。费曼意识到，他并不完全信任理论物理学，现在它的程序受到了如此无情的考验。与此同时，技术人员也在前进，他们不能再等待理论家的数字了。费曼想，这就像一部动画片；每当他环顾四周时，仪器上就会出现另一个管子或一组新的表盘。

威尔逊把他的机器称为同位素分析器（一个几乎没有意义的名字；他过去的导师欧内斯特·劳伦斯把一种与之竞争的设备称为电磁型同位素分离器，其名称 calutron 来源于加利福尼亚伯克利分校和回旋加速器）。在所有的分离方案中，威尔逊的同位素分析器对物理物体的普通直觉的依赖程度最低。它最接近于将原子视为波浪形电磁世界的居民，而不是被推来推去或从孔中挤过的微型球。等离子体首先蒸发和电离大块的铀，加热它们，直到它们放出一个电子，从而变得带电。然后磁场使它们运动起来。原子流通过一个夹层，将其组织成一束紧密的光束。然后是使同位素分析器从所有其他分离方案中脱颖而出的妙计，即费曼正在努力评估的那部分。

一个特别参差不齐的锯齿状振荡将在磁场中建立起来。在无线电波长下，电压会急剧上下波动。一些铀原子会在能量降至零时撞到磁场。然后一些后来的原子会在能量上升时进入磁场，它们会加速到足以追上第一个原子。然后能量会再次下降，因此下一个原子的速度会更慢。我们的目标是使光束分成几束，就像高速公路上的车流一样聚集在一起。威尔逊估计，这些光束将有大约 1 码[①] 长。最重要的是，由于铀 235 和铀 238 原子的质量不同，在磁场中的加速也不同，因此会在不同的位置聚集。威尔逊认为，如果实验人员能够掌握好时间，每种同位素的束状物应该是不同的，是可以分开的。当它们

---

① 1 码 = 0.9144 米。

到达管子的末端时，另一个精确计时的振荡场就像一个绕道的旗手，将使成串的同位素交替地向左和向右偏移到等待的容器中。

复杂情况出现了。当离子自身的动量将它们推到一起时，它们的趋势也开始发挥作用。此外，一些原子在电离时失去的不是一个而是两个或更多的电子，使它们的电荷增加一倍或两倍，破坏了费曼的计算结果。当实验者尝试了比费曼最初计算的更高的电压时，他们发现，这些电束正在回弹，电波回弹并形成二次电波。费曼意识到这些次级效应也出现在他的方程式中，这让他感到有些震惊——只要他能说服自己相信它们。关于同位素分析器的一切都不简单，物理学家们不得不发明一种用铀粉代替铀丝送入机器的方法，因为铀丝有与电极合金化的倾向，会破坏它们。其中一位实验者发现，通过在铀丝的末端点燃火焰，他可以创造出耀眼的星星雨，这是一种异常昂贵的火花。

同时，该项目最大的敌人被证明是其最接近的竞争对手，即伯克利的劳伦斯实验室。他们想把等离子体吸收到自己的项目中去，关闭普林斯顿小组并为他们的电磁型同位素分离器吸收其工作人员和设备。电磁型同位素分离器同样使用了新的加速器技术来产生一束铀离子，却在一个 3 英尺的跑道上对它们进行加速。较重的原子在更远处摆动。轻的原子则紧紧地转到一个精心定位的收集器中。或者说，在理论上它们会这样。当曼哈顿项目的新负责人莱斯利·R. 格罗夫斯将军第一次开车从旧金山湾沿着蜿蜒的道路来到伯克利的辐射山时，他震惊地发现，如果没有放大镜的帮助，几乎看不到劳伦斯实验室的全部产品。更糟糕的是，这些微克级别的样品的纯度甚至还不到一半。即便如此，它们还是超过了普林斯顿小组的总产量。1942 年底，费曼乘火车把等速器生成的极少量样品运到哥伦比亚大学进行分析，普林斯顿大学没有能够测量一小块铀中同位素比例的设备。他穿着破旧的羊皮大衣，很难在大楼里找到愿意认真对待他的人。他带着他的放射性碎片四处游荡，直到最后看到了一个他认识的物理学家——哈罗德·尤里（Harold Urey），他把尤里拉到身边。尤里是一位杰出的物理学家，恰好，他的科学讲座是费曼听过的第一个科学讲座。尤里曾经在布鲁克林就重水问题进行了公开演讲，与比利时热气球运动员奥古斯特·皮卡德的妻子一起同台分享。最近，费曼通过参加曼哈顿项目事实上的指导委员会的会议认识了尤里。通过这种方式，他也第一次见到了拉比、理查德·托尔曼，以及一位与费曼如此相似却又如此不同的物理学家——J. 罗伯特·奥本海默，他将在接下来的三年里掌控费曼的命运。

在费曼携带铀前往哥伦比亚大学后不久，这些人就普林斯顿大学的同位素分析器冒险做出了最后决定。根据名义上负责所有电磁分离研究的劳伦斯的建议，他们关闭了普林斯顿的项目。在操作上，电磁型同位素分离器似乎领先了一整年，而且必须将资金投入更传统的扩散方法中，用泵和管道代替磁铁和磁场，原子在随机的轨道中漂移，上面有数十亿个微孔。威尔逊惊呆了。[10] 他认为委员会的行为不仅是仓促的，而且是歇斯底里的。在他的资深同事看来，威尔逊似乎输给了他以前的导师劳伦斯的个人力量和推广技巧。史密斯和维格纳都私下里觉得，如果有更充分的试验，可以想象，同位素分析器可能会缩短战争。"劳伦斯的电磁型同位素分离器只是用原始的蛮力把光束撬开了一点儿，"一位年轻的团队成员说，"我们的方法很优雅。"把它扩大到大规模生产所需的规模——数千台巨大的机器，同位素分析器承诺的产量要大很多倍。费曼为一个巨大的制造厂的设计进行了详细的计算，同位素分析器在一个纯度越来越高的"级联"中工作。他考虑到了从墙面刮痕到工人衣服中流失的铀等一切因素。他设想了由几千台机器组成的阵列——但从后来的现实来看，这被证明是一个适度的规模。

对费曼来说，普林斯顿项目的收获之一是建立了与奥卢姆的友谊，这种友谊与他后来的许多友谊一样，在智力上是丰富的，在情感上是不平等的。与费曼的接触在许多年轻的物理学家和数学家身上留下了痕迹，在明亮的光线下，在他们的人生中第一次被人超越。他们找到了适应这种新环境的不同方式。一些人视自己的能力在费曼之下，接受他偶尔的戏谑性辱骂，以换取他的赞美所带来的令人惊讶的快乐。一些人发现他们的自我形象发生了足够的变化，以至于他们完全放弃了物理学。奥卢姆最终回到了数学领域，他在那里更自在。在整个战争期间，他与费曼一起工作，然后费曼就渐渐离开了。在接下来的 40 年里，他们只见过几次面。不过，奥卢姆经常想起他的老朋友。当听到费曼的死讯时，他是俄勒冈大学的校长。他意识到，他在普林斯顿大学遇到的这位年轻的天才已经成为自己的一部分，他无法自拔。他说："我的妻子三年前去世了，也是死于癌症。"

……我经常想起她。我必须承认，我有迪克所有的书和其他跟他有关的东西。我有他全部的课程讲义，还有很多印有迪克照片的物品，还有《科学》杂志上刊登的关于他调查"挑战者号"的事迹的文章，以及一些最近的书。

每当我看着这些东西，我总会感到悲伤。像迪克这样的人怎么会死呢？这样伟大、杰出的头脑，这种对事物和能力的强大体悟，在世界上再也找不到了。

这种感觉真是很糟糕。我知道有人死去的感受，我的父母和我的弟弟已经去世。但让我有这种极端悲痛感的只有两个人，一个是我的妻子，另一个是迪克。

虽然我们小时候不认识，但我们是研究生时期的同学，对于迪克，我确实有更多浪漫或其他的感觉——我说不清。我很难接受他死去的消息。他是宇宙中无与伦比的人。

完工

惠勒没有参加普林斯顿的核技术研究工作。他已经去了芝加哥。在那里，费米和他的团队在冶金学实验室开发第一台核反应堆。所谓冶金学实验室却没有雇用任何冶金学家。他们希望用低于炸弹等级的铀产生缓慢核聚变反应。1942 年春天的芝加哥是最容易感受到未来气息的地方。惠勒知道他曾经的学生在分离同位素的工作中已经陷得多深。3 月，惠勒给费曼捎去一条消息：

"该完成毕业论文了，无论还有多少问题没有解决。"维格纳也越来越多地参与到芝加哥的工作中，他也同意费曼已经有足够的资格毕业了。

费曼听从了惠勒的提醒。他从分离同位素的工作中短暂离开。这时他觉得还没有准备好写作论文，特别是在这么大的压力之下。后来他还记得他在离开后的第一天，躺在草地上内疚地看着天空。最终，他用自来水笔快速地写满了成堆的草稿纸，但是纸张太贵了，他后来用劳伦斯中学报纸（阿琳是那里的主编）的稿纸或是雷蒙德百货公司的订货单。他现在已经彻底吸收了惠勒的革命态度，宣布与过去决裂。当普朗克的量子力学应用于光和电磁场问题时，他写道："出现了巨大的困难，而且这些困难并没有得到令人满意的解决。"最近发现的粒子之间的其他相互作用也出现了相似的困难，他指出："介子场理论的建立与电磁场理论类似。但不幸的是，这种类比都太完美了；无限的答案都太普遍了，令人困惑。"因此，他放弃了场的概念——至少是场作为承载波的自由媒介的旧观念。他说，场是一个"衍生概念，实际中的场完全由粒子决定。所谓的场只是一种数学建构"。同样激进的是，他否定了薛定谔的波函数，即现在描述一个量子力学系统在特定时间的全部状态的正统手段。毕竟，当粒子的相互作用涉及一个时间延迟时，它实际上是没有用的。"那么，我们可以采取这样的观点，即波函数只是一种数学结构，在某些条件下是有用的。"——不，"某些特定条件……但不普遍适用"。

他还不厌其烦地将他与惠勒的合作果断地抛在脑后。他希望他的论文是他自己的；他可能已经感觉到，吸收体理论本身正走向一个古怪的死胡同。此刻，正是他的最小作用量原理的概念吞噬了他。他写道，惠勒－费曼只是一个起点。它碰巧提供了大部分的"说明性例子"，这些例子将填补论文的空白。但他宣称，他的最小作用量方法"实际上是独立于该理论的，其本身是完整的"。

当他完成后，论文的第一部分看起来很老套。它提出了一些几乎是教科书式的机械系统描述方程，如弹簧，通过另一个振荡器耦合在一起。然后这个中间振荡器消失了。数学上的聪明才智使它消失了。一个速记计算出现了，非常像经典的拉格朗日方法。很快，情况发生了变化，主题变成了量子力学。第一部分的经典机械变成了相当现代的东西。以前有两个机械系统被一个振荡器耦合，现在有两个粒子通过一个振荡场的媒介相互作用。场现在也被消除了。一张白纸上出现了新的量子电动力学。

　　费曼最后直截了当地列出了他论文中的缺陷。这是一个没有经过任何实验检验的理论（他希望将来能找到对实验室问题的应用）。量子力学仍然是非相对论的：一个工作版本必须考虑到牛顿物理学在光速附近发生的扭曲。最重要的是，他对自己方程的物理意义感到不满意。他觉得他们缺少明确的解释。虽然科学中很少有概念比薛定谔的波函数更可怕或更深奥，但事实上，波函数对物理学家来说已经达到了一种可视化的程度，即使只是作为意识边缘的一种概率性污点。费曼承认，他的方案甚至抛弃了这种精神图景的碎片。测量是一个问题："在数学中，必须描述系统的所有时间，如果要在感兴趣的时间间隔内进行测量，这个事实必须从一开始就被放入方程中。"时间也是一个问题：正如他所说，他的方法要求"谈论系统在离现在非常遥远的时间的状态"。从长远来看，这将被证明是一种优点。这时，它似乎把这个方法变成了一种形式主义，没有现成的物理解释。对于费曼来说，不可见的形式主义是一个大忌。最终论文的读者——惠勒和维格纳，则没有受到干扰。6 月，普林斯顿大学授予费曼博士学位。他穿着三年前让他很不舒服的学术长袍出席了仪式。在他的父母面前，他很自豪。有那么一瞬间，与荣誉学位获得者分享席位让他感到恼火；他总是很务实，认为这就像给没有做过工作的人颁发"荣誉电工执照"[11]。他想象着自己被授予这样的荣誉，并告诉自己会拒绝它。

　　毕业消除了结婚的障碍，但这只是障碍之一。根据医学和准医学的教条，肺结核是爱情的负担。"瘵病患者应该结婚吗？"这是劳伦斯·F. 弗利克博士1903 年的专著《可治愈和可预防的疾病》某一章的标题。他在书里警告说，

如果不认真权衡"风险和负担",就不能结婚。还有,

丈夫和妻子之间的关系非常亲密,即使万般小心,也可能在不经意中有机会传播疾病。

还有,

许多年轻的肺结核患者母亲在为孩子购买洗礼服后不久,自己就用到了裹尸布。

1937年的《护士和公共卫生工作者结核病手册》宣布,肺结核患者应禁止结婚:

对于那些患有或刚刚患有肺结核的人来说,婚姻很可能是一种非常昂贵和危险的奢侈……如果病人是女性,她不仅要面对感染丈夫和孩子的风险,还必须考虑到怀孕可能会加重现有疾病的事实。

直到1952年,一篇权威性的文章引用了萨默塞特·毛姆的短篇小说《疗养院》,讲述了一对相爱的年轻人无视习俗的束缚的故事。

他们都是如此年轻和勇敢,这成了一个很大的遗憾……人们希望小说家重写这个故事,让男孩和女孩理智地等待几年……我沉迷于大团圆结局。

教科书上的短语没有暗示当爱情和结核病结合在一起时,会产生怎样的情绪旋涡。费曼的父母担忧他与阿琳的婚姻。尤其是费曼的母亲,她觉得这个想法让人无法忍受。当她意识到费曼的打算有多认真时,她与儿子的关系变得更加紧张。春天快结束的时候,她给费曼寄了一封冷冰冰的信,其中充满了对他的健康、事业和金钱的担忧,并间接地写下她对二人可能发生性关系的反感。她的态度没有任何保留。

　　她写道："你的健康处于危险之中，不，我应该说你的生命处于危险之中。当你结婚后，你会和她相处更多，这是很自然的事。"她担心其他人会怎么想（这是费曼和阿琳正在试图回避的事）。结核病是一种耻辱，而这种耻辱会附在费曼身上。"人们害怕肺结核。当你在肺结核疗养院有一个妻子时，没有人知道这不是真正的婚姻。"她告诉费曼，他没有赚到足够的钱，他已经够忠诚了，而且阿琳"应该满足于'订婚'而不是'结婚'的状态，因为在这样的婚姻中，你得不到婚姻的任何乐趣，而只有沉重的负担。"她警告说，她和费曼的父亲在任何情况下都不会拿钱帮助这对夫妇。她呼吁他爱国，说一个生病的妻子的负担会影响他为国家服务的能力。她提醒他，他的祖父母为了这个国家逃离了欧洲的迫害和大屠杀，而费曼却认为自由地生活在这个国家是理所当然的。"你在这个时候结婚，似乎是一件自私的事情，只是为了让一个人高兴。"她怀疑费曼是否真心想和阿琳结婚，问他是不是不只是想让阿琳高兴。"就像你过去偶尔吃菠菜来让我高兴一样。"她说，她爱他，讨厌看到他摆出高尚但无用的姿态，她还说："我很惊讶这样的婚姻竟然不违法。这应该违法。"

　　父亲采取了一种比较平和的做法。他要求费曼在普林斯顿大学寻求专业建议，费曼听从了父亲，咨询了他的系主任史密斯和校医的意见。史密斯只说他不参与他的员工的私人事务。即使在费曼最终指出他将与患结核病的妻子和学生同时接触时，史密斯也保持了这一立场。校医关心的是要确保费曼明白怀孕的危险，费曼告诉他，他们不打算做爱。（医生指出，结核病是一种感染性疾病，而不是传染性疾病，而费曼一如既往地针对这一点质问医生。他怀疑这种区别是不科学的医学术语的产物——如果有区别，那也只是程度上的区别。）

　　他告诉父亲，他和阿琳不打算在明年的任何时候结婚。但就在几天后，在拿到学位和新身份后，他给母亲回了信，自豪地在信纸上的"理查德·费曼"字样后写上"博士"。他试图对每个论点做出合理的回应。他说，史密斯和大学医生都不担心结婚对他的健康有危害。如果说与阿琳的婚姻会是一种负担，那也是他梦寐以求的负担。有一天，他在安排阿琳转到附近的疗养院时，发现自己正因为规划他们的共同生活而大声唱歌。就对国家的责任而言，他将做任何必要的事情，无论他被派到哪里。他告诉母亲，他并不想当贵族，也不会觉得有义务遵守多年前在不同情况下做出的承诺。

和阿琳结婚与吃菠菜有本质的不同。他不喜欢菠菜。他说，总之，他不是因为爱母亲而吃菠菜。"你误解了我小时候做这件事的动机——我只是不想让你生气。"

他已经下定决心。毕业后他立即搬进了华盛顿路 44 号的公寓，有一段时间甚至没有告诉他母亲这个地址。他迅速做了最后的安排，正如阿琳所说，"在短时间内"的安排：

我想也许这就像圆木滚下来一样不可阻挡——我的心又被填满了，我被情感弄得喘不过气——爱是如此美好和强大——它值得保存——我知道没有什么能把我们分开——我们经受住了时间的考验，我们的爱现在和它诞生的那天一样辉煌——最宝贵的财富从未使人们变得伟大，但爱每天都能做到——我们并不渺小——我们是巨人……我知道我们都有一个未来，有一个幸福的世界——现在和永远。

他的父母被吓坏了，不肯原谅费曼。他从普林斯顿大学的朋友那里借了一辆旅行车，在车上装上了旅途用的床垫，然后从切德赫斯特接走了阿琳。她穿着白色的裙子走在她父亲亲手浇筑的混凝土车道上。他们乘坐史泰登岛渡轮穿越纽约港，渡轮成了他们的蜜月船。他们在史泰登岛的一个市政办公室里登记结婚，既没有家人也没有朋友在场，他们仅有的证婚人是从隔壁房间里叫来的两个陌生人。由于害怕被传染，费曼没有吻阿琳的嘴唇。仪式结束后，他扶着她慢慢走下楼梯，然后他们驱车前往阿琳的新家——在新泽西州布朗斯米尔斯的一家慈善医院。

注释

惠勒及其后来的许多学生让我对惠勒和费曼之间的关系有了一些了解。惠勒 1979a 和克劳德 1972 是回忆的来源。惠勒分享了他在 1989 年纪念会上的演讲稿（惠勒 1989）。H. H. 巴沙尔、伦纳德·艾森巴德、西米恩·赫特纳、保罗·奥卢姆、利奥·拉瓦泰利和爱德华·梅塞尔回忆了 20 世纪 30 年代末 40 年代初的费曼和普林斯顿大学。约翰·图基和马丁·加德纳阐述了折变体的历史。罗伯特·R. 威尔逊讨论了同位素分析器计划和费曼加入曼哈顿计划，以及后来的历史。在美国哲学学会的史密斯的论文中，有关于同位素分析器计划的解密文献记录，包括费曼的一系列技术论文。

[1] 马赫 1960，388-390 中有一个合理的解释——描述了一个比费曼的实验更安全的实验。但是物理学家从未停止过对其他两种答案的争论。

[2] 他在 11 月给父母写信："……上周事情进展得很快，一切都很顺利，但现在我遇到了一些数学难题，我要么攻克这些难题，要么四处走走，或走一条不同的路，这些事情都会消耗我所有的时间，但我非常喜欢这样做，而且我真的很开心。我从来没有对一个问题考虑过这么多……我只是刚开始看到终点到底有多远，而且在那里会得到一些乐趣（尽管前面提到出现了一些数学困难）！"

[3] 很久以后，费曼在谈到泡利的反对意见时说："太糟糕了，我记不清是什么了，因为理论不正确，这位先生很可能已经一针见血了。"泡利很可能也注意到了理论无法量化。

[4] 费曼认为拜访爱因斯坦"很可能"发生在他的演讲之前，而惠勒记得这是后来的事，费曼 1941a 和惠勒、费曼 1945 中的致谢表明，惠勒肯定是对的。

[5] 在这种情况下，最小作用量原理的第一次应用是在惠勒和费曼还没有意识到的工作中：A. D. 福克在《物理杂志》（*Zeitscraft für Physik*）58（1929）：386 中的一篇论文。

[6] 然而，狄拉克不愿意接受新的反粒子的想法。他首先假设这个带正电的粒子一定是质子，尽管在质量上存在巨大差异。

[7] 费曼对会后建议发表会议记录感到愤怒；他宣称没有"时间的本质"这一主题，让其他参与者感到惊讶。格伦鲍姆后来说："他担心谁？如果他担心的是知情人士，那么这个设备就失败了。我不知道，一个拥有显赫地位的人怎么会觉得自己的声誉会受到损害。"

[8] "问：这篇大论文的高潮是什么？答：高潮是，他的大论文从未问世。"

[9] 他估计，这一数字包括"四分之三的（物理学界的）杰出领导者"。

[10] 将近一年后，他在洛斯阿拉莫斯写信给史密斯："我仍然无法客观地思考我们项目的关停。委员会在合同完成前关停项目，这无疑是一个歇斯底里的举动。"

[11] 在拒绝了他获得的第一个荣誉学位后，他告诉芝加哥大学校长，他记得"处于同一席位的人在没有工作的情况下获得了荣誉学位，并觉得'荣誉学位'是对'证明某些工作已经完成的学位'这一概念的贬低。……我当时发誓，如果我被授予一个荣誉学位，我不会接受它。现在（25 年后）你终于给了我一个机会来实现我的誓言"。

第 4 章

洛斯阿拉莫斯

费曼在这场世纪大事件中再次修理起了收音机。有人拿来了保护眼睛的深色焊工玻璃。爱德华·特勒涂上防晒霜并戴上手套。原子弹制造者们被命令面朝下趴着，他们的脚朝向 20 英里外的原爆点，在那里，他们制造的小玩意儿放在 100 英尺高的钢塔上。空气很稠密。下山的路上，有三辆大巴停在路边等待，有人感到难受，跑进灌木丛。一场潮湿的闪电风暴席卷了新墨西哥州的沙漠。费曼是几个组长中最年轻的一位，他正越来越紧迫地处理一个安装在武器运输车上的复杂的十表盘无线电装置。无线电是与观察机的唯一联系，但它现在无法运转。

他出了一身汗，用紧张的手指转动表盘。他知道自己需要找到什么频率，但他还是再次询问。当他收到紧急编码电报时，差点儿错过了从纽约回来的大巴，他没有时间去了解所有这些表盘的作用。沮丧之余，他试着重新排列天线，还是一无所获，只有干扰和沉默。突然，一曲音乐[1]——柴可夫斯基的圆舞曲阴森、甜美地从天空中毫不相干地飘来。这是从旧金山一路传来的近似频率的短波无线电。这个信号给了费曼一个校准的基准点。他再次对表盘进行操作，直到他认为校准无误。最后他重新将表盘调整到飞机的波长。仍然没有结果。他决定相信他的校准，然后离开了。就在这时，一个沙哑的声音在黑暗中响起。无线电一直都在运转，是观察机没有发送信号。费曼的收音机中传来一个声音："倒数 30 分钟。"

遥远的探照灯划破天空，在云层和看不见的塔楼之间来回闪动。他试图通过焊工玻璃看到他的手电筒，然后决定，让它见鬼去吧，玻璃太暗了。他看着散落在坎帕尼亚山上的人们，就像戴着 3D 眼镜的电影观众。他觉得，这就是一群疯狂的乐观主义者。是什么让他们如此确信任何光线都可以被过滤？他走向武器运输车，坐在前排座位上；他相信挡风玻璃足以阻挡危险的紫外线。在 25 英里外的指挥中心，罗伯特·奥本海默瘦得像个幽灵，戴着他那顶破旧的帽子，靠在一根木柱上，大声说："上帝啊，这些事情让人心烦意乱。"就像这样的事曾经发生过。

1945 年 7 月 16 日上午 5 点 29 分 45 秒，就在黎明前，这个被称为"死亡之旅"的地方本应被晨光照亮，但原子弹的闪光却出现了。在下一瞬间，费曼意识到他正在看着武器运输车地板上的一个紫色斑点。他的科学家大脑告诉他的平民大脑再次向上看。地球是白色的，上面的一切似乎都是没有特征的平面。天空开始从银色变成黄色，再变成橙色，光线从冲击波的边缘新形成的云层上反弹下来。"有什么东西产生了云！"他想。实验正在进行中，他看到电离的空气发出意想不到的光芒，分子在巨大的热量中被剥夺了电子。在他周围的目击者正在形成持续一生的记忆。"然后，太阳无声无息地发出光芒，或者说它看起来被照亮了。"奥托·弗里施事后回忆说。那不是人类感觉器官或科学仪器所能估量的那种光。拉比当时并没有用英尺烛光① 思考，他写道："它爆炸了，它猛扑过来，钻进了你的身体。那种景象不仅仅是用眼睛看到的。"光线在沙漠中静静地升起和落下，没有任何声音，直到爆炸后 100 秒，震动空气的膨胀壳终于到达。

一声像步枪射击的爆裂声传来，把费曼左边的一位《纽约时报》的记者吓了一跳。"那是什么？"[2] 这位记者喊道。听到他的话，物理学家们都被逗乐了。

"那就是*我们要的东西*。"费曼大声回道。他看起来像个男孩，瘦瘦的，笑眯眯的，尽管他此时已经 27 岁了。一声坚实的雷声在山间回荡——感受到的和听到的一样剧烈。声音使费曼突然感觉更加真实，他从响声上思考物理学。恩里科·费米离爆炸地更近，却几乎没有听到声音，因为他正忙着撕开一张纸，把纸片一片一片地扔进突然而来的风中，以此来计算爆炸压力。

那一天的欢庆、呼喊、舞蹈和胜利都被一一记录下来。在回程的路上，另一位物理学家觉得费曼快要从车顶上飘过去了。原子弹制造者们欢欣鼓舞，酩酊大醉。他们庆祝这个东西，这个装置，这个小玩意儿。他们是聪明能干的家伙。在这个褐色的沙漠里待了两年后，他们把一些物质转化为能量。特

---

① 照度英制单位，1 英尺烛光（ft-c）=10.764 勒克斯（lux）。

别是理论物理学家们，此时对抽象的"黑板科学"进行了终极测试。一开始只是一个想法，此时却成了真实的火焰。他们终于实现了"炼金术"——将比黄金更稀有的金属变成比铅更有害的元素。

理论物理学家们本习惯在一个以精神为主的世界中度日，此时却为可以触摸和闻到的棘手问题焦虑不安。几乎每个人都在一个新的领域工作，例如爆炸的理论，或在极高温度下的物质的理论。这种实用性既让他们感到清醒，也让他们感到兴奋。最纯粹的数学家也不得不弄脏自己的手。斯塔尼斯拉夫·乌拉姆（Stanislaw Ulam）感叹说，直到此时，他还一直只用符号来工作。眼下，他被逼得不得不使用实际的数字，而且，更令人惭愧的是，这些数字带有小数点——至于优雅或简单性，没有选择的余地。这些问题是自己跑来的，全是黏人的化学品和爆炸的管道。费曼本人中断了核聚变计算来修理打字机，又中断了打字机修理来检查大量铀的安全，并发明了新型的计算系统——一部分是机器，另一部分是人，以解决理论上根本无法解决的方程。一种务实的精神已经占领了洛斯阿拉莫斯的山丘，难怪理论家们感到兴奋。

后来，他们回忆起曾有过疑虑。奥本海默——这位彬彬有礼而又内心受到折磨的东方神秘主义爱好者说，当火球延伸过三英里的天空时（那时费曼正在思考，有人还喊了一声："云！"），他想到了《薄伽梵歌》中的一段话："现在我成了死神，世界的毁灭者。"测试主管肯尼斯·班布里奇曾经对他说："我们现在都是混蛋。"当热云消散时，拉比说他感到"一阵寒意，这不是早晨的寒冷，这是一种人在思考时产生的寒意，例如当我想到我在剑桥的木屋时……"。在事件的实际情况中，解脱和兴奋淹没了大多数这样的想法。费曼只记得一个人"闷闷不乐"——招募他进入曼哈顿项目的罗伯特·威尔逊。威尔逊惊讶地对费曼说："我们做的是一件可怕的事情。"对于大多数人来说，这种想法直到后来才出现。在当时的现场，虽然在军事人员看来，科学家们是多面手，不受管制，但他们都有一种爱国主义的热情，这种热情在后来的叙述中逐渐消失。试验结束三周后，也就是广岛原子弹爆炸三天后，即长崎原子弹爆炸的那一天，费曼用打字机在给他母亲的信中写下了他的想法。

　　我们上蹿下跳，我们尖叫，我们跑来跑去，互相拍背，握手，互相祝
贺……一切都很完美，但目标——下一个目标是日本而不是新墨西哥……当我
告诉他们的时候，为我工作的伙伴们都张着嘴，聚集在大厅里。他们都为自
己的所作所为感到自豪。也许我们可以很快结束战争。

　　代号"三位一体"的试验是一个时代的标志事件。它永久地改变了人类
的心理。它的前奏是科学对自然引以为傲的掌握，而且不可逆转。它的后遗
症是可怕的暴力和死亡。在新的光芒遍布天空的那一刻，人类变得异常强大，
也异常脆弱。一个故事讲了很多次就成了一个神话，而"三位一体"则成了
照亮战后人们对人类未来的焦虑和对生命的鲁莽、短促的态度的神话。"三位
一体"的形象——那座等待被蒸发的 100 英尺高的塔，在离爆炸地半英里处
发现的被炸碎的野兔，沙漠中的沙子熔化而成的明亮的玉绿色釉面，预示着
一个时代的核心恐怖事件。我们有后见之明。我们知道随后发生的事情：科学
家的流血事件、无辜的牺牲——广岛、奇爱博士、掷重物、放射性废物、相互
保证毁灭战略。讽刺深入骨髓。起初，原爆点的位置没什么含义，它只代表
它自身，它是一个镜面，有轻微的放射性，早些时候这里曾矗立着一座高塔。
费曼那时不过初出茅庐，他写道："从空中看，棕色的沙漠中心有火山口的绿
色区域，这是一个美妙的景象。"

带着公文包来的人

　　普林斯顿大学的同位素分析器项目自结束以来已经 30 个月了。费曼和威
尔逊团队的其他成员一直处于紧张的迷茫状态，人人都不知道该做什么。威
尔逊认为他们就像职业军人一样在等待下一个命令。他后来说："我们当时遇
到了我认为最糟糕的事情：一个没有问题的研究小组，一个有很多干劲和技术

的小组，却无事可做。"为了打发时间，他决定发明一些中子测量设备，因为不久之后肯定会需要它们。同时，他感到来自项目临时中心芝加哥的信息十分匮乏，这里是费米和他的原子反应堆的领地（这位来自罗马的身穿皮夹克的物理学家正在使用他新获得的英语词汇来创造一个直白的核术语: pile）。这个反应堆（在大学壁球场上，石墨砖和铀球被组装成一个网格）正在发生链式反应。威尔逊派费曼作为他的特使去芝加哥。

首先是关于信息收集艺术的培训。威尔逊告诉费曼要依次接近每个部门，并提供专业知识。"让他们向你描述问题的每一个细节，直到你真的可以坐下来工作，而不问任何问题。"

费曼回应道: "这不公平!"

"这没什么，这就是我们要做的事，你需要了解这一切。"

1943 年初，费曼乘火车前往芝加哥。这是他自十年前参加"一个世纪的进步"博览会以来的第一次西部之旅。他确实像间谍一样有效地收集信息。他结识了特勒，他们经常交谈。他从一个办公室到另一个办公室，了解中子的横截面和产量。他还给一批理论物理学家留下了深刻的印象。在一次会议上，费曼为一个长期困扰他们的尴尬的积分类问题提供了解决方案。菲利普·莫里森（Philip Morrison）回忆说: "我们都是来见这个粗鲁的分析学冠军 [3] 的。他没有让我们失望，他当场解释了如何快速获得一个结果，这个结果为我们的一台聪明的计算器节省了一个月。"费曼看到这个问题可以分成两部分，这样 B 部分可以在贝塞尔函数表中查找，而 A 部分可以通过一个巧妙的技巧推导出来，即在积分方面与参数有关的微分，这是他在青少年时期就已经练习过的。现在，听众是新人，赌注也更大。

费曼不是最后一个在冶金实验室留下传奇的人。在他离开五个月后，朱利安·施温格从哥伦比亚大学赶来，途经伯克利，在那里，他已经与奥本海默和麻省理工学院的辐射实验室合作过。施温格是费曼的同龄人，这两个纽约人之间的对比显著得惊人。他们的道路还没有交集。施温格的黑色凯迪拉克轿车和一丝不苟的着装给芝加哥的科学家们留下了深刻印象。在那个炎热的夏天，他的领带似乎从未松动过。当他在黑板前通宵达旦地工作时，一位试图做笔记的同事发现这个过程非常手忙脚乱。施温格是个双手灵巧的人，他似乎发明了一种双手操作黑板的技术，使他能同时解决两个方程。

对物理学家来说，这本应是其创造性职业生涯的紧张时刻，大家却迎来了奇怪的日子。战争打乱了年轻科学家的生活，尽管与大多数处于征兵年龄段的人所遭受的破坏相比，它显得无限温和，然而，费曼只能不安地等待战争带来的改变。几乎是作为一种乐趣，他接受了威斯康星大学的一个远程工作邀请，成为停薪留职的访问助理教授。这给了他一些安全感，尽管他几乎没有想到会真的转正。此时，在芝加哥，他在最后一刻决定去麦迪逊旅行，以几乎隐姓埋名的方式花了一天在校园里走动。最后，他向系里的秘书介绍了自己，并在返回之前见了几位名义上的同事。

他带着一个装满数据的小公文包回到了普林斯顿。他向威尔逊和其他人介绍了情况：截至1943年初的冬天，原子弹的情况如何，需要多少铀，将产生多少能量。他是一个24岁的年轻人，穿着长袖衬衫站在大学的教室里。走廊里回荡着俏皮话和笑声。费曼没有在思考历史，但保罗·奥卢姆在思考。他对费曼说："有一天，人们会把普林斯顿人了解原子弹的戏剧性时刻拍成电影，那位代表从芝加哥回来介绍信息时，那将是一个非常严肃的局面，每个人都穿着西装，那个人拿着公文包进来。而现实生活与人们的想象不同。"

军队已经做出了不可能的选择：一个犹太人，一个唯美主义者，一个有礼貌的、尖刻的、左倾的、最终自我毁灭的科学家，他的行政经验仅限于加利福尼亚的一个物理学小组。罗伯特·奥本海默——人们也叫他"奥比"——因其流星般的光辉，而不是因其工作的深度而受到同事们的尊重。他对实验没有感觉，他的风格也不符合物理学；因此，他犯的错误总是一些格外愚蠢的错误："奥本海默的公式……对他来说非常正确，显然只有数学符号是错误的。"一位理论家曾挖苦道。在后来的物理学家的行话中，"奥本海默系数"指的是缺少 π、i 和减号。正如历史学家理查德·罗兹所评论的那样，奥本海默的物理学是"一种擦边球物理学，在边上和角落里工作……不愿向球门径直推进"。没有人比他更了解量子电动力学和基本粒子物理学的核心问题，但他的个人工作倾向于深奥的东西。因此，尽管他成为诺贝尔物理学奖评审过程中最具影响力的幕后声音，他本人却从未获得过诺贝尔奖。在科学方面，就像在所有事情上一样，他有一种精致的品位。他的西装是量身定做的，有夸张的肩部和宽大的翻领。他热衷他的马提尼酒、黑咖啡和烟斗。在一家牛排馆主持委员会的晚餐时，他希望同伴们能跟随他点半熟的牛排；当一个人点全熟的时候，奥本海默转过身来，体贴地说："你为什么不点鱼？"费曼的纽约人背景是他母亲的家庭努力争取来的，最终被他的家庭放弃了；像露西尔·费曼一样，他在曼哈顿舒适的环境中长大，并在伦理文化学校就读。然后，费曼吸收了新的、务实的、美国的物理学精神，奥本海默则去了国外的剑桥和哥廷根，接受了欧洲的智力风格。他不满足于仅掌握现代语言。对物理学家来说，奥本海默学习梵文似乎是出于一种好奇心。对格罗夫斯将军来说，这是天才的另一个标志，而天才正是将军所寻求的。他是一个坚实的管理者，他认为仅仅是一个坚实的首席科学家没有价值。出乎意料的是，格罗夫斯的直觉被证明是正确的。奥本海默的天才最终体现在领导方面。他在 1943 年初的冬天把费曼和自己联系在一起，就像他把许多年轻同事联系在一起一样，他对他们的问题产生了浓厚的兴趣。奥本海默从芝加哥打来长途电话——费曼从未接到过从这么远的地方打来的长途电话——说他在阿尔伯克基为阿琳找到了一家疗养院。

　　在为原子弹项目选址方面，军队的眼光和奥本海默不谋而合。虽然事后看来不可靠，但军事计划倾向于在沙漠中的隔离区域实施，以防止敌人的攻击，而且把一个健谈且不可预测的科学团体隔离起来，也是明智的决定。奥本海默很早就爱上了新墨西哥州不真实的边缘，空气清晰如实，矮小的松树劈开了峡谷的峭壁。西部工作衫和皮带扣已经成了他休闲服的一部分，他带领格罗夫斯沿着蜿蜒的小路走到高高的山丘上，透过洛斯阿拉莫斯牧场男子学校向后看，在宽阔的沙漠的另一边，看到了桑格雷克里斯托山。并非每个人都赞同他们对这一景观的感受。利奥·西拉德是匈牙利布达佩斯人，他对原子弹项目非常有先见之明，最早理解了释放能量的链式反应。他宣称："在那样的地方，没有人能够正常思考。每个去那里的人都会疯掉。"

迫不及待的普林斯顿学者们集体报名参加。威尔逊赶忙出发去看现场，并匆匆回来报告泥泞和混乱的情况，正在建造的是一个剧院，而不是实验室，供水管道也搞错了。保密状态很高，费曼已经知道格罗夫斯和奥本海默正在为保密状态争论不休。回旋加速器部件和中子计数设备开始用铁路从普林斯顿站运出——装在木箱里。普林斯顿站的一车车货物为新实验室提供了核心设备，随后是来自哈佛大学的精心拆解的回旋加速器、其他发电机和加速器。很快，洛斯阿拉莫斯就成为世界上装备最好的物理学中心。普林斯顿大学的团队在收到成箱的设备之后很快就开始离开这里。费曼和阿琳在 3 月 28 日星期日与第一拨人前往洛斯阿拉莫斯。费曼收到的指示是，购买除新墨西哥以外的任何目的地的车票。费曼的逆反心理与他的常识交战了一会儿，逆反心理赢得了胜利。他决定，如果没有人买新墨西哥州的票，他就买。售票员说，啊哈，这些箱子都是为你准备的?

铁路部门为阿琳提供了一辆轮椅和一个私人房间。她含泪恳求费曼为这个房间支付额外的费用，并暗示她终于可能有机会为她所爱的丈夫尽到妻子的全部责任。对他们两人来说，搬到西部预示着一个开放的、无限制的未来。这最终切断了他们与保护机构和童年的联系。阿琳因担心而夜夜哭泣，并向费曼倾诉她的梦想：他们家的窗帘，与他的学生喝茶，在壁炉前下棋，星期天在床上看漫画，在帐篷里露营，养育一个叫唐纳德的儿子。

链式反应

1942 年 12 月 2 日，费米的铀和石墨反应堆被专业的木工在芝加哥大学的一个网球场上锯开并组装起来，并首次达到放射性物质的临界质量。在黑色的石墨砖中，世界上第一个人工链式反应持续了半小时。这是一个缓慢的反应，而原子弹必须是一个快速反应，在不到百万分之一秒中发生。从两层楼高的芝加哥一号堆的椭圆体到在"三位一体"中爆炸的棒球大小的钚球，不可能有平稳的进化路径。从大而慢的堆到小而快的原子弹，需要一个飞跃，几乎没有可信的中间阶段。

然而，第二年 4 月，当费曼坐在洛斯阿拉莫斯山丘上临时安全门外的汽车里时，一种可能性正在费曼的脑海中上演。氢原子会减缓中子的速度，正如费米在很久以前发现的那样。水是廉价的氢的结合物。溶解在水中的铀可以制造一个强大的紧凑型反应堆。费曼在等待，警卫正试图弄清他的通行证中的一个错误。从安全门的左右两边延伸出有刺铁丝网的雏形。它后面没有实验室，但一些牧场建筑和一些未完工的房舍从深冬的泥土中升起，这就是军队所谓的改良动员风格——快速凝固的混凝土地基、木质框架、普通壁板、沥青屋顶。从圣达菲出发，35 英里的路程在一条让人备受煎熬的土路中结束，这条土路笔直地切入了山丘的峭壁。费曼不是唯一没有去过比芝加哥更远的西部的物理学家。招募人员曾警告科学家们，军队想要隔离他们，但没有人完全意识到隔离意味着什么。起初，唯一的电话线路是由林业局铺设的一条单线。为了打电话，人们不得不转动电话盒侧面的一个曲柄。

当费曼坐在那里等待警卫批准他的通行证时，他正在为假想的夹层反应堆进行一些计算，这种反应堆将被称为水锅炉。这个装置不使用穿插在石墨中的铀块，而是使用铀的水溶液，即高浓度的浓缩铀235。水中的氢会使效率翻好几番。他正试图计算出需要多少铀。他研究了水锅炉问题，在接下来的几个星期里把它拿起来又放下，思考中子在氢气中碰撞的详细几何形状。然后，他尝试了一些奇特的东西。也许铀的理想排列，即所需材料最少的排列，会与明显的均匀排列不同。他把方程转换成一种允许用最小原则来解决的形式，这是他目前最喜欢的技术。他为可裂变材料的空间分布制定了一个定理，并发现在一个如此小的反应堆中，这种差异并不重要。当浓缩铀最终开始到达时，水锅炉形成了一个直径一英尺的球体，装在一个宽三英尺的黑色氧化铍立方体内，安放在欧米茄峡谷的松树树荫下一面重混凝土墙后面的桌子上，离主场地几英里远。它是该项目的第一个大规模中子实验源，也是第一个真正的爆炸危险。对于所有的理论家来说，这第一个问题的要素成为他们研究原子弹时的关键：中子的路径、神秘金属的混合、辐射、热量、概率。

　　在 4 月混乱的几周里，科学家达到了大约三十人。他们从圣达菲的一个临时办公室进进出出，从那里出来后，就消失在一片空旷之地上。如果他们从空中俯视他们的目的地，就会明白，自己将被安置在一个位于平坦的古代熔岩形成的狭长地带上的大院里。这是一座长期沉寂的火山喷射出熔岩形成的众多地带之一。相反，他们对这个地方的想象是从神秘的地址开始的。邮政信箱 1663，驾驶执照登记在特别名单 B 上。并非所有以安全名义设计的程序都有助于消除当地居民的怀疑。任何在圣达菲以北的公路上拦下理查德·费曼的当地警察都会看到他的驾驶执照上没有名字，只写着"工程师"，身份是"185号"，登记在"特别名单 B"上，出于某种原因，签名栏一处"无须签名"。洛斯阿拉莫斯这个名字几乎没有任何意义。一个峡谷？一所男校？当科学家们到达现场时，他们很可能会看到，一位前教授站在户外，向一个军事施工人员发出无用的指令。如果奥本海默碰巧在那里迎接他们，他的声音会从那顶很有名的帽子下传来："欢迎来到洛斯阿拉莫斯，你到底是哪位？"费曼看到的第一张熟悉的面孔，是他在普林斯顿的朋友奥卢姆。奥卢姆拿着文件夹板站在路上，在每一车木材运到时都要核对一下。起初，费曼睡在一栋教学楼阳台上一字排开的床铺中的一张上。食物是以盒饭的形式从圣达菲运来的。

　　在施工的动荡中，混凝土在露天硬化，到处都是手持锯的嗡嗡噪声，只有理论家们拥有他们需要的设备——一块移动式黑板，他们可以立即开始工作。真正的开工仪式是在 4 月 15 日。奥本海默将他们与最初的几位实验者和化学家聚集在一起，让大家正式知晓之前已被悄悄透露的真相。他们将建造一个炸弹，一个武器，一个工作装置，它将放射性的中子喷射现象集中到空间和时间的一点，直到足以引发爆炸。讲座开始时，费曼打开一个笔记本，写下了警句："谈话不一定关于我们应该讨论的事情，也可以是我们已经解决的事情。"来自伯克利和芝加哥的团队看起来知道很多事情。一个普通铀原子的分裂需要一个快速、高能的中子的撞击。每一个原子都是它自己的小炸弹：它以巨大的能量分裂，并释放出更多的中子来触发其邻居。然而，中子的速度趋于缓慢，降到了进一步裂变的必要阈值以下。链式反应将无法持续。然而，更稀有的同位素铀 235 在受到慢速中子的撞击后会发生裂变。如果用这些更易挥发的原子来富集大量的铀，中子就会找到更多的目标，链式反应就会持续更长时间。纯铀 235（尽管在几个月内都只能获得微小的数量）将使爆炸性反应成为可能。推动链式反应的另一个方法是用一个金属壳（阻挡层）包围放射性物质，它可以将中子反射到中心，从而强化其效应，正如温室玻璃加剧红外辐射而让温度升高一样。奥本海默一个瘦高的助手——罗伯特·瑟伯尔（Robert Serber）向他的 30 多名听众描述了不同的阻挡层的可能性，几乎能感受到这些听众散发着的神经能量。费曼迅速写道："……反射中子……保持原子弹……临界质量……非吸收性等效散射系数 3 的质量……一次成功的爆炸……"他草草地画了一些图。从核物理学开始，讨论被迫转向了更古老但更混乱的流体力学主题。当中子在做功时，原子弹会加热和膨胀。在关键的一毫秒内，冲击波、压力梯度、边缘效应都会出现。这些都很难计算，在很长一段时间内，理论家们只好盲目计算。

制造原子弹并不像制造量子电动力学理论那样，最伟大的科学家们已经在那里挖好了地基。这里的问题是新鲜的、接近表面的，因此很容易——这让费曼起初感到惊讶。从第一场讲座提出的问题开始，他取得了一连串的小胜利，与在纯理论的黑暗中徘徊的漫长时期相比，令人欣慰。然而，相应也有一些困难。

"大部分要做的事都是第一次做。"原子弹官方历史的一位匿名作者事后写道（这位匿名作者就是费曼，他被其前部门主管哈里·史密斯叫去做这项让他不太适应的工作）。在努力总结洛斯阿拉莫斯的理论科学问题时，他补充说："未经试验。"然后说，"长期都在使用几乎不可用的材料"，在多年隐晦地使用"管状合金"和"49"①之后，他无法再让自己写下铀和钚这两个字。对于理论家和实验者来说，等待合金材料的过程都是痛苦的。可以征用更常见的材料，在实验室的要求下，诺克斯堡提供了两块半球形的纯金，每块都有半个篮球那么大。有一天，费曼带着史密斯参观，指出他正在踢其中一个——在被用作门挡。对铱这种致密的非放射性金属的请求不得不被拒绝，因为很明显，冶金学家要求的数量超过了世界总供应量。对铀235和钚的需求更夸张，实验室不得不等待世界供应量翻上一百万倍。

目前，关于这些材料仅有的知识来自对数量小到不可见的物质的实验。这些实验既昂贵又费力。即使是对钚的密度进行早期测量，也是对芝加哥团队的挑战。直到1943年10月，第一份钚才被送到洛斯阿拉莫斯。用更多的数量进行实验工作仍需等待；在这之前，只可能进行一次全尺寸的实验。大多数问题必须用铅笔和纸来回答。很快就可以看出，在洛斯阿拉莫斯的理论就像在走钢丝。理论部门很小，只有35名物理学家和一名计算人员，负责为所有更大的实践部门提供分析和预测：实验、军械、武器以及化学和冶金。分析和预测"如果……会发生什么"。洛斯阿拉莫斯的理论家们已经放弃了思考简单奥秘的奢侈，比如一个氢原子以某种颜色发射一个光包的方式，或者一个理想化的波可能通过一个理想化的气体的方式。手头的材料不是理想化的，理论家和实验者一样，不得不在非线性数学的瓦砾堆里摸索。实验者在能够进行试验之前，必须做出关键的决定。费曼在他的匿名报告中列出了主要问题[4]：

---

① 当年，科学家将钚的代号定为"49"，这是钚的原子序数94和同位素钚239的组合。

炸弹必须有多大（钚的内爆球体或铀的枪弹装置）？每种材料的临界质量和临界半径是多少，以至于超过这个大小，链式反应就会持续？

什么样的材料最适合作为阻挡层——一个能将中子反射回炸弹的周围衬垫？冶金学家不得不在能够进行真正的试验之前很长时间就开始制造阻挡层。

铀的纯度要达到多少？根据这一计算，决定是否在橡树岭的同位素分离设施中建造巨大的第三层。

核爆炸会在大气中产生多少热量、多少光、多少冲击？

"战舰"和"鱼雷快艇"

他们占据了一个名为 T 楼（T 代表理论）的刷着绿漆的两层营房，奥本海默将其作为总部和实验室的精神中心。他让康奈尔大学的著名核物理学家汉斯·贝特负责。走廊很窄，墙壁很薄。当科学家们工作时，他们会不时地听到贝特轰鸣般的笑声。每当听到那笑声时，他们就会怀疑费曼就在附近。

贝特和费曼是一对奇怪的组合，一些同事觉得他们一个是看起来很迂腐的德国教授，另一个是刚崭露头角的明星天才。有人给他们起了"战舰"和"鱼雷快艇"的绰号。他们的合作方法是，贝特作为一个坚定的巨人扎实地向前推进，而费曼则在他的船头来回走动，打着手势，用他粗犷的纽约口音大喊"你疯了"和"那是疯子"。贝特将以他从容的教授风范平静地回应，通过分析的方式解决这个问题，并解释他没有疯，是费曼疯了。费曼一边考虑，一边来回踱步，最后透过隔板，其他科学家会听到他回喊："不，不，是你错了。"他是鲁莽的，而贝特是谨慎的，他正是贝特所寻找的人——一个会进行最严厉且最有想象力的批评者，他会在一个想法走得太远之前发现缺陷。费曼很容易产生挑战和新见解。他不会像贝特那样等待，他会对每一个直觉上的跳跃进行反复检查。费曼的想法并不总是奏效的。但聪明的同事们发现了一条经验法则：如果费曼说了三遍，那就是对的。

　　贝特是理论部门领导人的自然选择。在 20 世纪 30 年代，他针对核物理学的状况写下了三篇全面的评论，确立了他在该领域的权威理论家地位。正如奥本海默所知道的，贝特不仅整理了该学科的现有知识，而且还亲自计算或重新计算了每一条理论。他曾研究过概率论、冲击波理论、炮弹对装甲的穿透力（这最后一篇论文是他在 1940 年急于为迫在眉睫的战争做出一些贡献而创作的，但它立即被军队列为机密，当时，尚未成为美国公民的贝特本人都不能再看到它）。他在 1938 年对点燃太阳的热核火焰的解释，为他赢得了诺贝尔奖。自从 1935 年来到康奈尔大学后，他使该校成为新的世界物理学中心之一，正如奥本海默和欧内斯特·O. 劳伦斯为伯克利大学所做的那样。

　　奥本海默非常想招募他，并竭力说服他，认为原子弹的实用性足以吸引他离开自 1942 年就开始服务的麻省理工学院的辐射实验室（当贝特同意时，这个消息是通过事先安排好的电码发给奥本海默的：一份西联电报）。贝特的朋友爱德华·特勒曾极力要求他参加。当奥本海默任命坚定的实用主义者贝特领导理论部门时，除了特勒之外，没有人感到惊讶，因为他要监督最自我的人和天才，管理挤在一个地方的最古怪、脾气暴躁、不安全、不稳定的各路思想家和计算者。

　　贝特在欧洲各地学习了物理学：先是在德国慕尼黑，他在那里跟随阿诺德·萨默菲尔德学习，后者是未来诺贝尔奖得主的杰出代表，然后是在英国剑桥和意大利罗马。在剑桥，狄拉克关于新量子力学的讲座占据了中心位置，但贝特在发现狄拉克已经完善了他对这一主题的表述，上课只是念自己的书之后，就放弃了听课。在罗马，贝特是这所大学历史上第一个学习物理学的外国学生，吸引他的是费米。在短时间内，他们紧密合作，贝特从他那里获得了一种被他称为"轻巧法"的风格。他的第一位伟大的老师——萨默菲尔德，总是先写下一个从沉重的数学公式库中挑选出来的范式，以此开始研究一个问题。他先算出方程，然后才将结果转化为对物理学的理解。相比之下，费米一开始就在脑海中轻轻翻动一个问题，思考能发挥作用的力，随后才勾画出必要的方程。在一个抽象的、非视觉化的量子力学时代，"轻巧"是一种难以维持的态度。贝特将费米的态度中的物理性，与对计算方程中实际数字的近乎"强迫性"的兴趣相结合。这种想法一点儿也不典型。大多数物理学家可以很高兴地在纸上列出一串方程，计算代数问题，而不考虑一个符号可能代表的实际数量或数量范围的感觉。对贝特来说，只有当他能得到实际的数字时，理论才是重要的。

　　贝特从费米的罗马回到了科学机构濒临崩溃的德国。在他担任助理教授的古老的图宾根大学的教室里，他看到学生们在臂章上戴着纳粹标志。那是1932年的秋天。那年冬天，希特勒上台。次年2月，德国国会大厦被烧毁。到了春天，纳粹的第一条反犹太法令要求立即解雇全国四分之一的大学物理学家——非雅利安人的公务员。贝特的父亲是普鲁士新教徒，不认为自己是犹太人，但由于他的母亲是犹太人，贝特在纳粹德国的地位是明确的。他立即被他刚刚进入的院系开除。在整个欧洲，历史上最大的知识分子迁移已经开始，而贝特没有什么选择，只能加入这个行列。科学家们一般都有在一个多语言群体里工作的优势，在那里，国际学习和临时的海外讲师席位缓解了他们从公民到难民的情感波动。他于1935年到达新世界。

　　费曼从本科时就知道贝特的名字。被誉为"贝特《圣经》"的三篇著名的核物理学评论文章，提供了麻省理工学院的全部课程内容。他曾在一次科学会议上远远地看到过贝特。他第一眼就觉得这是一个丑陋的人，笨拙、强壮的身躯上有略微扁平的五官，浅棕色的头发在宽阔的眉毛上冲天而起。当他们在前往洛斯阿拉莫斯之前，在圣达菲第一次近距离见面时，费曼对贝特的第一印象就消失了。贝特，37岁，有着登山者的身体，他花了尽可能多的时间在峡谷中徒步旅行或攀登实验室后面的山峰。他散发着坚实和温暖的气息。在他们到达山丘后不久，理论家们来来往往导致人员波动，让贝特不知道要咨询哪些人。他的副手魏斯科普夫不在，特勒也不在——反正特勒已经很快变得冷漠，根本指望不上，奥本海默把他放在贝特身边，而贝特又把他推给魏斯科普夫。因此有一天，贝特走进了费曼的办公室，很快，走廊上的人们就能听到他那洪亮的笑声。

贝特在最初的讲座中，试图找出一种计算核爆炸效率的方法。瑟伯尔为最简单的情况，即当铀或钚的质量刚刚超过临界时，提出了一个公式。但对于需要大大超过临界质量的原子弹，这个问题要困难得多。贝特和费曼开发了一种经典的优雅方法，后来被称为贝特－费曼公式。核物理学危险的实用性带来了其他问题。一块铀或钚，即使小于临界质量，也有可能发生失控的链式反应——预爆。化学炸药要稳定得多。贝特在项目的最初几个月将这个问题交给了费曼。杂散中子总是以某种低水平的概率存在——它来自宇宙射线，来自自发的个体裂变，以及来自由杂质引起的核反应。如果不了解预爆，科学家们就无法了解爆炸本身，因为他们不知道原子弹在从亚临界到超临界的一瞬间会有什么表现。费曼花了很长时间来思考处于近邻界（near-criticality）这一特殊条件下的一大块物质的特性，这是一种科学以前没有机会思考的物质形式。他认识到，问题的实质不是它的平均行为，而是它的波动：中子活动的爆发四处都是，在消亡之前以连锁的方式扩散。

概率论形式的数学刚刚开始提供处理这种复杂模式的工具；他与波兰数学家斯塔尼斯拉夫·乌拉姆讨论了这个问题，而乌拉姆的方法催生了一个新的概率领域，即分支过程理论。费曼自己制定了一个波动理论，从较容易计算的短链反应的概率向上发展：一个中子分裂一个原子，一个新释放的中子找到另一个目标，但随后链就断了。一些可测量的波动——盖革计数器上发出可听到的噪声——可以追溯到单个裂变事件中的原点。其他的则是链式的组合。就像许多其他问题一样，费曼采取了一种几何方法，考虑在某一单位体积内爆发的噪声会导致在某一特定时间内另一单位体积内爆发的噪声的概率。他得出了一个实用的方法，可靠地计算出任何过早反应的机会。它甚至适用于广岛原子弹中会被炸到彼此之间的奇形怪状的铀段。

贝特在费曼身上找到了完美的衬托和鞭策。这个年轻人敏捷、无畏、雄心勃勃，他不满足于拿起一个问题来研究，他想同时研究所有的问题。贝特决定让他担任小组长，这个职位本来是留给像特勒、魏斯科普夫、瑟伯尔和洛斯阿拉莫斯的英国特遣队队长鲁道夫·派尔斯这样的著名物理学家的。费曼在 25 年间接受了完整的正规教育，却从未受到导师的影响，他开始爱戴汉斯·贝特。

扩散

费曼为这个项目做了一些招募工作。他邀请了他在麻省理工学院兄弟会的一个朋友加入这项秘密工作。他甚至试图招募自己的父亲。梅尔维尔的健康状况变差了——他的慢性高血压对他的影响越来越大，露西尔希望他能少去旅行。费曼给母亲写信，这里有一份采购员的差事。费曼也希望梅尔维尔能近距离地看到他长期以来一直关注的儿子的令人激动的知识世界。"他一般可以避开繁忙的商业工作，等等，并将常常与学术界人士在一起，我相信他会喜欢的。这几天，采购工作是相当困难的，这里的每个人都在为他们的东西着急。在我们的研究与科学冒险中，这将是一个相当重要的位置。"

这个提议没能得到回应。1944 年春天，费曼在一份可用的物理学家名单上看到了一个熟悉的名字：韦尔顿。他填写了一份申请。他这位大学朋友在伊利诺伊大学担任教员，一直试图通过教授与军事有关的课程来保持平民身份，并且不高兴地看着他所在院系中的杰出成员消失在一个神秘的地方。费曼的申请拯救了他。韦尔顿和当时的许多物理学家一样，拼凑出了比军队安全官员认为可能的更多的东西。当他被邀请在芝加哥的一个酒店房间里与一个陌生人见面，然后被这个陌生人邀请放下一切搬到新墨西哥州时，他明白，正如他后来所说的，这是一个典型的无法拒绝的提议。在他抵达的那天，费曼带他徒步进入一个峡谷——不久前刚被命名为欧米茄峡谷。费曼提出第一个问题："你知道我们在这里做什么吗？"他做出了肯定的回答，让费曼大吃一惊。

"知道，"韦尔顿说，"你在制造一颗原子弹。"

费曼很快平复了心情，又问道："那么，你知道我们要用到一种新元素吗？"他的朋友承认，关于钚的消息还没有传到伊利诺伊州。在他们散步的时候，韦尔顿的肺拼命地吸着海拔 7000 英尺处的稀薄空气，费曼用一份简报让他兴奋不已。他们讨论了原子弹。现在有两种设计方案。铀弹将采取枪的形式，通过向铀目标发射铀弹来产生临界质量。钚弹将使用另一种大胆的方法。一个空心球体将被其周围密集的炸药的冲击力向内炸开。热的钚原子将被压缩，不是通过一个维度，比如在枪膛里，而是通过三个维度。内爆法，这个命名非常准确，这种方法开始看起来越来越好——或许是因为其他替代方案一直被许多问题困扰着。当内爆法的发明者塞思·尼德迈耶尔（Seth Neddermeyer）提出用钢管包裹炸药来进行实验时，费曼没有提到自己最初的反应。当时，他在后排举起手，说："这很臭。"

韦尔顿听着，试图沿着狭窄的峡谷峭壁跟上费曼的脚步。他明白费曼的意思，费曼一直在努力将自己打造成一个不可被忽视的聪明孩子——一个年轻的研究人员必须用他的有用性来打动高层人士。他——费曼，已经经历了这个过程，而且他已经成功了。他们只简短地谈了一下阿琳。她身体不好，大部分时间在长老会疗养院的木床上度过，那是阿尔伯克基一条高速公路边上的一个人手不足的小机构。费曼几乎每个周末都去看她，在星期五下午或星期六，他搭车或借车沿着未铺设好的道路向圣达菲驶去，在远离实验室的地方，他将思考转回量子力学的纯理论。费曼利用出远门和阿琳睡着的时间推进自己的论文工作。韦尔顿记得，当他们还是麻省理工学院理论课堂上一对早慧的大二学生时，他的朋友是多么顽固地抵制动态问题的拉格朗日简化。听到费曼在重新表述最基本的量子力学时使用了拉格朗日方法，他感到非常有趣，而且印象深刻。费曼把他的想法说成将量子行为表达为一个粒子可能采取的所有时空轨迹的总和，他告诉韦尔顿，他不知道如何应用它。他有一个还没成型的方法。

韦尔顿成为费曼领导的小组中的第四位物理学家，现在他们正式称为T-4，准备进攻扩散问题。作为小组的领导者，费曼热情洋溢，具有独创性。他鼓励自己的团队努力追求他最新的非正统想法，以解决手头的任何问题。有时，其中一位科学家会反驳，认为费曼的提议太复杂或太古怪。费曼会坚持让他们尝试，用他们的机械计算器分组计算，他通过这种方式取得了足够多的意外成功，赢得了他们对广泛的实验事业的忠诚。他们都试图按照费曼的方式进行创新——没有什么想法是不能被考虑的。他对不符合他的高标准要求的工作也毫不留情。甚至韦尔顿也受过费曼的羞辱——他用"毫不温和的幽默"斥责别人，"只有傻瓜才会让自己受到两次"这样的羞辱。尽管如此，费曼仍然设法保持情绪高昂。他自学了把铅笔从桌上转到手中，还教会了自己的小组成员这么做。有一天，传来了一个典型的谣言——在技术领域工作的科学家将被发放军服。此时，贝特走进来谈论一个计算。费曼说，他认为他们应该用手来整合它，贝特同意了。费曼转过身来，发号施令："好吧，铅笔，计算！"

一屋子的铅笔齐刷刷地抛到空中。"铅笔们注意！"费曼喊道，"集合！"贝特也笑了起来。

扩散，这是从大一物理学中遗留下来的有些晦涩和乏味的问题，它接近所有小组面临的问题的核心。在一个静止的房间里打开一个香水瓶。香味多久会到达六英尺外、八英尺外、十英尺外的鼻孔？空气的温度重要吗？密度呢？气味分子的质量呢？房间的形状呢？普通的分子扩散理论以标准微分方程的形式给出了大部分问题的答案（但最后一个问题除外——墙壁的几何形状造成了数学上的复杂性）。分子的进展取决于一连串的意外，即与其他分子的碰撞。它是通过游荡取得的进展，每个分子的路径是许多路径的总和，具有所有可能的方向和长度。同样的问题以不同的形式出现，如热量在金属中的流动。洛斯阿拉莫斯的核心问题也是以新的面貌出现的扩散问题。

临界质量的计算很快就变成了对扩散的计算——中子在一个奇怪的、放射性的雷区中的扩散，这里的碰撞可能不仅仅意味着像台球般改变方向。中子可能被捕获、吸收。它可能会引发裂变，产生新的中子。根据定义，在临界质量时，中子的产生将完全平衡通过吸收或泄漏到容器边界以外的中子的损失。这不是一个算术问题，而是一个理解中子的宏观扩散的问题，因为它是由微观的个体游走建立起来的。

对于球形炸弹来说，数学类似于另一个奇怪而美丽的扩散问题，即太阳边缘变暗的问题。为什么太阳有一个清晰的边缘？这不是因为它的表面是固态或液态的。相反，太阳的气态球逐渐变薄，没有边界标志着太阳和真空之间的划分。然而，我们能看见边界。能量从沸腾的太阳核心向外扩散到表面，粒子在纠缠的路径上相互散射，直到最后，随着热气变稀薄，再发生一次碰撞的可能性就消失了。这就形成了明显的边缘，其清晰程度与其说是物理现实，不如说是光的假象。用统计力学的语言来说，平均自由程（一个粒子在一次碰撞和下一次碰撞之间的平均距离）变得与太阳的半径一样大。此时，光子已经摆脱了扩散的弹珠游戏，直至再次散射之前，在地球大气层或人眼敏感的视网膜中，光子可以沿直线飞行。太阳中心和边缘之间的亮度差异给出了计算内扩散性质的间接方法。或者说，应该是这样的——但事实证明了力学上的困难，直到麻省理工学院一位杰出的年轻数学家——诺伯特·维纳（Norbert Wiener）设计了一种有用的方法。

如果太阳是一个直径为几英寸的冷放射性金属球，里面有中子在晃动，它就会开始看起来像同一个问题的微缩版本。在一段时间内，这种方法被证明是有用的。然而，过了某一点，它就崩溃了。太多理想化的假设不得不做。真正的原子弹主要由提纯的铀拼凑而成，周围是中子反射的金属外壳，混乱的现实将使现有的最先进的数学知识失效。中子会以广泛的可能能量撞击其他中子。它们可能不会以相同的概率分散在每个方向上，炸弹不可能是一个完美的球体。这些现实和传统的过度简化之间的差异出现在分配给费曼小组的第一个主要问题上。贝特让他们评估特勒的一个想法，即用氢化铀（一种铀和氢的化合物）取代纯金属铀的可能性。氢化铀似乎有其优势：一方面，中子减速的氢将被内置到炸弹材料中，需要的铀会更少；另一方面，这种物质具有自燃性——它往往会自行燃烧起来。当洛斯阿拉莫斯的冶金学家着手制造用于测试的氢化铀块时，他们每周会引发多达六次小型铀火。

氢化物问题有一个优点，它使理论家超越了计算临界质量的方法的极限。为了对特勒的想法做出正确的判断，他们必须发明新的技术。在考虑氢化物之前，他们已经用基于费米理论的近似方法渡过了难关。他们能够假设，中子将以单一的特征速度移动。在纯金属中，或在水锅炉的缓慢反应中，这一假设似乎足够有效。但在氢化物的奇特原子景观中，巨大的铀原子与两三个微小的氢原子结合成分子，中子会以各种可以想象的速度飞来飞去，从非常快到非常慢。当速度分布在如此广泛的范围内时，还没有人发明出一种计算临界质量的方法。费曼用一对近似值解决了这个问题，它们就像钳子一样。[5] 该方法产生了答案的外边界：一个已知估计值太大，而另一个太小。

实际计算的经验表明，这就足够了：这对近似值如此接近，给出了一个所需的精确答案。当费曼驱使他的小组中的人走向对临界的新理解时（在他们看来，这是偷袭瑟伯尔的 T-2 小组的领土），他提出了一系列见解，哪怕对于最了解他的韦尔顿来说，这也非常神秘。有一天，他宣布，如果他们能够为 T-2 一直使用的简化模型生成一个所谓的特征值，即能量特征值的表格，整个问题就会得到解决。这似乎是一个不可能的飞跃 [6]，小组成员也这么说，但他们很快发现他又是对的。对于特勒的计划，新模型是致命的。用氢化铀行不通。

纯铀和纯钚在传播链式反应方面要有效得多。

就这样，在这些科学家群体中，扩散理论经历了一种在科学史上很少有的审查。优雅的教科书公式被检查、改进，然后被完全抛弃，取而代之的是实用的方法论、带补丁的巧计。教科书上的方程有精确的解决方案，至少在特殊情况下如此。在洛斯阿拉莫斯的现实中，特殊情况是没有用的。特别是费曼在洛斯阿拉莫斯的工作中，与不确定性相伴成了持续的主题。很少有其他科学家在论文最显著的地方写上对未知事物如此直率的认识："不幸的是，不能指望它是准确的。""不幸的是，这里包含的数字不能被认为是'正确的'。""这些方法并不精确。"每位实用科学家很早就学会了在计算中加入误差范围。他们学会了将这样的知识内化：3 英里乘以每英里 1.852 千米等于 5.5 千米，而不是 5.556 千米。精确性只会消散，就像热力学第二定律所支配的发动机中的能量。费曼经常发现自己不仅接受近似过程，而且将其作为一种操作工具，将其用于创造定理。他总是强调易用性："……一个有趣的定理被发现在获得近似表达方面非常有用……在许多情况下，它确实允许更简单的推导或理解。""……在迄今为止调查的所有感兴趣的案例中，准确性被发现很充分……计算极其简单，一旦掌握了，在思考各种中子问题时就相当简单。"作为数学之美的代表，定理在洛斯阿拉莫斯从来没有像现在这样不讨人喜欢；作为工具，定理从来没有被如此重视过。理论家们不得不一次又一次地设计出没有希望得到精确解的方程，这些方程使他们不得不花费无数个小时进行艰苦的计算，最后只得到一个近似值。当他们完成时，扩散理论的主体已经成为大杂烩。知识的状态不是在一个地方写就的，但它比以往都更加实用。

对费曼来说，他在业余时间思考粒子和光的纯理论，扩散与量子力学特别吻合。传统的扩散方程与标准的薛定谔方程很相似；关键的区别在于一个指数，量子力学的版本中有一个虚系数 i。如果没有 i，扩散就是没有惯性的运动、没有动量的运动。单个香水分子带有惯性，但它们在空气中飘荡的总量，即无数次随机碰撞的总和，却没有惯性。有了 i，量子力学可以纳入惯性，即粒子对其过去速度的记忆。指数中的虚系数以必要的方式混合了速度和时间。在某种意义上讲，量子力学是虚时中的扩散。

计算实际扩散问题的困难迫使洛斯阿拉莫斯的理论家们采用了一种非传统的方法。他们不得不将物理学分解成若干步骤，以小的时间增量来解决该问题，而不是解决整齐的微分方程。注意力的焦点被推回到单个中子的微观层面。费曼的量子力学也在沿着极为类似的路线发展。他的个人工作和扩散工作一样，体现了放弃过于简单、过于特殊的微分方法，并强调逐步计算的思路，最重要的是，要对路径和概率求和。

用大脑计算

在 1943 年到 1944 年，如果一位科学家在容纳了原子弹项目的灵魂、仓促建造的木制营房里走来走去，他将会看到几十个人在辛苦地计算。每个人都在计算。理论部门是一些世界心算大师的家，这种"武术"不久就会走上"柔术"的道路。每个早晨人们都能看到贝特、费米、冯·诺伊曼等人聚在一个小房间里，快速算出压力波的数值。贝特的副手魏斯科普夫专门从事一种特别神奇的猜测工作。他的办公室被称为"热风洞"，根据要求产生精确得不合理的横截面（这是在不同物质和环境中，粒子碰撞的特征概率的简称）。科学家们计算了从爆炸的形状到奥本海默的鸡尾酒的效力的一切，首先是粗略的猜测，然后在必要时花上数周进行精确计算。他们通过直觉来估计，就像一个厨师想要三分之一杯酒，他可能会先装半杯，然后倒出多余的酒来纠正。通过在心里对标准表格中的条目进行插值来计算对数（这种技术在 30 年后开始消失，当时廉价的电子计算器让这种技术过时了），大家都学会了用这种方式估算，使用一些无意识的感觉来确定正确的曲线。费曼的脑中有一个经过预先校准的曲线工具箱。他在洛斯阿拉莫斯的同事们有时会被逗乐：大家听到他在思考时大声发出一种如呼啸般的滑音，这时他的意思是"这将以指数形式增长";而另一种声音则代表"呈算术级增长"。当费曼开始管理处理繁重计算的小组时,他瞥一眼人们的工作就能指出每个错误:"那是错误的。"这让他建立了声誉。他的组员会问,既然他已经知道答案,为什么还要让他们从事这种劳动?费曼告诉他们,即使他不知道什么是正确的,他也能发现错误的结果——这取决于数的平滑度或它们之间的关系。然而,无意识的估计并不是他真正的风格。他想知道自己在做什么。他会在自己的工具箱里翻找一个分析技巧,即打开一个复杂积分的正确钥匙或开锁器。或者,他会尝试多种简化假设:假设某些数量为无穷小。他允许有误差,然后精确测量误差的界限。

在同事们看来,他做计算其实是在有意识地建立声誉。费曼曾认为手表是一种装腔作势的装饰品。有一天,他从父亲那里得到了一块怀表,自豪地戴着它,于是朋友们开始对他发难,一有机会就向他问时间,直到他看一眼表,开始回答:"嗯,4 小时 20 分钟前是正午前 12 分钟。"或者说:"3 小时 49 分钟后将是 2 点 17 分。"很少有人能搞明白。他根本不是在做算术。相反,他设计了一个简单的把戏,体现了未来的规范理论的精神。每天早上,他都会把怀表调到一个与真实时间不同的固定时间——一天快 3 小时 49 分钟,另一天慢 4 小时 20 分钟。他只需要记住一个数,然后从手表上直接读出另一个数。(多年后的费曼仍旧如此,当他向一个普通人描述理论物理学所依赖的时间和方向的复杂变化时,他说:"你知道夏令时是怎么回事吗?好吧,物理学有十几种节省日光的办法。")

当贝特和费曼在计算游戏中相互较量时,他们竞争得特别开心。旁观者常常感到惊讶,不是因为新秀费曼战胜了他那著名的前辈,恰恰相反,说话缓慢的贝特往往比费曼计算得更快。在项目的早期,他们一起研究一个公式,其中需要用到 48 的平方,费曼伸手在他的桌子上拿起机械计算器。

贝特说:"大约是 2300。"

费曼还是开始按键。"你想知道精确数字吗?"贝特说,"是 2304,你不知

道如何取接近 50 的数的平方吗?"他解释了这个技巧。50 的平方是 2500(不
需要思考)。对于比 50 多一点儿或少一点儿的数,其平方大约比 2500 多几百
或少几百。因为 48 比 50 少 2,所以 48 的平方大约比 2500 少 200,即 2300。
然后做微小的修正得到精确的答案,只要再取差值 2 的平方,加上估计值后,
得数就是 2304。

　　费曼本已内化了一个处理更难计算的装置。但贝特给他留下了精通心算
的印象,这表明,贝特已经积累了大量的简单技巧,足以覆盖整个涉及小数
字的情形。这些技术的背后是错综复杂的知识网络。贝特和费曼一样本能地知
道,两个连续数的平方之差总是一个奇数,即被平方的这两个数之和。这与
50 是 100 的一半的事实,带来了求接近 50 的数的平方的技巧。几分钟后,他
们需要 $2\frac{1}{2}$ 的立方根。机械计算器还不能直接处理立方根,但有一个查询表可
以帮助计算。费曼还没来得及打开抽屉伸手去拿,就听到贝特说:"是 1.35。"
就像一个酒鬼把酒瓶放在房子里的每张椅子的咫尺之内,贝特已经储存了一
个设备,用于他在任何地方检索对数表。他知道对数表,就可以准确无误地
进行插值。费曼对计算的研究走上了一条不同的道路。他知道如何计算数列
和推导三角函数,以及如何将它们之间的关系可视化。他已经掌握了涵盖代
数分析更深层次的思维技巧——微分和积分方程,这些方程像龙一样,潜伏在
微积分课本的最后一章。他不断受到考验。理论部门有时就像一个略带异国
情调的图书馆的咨询台。电话响起,一个声音问:"$1+(1/2)^4+(1/3)^4+(1/4)^4+\cdots$
等于什么?"

　　"你希望它有多精确?"费曼回答。

　　"精确到百分之一就可以了。"

　　"好的,"费曼说,"1.08。"他在脑子里简单地加了一下前四项——这就足
够了,小数点后两位就够了。

现在这个声音要求他提供一个准确的答案。"你不需要准确的答案。"费曼说。

"是的，但我知道算得出来。"

于是费曼告诉他："好吧，是 π 的 4 次方除以 90。"

他和贝特都把自己的才能看作省力的装置。这也是一种"比武"。有一天午餐时，费曼感觉比平时更兴奋，他向桌上的人挑战，进行一场比赛。他打赌，自己可以在 60 秒内解决任何问题，准确率在 10% 以内，并在 10 秒内就说出答案。10% 是一个很大的范围，选择一个合适的问题很难。在压力之下，他的朋友们发现无法难住他。最具挑战性的问题是，在 $(1+x)^{20}$ 的展开式中找到第十个二项式系数。费曼在时间耗尽前解决了这个问题。这时，奥卢姆开口了。他曾和费曼较量过，这次他准备好了：求 10^{100} 的正切值。比赛结束了。这基本上要求费曼不得不用 1 除以 π，并抛出结果的前一百位数字——这意味着，他要知道 π 的小数点后一百位数字，即使是费曼，在短时间内也无法做到。

他进行了整合。他把无限求和的思想带入更困难的领域，解决了方程。在这些危险的、非教科书的、非线性的方程中，有些可以通过适当组合心算技巧来整合，有些则不能准确整合。人们可以插入数字，做出估计，进行一点儿计算，做出新的估计，再进行一点儿推断。人们可能会将一个多项式表达式可视化，以近似于所需的曲线，然后再尝试看看剩余的误差是否可以控制。有一天，费曼在巡视时发现一个人在与一个特别复杂的"品种"斗争——一个非线性的三阶半方程。有一项工作是对三次积分并计算出二分之一的导数。最后，费曼发明了一条捷径，即一种可以同时进行三次积分和一次半积分的数值方法。此外，所有这些都比人们想象的更精确。同样，他与贝特合作，发明了一种新的、通用的方法来解决三阶微分方程。二阶微分方程几个世纪以来一直是可以处理的。费曼的发明是精确而实用的。在机器计算的时代，它也注定会很快被淘汰，但心算的技巧对塑造"费曼的传奇"有很大作用。

用机器计算

不仅是原子时代，计算机时代也始于那些年。一些研究人员散落在美国的军事实验室和民用实验室中，他们只关注计算手段，而不是计算本身。特别是在洛斯阿拉莫斯，对数值计算的需求比地球上其他地方都要强烈。计算手段是机械的，到了此时，部分是电子化的。尽管关键的技术，即晶体管，在当时仍未被发明，但计算技术变成了由机器和人类组成的混合体：人们带着卡片从一个地方到另一个地方，将其作为近似计算机的存储器和逻辑分支单元，延伸到一排排的桌子上。

原子弹项目可以利用任何地方当下最好的技术，但最好的技术能为工作中的科学家提供的东西很少。设备制造商 IBM 公司处于行业领先地位，却认为科学应用的市场可以忽略不计。在那个时代，该公司还无法想象庞大的客户群很快就会消耗那么多的计算能力：预测天气、设计发动机、分析蛋白质、安排飞行航线，以及模拟从生态系统到心脏瓣膜的一切。IBM 公司认为唯一的潜在消费者是商业部门，而商业意味着会计计算，意味着加法和减法。乘法似乎是一种奢侈，尽管人们也总是需要将月销售额乘以 12。用机器算除法是很深奥的。抵押贷款支付和债券收益率的计算可以由人类用标准表格来管理。

科学计算的主力是马钱特计算器，一个几乎和打字机一样大的嘈杂机器，能够进行加法、减法、乘法运算，并在一定程度上能够进行 10 位数以内的除法。（起初，为了节省资金，项目也订购了速度较慢的 8 位数版本。但用得很少。）在这些机器中，用手摇手柄转动托架，后来用电动机代替。按键和杠杆推动托架向左或向右移动。计数器和寄存器表盘上显示着数字。机器上有几排数字键、一个加法杆和一个减法杆、一个乘数键和一个负乘数键、移位键，以及一个用于在除法失控时（这种情况经常发生）停止机器的键。用机器计算绝非易事。在此一个世纪前，查尔斯·巴贝奇在英国发明了巨大的差分机和分析机，希望能生成导航员、天文学家和数学家必须依赖的印刷数字表，相比之下，马钱特计算器的所有按钮和联动装置都不太强大。巴贝奇不仅解决了小数进退位的问题，他的机器实际上还借用了织布机上的穿孔卡片，来传达数据和指令。在蒸汽动力时代，时人很少能理解这一点。

马钱特计算器在洛斯阿拉莫斯严重受损。金属零件磨损而且失准了。官方保密的实验室不适合制造商的维修人员进行现场服务，所以标准程序要求将损坏的机器运回加利福尼亚。最后总是只有三四台机器在同时运行。费曼很沮丧，找到尼古拉斯·梅特罗波利斯（Nicholas Metropolis）——一位留着胡子的希腊数学家，他后来成为计算和数值方法的权威——说："让我们了解一下这些该死的东西，别把它们送回伯班克。"（费曼也临时留起了胡子。）他们花了几个小时拆开新、旧机器进行比较"诊断"，了解发生卡住和滑动的位置，并挂出了"计算机已修好"的告示牌。对于浪费理论家的时间，贝特可不感到有趣。最终，他下令停止修修补补。费曼服从了，他知道在几周之内，机器的短缺会改变贝特的想法。

计算工作的升级始于 1943 年秋天，IBM 公司收到指令，要向一个未知地点交付机器：三台 601 乘法器、一台 402 制表器、一台复制 - 汇总打孔机、一台验证器、一台打孔机、一台分拣机和一台整理机。战前，哥伦比亚大学的天文学家一直在试验用穿孔卡片计算。乘法器和餐馆烤炉一样大，可以大批量处理计算。电探针可以找到卡片上的孔，通过将一组电线插入接线板来配置操作。在洛斯阿拉莫斯，这种机器的应用前景让那些有计算意识的人感到兴奋。甚至在机器到达之前，理论家斯坦利·弗兰克尔就开始设计改进措施：例如，通过重新安排插头，使三组三或四位数可以一次性相乘，使输出能力变为之前的两倍。在征用了这些机器之后，科学家们也征用了一名维修工——
一名被征召入伍的 IBM 职员。他们在军事采购方面越来越熟练。板条箱比修
理工早到两天。在这两天里，费曼和他的同事们设法把机器拆开并组装起来。
他们手中除了一套接线图纸外，什么也没有。这些设备如此强大，费曼很快
就发现，他可以对它们进行编程，使其发出著名歌曲的节奏（他对节奏总是
很敏感）。理论家们开始在人类的计算技术上创造历史：计算机和工厂装配线
结合起来了。甚至在 IBM 机器到来之前，费曼和梅特罗波利斯就组织了一批
人——大多是科学家的妻子，她们只拿到八分之三的工资，大家分头处理复杂
的方程，一个人负责计算数的立方，然后把结果传给下一个负责做减法的人，
等等。这是与数值计算相结合的大规模生产。一排排坐在马钱特计算器前的
女性，模拟了计算机的内部工作。正如后人所发现的那样，将计算过程分解
成机器计算所需的"算法齿轮"，这在思维方式上很有吸引力——它迫使人们
的思维回到了算术的本质上，也开启了人们对"什么样的方程可解"这个问
题的理解的长期转变。通过对时间 0:01、时间 0:02、时间 0:03 的连续近似，
成堆的打孔机可以解在大气湍流中上升的火球的方程……尽管从传统分析的
角度来看，这些典型的非线性方程是无解的。

摆在洛斯阿拉莫斯计算机面前的许多问题中，没有一个问题比内爆本身更
能预示大规模科学模拟时代的到来：如何计算向内流动的冲击波的运动？包裹
着炸弹的炸药将使冲击波运动起来，压力将把钚块压入临界状态。炸弹组件
应如何配置，以确保稳定的引爆？这些问题需要一个可行的公式来计算球形
爆炸波在可压缩流体中的传播，在这种情况下，"可压缩流体"是指在发生核
爆炸前的几微秒内液化的铅球大小的钚块。此时，压力将比地球中心的压力
更强，温度将达到 5000 万摄氏度。理论家们在这里只能靠自己，实验家们只
能提供一些良好的祝愿。1944 年，计算工作一直在增加。约翰·冯·诺伊曼
担任巡回顾问，着眼于"二战"后的未来。冯·诺伊曼是数学家、逻辑学家、
博弈论理论家（他逐渐成为洛斯阿拉莫斯扑克游戏中的常客），也是现代计算

之父之一。当他们在 IBM 机器上工作，或在峡谷中行走时，他常与费曼交谈。冯·诺伊曼的两个观点给费曼留下了久久难忘的记忆：其一是科学家不必对全世界负责的观点，社会责任缺失可能是一种合理的立场；其二是对后来被称为混沌的数学现象的微弱的早期认识——当他们准备通过原始计算机运行某些方程时，这些方程中出现了持续的、重复的不规则现象。例如，当冲击波通过材料时，在其身后留下了振荡。费曼起初认为 [7]，不规则的摆动一定是数值误差。冯·诺伊曼告诉他，摆动实际上是有趣的特征。

冯·诺伊曼还让这些新计算机专家了解他所参观的其他机构的最新现状。他带来了各种消息：哈佛大学正在建造机电式马克一号（Mark I），贝尔实验室有继电器式计算器，伊利诺伊大学正在进行人类神经元研究，以及在马里兰州的阿伯丁试验场，弹道问题催生了一个更加革新的设备，它有一个新的缩写名称：ENIAC，即电子数值积分计算机，这是一台由 18 000 个真空管组成的机器。真空管控制着二进制的开关触发器；为了向过去致敬，触发器被排列成十环，以模拟十进制计算机中使用的机械轮。ENIAC 有太多管子，很难幸存。冯·诺伊曼估计："每次它被打开，都会炸掉两个管子。"军队派驻士兵，用杂货篮子装着备用管子。操作员从扩散理论中的跳动粒子中借用了*平均自由程*这一术语，计算机的平均自由程是其故障发生的平均时间。

同时，在这种对数学的原始剖析的影响下，费曼花了很长时间从实用主义的工程中退出，组织了一场关于"数字的有趣属性"[8]的公开讲座。这是一次关于算术、逻辑、哲学（尽管他永远不会使用这个词）的练习，令人印象深刻。他邀请他的杰出听众（几天后，他在给母亲的信中说这些人是"所有强大的头脑"）抛弃所有的数学知识，从第一性原理开始，特别是从儿童的单位计数知识开始。他将加法定义为从一个起点 a 开始计算 b 个单位的运算 $(a+b)$。他定义了乘法（计算 b 次）。他定义了指数（乘以 b 次）。他得出了 $a+b=b+a$ 和 $(a+b)+c=a+(b+c)$ 的简单定律，这些定律通常来自无意识的假设，尽管量子力学本身已经表明，一些数学运算关键取决于它们的排序。费曼始终认为, 没有什么是理所当然的, 他展示了纯逻辑是如何使构思逆运算成为必要的: 乘法、除法, 还有取对数。他总可以提出一个新问题, 而这个问题必然需要一个新的算术发明。因此, 他扩大了由字母 a、b 和 c 代表的对象的种类, 以及他操纵它们时使用的规则种类。按照他最初的定义, 负数没有意义。分数、分数指数、负数的虚根——这些与计数没有直接联系, 但费曼继续将它们从银色的逻辑引擎中拉出来。他转向了无理数、复数和复数的复数幂——这些问题就会不可避免地出现, 只要人们开始正视一个问题: 什么数 (i), 在乘以自身时等于 -1？他提醒他的听众如何从头开始计算对数, 并展示了当他连续取 10 的平方根时, 数是如何收敛的, 由此得出一个不可避免的副产品——自然底数 e, 一个无处不在的基本常数。他回顾了几个世纪的数学历史——但并不完全是回顾, 因为只有以现代视角才可能看到整体。在设想了复幂之后, 他开始计算复幂。他把结果列成表格, 并展示了它们是如何摆动的, 从 1 到 0 到 -1, 再回到他为听众所画的波形图中, 尽管他们非常清楚正弦波是什么样子。他已经得到了三角函数。现在他又提出一个问题, 这个问题和其他问题一样基本, 却把它们都囊括在他思索了几乎一小时的圆形递归网络中。e 的多少次幂才是 i？(他们已经知道了答案, e、i 和 π 就像被一层看不见的薄膜连在一起, 但正如他告诉母亲的那样: "我讲得很快, 没有给他们太多时间来弄清一个事实的原因, 然后我又向他们展示了另一个更惊人的事实。") 他现在重复了他在 14 岁时兴高采烈地写在笔记本上的论断: 奇怪的复数表达式 $e^{\pi i}+1=0$ 是数学中最了不起的公式。尽管代数和几何拥有不同的语言, 但有一点是一样的, 它们是通过几分钟最纯粹的逻辑就能抽象和概括的儿童算术。他写道: "好吧, 所有强大的大脑都被我小小的计算技巧深深地震撼了。"

事实上, 如果费曼像他的朋友韦尔顿认为的那样, 有意识地试图在这些有影响力的物理学家中建立自己的声誉, 他会更加成功。早在 1943 年 11 月, 在洛斯阿拉莫斯项目开始 7 个月后, 奥本海默开始试图说服他在伯克利的管理部门在 "二战" 后雇用费曼。他给部门主任伯奇写道:

他无疑是这里最杰出的年轻物理学家，每个人都知道这一点。他具有非常吸引人的性格和气度，在各方面都非常清晰、非常正常，是一名优秀的老师，对物理学的各方面都有热情。

奥本海默警告说，费曼肯定会有其他工作机会，因为"不少'大人物'"已经注意到他了。他引用了其中两位大人物的话。据奥本海默说，贝特曾直截了当地说，他宁愿失去任何两位科学家也不愿失去费曼。普林斯顿大学的维格纳给出了 20 世纪 40 年代一位物理学家对另一位物理学家所做的最高评价。

"他是第二个狄拉克，"维格纳说，"只是，这次是个人。"

围墙内

费曼在长老会疗养院用阿琳从邮购目录上订购的小型炭火烤炉在户外烤牛排，来庆祝结婚纪念日。阿琳给他买来了厨师帽、围裙和手套，他难为情地戴上这些东西，还留着新胡子，而阿琳则陶醉在这一切的家庭氛围中，直到他再也无法忍受路过的汽车上的人们看着他。她笑了，像她往常那样，问他为什么在乎别人的想法。牛排是一种奢侈，两磅 84 美分，他们吃了西瓜、李子和薯片。疗养院的草坪斜着通向 66 号公路，这是一条跨国公路，那里车流滚滚。阿尔伯克基很闷热，他们很高兴。阿琳通过长途电话与她的父母交谈了 7 分钟，这又是一种奢侈。理查德离开后，搭车返回北方，一场午后的雷阵雨使沙漠笼罩在黑暗中。阿琳在大雨中担心他。她仍然没有习惯西部开放地区的风暴的原始力量。

他几乎每周都会在赫梅斯和桑格雷克里斯托山脉之间的山谷穿行，成了方山间的罕见人迹。那个封闭的社区少有居民离开。一次，人们异想天开地讨论谁有可能成为纳粹间谍，一位朋友克劳斯·富克斯（他是个德裔英国人）提议，那只能是费曼——还有谁潜入了如此众多的实验室工作？还有谁定期去阿尔伯克基约会？洛斯阿拉莫斯不真实的隔离状态，加上其不寻常的人口，正在让它成长为一座模拟城市。其地理位置在居民的意识中占有一席之地，因为它是真实的居所：它不是赫梅斯山脉的一座村庄，也不仅是土路上、池塘边一排有围栏的房子，池塘里还有鸭子，它是一个虚构的抽象概念——新墨西哥州，圣达菲，邮政信箱 1663。对一些人来说，它带有欧洲人对美国的刻板印象的共鸣，正如一位居民所说的那样：“一个拓荒者开创了一个新的城镇，一个自成一体的城镇，没有外部联系，孤立于广阔的沙漠中，被印第安人包围。”维克托·魏斯科普夫被选为市长，费曼被选为镇议会成员。标志着城市边界的栅栏加强了一种神奇的山区气氛，将世界分开。这座山上建立起一个精英社会。精英又是多面手——在这个大熔炉里，就像在其他战时实验室一样，它正在为美国科学的新教、绅士、悠闲的阶级结构写下告别词。洛斯阿拉莫斯确实聚集了一个“贵族”群体，一位牛津大学学者说这是“世界上最独特的俱乐部”。然而，高贵而细腻敏感的奥本海默将它变成了一个民主国家，在那里，等级或地位的无形界限不会阻碍科学的讨论。当选的理事会和委员会进一步加深了这种印象。研究生可能忘记了他们正在和著名的教授交谈。学术头衔被抛在商务西装和领带后面。夜晚也是民主的，激情四射的聚会将四大洲的美食和鸡尾酒、戏剧朗诵和政治辩论、华尔兹和方块舞[①]聚集在一起（同一位牛津大学学者在文化冲突中困惑地问道：“方块到底指什么——人、房间还是音乐？”），一个瑞典人唱起悲伤的恋歌，一个英国人演奏爵士钢琴，几个东欧人开始演奏维也纳弦乐三重奏。费曼与尼古拉斯·梅特罗波利斯一起演奏了欢快的鼓乐二重奏，并组织了康加舞队。他从未接触过如此缤纷的文化（在麻省理工学院当学生时当然没机会，他那时只能蔑视发给未来工程师们的包装食品）。在一次聚会上，在格什温的现代主义音乐伴奏下，上演了一出原创芭蕾舞剧，名为《方山圣礼》（Sacre du Mesa）。最后，一个咔咔作

---

① 美国最古老的民族舞蹈之一。

响、闪烁的机械大脑嘈杂地揭示了山丘的神圣奥秘：2+2=5。

　　洛斯阿拉莫斯建立了与外界隔绝的围墙，其内部在茁壮成长。费曼和阿琳也各自寻求可能的庇护。他们过着隐秘的生活，为两人的生活搭起了一道围墙。费曼的科学界朋友们都不知道，他叫阿琳 Putzie（意为"猫咪"），阿琳叫他 Coach（意为"教练"）；也不知道阿琳注意到他的腿部肌肉因徒步旅行而变硬；更不知道她能摆脱疾病的日子越来越少了。阿琳用密码给他写信，满足他对解开谜题的爱好；他的父亲也这样做。他们的信件引起了实验室情报处军事审查员的注意。审查员提醒费曼注意第 4(e) 条法规：**不得使用编码、密码或任何秘密的书写形式。也不得使用十字、X 或其他类似性质的标记**。审查制度经过精心设计，以适应非军事对象，即那些仍然喜欢想象他们是科学研究项目的志愿者的大学学者。在这个"国家"，邮件的隐私是神圣的。审查员行事谨慎，试图在收到邮件的当天就把它转译过来，他们同意允许用法语、德语、意大利语和西班牙语通信。但他们觉得至少有权向费曼索要密码的解码表。

　　他说他没有解码表，也不想要解码表。最后他们同意，如果阿琳能为了他们着想而附上一张解码表，他们会在信到达费曼手中之前把它抽走。

　　费曼不可避免地触犯了第 8(l) 条法规，这是一条有趣的（对费曼来说）自指的法律，要求对任何有关这些审查条例的信息或任何以审查为主题的讨论进行审查。无论如何，他还是把这条信息传达给了阿琳，她那强烈的幽默感占了上风。阿琳开始寄有洞或有墨迹的信："写起来很困难，因为我觉得□□□在偷看。"他用数字的故事来回应，指出 1/243 的十进制展开是如何奇特地重复自己：0.004 115 226 337 448...。而他信件的官方读者日益沮丧，不得不费力确认这串数字既不是密码也不是技术秘密。费曼心中窃喜地解释道，这一事实具有所有数学真理的空洞、同义、零信息内容的特质。阿琳在邮购目录中发现了一套需要动手做的拼图，于是，从阿尔伯克基疗养院到邮政信箱 1663 的下一封信已被拆开，装在一个小袋子里——审查员从这封信中取走了一份看起来很可疑的购物清单。费曼和阿琳谈到，一封有陷阱的信应该这么开头："我希望你打开这封信时要小心，因为我加入了水杨酸铋粉末……"他们的信是一条生命线。在监视的目光下，这对恋人无疑要想办法保护其中的隐私。

审查制度就像高高的铁丝网一样，提醒着山丘上更敏感的居民他们的特殊地位：被监视、被封闭、被限制、被隔离、被包围、被守卫。他们明白，对其他民用邮政信箱来说，不会所有邮件都被打开、阅读。这座围墙是一把双刃剑。很少有科学家会重要到让武装士兵在他们的实验室周围巡逻。他们不禁感到有些骄傲。费曼告诫他的父母要保守秘密："军队里有一些上尉住在这里，他们不知道我们在做什么。"很久以后，在"后22条军规"的世界里，人们记忆中的军事管理意味着麻烦和嘲讽。可在当年，事情并没有那么简单。洛斯阿拉莫斯的男人和女人既憎恨又敬畏围墙。费曼测算了它的大概长度。他经过精心设计的路径，发现了几个破洞，本着好公民精神向警卫指了出来，却被警卫漫不经心的态度搞得非常恼火。（"我向他和负责的官员解释了，"他给阿琳写道，"但我打赌他们什么都不会做。"）他从未意识到，这些破洞得到了半官方的认可。保安人员对它们睁一只眼闭一只眼（似乎是在奥本海默的默许下），以便让当地部落的人能够来观看实验室的12美分的电影。

费曼的探索精神将他吸引到每一个隐秘的地方。他有一种焦躁的窥探事物的方式，比如，实验室的新可口可乐机——一个用钢圈固定瓶子的装置。这个装置取代了一个旧的容器，也就是最古老的汽水机的原型：顾客打开盖子，拿起瓶子，然后光荣地把硬币投进一个盒子里。新的可口可乐机让费曼体会到一种不信任感，因此，他觉得自己有权接受技术挑战，并对构造进行改进。那是对的还是错的？他和他的朋友们就道德原则进行了辩论。同时，他发现自己应该戒酒。有一天晚上，他喝得酩酊大醉，他甚至可以看出这破坏了他的击鼓演奏和讲的笑话，尽管这并没有阻止他在基地里到处唱歌和敲打锅碗瓢盆。最后他昏了过去，克劳斯·富克斯把他带回家。

他决定戒酒和戒烟，但他想知道这是否是一种改变常规的迹象。随着年龄的增长，他是否变得"越来越规矩"？("这可不妙。")

费曼作为一个熟练开锁匠的名声也传开了。一位科学家把一些财物落在富勒山庄的储藏室里，想借用费曼的手去撬开一把耶尔锁。回形针、螺丝刀，两分钟。两名男子气喘吁吁地跑上楼，请求费曼打开一个文件柜，柜子里有一份关于滑雪缆车的重要文件。密码锁似乎还是太难了。作为小组长，他得到了一个特殊的钢制保险箱，用于存放他自己的机密材料，但他还没有找到破解保险箱密码锁的方法。他时不时地转动一下保险箱上的表盘。他偶尔会想到，自己对锁的兴趣正在变成一种痴迷。为什么？他告诉阿琳：

可能是因为我太喜欢猜谜了。每把锁都像一个谜题，你必须在不破坏的情况下打开它。但密码锁让我头疼不已。

你有时也会这样，但最终我还是弄明白了你。

锁混合了人类逻辑和机械逻辑。设计者的策略受制于制造商对便利的要求，或金属材料的限制，就像原子弹项目中的许多谜题一样。洛斯阿拉莫斯"保险箱"的官方逻辑，正如表盘上的数字和标记线所显示的那样，有一百万种不同的组合——从 0 到 99 的三个数的组合。不过，一些实验表明，这些标记背后有相当大的误差：±2，是常见的机械松动导致的；如果正确的数是 23，那么从 21 到 25 的任何数都可行。因此，当系统地搜索组合时，只需要在每五个数中尝试一个，如 0、5、10、15……，就能确保击中目标。通过思考误差范围，而不是简单接受表盘上数字的限制，费曼发挥了讲求实用的物理学家的直觉。这一见解有效地将组合数从 100 万减少到 8000，少到只用几个小时就能试遍。

美国有一个关于保险箱和保险箱窃贼的民间传说。在牛仔时代和黑帮时代，保险箱越来越厚，越来越复杂——铸铁和锰的双壁、三层侧栓和底栓、控制滚轮和压力把手；而传说也越来越厚，越来越复杂。纯熟的破解者需要用砂纸打磨过的手指操作，还需要有超敏感的耳朵。其基本技能是：感觉到滚轮排成一排或落回原位的振动。这纯属神话。的确，在很长一段时间内，有人会凭感觉打开保险箱，但是，尽管有这样的传说，成功的保险箱破解者的主要工具还是撬棍和钻头。保险箱被敲破，侧面被钻开一个小洞，把手和表盘被撬下……当所有方法都失败时，保险箱会被烧毁。破解者会使用一种"汤"——硝化甘油。洛斯阿拉莫斯的物理学家们已经被这个神话"调教"过了，当有消息说实验室的工作人员中有一位熟练的保险箱破解者时，他们中的大多数人相信——而且从未停止过相信——费曼已经掌握了倾听微小咔嗒声的艺术。

为了学习如何破解保险箱，费曼必须找到自己的方式来超越神话。他阅读了保险箱破解者粗劣的回忆录，寻找他们的秘密。这些书激发了他的"光荣"梦想：这些作者吹嘘在水下打开装满金银的保险箱，而他将写一本能超越他们的书。他将在序言中说："我打开了保险箱，里面是原子弹的全部秘密：钚的生产时间表、提纯程序、所需数量、原子弹是如何工作的、中子是如何产生的……有关的一切。"只有在寻找有用信息的过程中，他才意识到这一行有多么平凡无奇。由于他不能使用钻头和硝化甘油，因此必须充分利用他能找到的实用规则。有些是他读来的，有些是慢慢摸索出来的。大多数规则不过是一个主题的变体——人的行为是可以预测的。

他们倾向于不锁保险箱。

他们倾向于将保险箱的密码锁保持出厂设置，如 25-0-25。

他们倾向于写下密码，通常是在办公桌抽屉的边缘。

他们倾向于选择生日和其他容易记住的数。

仅仅这最后一个见解，就催生了巨大的变化。在 8000 个有效的可能组合中，费曼发现只有 162 个可以作为日期。第一个数是从 1 到 12 的某个月——考虑到误差率，这意味着他只需尝试三种可能性：0、5 和 10。对于从 1 到 31 的某一天，他需要尝试 6 个数；对于 1900 之后的某一年，只需尝试 9 个数。

他在几分钟内就可以尝试 $3 \times 6 \times 9$ 种组合。他还发现，只需几次无法解释的成功，他就能获得"保险箱窃贼"的名声。

通过摆弄自己的保险箱，他发现，当一扇门被打开时，他可以一边转动表盘，一边感觉门闩落下的那一刻，来找到密码的最后一个数字。如果有时间，他也能通过这种方式找到第二个数字。他养成了一个习惯，当访问同事们的办公室时，他总是心不在焉地靠在他们的保险箱上，永远不安分地旋转着表盘，就这样，他建立了一份部分组合的总清单。未破解的挑战和错误微不足道，为了塑造自己的传奇性，他会携带工具来转移他人的注意，还会假装拖延，把破解保险箱的时间拖得比实际时间还要长。

最后的春光

又是一个星期五的下午。危险的碎石弯道沿着山丘蜿蜒而下。在一片布满淡绿色狗尾草的沙漠上，桑格雷克里斯托山像发光的剪影一样耸立在东面 30 英里处，就像仅在几个城市街区外一样。这里有费曼体验过的最清新的空气。这里的风景，让许多在这里生活了两年的美国东部人和欧洲人留下了情感的印记。下雪的时候，这里一片银装素裹，厚得不可思议。费曼陶醉于低空掠过山谷的云层，云层上下的山脉同时可见，云层扩散的月光发出天鹅绒般的光芒，这景象激起了最理性的头脑中的某些东西。他自嘲自己对此的感觉："看啊，我有了美感。"日子此时开始变得模糊——工作不再轻松，没有太多理论可以转移注意。计算节奏非常繁忙。费曼的一天从 8:30 开始，15 个小时后结束。有时他根本无法离开计算中心。有一次他工作了 31 个小时，第二天发现在他睡着几分钟后发生的错误使整个团队停滞不前。常规工作只允许有一点儿休息时间：匆匆忙忙地骑车穿过山丘，帮助扑灭一场化学火灾；或者是参加洛斯阿拉莫斯的研讨会、简报、座谈会、市镇会议——在那里，他尽可能地偷懒，坐在第二排，旁边是一脸疏离的奥本海默；或者，他和朋友富克斯开车去一些印第安人的洞穴，他们可以用手和膝盖探索到黄昏。

不过，每个星期五或星期六，如果可以的话，费曼都会离开这个地方。他开着保罗·奥卢姆的雪佛兰小轿车，有时是富克斯的蓝色别克车，沿着坑坑洼洼的道路前行。他在脑海中翻来覆去地思考一些令人头疼的问题，让他的思绪飘回他在普林斯顿留下的艰难的量子问题。

他要经过艰难的心理过渡来应对周末。对他来说，从高山间返回的旅行标志着满当当的一星期结束了，可这些日子对阿琳来说却是空荡荡的。他就像一个小说家笔下的间谍："在两个秘密世界之间旅行的这段时间，他不确定哪个是真正的自己，不确定能否保持两者的平衡，并将它们与自己分开；或者，在这段时间里，他根本什么都不是，只是一个在两点之间旅行的虚空。"后来，令人震惊的是，当富克斯被证实是苏联的间谍时，费曼认为，他的朋友能够将内心想法隐藏得如此之好，这也许并不奇怪。他也曾觉得自己过着双重生活。他对阿琳的痛苦始终支配着他的思想，但对那些看到他积极、无忧的一面的同事来说，这一点却是看不见的。他曾坐在一个小组里，看着别人，甚至看着富克斯，想着：把我的想法隐藏起来是多么简单啊。

他在洛斯阿拉莫斯迎来了第三个春天，而费曼知道这将是最后一个春天。有那么一刻，他认为自己感觉到了紧张局势的突破口。他找到了一个让计算组顺利运行的方法，足以让他多睡几个小时。他洗了个澡，在入睡前半小时读了一本书。似乎，就在那一刻，最坏的情况可能已经过去了。他给阿琳写信：

你是坚强而美丽的女人。你并不总那样坚强，你的坚强像山涧的水流一样起起落落。我觉得我就像一座水库，贮存着你的力量——没有你，我将是空虚和软弱的……我发现这些天给你写这些东西要困难得多。

他在写信的时候从来不会落下"我爱你"，或者"我还爱着你"，或者"我有一个严重的苦恼：永远爱你"。生活节奏又加快了，费曼有时会想到，他曾在姨妈在法洛克威海滩上的阿诺德夏季酒店的餐厅帮忙，为每周 20 美元的工资而工作的漫长日子。无论他走到哪里，隔着墙壁都能听到他的鼓声，或紧张，或欢快，他的员工不得不享受或忍受这种敲击声。这不是音乐。费曼自己也几乎无法忍受他的朋友尤里乌斯·阿什金的录音机里那更标准的曲调，他称它是"一种极其流行的木管，用于发出与纸上黑点一一对应的声音，模仿音乐"。

安全人员和科学家之间的紧张情绪也越来越明显，费曼已经失去了热切的合作精神。一位同事在烟雾缭绕的房间里被审问了一个多小时，坐在黑暗中的人向他提问，就像在电影中一样。"不要害怕，"费曼给阿琳写道，"他们还没有发现我是一个相对论者。"此时，恐惧有时会紧紧抓住费曼，他的肠子有慢性疼痛。他做了一次胸部 X 射线检查：没有问题。名字在他的脑海中匆匆闪过：可以叫唐纳德；如果是个女孩，可以叫玛蒂尔达。阿琳没有喝够牛奶，他怎么能在远方帮助她增强力量呢？他们每月在房租和氧气上花费 200 美元，在护士身上又花费 300 美元，收入和支出之间还有 300 美元的缺口。他作为曼哈顿项目小组组长的工资是每月 380 美元。如果他们花掉阿琳的积蓄——3300 美元、一架钢琴和一枚戒指，他们还可以支撑 10 个月。而阿琳似乎正在变得消瘦。

他们几乎每天都在写信。他们像一对没学过情书艺术的男孩和女孩一样写信。他们把每天的情况编成目录——多少睡眠，多少钱。梅西百货给阿琳寄来了一笔意外的邮购退款，金额为 44 美分："我觉得自己是个百万富翁。……我欠你 22 美分。"费曼偶尔消化不良或眼睑肿胀；阿琳力气减弱或增强，她又在咳血或开始吸氧。他们使用相匹配的信纸。这是阿琳的一笔邮购——很快，她的大多数亲戚和理查德在山上的许多朋友都有来自达乐文具公司的相同的绿色或棕色信头的信纸。她为自己订购了带有正式（理查德·P. 费曼夫人）和非正式的落款的信纸，非正式的落款来自她曾经抓到费曼切断她的铅笔的故事。

亲爱的理查德

我爱你

猫咪

她在信封上装饰了红心和银星。军队却在信封上贴了带字的胶带：美国陆军检查员拆检。

他们互相称呼对方为"笨蛋"，然后担心自己是否有冒犯的行为。"你从来不是那样的人——只是傻得可爱，有很多乐趣——你知道我的意思吧，教练？"阿琳独自在她狭窄的疗养院房间里，用一些照片和小玩意儿等结婚礼物作装饰，她担心费曼和其他女人。他是洛斯阿拉莫斯聚会上受欢迎的舞者，他与护士们、别家的太太们和奥本海默的一位秘书打情骂俏。只要他不经意间提到一个同事的妻子，就会让阿琳心神不宁。更糟糕的是，科学家们对一个女子宿舍周围出现宪兵而感到愤怒（军队发现那里有活跃的卖淫交易），出于某种原因，费曼被选为抗议活动的领头人。费曼不断安抚阿琳："一切尽在掌握，而且我只爱你一个人。"她像念咒语一样反复解释他们相爱的事实：他高大、温柔、善良、强壮；他支持她，但偶尔也能依靠她；他必须向她倾诉一切，就像她慢慢学会向他倾诉一样；"我们必须从我们的角度考虑问题，永远"；她喜欢他随意地伸手打开她够不着的高窗的样子，她也喜欢他和她谈心的样子，她喜欢他和她说儿语的方式。

直到那年年初，他们才亲热过一次。他们谨慎的讨论毫无结果。他害怕占便宜，或者害怕伤害她，或者只是害怕。阿琳越来越紧地抓住她对浪漫爱情的感觉。她读了《查泰莱夫人的情人》（"不！"她说，"爱我！爱我，说你会留住我。说你会留住我！对着世界，对着所有人，说你永远不会让我离开！"）和一本1943年流行的书《爱在美国》，作者挑衅地写道："我不知道——尽管有些人自称以数学的精确度知道——性在男人或女人的生活中是否是最重要的。"美国人在这种问题上落后于欧洲人。"我们没有将爱情视为艺术或礼仪的概念……我们似乎没有意识到，女人的爱不是由男人的善举或天真的行为所促成的；感激和怜悯都不是爱；爱在于要求，也在于给予；恋爱的女人渴望付出，再付出。"

阿琳自己最终做出了决定，留出一个星期天，不接待其他访客。她在精神上和身体上都想念他。她告诉他：

亲爱的，我开始想，也许我内心的这种烦躁不安来自压抑的情绪，我真的认为，如果释放我们的欲望，我们都会感到更快乐和更相爱。

她在几天前写信给理查德，告诉他是时候了。她无法入睡，她从报纸广告上剪下一句话："我们的婚姻是第一位的。"阿琳提醒他等待他们的未来：对她来说，再卧床几年，费曼将成为著名的教授（物理学家仍然不属于有地位的职业），她将成为母亲。她道歉，就像她经常做的那样，为她的喜怒无常，为她的难缠，为她说的一些伤人的话，为她不得不无休止地依靠他而道歉。她的想法很杂乱。

……我们必须努力奋斗——在每一寸道路上——我们永远不能滑倒——滑倒的代价太大了……我将成为你全部的女人——我将永远是你的甜心和初恋——除了作为一个忠实的妻子——我们也将成为自豪的父母——我们将为唐纳德的到来而奋斗——我希望他像你一样……我永远为你感到骄傲，理查德——你是一个好丈夫，也是个好情人，好吧，教练，星期天我会让你知道我是什么意思。

你的猫咪

虚假的希望

她的健康状况继续恶化。"喝些牛奶！"理查德在 5 月写道。她的体重已经下降到 84 磅。她看上去就像一个挨饿的女人。

你是个好女孩。每次我想到你，我都感觉很好。这一定是爱。这听起来像是爱的定义。这就是爱。我爱你。

我将在两天后见到你。

R.P.F.

他们越来越多地谈到医学检查，他们需要乐观的态度。他几近绝望。"时间过得真快，也许我们应该开始寻找另一位医生……你为什么不趁现在多喝一瓶牛奶呢？"

赋予物理学家权力的科学知识在医学这块柔软的土地上似乎毫无意义。带着对死亡的最后绝望，理查德和阿琳伸出手来寻找微弱的可能性。他听说了一种新的药物，名字叫什么磺胺，他不确定，并写信给美国东部的研究人员，后者抱歉地告诉他，对这种药物的研究还处于最初步的阶段。磺胺类物质能延缓细菌生长的发现还不到十年。它们注定只能是真正抗生素的廉价替代品。

此时，理查德又在给远方的医生写信。看来，阿琳已经怀孕了。在结束了他们婚姻中的独身生活后，她立即错过了月经期。这可能吗？他们既害怕又高兴。理查德没有告诉他的父母，但告诉了他的妹妹，她现在是一名大学生。琼对成为一名姑妈的未来感到很兴奋。

他们谈到了孩子的名字，并开始制定新的计划。然而对理查德来说，阿琳似乎仍在消瘦，他认为他看到了饥饿的症状。也许，理性的观察者不会把这个阶段的月经停止理解为怀孕的迹象，但他们就是这样理解的。来自新泽西州布朗斯米尔斯疗养院的首席医生紧急建议，怀孕必须"中止"——"由专家来进行。"然而，怀孕测试的结果竟然是阴性。他们不知该作何感想。洛斯阿拉莫斯的一位医生告诉理查德，这种测试是出了名的不可靠，但他们可以在阿尔伯克基的实验室再试一次。他认为该实验室有进行弗里德曼检验所需的兔子。

这位医生说，他听说一种由霉菌生长而成的新物质——"链霉素"，似乎可以治疗豚鼠的结核病。如果它有效，这位医生认为它可能很快就会被广泛使用。阿琳拒绝相信怀孕测试的阴性结果。她写下了关于"P. S. 准妈妈"的隐晦评论。同一天，一位护士从疗养院给费曼写信说，阿琳一直在咯血。他又一次打开了他的百科全书，什么也没查到。他在书中浏览了几页：结核病（tuberculosis）、凝灰岩（tuff）、兔热病（tularemia）。凝灰岩是一种火山岩，被囊动物亚门（tunicata）是一种动物群。他又给阿琳写了一封信："还有你知道的肿瘤（tumor）和土耳其（Turkey）这个国家，也是。"有些天她甚至虚弱得无法回信。他捕捉到了不确定性。无知是挫折，是痛苦，最后也是他唯一的安慰。

"继续坚持，"他写道，"没有什么是确定的，我们总能逢凶化吉。"

在他们动荡的生活中，"欧战胜利纪念日"到来了，然后到了理查德 27 岁的生日。阿琳用邮购准备了另一个惊喜。实验室里到处是报纸，贴在墙上，头条标题上写着："整个美国庆祝 R. P. 费曼的生日！"欧洲的战争为许多科学家提供了道德目标，但此时已经结束。太平洋战争接近尾声。他们不需要德国或日本的炸弹威胁来催促他们继续前进。铀就要到了。只剩最后一个试验。

在明尼苏达州的梅奥诊所，另一种试验正在进行中，这是链霉素的第一次临床试验，这种物质是在近两年前，即 1943 年 8 月发现的。参加试验的是两名病人。1944 年秋天开始试验时，两人都因肺结核而濒临死亡，用药后两人都在迅速好转。即便如此，直到第二年 8 月，梅奥诊所的试验才扩大到 30 名病人。医生们可以看到病变在愈合，肺部在变得清晰。一年后，链霉素作为抗结核剂的研究已成为有史以来专门针对一种药物和一种疾病的最广泛研究项目。研究人员正在治疗一千多名病人。1947 年，链霉素被公布于众。

链霉素的发现，就像几年前的青霉素一样，由于医学界对科学方法的接受过程十分缓慢而被推迟。医生们刚刚开始理解重复数千次的对照实验的力量。使用统计数据来揭示最严重现象以外的情况，这种做法仍然很陌生。一位医生从鸡的喉咙里提取拭子，培养微生物，分离出了灰色链霉菌。1915 年，这位医生在一份土壤样本中发现了同样的微生物，并认识到它们具有杀死致病细菌的倾向。经过一代人的努力，医学界才将对这种微生物的研究系统化，对它们进行筛选、培养，并在一排排精心标记的试管中测量其抗菌强度。

核恐惧

核科学在诞生初期，也不得不致力于保障核辐射下人类的短期与长期安全。在未来，对放射性的认识，在文化中部分体现为对毒气的恐惧。曼哈顿项目的研究人员在处理这些沉重的新物质时，漫不经心，近乎轻率。处理钚的工人应该穿上工作服，戴上手套和防毒面具。即使如此，也有工人过度暴露在其中。原型反应堆泄漏了放射性物质。科学家们偶尔会忽略或误读辐射标示。临界质量实验总是与危险打交道，而且按照后来的标准，安全预防措施很不完善。实验人员用手将闪亮的完美铀立方体组装成接近临界质量的物体。哈里·达格里安独自在夜里工作时，不小心泄漏了太多的铀立方体，疯狂地抓取大量碳化钨以阻止链式反应。他看到空气中闪耀着电离的蓝色光环，两周后死于辐射中毒。后来，路易斯·斯洛廷用一把螺丝刀来支撑一个放射块，结果因螺丝刀滑落而丧生。就像许多因这类事故丧生的科学家一样，他进行了一种错误的风险评估，无意识地将事故的低概率（百分之一？二十分之一？）与高成本（几乎无限）错误地相乘起来。

为了对快速反应进行测量，实验人员设计了一个绰号为"龙"的实验，因为费曼曾冷静地说过一句不祥之言：他们将"骚扰一条沉睡的龙的尾巴"。它要求有人将一粒氢化铀扔进一个由相同物质组成的精密加工的环中。重力将是实现超临界状态的媒介，人们希望重力能将这粒氢化铀带到安全的终点。费曼本人提出了一个更安全的实验，它将使用一个由硼制成的吸收器，让超临界材料变成亚临界材料。通过测量中子增殖消失的速度，就有可能计算出在没有硼的情况下会存在的增殖率。计算推理可以作为挡箭牌。它被称为费曼实验，并没有付诸实施。时间太短了。

洛斯阿拉莫斯并没有带来最严重的新安全挑战，尽管它后来会引起关注。安全挑战笼罩着巨大的新工厂城市——田纳西州的橡树岭和华盛顿州的汉福德，那里的工厂占地数千英亩，大量生产铀和钚。这些物质的化合物和溶液堆积在金属桶、玻璃瓶和纸板箱中，堆在储藏室的水泥门上。铀与氧气或氯结合，要么溶解在水中，要么保持干燥。工人们将这些物质从离心机或干燥炉中转移到罐子和料斗中。很久以后，大型流行病学研究将克服政府保密和虚假信息造成的障碍，表明低水平辐射造成的伤害比任何人想象的都要大。然而，加工厂不仅忽视了这种可能性，还忽视了一种更直接和可计算的威胁：失控、爆炸性链式反应的可能性。

1944 年和 1945 年，随着工作节奏加快，费曼似乎无处不在。应特勒的要求，他就原子弹设计和装配的核心问题做了一系列的讲座：金属和氢化物的临界质量计算，反应堆、水锅炉和小装置中反应的差异，如何计算各种干扰材料将中子反射回反应中的效果，如何将纯理论计算转化为轰击法和内爆法的可行现实。他负责计算铀弹的效率如何取决于铀 235 的浓度，以及估计在各种条件下放射性材料的安全数量。当贝特不得不将理论家分配到 G 部门（武器物理部门，G 代表 gadget，小装置）时，他将费曼分配到四个不同的小组。此外，他让奥本海默知道，就内爆本身而言，"预计有相当一部分新工作将由 T-4 组（费曼）完成"。同时，尽管费曼在官方上只是处理 IBM 机器计算的小组的顾问，但贝特下令，费曼将拥有"完全的权力"。

在橡树岭，第一批浓缩铀正在积累，一些官员开始考虑可能出现的一些问题。从橡树岭寄到洛斯阿拉莫斯的一封信开篇写道："尊敬的先生，目前 9207 地区没有制定任何预案来应对因不安全数量的材料意外积聚而产生的反应。"寄信人是来自田纳西州伊士曼公司的一位工厂主管，他询问，安装可能采用特殊化学品的某种先进灭火设备，这是否合理？奥本海默认识到这种问题的危险性。他把特勒和实验部门的放射性小组负责人埃米利奥·塞格雷（Emilio Segrè）请来。塞格雷进行了视察，还指派了其他理论家，但最后，这个问题被交给了擅长计算临界质量的费曼。

正如塞格雷所发现的那样，在橡树岭，军队对信息的区分造成了各种风险的组合。那里的工人不知道他们运送的大瓶装的绿色液体物质是原子弹的原料。少数官员才知道，但他们认为，只要不装配任何接近物理学家所估计的临界质量的物质，就能确保安全。然而，他们缺乏对洛斯阿拉莫斯的专家来说已经成为第二天性的知识：在水中，氢的存在将中子降低到危险的有效速度，因此减少了维持反应所需的铀 235 的数量。塞格雷告诉橡树岭的雇主，积累的湿铀库存越来越接近炸弹级的纯度，可能会爆炸，让他们大为震惊。

费曼开始追溯塞格雷的步骤，发现问题比报告的还要严重。在一个地方，塞格雷被带入同一个储藏室两次，无意中注意到两批铀，让人以为它们是在不同的房间里积累的。在一群建筑中的几十个房间里，费曼看到了 300 加仑①、600 加仑、3000 加仑的桶。他画出了这些桶在砖地或木地板上的精确排列，计算了存放在同一房间的固体金属铀的相互影响，弄清了搅拌器、蒸

---

① 1 加仑（美制）≈ 3.785 升。

发器和离心机的布局，并与工程师会面，研究正在建设的工厂的蓝图。他意识到，工厂将会走向一场悲剧。在某个时刻，铀的堆积会引起核反应，从而以近乎爆炸的速度释放热量和放射性。在回答伊士曼主管关于停止反应的问题时，他写道，向铀中倾倒镉盐或硼可能会有帮助，但超临界反应可能会进行得太快，无法用化学品阻止。他考虑了一些看似遥远的意外情况："在离心过程中，离心机的一些特殊运动可能会将金属聚集在一起，可能在中心附近。这两批铀分开放置是安全的，可怕的是，它们可能会意外合并。他问每一个可能卡住的阀门或可能消失的主管会意味着什么，在一些地方，他发现程序过于保守。他注意到一些操作的细节。"从 WK-1 中放下时，CT-1 是空的吗？当溶液被转移时，P-2 是空的吗？主管关于 P-2 中的沉淀物的解决方案，是在什么情况下制定的？"最终，他与高级军官和公司经理会面，制定了一个详细的方案来确保安全。他还发明了一种实用的方法——再次使用变分法来解决一个本来无法解决的积分方程——这将使工程师在现场对各种炸弹材料的安全水平做出保守的近似估计。一些人在事后认为，费曼救了他们的命。[9]

行使洛斯阿拉莫斯的权力是一个富有启发性的经验。费曼第一次访问橡树岭时，也是他第一次乘坐飞机，在他的背部，衬衫下面其实绑着一个装着秘密文件的背包，由于他在航班中具有特殊优待的军事地位，这种刺激感更加强烈。奥本海默小心地向他的年轻弟子介绍了情况。费曼判定，如果人们对他们的工作性质一无所知，那工厂就无法安全运行，他坚持要求军队允许他对大家进行基本的核物理知识的介绍。奥本海默为他提供了一种处理艰难谈判的方法：

"你应该说：洛斯阿拉莫斯不会为橡树岭工厂的安全负责任，除非——"

"……你是说，我，小理查德，要去那里说——"

"……是的，小理查德，你去那里就这么做。"

或许，约翰·冯·诺伊曼与费曼在稀薄的空气中漫步时曾建议他，不负责任可能会有荣誉，但处在世界第一批核储备的桶与罐中，责任追上了他。生命安全取决于他的方法和判断。如果他的估计不够保守怎么办？工厂设计师必须如实接受他的计算。他要跳出自我——那副年轻人拿不定主意、吊儿郎当的模样，从旁模仿一个更年长、更有威望的人的样子。正如他多年后回忆起这种感觉时所说的，他必须快速成长。

橡树岭的死亡威胁折磨着他，比即将到来的大规模屠杀更急迫。在那年春天的某一时刻，费曼突然意识到，他在去阿尔伯克基的旅行中不经意住过的那家脏乱的菲德尔旅馆容易失火。他不能再去那里了。

等待时机

一个星期天的晚上，在搭便车返回洛斯阿拉莫斯，接近土路的岔路口时，费曼看到北边几英里外埃斯帕诺拉的游乐园的灯光。距离他和阿琳上次去游乐园已经有好几年了，他难以抗拒。他坐上一个摇摇晃晃的摩天轮，在用铁链悬挂的金属椅子里旋转。他决定不玩掷铁环游戏，因为奖品是不好看的基督像。他看到一些孩子盯着一个飞机装置，就请他们玩了一轮。这一切让他悲哀地想到了阿琳。后来他和三个女人一起搭车回家。"但她们有点儿丑，"他给阿琳写道，"所以我仍然很忠诚，甚至不必发挥坚强的意志力。"

一周后，他斥责了阿琳的一些软弱行为，然后，令人悲伤的是，他写下了她将看到的最后一封信。

我的妻子：

我总是反应迟钝……我终于明白你的病有多严重了。我明白现在不是要求你做出任何努力来减少对他人的麻烦的时候，现在是按你的希望，而不是我的想法来安慰你的时候。现在是以任何你希望的方式来爱你的时候，无论是看不见你，还是握着你的手，还是以其他方式。

这段时间会过去，你会好起来的。你不相信，但我相信。所以我将等待时机，以后再对你大喊大叫，现在我是你的情人，在你最艰难的时刻，致力于为你服务……

我很抱歉曾让你失望，没有提供你需要的依靠。现在，我是一个你可以依靠的人，有信任，有信心，我不会在你病重的时候再让你不开心了。你可以随意差使我。我是你的丈夫。

我爱慕一个伟大而有耐心的女人。请原谅我的迟钝，我明白得太晚了。

我是你的丈夫，我爱你。

他还写信给他的母亲，打破了长期的沉默。一天夜里，他在凌晨 3 点 45 分醒来，无法再入睡，他不知道为什么，所以他洗袜子直到天亮。

他的计算小组放下一切，集中精力解决最后一个问题：几周后，在阿拉莫戈多进行的第一次也是唯一一次原子弹试验中将要爆炸的装置的可能能量。自从费曼接手以来，团队的效率提高了很多倍。他发明了一个系统，允许通过一个机器同时发送三个问题。在计算的历史上，这是后来被称为并行处理或流水线的祖先。他确保一个正在进行计算的组件操作是标准化的，所以，组件在不同的计算中可以只采用轻微的变化，他让团队使用彩色编码的卡片，每个问题有不同的颜色。这些卡片以多色顺序在房间里转来转去，一小批卡片偶尔会超过另一批卡片，就像性急的高尔夫球手超越自己进度慢的对手一样。他还发明了一种有效的技术，可以在不停止运行的情况下纠正错误。由于一个错误在每个周期中只传播一定的距离，当发现错误时，它只会给某些卡片染色。因此，他可以替换新的小卡片组，最终追上了主要的计算。

他正在计算室工作，从阿尔伯克基有电话打来，说阿琳快死了。他已经安排好借克劳斯·富克斯的车。当费曼到达她的房间时，她一动不动。当他移动时，她的眼睛几乎不能跟着他。他坐在她身旁几个小时，注意到她的时钟上的分钟流逝，注意到他不能完全感觉到的重大事件。他听到她的呼吸时断时续，听到她努力吞咽，并试图思考其中的科学问题，各个细胞缺乏空气，心脏无法抽动。最后，他听到了最后一丝呼吸，一个护士过来说，阿琳已经死了。他俯身亲吻了她，将她头发上的香气铭记在心，令人惊讶的是，那香气依旧如故。

护士记录了死亡时间：晚上 9 点 21 分。他发现，奇怪的是，时钟在那一刻停了下来——一种不懂科学的人眼中的神秘现象。他突然想起了一种解释。他知道这个时钟很易坏，因为他已经修理过好几次了，他认为，护士一定是在昏暗的灯光下拿起它来查看时间，才使它停下来的。

第二天，费曼安排了立即火化，并领走了阿琳为数不多的财产。他深夜回到洛斯阿拉莫斯，宿舍里正在举行聚会。他进屋坐下，看起来筋疲力尽。第二天，他发现他的计算小组正在深陷于计算运行中，并不需要他的帮助。他告诉朋友们，他不需要特别的关注。在阿琳的文件中，他发现了一个小螺旋笔记本，她曾用它来记录她的医疗状况。他仔细地写下了最后一条："6 月 16 日——死亡。"

他回到了工作岗位上，但很快贝特就命令他回法洛克威的家休息。（费曼的家人不知道他要来，直到电话响起，一个操着外国口音的声音找他。琼回答说，她的哥哥已经多年没有回家了。那个声音说："当他到家后，告诉他约翰·冯·诺伊曼打过电话来。"）他在家待了几周，直到有一天，他收到了一封密码电报。之后，费曼在星期六晚上从纽约起飞，第二天，即 7 月 15 日中午到达阿尔伯克基。一辆军车接应他，直接把他送到贝特家。罗丝·贝特做了三明治。费曼勉强赶上了去观测点的巴士，在一个山脊上俯瞰新墨西哥的一片沙漠——死亡之旅（Jornada del Muerto），已经被改称为更现代的名字——原爆点（ground zero）。

我们科学家都是聪明人

这次试验在他们所有人的记忆中都留下了深刻印象：对贝特来说，是电离的完美紫色；对魏斯科普夫来说，是柴可夫斯基阴森的圆舞曲，以及他不由自主地回忆起中世纪基督升天画中的光环；对奥托·弗里施来说，是云在其龙卷风的尘茎上升起；对费曼来说，是他的"科学大脑"试图让他的"糊涂虫"平静下来，然后他感到骨子里发出的声音；对他们中的许多人来说，是费米挺拔的身影，他的纸片随风飘散。费米测量了位移，查阅了他在笔记本上准备的表格，并估计第一颗原子弹释放的能量相当于 10 000 吨 TNT 炸药，这比理论家预测的要多一些，比后来的测量结果要少一些。两天后，考虑到地面辐射应该已经充分衰减，他与贝特和魏斯科普夫开车去检查费曼从观测飞机上看到的光秃区域。熔化的沙子，消失的塔。后来，这个地方建起了一座小纪念碑。

后果改变了他们所有人。每个人都在其中扮演了一个角色。即使一个人只是计算了修正值表，说明风在空气动力学上对笨拙的长崎原子弹所产生的影响，记忆也将永远不会离开他。无论他们在"三位一体"试验场和轰炸广岛的日子里多么无辜，那些曾在山上工作的人都有自己无法回避的认知。他们知道自己是最终带来火种的同谋——奥本海默在公开演讲中解释说，普罗米修斯的传说已经实现了。他们知道，虽说他们付出了努力和智慧，但这一切来得十分容易。

官方的相关报告在当年晚些时候指出，原子弹是一种武器，"不是由一些扭曲的天才的邪恶灵感创造出来的，而是由成千上万正常的男人和女人为他们国家的安全所付出的艰苦劳动创造出来的"。然而，他们并不是"正常"的男人和女人。他们是科学家，而且有些人已经感觉到，像烟云一样的黑暗联想将附在一向无害的"物理学家"这个词上。（这份报告的草稿提到，"美国人对他们的科学家的一般态度是一种奇怪的混合体，夹杂着夸张的钦佩和可笑的轻蔑"——以后，再也不会如此可笑了。）在写完他那封报告胜利的家书后不久，费曼在一张黄纸上写下了一些算术题。他估计，一颗广岛原子弹在大规模生产中的成本与建造一架 B-29 超级堡垒轰炸机的成本相当。它的破坏力超过了装载 10 吨常规炸弹的 1000 架飞机的威力。他明白其中的含义。他写道："没有垄断，就没有防御。""就没有安全，除非我们在世界范围内拥有控制权。"

在"技能和知识"的标题下，他得出结论。

大多数人都知道……其他国家并没有因为我们保守的任何秘密而在原子弹的开发中受到阻碍。他们可能会因为我们透露两个过程中的哪一个更有效，以及告诉他们该计划生产多大的部件而得到一点儿帮助，但他们很快就能像我们对广岛所做的那样，对俄亥俄州哥伦布市或**数百个**类似城市下手。

我们科学家都是聪明人——太聪明了——你还不满意吗？一颗原子弹的威力覆盖四平方英里还不够吗？人们还在思考。告诉我们，你想要多大的原子弹！

许多科学家发现难以离开他们的魔山。他们在那里又逗留了几个月，继续进行已经获得自驱力的小型研究，或者在格兰德山谷附近滑雪——他们在那里陆陆续续地注意到，自己爬山用的牵引绳曾用于将原子弹吊上原爆点的塔。一些人加入了特勒将要领导的氢弹项目，一些人则长期留在洛斯阿拉莫斯，因为栅栏后的大院已发展成一个重要的国家实验室和美国武器研究领域的核心固定机构。慢慢散去的科学家们开始意识到，他们再也无法回到一个如此有目的、有协作、有激情的科学事业中了。

再没什么能让费曼留在洛斯阿拉莫斯。他将接受贝特提供的康奈尔大学的教职。加利福尼亚大学伯克利分校的雷蒙德·伯奇迟迟没有提供奥本海默推荐的职位，这激怒了奥本海默。奥本海默再次写道："在我看来，在这种情况下，对一位年轻科学家做出承诺不需要太多的勇气……我也许过高估计了他在那些熟人中获得的声誉……他不仅是一个极其出色的理论家，而且是一个最坚定、最负责任和最热情的人，一个出色而头脑清晰的老师……是我见过的最负责任的人之一。我们认为他在这里是无价的。他被赋予重任，而且他的工作所承受的分量远远超出了他的年龄……"那年夏天，伯奇终于向费曼发出了工作邀请[10]，但为时已晚。阿琳在世时，为了她的健康，他们曾讨论过要搬到加利福尼亚去。现在，贝特轻易就动摇了他。

1945 年 10 月，费曼成为小组领导人中第一个离开的。他只剩一些报告要完成，以及去橡树岭和汉福德进行最后的一些安全巡查。在他最后一次去橡树岭的时候，他走过一家商店的橱窗，偶然看到了一件漂亮的连衣裙。他没能控制住自己的念头：阿琳会喜欢它的。自阿琳死后，他第一次哭了起来。

注释

我没有寻求直接使用洛斯阿拉莫斯国家实验室档案馆需要的安全许可。然而，档案馆最终提供了大量解密材料，包括费曼在现场的第一天就开始记录的笔记本、部分个人记录，以及许多关键质量计算、计算问题分析的技术文件，还有费曼视察橡树岭工厂时的笔记和图表。莉莲·霍德森和戈登·贝姆就费曼的许多机密笔记分享了他们对费曼的采访。同样解密的还有费曼在史密斯的报告《用于军事目的的原子能》中对理论物理部门的描述的手稿，以及史密斯、奥本海默和格罗夫斯之间的相关信件。玛丽·D.李保存了费曼 1945 年 8 月 9 日写给母亲的信的复本，信中讲述了"三位一体"试验。费曼保存了阿琳的个人文件，包括他们之间的信件、她与家人的信件以及其他物品。关于曼哈顿计划和参与该计划的科学家已经着墨颇多。不过，有一两件事可能还有待商榷。我参考了许多个人回忆录。最好的通史是理查德·罗德斯的《原子弹制造》。霍金斯等 1983 中的技术细节非常有用。如果曾在某段时间，目击者的叙述可以通过后见之明和之前的许多说法而未经歪曲地获得的话，那就已经过去很久了。我再次采访了一些参与者和费曼的朋友（贝特、魏斯科普夫、威尔逊、奥卢姆、韦尔顿、罗斯·贝特、菲利普·莫里森、罗伯特·巴彻尔、罗伯特·克里斯蒂、罗伯特·沃克、多萝西·沃克）。尼古拉斯·梅特罗波利斯详细介绍了他发表的对实验室新生计算机科学的回忆。其他计算来源包括阿尔特 1972、阿斯普雷 1990、巴什等人 1986、戈德斯坦 1972、纳什 1990 和威廉斯 1985。1975 年，费曼在加利福尼亚大学大学圣巴巴拉分校的一次演讲中讲述了他最精彩的故事。他在 1945 年的信件中的语气截然不同，我主要依赖于这些材料。

[1] 但对于那一刻的记忆的一个奇怪之处在于，许多不同的科学家听到了不同的音乐。比如，詹姆斯·W. 库内特卡（1979）听到的是美国国歌。

[2] 那位在场的记者是威廉·L. 劳伦斯。最终，他弄清了听到的声音："接着，巨大的寂静中传来一声巨大的雷声……数千个重磅炸弹同时爆炸……大爆炸……地震……新生世界的第一声呐喊。"劳伦斯 1959，117。

[3] "他被誉为从普林斯顿大学来的一个非常聪明的人，他无所不知。是的，他确实什么都知道。"1967 年莫里森的口述历史采访。

[4] 费曼提到的关于阻挡层材料的部分，以及其他一些敏感的技术细节，已从发布的报告中删除。

[5] 一份长达一本书的报告汇集了费曼及其团队在临界质量计算和中子散射方面的主要发现。费曼自己对假设中子具有单一特征速度的问题版本的贡献（对其他人开发的方法的实用简化）出现在费曼 1946b 中。

[6] 韦尔顿揶揄地回忆道："在费曼宣布我们将从 T-2 中获取累积的计算结果之前，只需要一段时间的思考。把它们放进绞肉机，用一些进一步的见解（尚未产生）来调味，并将这种混合物压制成一个方便的插值－外推公式。"

[7] "我们发现了一件我们不明白的烦心事……当我们建立微分方程时，我们用数值方法求解，结果似乎不规律。然后，我们会检查，结果不变……这些点会不规则地摆动，（冯·诺伊曼）解释说，这是正确的，没关系，这很有趣……对此我们无能为力。我们只能忍受它，我们做到了……我们非常惊讶地发现，我们重新计算这些数，结果也是同样疯狂的没有规律。"莉莲·霍德森、戈登·贝姆的采访，1979 年 4 月 16 日，洛斯阿拉莫斯国家实验室档案馆。

[8] 这场讲座后来成为他在康奈尔大学数学方法课程的一部分，然后，经过再次提炼，成为《费曼物理学讲义》中的一个重要组成部分。

[9] 比如，1988 年 12 月 8 日，古德温在致莱顿的信中写道："在那些充满挑战的岁月里，他不知不觉地救了我和橡树岭每个人的命……"

[10] 奥本海默以一种令人欣喜的正式语气向伯奇通知了费曼的选择："我很高兴你将采取措

施来增加该系的实力……几个月前，费曼博士接受了康奈尔大学物理系的长期任命。我不知道薪水和级别的细节，但对此他可能是满意的。我当然会尽最大的努力提请你注意可以胜任的人……"（1944 年 10 月 5 日，史密斯和韦纳 1980，284）。在贝特的敦促下，加利福尼亚大学的工作邀请确实促使康奈尔大学在费曼到来之前提高了他的薪资。他的"期望"薪资是 3000 美元；当伯克利开出 3900 美元时，康奈尔同意提供 4000美元。贝特曾写道："我知道，在一个人还没有看过他受聘的大学之前就提高他的薪资是不寻常的。我相信，这是因为我们在这个非凡的时代获得了对费曼品质的深刻了解。"贝思致 R.C. 吉布斯，1945 年 7 月 24 日；吉布斯致费曼，1945 年 8 月 3 日。

第 5 章

康奈尔大学

作为美国文化事业一部分的物理学，有前后两个时代。前一个时代结束了，后一个时代在原子弹爆炸的那个夏天开始了。政治家、教育家、报纸编辑、牧师和科学家们用自己的方式理解已经跨越的时代鸿沟。

第二年冬天，《基督教世纪》上刊登了一篇典型的文章："在古希腊的神灵中，有一个叫普罗米修斯的泰坦，他从天上偷了火，并把它给了人类……因为这一行为，普罗米修斯被奉为人类的救世主和科学与知识的神圣守护者。"现在，令这位牧师作者高兴的是，原子弹让普罗米修斯的后继者，即科学家们感到惭愧。他们几个世纪以来的进步随着他们发明出一种人类自我毁灭的装置而确定性地结束了。现在是基督教牧师介入的时候了。他说，即使是科学家，"也在历史上第一次背离了他们的使命，成为政治家和传教士，宣扬除非人们悔改，否则会被诅咒"。他在这里暗指奥本海默，因为后者已经看到普罗米修斯的传说十分贴切（谁能错过呢？），并开始向公众和科学家们大声疾呼。然而，奥本海默所宣扬的，比诅咒更为微妙。他提醒听众，宗教人士长期以来一直感觉受到了科学的威胁，而此时对上帝仅有轻微的敬畏心的公众有了真正的恐惧。他怀疑原子武器会比自达尔文的进化论以来的任何科学发展都更让人害怕。

早在 1945 年 11 月，当从太平洋战区解脱出来的士兵和水手们开始陆续回家时，在防辐射掩体、核扩散和禁止核武器等概念出现之前，奥本海默就已经预见到了庆祝将被恐惧所取代。"原子武器是影响世界上每一个人的危险。"他告诉他的朋友和过去 30 个月里的同事。他的听众坐满了洛斯阿拉莫斯最大的会议厅——电影院。他知道，颂扬科学家成就的报纸和杂志很快就会认识到，真正的奥秘是多么微不足道，核裂变（如果不是内爆的话）的问题是多么不值一提，制造原子弹是多么容易，而且对许多国家来说都是负担得起的。

普罗米修斯并不是唯一代表科学家的神话人物，另一个是浮士德。最近，浮士德式的知识和权力的交易似乎不像中世纪那样可怕了。知识意味着洗衣机和药品，而魔鬼已经化为周六动画片和百老汇音乐剧中一个有趣的角色。但此时发生在日本两个城市的核爆炸让人们重新认识到，魔鬼无法被驯服。毕竟，这可能意味着把一个人的灵魂出卖给魔鬼。奥本海默知道（部分是通过自我反省感受到），科学家们立即开始质疑自己的动机。罗伯特·威尔逊对费曼说："我们发明了一个可怕的东西。"这让费曼大吃一惊，也戳破了他热情洋溢的泡沫。其他人也开始同意这一点。奥本海默提醒他们，他们也在提醒自己：两年前，纳粹似乎有可能投下炸弹，而美国的胜利似乎远非必然。他承认，这些理由已经消失。他说，有些人可能被一种不那么高尚的动机所驱使，这不外乎是好奇心和冒险精神。"理应如此。"他的这句话令其中一些人十分惊讶。他又重复了一遍。费曼几天前就离开了洛斯阿拉莫斯，所以他没有听到，也不需要听到奥本海默对他们共同信条的提醒。这个信条现在正与他们不得不进行的最痛苦的自我辩解行为联系在一起。

奥本海默这样说：

归根结底，我们之所以做这项工作，是因为它具有根本的必要性。如果你是一个科学家，你就不能阻止这样的事情。如果你是一个科学家，你会相信发现世界是如何运作的是好事，发现现实是什么是好事，把控制世界的最大权力交给全人类是好事。除非你相信对世界的了解及其所带来的力量是对人类有内在价值的东西，并用它来帮助传播知识，愿意承担后果，否则你就不可能成为科学家。

这说的就是带来火种的人。

美国人和他们的科学家之间的关系已经发生了变化。科学意味着权力，这已经成为一个不争的事实。科学——"有组织的科学"——在保证所谓的国家安全方面作用仅次于军队。美国前总统哈里·杜鲁门在那年秋天告诉国会，美国在世界上的地位将直接取决于由大学、工业公司和政府协作的研究："过去几年的事件既证明又预言了科学能做什么。"美国政府在短时间内成立了原子能委员会、海军研究办公室和国家科学基金会。在洛斯阿拉莫斯、橡树岭、芝加哥南部的阿贡、伯克利和长岛布鲁克海文的六千英亩前陆军基地，出现了"二战"前世界上没有的永久性国家实验室。资金大量流动起来。战争开始前，政府只资助了所有科学研究的六分之一。到战争结束时，情况发生了变化：科学研究中所有非政府来源的资金加起来只占六分之一。政府和公众对整个科学事业有了一种新的所有权意识。随着物理学家开始谈论世界政府和国际核军备控制，大批神职人员、基金会负责人和国会议员此时把科学的使命和道德作为他们演讲的一部分。

总的来说，大众媒体对奥本海默和他的同事们大加赞赏。从事原子弹研究的科学家的地位只有诺贝尔奖能与之相配。相比之下，在麻省理工学院辐射实验室创造雷达算不了什么，尽管根据合理的计算，雷达对赢得战争的贡献更大。**物理学家**这个词终于流行起来了。爱因斯坦此时被认为是物理学家，而不是数学家。即使是非核物理学家也通过结社获得了声望。很快，费曼的招募者威尔逊就会怀念起"安静的时光，那时物理学是一个令人愉快的知识性学科，与中世纪法语研究的流行并无不同"。原子科学家们感受到了广岛和长崎至少十万居民突然死亡所带来的罪恶感；与此同时，科学家们发现自己被誉为英雄巫师，这个角色比他们中的许多人一开始意识到的更复杂，它包含了更黑暗的关系的种子。在不到十年里，奥本海默本人也在麦卡锡时代的审判中失去安全许可。公众会发现，科学家创造的知识是一种需要特别处理的商品。它可以被贴上保密标签或被出卖给外国敌人。

理论物理学家也对他们的知识种类有所了解。奥本海默在 1945 年 11 月在洛斯阿拉莫斯的演讲中提醒他们注意这一点。他说，战前理论物理学工作的性质迫使他们认识到人类的语言有局限性，人们选择的概念与现实世界的事物只有微弱的对应关系。在原子弹工作开始之前，量子力学已经改变了科学和常识之间的关系。我们为经验建立模型，而我们知道我们的模型无法满足现实。

和平的大学

物理学家地位上的显著变化冲击着每一个为他们提供家园的美国机构。在康奈尔大学，校长埃德蒙·埃兹拉·戴（Edmund Ezra Day）是最早感受到这股力量的人之一。他与他的物理学家举行了两次预算会议，一次是在战争期间，另一次是在战争之后。两次预算会议形成鲜明对比。

在第一次会议上，他与他的首席实验师罗伯特·F. 巴彻尔（Robert F. Bacher）坐下来，当时巴彻尔正要休假。最终，巴彻尔领导了原子弹项目的实验物理部门。巴彻尔恳求建立一个像伯克利和普林斯顿那样的回旋加速器。他向戴施加压力，要求找到一种提供运营成本的方法。他说运营成本可能会达到一位教授的工资：每年四千到五千美元。

第二次会议在广岛事件发生两个月后召开，戴的物理学家告诉他，需要一个更强大的加速器，以及一个容纳它的新实验室。这次他们提出需要 300 万美元的资本支出和至少 25 万美元的运营预算。他们还建议，如果没有这个承诺，他们将不得不到其他地方寻找更有利于核科学研究的环境。受托人没有明显的资金来源，但在与戴激烈讨论后，他们一致投票决定继续进行。戴说道："问题不在于控制核力量，而在于控制核物理学家。他们需求量极大，而且要价极高。"巴彻尔本人在短暂返回康奈尔后，前往华盛顿担任新成立的原子能委员会的第一位科学家。三年后，康奈尔大学有了一台新的加速器——一台同步加速器。海军研究办公室给出了慷慨资助，证明了受托人信心十足。三年后，同步加速器已过时，新版本已在建造中。

费曼在"二战"后第一次看到康奈尔大学是在 1945 年秋季开学前的一个深夜。对于一个纽约男孩来说，在他对本州地理的认识中，伊萨卡这个村庄所处的位置极为含混，它实际上位于俄亥俄州。他是乘火车来的，利用漫长的时间构思他要为物理学家讲授数学方法的基本研究生课程。他带着一个行李箱和一种终于成为教授的觉悟下了车。他抑制住了像往常一样把包挂在肩上的冲动，而是让一个搬运工把他领到出租车的后座上。他让司机带他去城里最大的旅馆。

在伊萨卡，就像那年秋天美国各地的城镇一样，酒店和短期公寓都被预订了。住房很稀缺，随着军人复员、大学入学率大幅提升，空气中弥漫着繁荣的气息，即使是沉睡的伊萨卡也似乎像淘金热中的西部小镇一样。康奈尔大学正在紧急建造房屋和营房。在费曼到达的前一周，有五座新营房被烧毁了。他试着去找第二家旅馆。然后费曼才意识到他没钱乘坐出租车四处转，所以他检查了他的行李箱并开始步行，经过黑暗的房子和宿舍。他意识到自己一定是找到了康奈尔大学。巨大的耙状树叶堆点缀着校园，它们开始看起来像床一样——要是他能在路灯的强光之外找到一张床就好了。最后，他发现一座开放式建筑，大厅里面有沙发，于是问看门人是否可以在沙发上过夜。他尴尬地解释，他是新来的教授。

第二天早上，他在公共浴室里认真洗了个澡，在物理系做了登记，然后去了位于威拉德楼的校园住房办公室，那里靠近倾斜的校园中心。一位职员傲慢地告诉他，住房情况非常糟糕，昨晚一位教授不得不睡在大厅里。"听着，伙计，"费曼回道，"我就是那个教授，现在为我做点什么吧。"他很不高兴地意识到，在伊萨卡这个小镇上，他可以制造一个谣言，并在几个小时后再次听到它。他还开始意识到，他不得不重新调整生物钟。战争给他留下了对约会和最后期限的紧迫感。即使有一万名本科生到来，康奈尔大学似乎也很松懈。他惊讶地发现，行政部门为他安排了整整一周的时间，除了探索校园和准备上课外，他什么都不用做。这里的人讲话很慢，没有他已经习惯的紧张感。人们不紧不慢地讨论天气。[1]

他在这里的头几个月是孤独的。和他关系密切的同事中没有人如此匆忙地开始战后生活，甚至贝特直到12月才离开洛斯阿拉莫斯前往康奈尔。学年开始得很晚，而且一直不稳定。住房紧缺，工人们重新分配了洛克菲勒楼里的房间。贮藏室变成了办公室。在室外，三个网球场上匆匆建成了木制营房。费曼很快就和一位洛斯阿拉莫斯的同事菲利普·莫里森分享了他那间阴暗的洛克菲勒办公室，他曾将原子弹的钚核放在一辆军用轿车的后座上带到阿拉莫戈多。莫里森被可爱、严肃、正直的贝特所吸引，也被费曼所吸引，尽管令他惊讶的是，费曼这时看起来是抑郁且孤独的。贝特也感觉到了这一点，但很少有人注意到。后来贝特冷淡地指出："抑郁的费曼只是比其他人兴高采烈时更高兴一点儿。"[2]

费曼花时间在图书馆里阅读微微泛黄的《一千零一夜》，并满怀希望地盯着女生看。与大多数常春藤联盟大学不同，康奈尔大学自美国内战后建校以来就开始招收女性本科生，不过她们会自动进入家政学院学习。费曼去参加新生舞会，在学生食堂吃饭。他看起来比实际年龄 27 岁要年轻，而且他在所有复员的军人中并不显眼。他的舞伴对他是"一个刚制造完原子弹回来的物理学家"这句听起来像台词的话嗤之以鼻。他想念阿琳。甚至在离开洛斯阿拉莫斯之前，他已经开始和其他女人，特别是漂亮的女人约会，在他的一些朋友看来，这是在用狂热来否认悲伤。

费曼和他的母亲之间出现了一道鸿沟。露西尔在坚决反对费曼的婚姻后，曾对于阿琳的死痛苦地写道：

> ……现在我想让你知道，我很自豪，也很高兴你娶了她，做了你能做的事，让她短暂的生命变得快乐。她崇拜你。请原谅我没有按照你的方式看问题。我为你感到担心——为你必须承受的东西感到担心。但你很好地承受了下来。现在试着面对没有她的生活吧……

母亲恳求他回家，答应给他成堆的大米和糖包，并保证没有人会叫他梳头。他确实在 7 月短暂地回家待了几天。然后，在 8 月，原子弹的消息像闪电风暴一样笼罩了整个家庭。亲朋好友几乎不间断地打来电话。露西尔试图通过电话联系圣达菲，但没有成功。一位表亲从一家电话服务公司打来电话，读了一篇奥本海默的评论。晚上 11 点后，电话响了，一个声音说："这里是普林斯顿的《三角报》。费曼长袍上的油渍比 1940 年研究生院的其他人都多，这是真的吗？"其实打来电话的是另一个表亲。

"我也有幽默感，"露西尔写信给费曼，"但这件事并不有趣。"

你在这一巨大事件中的角色令我感到惊心动魄。没有人是真正快乐的。我惊恐地听着炸弹造成的死亡和破坏……我祈祷这种人类对人类的可怕破坏将终结所有这种破坏。难怪我觉得你很紧张。处在这样一个危险的境地，谁不会感到紧张呢？

自豪和恐惧的结合（科学家们那晚也感觉到了）勾起了一段非凡的记忆。"这让我想起了我在客厅打桥牌的时候，我的神童把着火的废纸篓举出窗外。"

"顺便说一句，"她补充说，"我想你从未告诉过我你是如何扑灭它的。"

那年秋天，费曼在从新墨西哥州前往伊萨卡时没有中途回家。在某个时刻，露西尔开始意识到她对这场婚姻的反对已经造成了巨大的伤害。一天深夜，她无法入睡，从床上爬起来，写了一封痛苦的信——一封母亲写给儿子的情书，开头是："理查德，你和你的家人之间发生了什么？是什么让我们分开？我很想你。……我在写这些话时，心都要碎了，眼里都是泪水。"

她写到了费曼的童年：他是多么被需要和被珍惜，她给他读美丽的故事，梅尔维尔用彩色瓷砖给他拼出图案，他们努力给他灌输道德感和责任感。她提醒费曼，他们对他所有的成就感到骄傲——从高中到研究生。

我无数次为你欢欣鼓舞，比我在这里所能列举的还要多。……而现在——现在——我收获了如此奇怪的'苦果'。我们就像地球两极那么遥远。

她没有提到阿琳，她说她感到羞愧。"这一定是我的错，我不知何时失去了你。"她说，其他母亲都有爱她们的儿子，为什么她没有？最后，她就像被抛弃的恋人一样，以最恳切的请求结尾。

我需要你，我想要你，我**永远**不会放弃你，甚至死亡也不能将我们拆散。偶尔想想我，让我知道你在想我。我亲爱的，哦，我亲爱的，我还能说什么呢？我**永远**爱你。

他在 1945 年圣诞节回到家。母子之间逐渐言归于好。在这期间，费曼试图回到他在普林斯顿大学时未完成的理论，但这些间接的努力并没有带来任何有用的东西。过去三年，他充满动力、目标明确的工作达到了顶峰，留下了一个他无法轻易填补的空白。他发现很难集中精力进行研究。春天到了，他坐在户外的草地上，担心自己是否虚度了工作的大好年华，没有取得任何成就。他曾在资深物理学家中建立了声誉，但此时，回到恢复正常的世界后，他意识到自己没有做出与之相称的正常的工作。自他在学校发表了两篇论文（他与巴利亚塔一起发表的关于宇宙射线的论文，以及他的本科论文）后，他唯一的期刊论文是关于与惠勒在吸收器理论上的研究，看起来昙花一现。

现象复杂，规律简单

当费曼在努力寻找自己的立足点时，朱利安·施温格完全不担心这些问题。自从在纽约市两端相隔一千英里的社区长大，两人不知不觉就成了竞争对手。他们进入物理学领域的路线完全不同，他们的风格也截然相反。施温格有一双深沉的猫头鹰般的眼睛，在 20 多岁时就有些驼背，他努力保持优雅，费曼则保持粗犷。他穿着考究，开着一辆凯迪拉克轿车。他在晚上工作，通常睡到下午很晚才起床。他的讲座已因无懈可击和一气呵成而闻名。他为自己脱稿演讲而自豪。一位英国年轻人在听了他的演讲后（相比之下，他认为费曼的热情有些令人厌倦），认为施温格"像着了魔似的"——"似乎被麦考莱附了身，他的语言很精彩，精心构思的句子不断涌现，每个从句都适当地结束。"他喜欢让听众思考。他绝不会直接宣布他已经结婚并度了蜜月，他会说："我放弃了我的单身宿舍，携伴出游，开始一段怀旧之旅。"他的方程也具有相同的风格。

他受到了 I. I. 拉比的提携，拉比总是不厌其烦地描述他们的第一次相遇。17 岁的施温格在他的办公室里静静地等待着，在片刻沉默后终于开口了，解决了关于爱因斯坦、鲍里斯·波多尔斯基和纳森·罗森刚刚发表的量子力学悖论的争论。这个害羞的年轻人骄傲地决心走自己的路。施温格在纽约市立学院很少去上课，于是遇到了行政管理上的难题。拉比帮助他转学到哥伦比亚大学，然后鼓励他愤怒的导师们施加威胁，让他不及格，并以此为乐。他对一位古板的化学教授说："你是老鼠还是人啊？给他 F。"他的判断是对的，这个成绩对教授的影响比对学生的影响更大。甚至在施温格 19 岁拿到大学文凭之前，拉比就让他担任量子力学课程的讲师。费米、特勒和贝特都认识他，了解他的工作，或者与他合作过。与此同时，只比他小三个月的费曼正在麻省理工学院完成他的大二课程。施温格发表了一系列研究论文，大部分是在《物理评论》上发表的，每篇都非常精练，有十几个不同的合作者。当费曼发表他的本科论文时，施温格已经在伯克利成为美国国家研究委员会的研究员，直接与奥本海默一起工作。

和拉比一起，施温格没有前往洛斯阿拉莫斯，而是选择了雷达和辐射实验室。他似乎从来没有放慢过步伐。在战争结束时，拉比让他代替泡利，成为一名特别讲师，负责让实验室的科学家们了解非战争物理学的最新研究领域。由于原子弹科学家被隔离在沙漠里面，战争使他们的正常职业生涯完全中断。与费曼年龄相仿的物理学家尤其意识到了这一点。他们刚好到了本该关键、多产的年龄。1945 年，施温格访问洛斯阿拉莫斯，并第一次与费曼短暂会面。费曼惊叹于这位同龄人能够发表如此之多的文章。他曾以为施温格更为年长。后来，费曼早就忘了施温格面向洛斯阿拉莫斯的理论科学家所做的演讲的内容，但仍记得施温格的行为方式：他走进房间，头倾斜着，就像一头公牛走进拳击场；他引人注目地把笔记本放在一边；他的论述完美得令人敬畏。

此时施温格在哈佛大学，他很快就会成为一名 29 岁的全职教授。哈佛大学委员会曾认真考虑过，只有贝特才能得到同样的职位，同时也担心施温格能否起床去教授早在中午就开始的课程。他做到了，他关于核物理的讲座很快就吸引了整个哈佛大学和麻省理工学院的物理学界。

与此同时，费曼把精力倾注在他的数学物理学方法这门更平凡的课程上。这是一门标准课程，每个物理系都会教授，尽管费曼突然意识到，他刚刚经历了物理学家数学方法的重大变革。在洛斯阿拉莫斯，数学方法经历了一场考验：被提炼、澄清、重写、重塑。费曼认为他知道哪些是有用的，哪些只是教科书上的知识，因为人们一直在教授这些知识。他打算比以往更强调非线性，并向学生传授他自己用来解决方程的各种招数和诀窍。他在前往伊萨卡的夜车上写下笔记，自下而上地设计了一门新课程。

就像他在高中时使用的那些笔记本一样，他在一个硬壳笔记本的第一页上从第一原理开始写：

复杂的现象——简单的规律——连接是数学－物理——从规律中得到的方程的解。

他在思考如何按照自己的形象塑造学生。**他**是如何解决问题的？

知道可以省略什么……知道什么可以用数学来完成的物理学洞察力。

他决定给学生一个直截了当的总结，告诉他们什么是正确的，什么是不正确的。

要介绍很多技巧——没有时间进行完整的学习或数学严谨性演示，有大量工作。

他把这句划掉了。

真正介绍每个科目。

但毕竟会有大量工作。

大量工作——练习。如果对更多的细节感兴趣，看书，来找我，做更多的练习。如果没用，我们就放慢速度。把问题交给我，好让我知道。

他会承诺教授普通课程中没有的重要数学方法，以及全新的方法。这将是实用而非完美的数学。

指定所需的精确度。我们开始吧。

费曼放弃了一些费力的传统技术，如围道积分，因为他经常发现（在这个过程中赢得了赌注），他可以正面进攻，直接处理大多数这样的积分。同事们看着费曼把数学方法教学大纲一分为二，他们担心费曼能否成功向他的学生传授这样的技巧。然而，在他教授这门课程的几年里，吸引了物理学和数学系的一些年轻成员以及被"俘虏"的研究生。哪怕是他们中最冷静的人，也会因为一个考试题目感到震撼，这个题目的开头是："在一个半径为 a、高为 2π 的圆柱体原子弹中，中子的密度为 n……"这些学生发现自己处于一位理论家的控制之中，他对数学方法的痴迷涉及量子力学第一原理。他一次又一次地展示了他对声音和光的传播最纯粹的核心问题的熟稔。他引导学生对所有方向上的辐射总强度进行计算，对矢量、矩阵和张量进行可视化，对有时收敛、有时不收敛的无穷级数求和。

渐渐地，费曼适应了康奈尔大学的生活，尽管他的理论研究仍然没有进展。原子弹的事一直萦绕在他的脑海里，他在当地的电台上用不加修饰的语言谈论了这个问题。主持人说道："上周费曼博士告诉你们了一颗原子弹对广岛的影响，以及会对伊萨卡产生什么影响……"采访者询问了原子能汽车的情况。他说，许多听众都在等待有一天可以把一勺铀塞进油箱，就用不着加油站了。费曼说他怀疑这不可行——"发动机中铀的裂变所发出的射线会杀死司机"。不过，他还是花时间研究了核能的其他应用。在洛斯阿拉莫斯，他发明了一种用于发电的快速反应堆，并为其申请了专利（以政府的名义）。他还在考虑太空旅行。"亲爱的先生，"费曼在 1945 年末写给一位物理学家同事，"我相信星际旅行现在（随着原子能的释放）绝对有可能实现。"他有一个古怪且近乎离奇的建议。他说，火箭推进不是好办法。它从根本上会受到推进气体的温度和原子量的限制，而温度又受到金属耐热性的限制。他预测（预计在未来 30 年内，笨重的一次性助推器和巨大的燃料箱将阻碍太空旅行顺利发展）燃料的重量和体积将是飞行器的重量和体积的许多倍。

　　相反，他提出了一种喷射推进的形式，使用空气作为推进剂。喷气技术不久前刚刚应用在飞机上。费曼的航天器将利用地球大气层的外缘作为一种热身轨道，并在环绕地球时加速。一个原子反应堆将加热被吸入发动机的空气，为喷气式飞机提供动力。机翼首先用于提供升力，然后，当速度超过 5 英里 /秒时，"倒立飞行，以防止离开地球，或者说离开大气层"。当飞船达到有用的逃逸速度时，它将像弹弓上的石头一样，沿切线方向飞向目的地。

　　是的，空气阻力会使飞船温度升高，这是一个问题。但费曼认为这可以通过在飞船加速时小心地调整高度来克服——"如果有足够的空气通过摩擦造成明显的温度升高，那么肯定有足够的空气来为喷气发动机提供动力。"他承认，发动机需要非常先进的工程设计，才能在如此大的空气密度范围内运行。他没有解决相反的问题：这样的航天器在到达月球这样一个没有空气的目的地时如何减速？无论如何，他不可能预料到他的想法中存在致命的缺陷：人们不会信任在头顶上飞来飞去的核反应堆。

黯然失色

1946 年秋季学期开始前,费曼去了法洛克威,并在赎罪日 ① 的第二天在当地的犹太教堂做了另一次关于原子弹的演讲。这座犹太教堂来了一位受人喜爱的新拉比,名叫朱达·卡恩(Judah Cahn),他就现代问题发表了广受赞誉的布道。尽管费曼的父母相信无神论,也开始不时地参加布道。梅尔维尔的健康状况似乎稍有好转。他无法控制的高血压时常令全家人忧心忡忡,在那年的春天,他去了明尼苏达州的梅奥诊所,参加了一个关于饮食疗效的早期实验。他接受了一个严格的饮食方案:只吃米饭和水果。这似乎奏效了。他的血压下降了。他返回家中,偶尔也会不顾医生的叮嘱,溜出去和朋友们打高尔夫球。这一年,他 56 岁。有一天,费曼看到他在桌前盯着一个盐罐。梅尔维尔闭上一只眼睛,睁开,又闭上另一只眼睛,说他有一个盲点。他说,他的大脑中一定有一条小血管破裂了。

全家人都明白,死亡随时都可能到来。梅尔维尔和他的儿子几乎从来没有互相写过信——露西尔负责家庭成员间的通信,但是当费曼第一次接受康奈尔大学的教授职位时,他给父亲写了一封信,表达了 25 年的爱和感激之情,梅尔维尔很感动,也写了一封回信。他的心中充满骄傲,他写道(而露西尔抱怨他只写一面,浪费了纸张):

对一个父亲来说,给学识和智慧远远超过我的儿子写信并不容易。当你还小,而我领先于你的时候,一切都很好,但今天,如果我能沐浴在**你的**知识的阳光下,坐在你身边,向你学习一些我无法理解而你却知道的更奇妙的自然秘密,那就更公平了。

10 月 7 日,他因中风倒下,第二天就去世了。费曼在两年内第二次签署了死亡证明。梅尔维尔曾写信给他:"我年轻时的梦想,我看到你实现了它

---

① 犹太教的重要节日。

们……我羡慕你与这么多同样学识广博的大人物在一起的文化生活。"

葬礼在皇后区附近的贝赛公墓举行，目光所及之处都是墓碑和纪念碑。露西尔的父亲在那里建了一座陵墓，一个像小防空洞一样的石屋。葬礼进行到一半，卡恩拉比请费曼作为长子与他一同念犹太教祈祷文。琼痛苦地看着她哥哥的脸僵住了。他不想在悼词中赞美上帝。

他告诉拉比，他不懂希伯来语。卡恩只是把悼词换成了英语。费曼听着这些话，拒绝重复它们。他不相信上帝，他知道他的父亲也不相信上帝；这种伪善似乎让人无法忍受。他的不相信没有任何冷漠的成分，这是一种坚定、冷静、理性的不相信，他坚信宗教的神话欺骗了知识。他站在那里，周围是石头和草地，靠近那些不大的墓穴，这些墓穴一个接一个地排列着，存放着他祖父母的遗骨。一个架子上也放着他年幼的弟弟亨利的遗体，在他出生一个月后就埋葬在此，已经 22 年了。费曼的脸上满是紧张和坚定，在琼看来，那一刻，他孤独极了。离开了父亲的棺木，他勃然大怒。他们的母亲崩溃了，大哭起来。

第二周，在康奈尔大学，费曼似乎没有什么变化。就像在洛斯阿拉莫斯一样——那已经是一年前的事了，他没有向任何人表露他的悲伤。他一如既往骄傲地保持着理性。"现实一点儿。"他告诉自己。开始上课了。康奈尔大学1946 年秋季学期注册人数是有史以来最多的，几乎是"二战"前的两倍。费曼吸引了年轻的物理学家，讲课时十分自信。学期开始后的某天晚上——10月 17 日，他拿起笔和纸，暂时从现实中抽身，给现在唯一能帮助他的人写了最后一封信。

亲爱的阿琳：

我爱慕你，亲爱的。

我知道你很喜欢听这句话，但我写这句话并不仅仅是因为你喜欢——我写它是因为它使我内心充满温暖。

我已经很久没有给你写信了，差不多两年了。但我知道你会原谅我，因为你了解我，我很固执也很现实，我认为写信是没有意义的。

但现在我知道，我亲爱的妻子，这样做是对的，我应该做我一直拖延，而且过去经常做的事情。我想告诉你，我爱你，我想爱你，我将永远爱你。

我发现我很难理解在你死后爱你意味着什么，但我仍然想安慰你，照顾你，我也想让你爱我，关心我。我想和你讨论问题，我想和你做一些小计划。直到刚刚我才想到，我们可以一起做些事。我们应该做什么呢？我们可以一起学习做衣服，或者学习中文，或者买一台电影放映机。我现在不能做些什么吗？不，没有你我很孤独，你是"有想法的女人"，是我们所有冒险的总指挥。

当你生病时，你很担心不能给我一些你想给我和你认为我需要的东西，你本不需要担心。就像我当时告诉你的那样，我没有真正的需要，因为我爱你的一切。而现在，这种感觉更加真实了——你现在什么都不能给我，我却还是如此爱你，以至于你阻碍了我爱别人——但我想让你留在那里。你死了，却比其他活着的人要好得多。

我知道你一定会说我很傻，你想让我获得幸福，不想妨碍我。我敢打赌，你会对我两年来连一个女朋友都没有（除了你，亲爱的）感到惊讶。但你没办法，亲爱的，我也没办法，我也不明白，因为我遇到了许多非常好的女孩，我不想继续孤独下去，但见了两三次面之后，她们都显得黯然失色。我只有你。你是真实的。

我亲爱的妻子，我真的爱你。

我爱我的妻子。我的妻子已经死了。

理查德

P.S. 请原谅我没有邮寄这封信——我不知道你的新地址。

在他深爱的女人去世两年后，他给她写了这样一封信。这永远不会成为费曼形象的一部分——那些环绕着他的故事和图像。这封信被装进了一个信封，信封被装进了一个盒子。直到他死后，才有人再读到它。费曼也没有谈到他在父亲葬礼上的愤怒，甚至对朋友也没有提及，尽管他们会理解，他至少不愿向虚伪屈服。那个会被强烈的情绪所困扰、会被害羞、不安、愤怒、担忧或悲伤所折磨的费曼——没有人再能看到他的这一面了。他的朋友们听到的是另一些故事，在这些故事中，费曼是一个冒失的少年英雄，凭借他的天真、幽默、粗鲁、聪明（而不是天才）和诚实，征服了一个官僚机构，或一个人、一个局面。这些故事至少在本质上是真实的，尽管像所有的故事一样，有些内容被选择性地舍去了。它们被欣赏，被润色，被重述，甚至偶尔被重温。

他在洛斯阿拉莫斯的许多朋友已经听过一个征兵体检故事：费曼激怒了一个要求他伸出双手的军队体检员。费曼伸出双手：一个手掌向上，另一个手掌向下。体检员要求他把手翻过来，他照做了，给体检员上了一堂有关对称的课：一个手掌向下，另一个手掌向上。在康奈尔大学的第一年结束后不久，费曼有机会完善这个故事。军队仍在征兵，而他的学业延期也已经结束。美国征兵局又安排了一次体检。费曼改编的故事在后来的数十年里被讲了无数次 [3]，有时半当真，有时十分可笑。其基本形式如下。

他脱得只剩内裤，从一个棚子到另一个棚子，直到"最后，我们到了 13 号棚子——精神科医生"。

费曼对精神病学有一种极端的看法——他认为精神科医生是巫医、骗子，满嘴胡话。他的思想受自己掌控，他认为自己能控制一切。敏锐的精神科医生可能已经注意到他有否认偶尔产生的不安情绪的倾向。不安情绪和否认都是他们的专长。费曼乐于强调精神科医生的工作中不科学的花招（随意变换术语、缺乏可重复的实验），正如他最近看过的一部电影，阿尔弗雷德·希区柯克的《爱德华大夫》（*Spellbound*）中的"一个女人"（英格丽·褒曼饰演），"她的手动弹不得，不能弹钢琴，她曾经是一个伟大的钢琴家"……当然，他从未考虑他（自己在那一刻不能工作）有什么合理的理由觉得"这太无聊了"。这个女人和她的精神科医生一起从屏幕上闪了出来，坐在钢琴前弹了起来。"嗯，你知道，我受不了这种胡扯，我很反感。你明白吗?"除此之外，精神科医生也是医生，费曼有他的理由看不起医生。

精神科医生看了看他的档案，笑着说：**"你好，迪克！你在哪里工作？"**（"嗯，他叫我迪克是什么意思？你看，他并不认识我。"）

费曼冷冷地说，斯克内克塔迪。（他和贝特在那个夏天在通用电气公司工作，以贴补他们在康奈尔大学的工资。）

"在斯克内克塔迪的哪里，迪克？"

费曼告诉了他。

"你喜欢你的工作吗，迪克？""你知道吗？我一点儿也不喜欢他，他就像一个在酒吧里骚扰你的人。"

现在是第四个问题：**"你认为人们在谈论你吗？"**费曼察觉到这是例行公事：先问三个不重要的问题，然后进入正题。

"我说，是的……"在这一点上，费曼在讲述这个故事时，采用了一种被误解的纯真的语气。他非常诚实。要是精神科医生能忘记那些公式，忘记那些胡言乱语，试着理解他就好了。"我不是想骗人……我是说我母亲会对她的朋友提起我……我试图解释——'老实说……'"精神科医生做了记录。

"你认为人们会盯着你看吗？"费曼想诚实地说"不"。但精神科医生补充说：**"比如说，你认为坐在长椅上的那些人现在正在看我们吗？"**好吧，费曼刚刚就坐在其中一个长椅上，那里没有什么别的东西可看。他做了一些心算。

"我想……大约有 12 个人坐在那儿，其中有 3 个人在看我们——嗯，他们没别的事可做。所以，为了保守起见，我说：'是的，也许他们中的两个人在看我们。'"

费曼转过身去确认，果然如此。但是精神科医生可能在想："这个傻瓜竟然转过身去，看看说得对不对。"（他不是科学家。）

"你会自言自语吗?" "我承认我会。"（"顺便说一下，我没有告诉他一些我可以告诉你们的事情，那就是我发现自己有时会以相当复杂的方式自言自语：'整体比部分更大，所以这将使压力更大，明白了吗?''不，你疯了。''不，我没有! 不，我没有!'我和自己争论……我的脑海中有两个声音，来来回回。"）

"我了解到你最近失去了妻子。你和她说话吗?"（这个问题激怒了费曼，一点儿也不好笑。）

"你会在脑海中听到声音吗?" "不，"费曼说，"非常少。"他承认有过几次。事实上，有时，就在他入睡的时候，他会听到爱德华·特勒带着独特的匈牙利口音，在芝加哥做关于原子弹的第一次简报。

还有更多：关于精神错乱的性质的争论，关于生命价值的争论——费曼在这两个问题中继续激怒了检查员。费曼承认他母亲的一个姐妹是精神病患者。

"好吧，迪克，我看到你有一个博士学位，你是在哪里学习的?"

"麻省理工学院和普林斯顿大学。你在哪里学习?"

"耶鲁大学和伦敦大学。你学的是什么，迪克?"

"物理学。你又学了什么?"

"医学。"

"这就是医学?"

这个故事没有几个合理的观点。费曼从未辩称，既然他在战时为曼哈顿项

目贡献了三年的时间，就不应该继续贡献了。他也没有提到，如果他在 28 岁
的时候被征召入伍，对他理论物理学家的职业生涯会造成多大的破坏。他不
得不权衡利弊。在 1946 年的夏天，逃避征兵并不是有趣或时髦的事情。对于
大多数人来说，被征兵委员会宣布有精神缺陷比服兵役更可怕——对一个普通
人的前途损害更大。所以美国征兵局对体检中的装病行为几乎没有采取任何
预防措施。例如，有精神疾病的历史记录的情况不会太多；无论如何，与后来
相比，那时的私人精神治疗远没有那么常见。体检员认为，他们可以依靠受
试者单纯的自我描述来确定检查结果。费曼向第二位精神科医生重复了他的
答案。他睡前能听到特勒的声音被记录为入"睡前幻听"。记录上还写着，受
试者有着"怪异的眼神"。（"我想可能是我在说'这就是医学？'的时候。"）他
被拒收了。

　　他想到，美国征兵局会检查自己的档案，发现一系列要求推迟服役的官方
信件，这样费曼就可以在战争期间进行重要的物理学研究。后来的信件声称，
在康奈尔大学，他为培养未来的物理学家做出了重要贡献。会不会有人认为，
他是在故意欺骗体检员？为了保护自己，他写了一封信，措辞谨慎，表示他
认为不应重点考虑精神缺陷。美国征兵局以一张新的征兵卡作为答复：4F[①]。

跨过一个心理障碍

　　那年秋天，普林斯顿大学正在庆祝建校二百周年，并举行了盛大的庆祝活
动，包括舞会、游行和一系列会议。会议吸引了远道而来的学者和政要。狄
拉克同意在为期三天的会议上就基本粒子问题发言。费曼被邀请介绍他曾经
的英雄，并在会后主持一场讨论。

　　费曼不喜欢狄拉克的论文，这是对现在人们所熟悉的量子电动力学难题

---

① 由于身体、精神、道德上的原因不能入伍。

的重述。他认为强调以哈密顿能量为中心是一种倒退，是一个死胡同。他讲了一堆让人精神紧张的笑话，以至于当天晚些时候要做演讲的玻尔站起来批评他太不严肃了。费曼就理论中未解决的内容讲了一番感人肺腑的话。他说："我们需要在数学形式上有一个直观的飞跃，就像我们在狄拉克电子理论中那样。我们需要神来之笔。"

一天下来，罗伯特·威尔逊谈到了质子的高能散射，E. O. 劳伦斯就他在加利福尼亚的加速器进行了演讲，费曼向窗外望去，看到狄拉克躺在草地上，望着天空发呆。费曼有一个在"二战"前就想问狄拉克的问题[4]。他溜达出去，坐了下来。狄拉克在 1933 年的一篇论文中的一句话给了费曼一个关键的线索，使他发现了经典力学中作用力的量子力学版本。"现在很容易看到这一切在量子中的类似物是什么。"狄拉克写道，但他和其他人都没有追寻这一线索，直到费曼发现"类似物"实际上是完全成比例的。这是一种严谨的、潜在有用的数学联系。他问狄拉克，这位伟大的人物是否一直都知道这两个量是成比例的。

"是吗?"狄拉克说。费曼说："是的，它们成正比。"沉默了一会儿后，他走了。

费曼的名声在大学里传开了。他收到了很多工作邀请。这些机会似乎很不合适，对他沮丧的心情毫无帮助。奥本海默曾邀请他在春季学期访问加利福尼亚，他拒绝了邀请。康奈尔大学将他提升为副教授，并再次提高了他的薪水。宾夕法尼亚大学物理系的主任需要一个新的首席理论家。贝特像家长一样介入了这件事：他不打算让费曼离开，而且他能体察到这位徒弟的情绪。

贝特认为，让这个突然没有成果的 28 岁年轻人在大学理论小组中担任领导角色，这对他的心理是有害的。贝特认为费曼更需要保护。（他告诉宾夕法尼大学的管理者，费曼是当下第二好的年轻物理学家——仅次于施温格。）在春天，对费曼来说，最令人惊讶和最有压力的邀请来自普林斯顿高等研究院——爱因斯坦也曾在这里工作。奥本海默此时被任命为研究院的主任，他想要费曼为他工作。史密斯是费曼在普林斯顿大学的老校长，也想要他。这两个机构已经就一项特殊的联合任命对他进行了试探。他怕不能满足大家的期望，焦虑达到了顶点。他试了各种方法来克服自己的心理障碍。有一段时间，他每天早上 8：30 起床，试图工作。一天早上，他在刮胡子时照镜子，告诉自己普林斯顿大学的邀请是荒谬的，他不可能接受，而且他也不愿意为他们对他的印象负责。他告诉自己，他从未声称自己是爱因斯坦那样的人物，这是他们自己的误解。有那么一刻，他感到轻松了，他的一些负罪感似乎消失了。

他的老朋友威尔逊刚刚来到康奈尔大学担任核研究实验室主任。他和贝特都发现了费曼情绪低落，并邀请他进来谈话。他告诉费曼，不要太担心，我们是有责任的。我们聘请教授；我们承担风险；只要他们能令人满意地教授课程，就履行了他们的义务。这让费曼伤感地怀念起在*科学*的未来还未成为他的责任之前的日子——在物理学家改变宇宙，并成为美国科学界最强大的政治力量之前的日子，在预算快速增长的机构开始像追逐好莱坞明星一样追逐核物理学家之前的日子。他记得，当物理学是一种游戏的时候，他可以看着水从水龙头流出，在三维空间中形成优雅的缩窄曲线，他可以花时间去了解原因。

几天后，费曼在学生食堂吃饭时，有人将一个餐盘（康奈尔大学食堂的餐盘，其边缘印有大学的徽章）抛向空中。在餐盘飞行的瞬间，他经历了他后来认为是顿悟的事情。盘子在旋转时，会不停摆动。由于徽章的存在，他可以看到摆动和自旋的次数不完全相同。然而，就在那一瞬间，他觉得——或者是出于他作为物理学家的直觉——这两种运动是相关的。他告诉自己要开始*玩*了，并尝试在纸上解决这个问题。问题出乎意料地复杂，但他采用了拉格朗日最小作用量的方法。发现摆动和自旋的次数之比是 2:1。非常简洁，令人满意。但他还是想直接了解牛顿力，就像他在大二时学习第一门理论课程时那样，他挑衅一般地拒绝使用拉格朗日方法。然后，他向贝特展示了自己的发现。

"但这有什么重要性呢?"贝特问。

他说:"这没有任何重要性。我不关心一件事是否重要,这不是很有趣吗?"

这很有趣,贝特同意。费曼告诉他,从现在开始,他要做的就是玩。

维持这种情绪需要刻意的努力,因为事实上费曼并没有放弃自己的雄心壮志。不止他深陷困境,还有更多致力于解决量子力学中的缺陷的杰出理论物理学家也陷入了困境。他没有忘记那年秋天与狄拉克的痛苦分歧——他坚信狄拉克已经完全过时了,而另一种方法肯定是可行的。

1947 年初,费曼告诉他的朋友韦尔顿,他的计划已经变得多么宏大。(韦尔顿此时留在橡树岭国家实验室工作,许多年后,他在那里结束任职,那时的他非常失望,许多在错误时间与费曼擦肩而过的人都会被这种失望情绪笼罩。)费曼没有提到过任何关于"玩"的事。"我正在进行一个一般的研究计划,我想了解(不仅以数学的方式)理论物理学的所有分支的概念。"他写道,"如你所知,我正为了狄拉克方程而头疼。"无论他对贝特说了些什么,但他确实在餐盘的轴向摆动和狄拉克成功在其电子中融入的抽象量子力学概念——自旋之间建立了联系。

多年后,费曼和狄拉克又见了一次面。他们尴尬地交谈了几句——这段对话非常引人注意。一位物理学家恰好经过,不经意听到了二人的对话,于是他立即记下了自己所听到的品特①式的对话。

——我是费曼。
——我是狄拉克。(沉默)
——成为那个方程的发现者感觉一定很好。
——那是很久以前的事了。(停顿)你在做什么工作?
——介子。
——你打算发现关于它的方程吗?

---

① 哈罗德·品特,英国剧作家,诺贝尔文学奖得主,早期作品具有荒诞的风格。

——这很难。

——一定要试一试。

狄拉克仅因发现一个方程就深受敬佩，这是谁都比不上的。对狄拉克方程的爱好者来说，这个方程的特性就像魔术帽里的"兔子"。它是相对论的，在为适应接近光速而进行的操作中，它毫不费力地生存了下来。它使自旋成为电子的自然属性，理解自旋意味着了解物理学的一些新语言的欺骗性假象。自旋还不像后来的一些粒子属性那样怪异和抽象，这些属性被称为色和味，半开玩笑、半绝望地承认了其不真实性。从字面上理解自旋，仍然是可能的：将电子视为一个小卫星。但如果电子也是一个无限小的点，它就很难以经典的方式旋转。如果电子也是概率和在约束室中回荡的波，这些物体怎么能被说成是自旋呢？什么样的自旋只能以单位数量或半单位数量出现（就像量子力学的自旋那样）？物理学家学会认为自旋与其说是一种旋转，不如说是一种对称性，即一种用数学方法说明一个系统可以进行某种旋转的方式。

自旋是费曼在普林斯顿大学论文中留下的理论问题。普通力学中的作用量不具有这种性质。如果他不能将其应用于自旋的相对论电子——狄拉克电子，那么他的理论将毫无用处。在他前进的障碍中，这是最重要的一个。难怪他的目光会被旋转的事物所吸引[5]，比如在瞬间的轨迹中摇摆的餐盘。他把问题简化为一具框架，一个只有一个维度（或两个维度：空间和时间）的宇宙。这个宇宙只是一条线，其中，一个粒子只有一种路径，它来回运动，像一只疯狂的昆虫一样调转方向。费曼的目标是从他在普林斯顿大学发明的方法开始——对一个粒子可能走的所有路径求和，看看能否在这个一维世界中得出一个一维狄拉克方程。他写下：

一维狄拉克方程的几何学，

概率 = 每条路径贡献之和的平方，

路径以光速呈"之"字形。

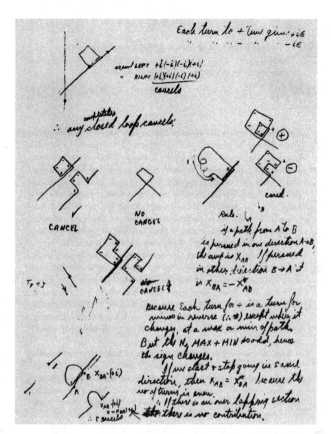

费曼考虑了一个粒子在一维宇宙中的路径，也就是说，一个粒子被限制在一条线上来回运动，总以光速运动。他用水平方向的空间维度和垂直方向的时间维度将来回运动画成示意图：时间的流逝被表示为向上运动。在这个玩具模型中，他发觉自己能推导出一个量子力学的核心方程，只要加上一个粒子的所有可能路径所带来的限制条件。

　　他还增加了一些新东西——一个纯粹的示意图，用来记录"之"字形的轨迹。水平维度代表他的空间维度，而垂直维度代表时间维度。他成功地讨论了这个一维阴影理论的细节。粒子的自旋意味着一个相位，就像波的相位一样。他对粒子每次走"之"字形时，其相位会发生什么做了一些假设，只有部分假设是武断的。相位对路径求和的数学运算至关重要，因为路径要么相互抵消，要么相互加强，这取决于它们的相位如何重叠。费曼并没有试图发表这个理论的片段，尽管他为这一进展感到兴奋。挑战是将理论扩展到更多维度——让空间展开——尽管费曼在图书馆待了很长时间，阅读了古老的数学理论，他也没能做到这一点。

缩小无穷大

费曼在"二战"后最初几年的挫折感，反映了既定理论物理学家群体中日益增长的无力感和失败感。这种感觉起初是个人的，后来是共同的，在他们的小团体之外仍然不可见。这与物理学家们在公众面前获得的荣耀形成了极大反差。

原因是难解的。导致这种痛苦的核心问题是数学上的一个趋势，即某些量随着计算方程的连续项而发散——这些项的重要性本该消失。从物理学上看，一个物体离电子越近，其电荷和质量就越大，其结果是无穷——费曼自普林斯顿大学以来一直在为之奋斗。这意味着量子力学产生了良好的初步近似，然后是西西弗斯[①]式的噩梦：物理学家越是努力，他的计算就越不准确。如果理论达到极限，电子质量就会变成无穷大。人们很难理解这件事的可怕之处，在当时的科普读物中也完全没有出现过。然而，这不仅仅是理论上的问题。实用物理学家最终不得不面对它。"我认为我了解几何学，"费曼后来说，"我想要一根能放进边长5英尺的正方形的对角线，我试着计算它得有多长。我不是很专业，我得到的结果是无穷，没有用……"他继续说：

我们追寻的不是哲学，而是真实事物的行为。所以在绝望中，我直接测量了它——你瞧，它接近7英尺——既不是无穷，也不是零。所以，我们已经测量了这些东西，而我们的理论却给出了如此荒谬的答案。

[①] 希腊神话中一位受到惩罚的人，代指永无尽头而又徒劳无功的任务。

电子的实验标尺不是那么容易得到的，他们最初的近似值与实验室迄今为止产生的任何实验结果都是一致的，这是对海森堡、薛定谔和狄拉克的原始理论的致敬。然而，更好的结果指日可待。

与此同时，思考理论物理学现状的科学家们陷入了强烈的阴郁之中；在原子弹爆炸之后，他们的内心似乎十分空虚。

1947 年春天，拉比在午餐时对一位同事说："过去的 18 年"——也就是自量子力学迅速诞生以来的这段时间——"是本世纪最不活跃的时期。"尽管拉比本人作为哥伦比亚大学一个成果颇丰的小组的负责人，事业正蓬勃发展。

"理论家们正在蒙羞。"在尤为早慧的物理系学生默里·盖尔曼看来也是如此。

"基本粒子理论陷入了僵局。"维克托·魏斯科普夫写道，"每个人都在徒劳地挣扎。"他说，特别是自战争以来，每个人都受够了"用头撞同一堵老墙"。

只有几十个人在数学上遇到困难——这是这一代人在理论物理学上遇到的最严重的危机。一切都一样。魏斯科普夫正在为一次不同寻常的聚会做准备。纽约科学院的前院长邓肯·麦金尼斯（Duncan MacInnes）坚信，当代会议的规模越来越大，与会人数数以百计。而演讲者开始通过概括性和回顾性的演讲，来迎合扩大的听众群体。作为尝试，麦金尼斯提议在一个乡村旅馆的轻松环境中举行一次仅限于二三十名受邀嘉宾的私下会议，以"量子力学的基本问题"为主题。他设法（尽管花了一年多的时间）在 1947 年 6 月初召集了一小群物理学家来到一家名为"公羊头"的旅馆，这家旅馆刚刚开业，位于长岛东部南叉和北叉之间的谢尔特岛上。魏斯科普夫斯负责制定议程，与会者包括奥本海默、贝特、惠勒、拉比、特勒和几位年轻一代的代表，包括朱利安·施温格和费曼。

于是，二十几位身着西装的物理学家在一个周日下午在纽约东区会面，并乘坐一辆摇摇晃晃的巴士穿越长岛。沿途有警察护送他们，警笛长鸣，当地商会的一位官员安排了一场宴会——他曾在太平洋服役，当时他觉得原子弹救了自己的命。他们乘坐一艘渡船到达谢尔特岛，对于一些物理学家来说，这一切都很不真实。第二天早上聚集在一起吃早餐时，他们注意到菜单上有"限制特定顾客"（restricted clientele）的字样，并迅速清点了人数。他们发现，这家旅馆的餐厅从未接待过如此多的犹太人。一位纽约报纸的记者也来了，他给《先驱论坛报》提供了报告："从没见过这样的研讨会……这些人穿过走廊时还在讨论着方程，就连吃饭的时候也没有放弃争论高深的专业问题……"他写道：

> 岛上的居民对科学突然降临在他们中间感到相当困惑。大家都认为，科学家们正忙于制造另一种类型的原子弹，而事实正好相反……
>
> 量子力学是科学的仙境，在这个世界里，物质和能量的界限变得模糊，日常生活中的所有真理都变得毫无意义……

那些十分敏锐的人发觉有两位年轻人——施温格和费曼，开始酝酿新思想。在这三天里，施温格大多时间保持沉默。费曼向一些人展示了他的方法；年轻的荷兰物理学家亚伯拉罕·派斯看着他利用草图以闪电般的速度得出了结果，感到十分困惑。

最后一天上午，在奥本海默讲了几句话之后，费曼被要求向整个小组非正式地概述他的工作。他愉快地做了报告。没有人真正理解他，但他令人印象深刻。正如一位听众在日记中所记录的那样："声音清晰，滔滔不绝，手势也很热情。"

然而最重要的是，这场会议的主要内容是来自实验者的消息，尤其是拉比在哥伦比亚大学点燃的"熔炉"中的实验者。在那个粒子加速器蓬勃发展的时代，哥伦比亚大学的研究小组倾向于那些看似简单而不起眼的技术，尽管他们的"武器库"还拥有战时辐射实验室的新技术：磁控管和微波。威利斯·兰姆刚刚将一束微波射向从炉中喷射出的一缕热氢气上，想测出氢原子电子的精确能级。他成功了——光谱学的技术从未如此精确，他发现两个本应相同的能级之间本应存在明显的差距。"本应"的意思是，根据现有最明确的关于氢原子和电子的指南——狄拉克理论，本应是这样的。那是在 4 月。兰姆上床睡觉时思考着旋钮、磁铁、电流计反射的光点，以及他的实验和狄拉克理论之间的明显差异。第二天他醒来时突然明白——这意味着诺贝尔奖（事实证明如此）。在兰姆第一天做详细报告之前，关于即将被称为"兰姆移位"的消息已经传到了大多数谢尔特岛与会者的耳中。在场的理论家经常重复这样一个真理：当实验与理论互相矛盾时，科学就会进步。他们中很少有人见过如此干脆的例子（更多时候是理论与理论互相矛盾）。在认真听讲的施温格看来，重点在于，量子电动力学的问题既不是无穷，也不是零：它是一个数字，现在摆在他们面前，它是有穷的、很小的。洛斯阿拉莫斯和辐射实验室的"老战友"们知道，理论物理学的任务是证明这些数字的合理性。在施温格看来，会上其他人既紧张又兴奋："难以置信的是，神圣的狄拉克理论已分崩离析。"休会后 [6]，施温格乘水上飞机与奥本海默一起离开了。

另一位物理学家表示，量子电动力学"全军覆没"。这个评价十分苛刻，除了这个棘手的实验，该理论对其他一切都足够准确。毕竟，物理学家们已经知道，无穷给这一理论带来了致命缺陷。实验给了他们真实的数字来计算，根据狄拉克的说法，数字恰恰标志着世界不完全正确。

戴森

同年秋天，弗里曼·戴森来到康奈尔大学。康奈尔大学的一些数学家知道有个英国人叫戴森。这不是一个常见的名字，他的数学成就非凡。但他们认为，加入物理系的这个小个子、鹰钩鼻的 23 岁的人，肯定不是他们知道的那个戴森。其他研究生发现他和蔼可亲，却难以捉摸。他很晚才起床，把《纽约时报》带到办公室，一直读到午饭时间，然后抬起脚，也许闭着眼睛度过整个下午。他偶尔会溜达到贝特的办公室。至于他们在那里做什么，没人知道。

事实上，戴森是当年英国最杰出的两三个数学神童之一。他的父母是极有教养的中产阶级，他出生时父母已经进入中年。他的父亲乔治是英国南部的一所男子学院的作曲家、指挥家和音乐教师，最后成为英国皇家音乐学院的院长。他的母亲米尔德丽德接受过律师培训，尽管她没有执业，却把她对文学的热爱传给了戴森，从小教他读乔叟的作品和古希腊、古罗马的诗歌。六岁时，他会坐在摊开的百科全书面前，在一张纸上专注地进行冗长的计算。从那时起，他就非常沉着冷静。他的姐姐打断他，问保姆在哪里，他答道："我猜想，她绝对在其他地方。"他阅读了天文学科普书《璀璨的天空》(*The Splendour of the Heavens*)和儒勒·凡尔纳的科幻小说。在八九岁的时候，他写了一本科幻小说《菲利普·罗伯茨爵士的爱神星撞地球》(*Sir Phillip Roberts's Erolunar Collision*)，句式成熟，有一种成年人的笔法。故事的主角是一位科学家，对算术和宇宙飞船的设计都很有心得。小戴森不喜欢短句子，他想象中的这个科学家对公众的赞誉感到满意，在工作中却很孤独。他是这么写的：

"我，菲利普·罗伯茨爵士和我的朋友福布斯少校，刚刚解开了自然界的一个重要秘密。爱神星，这颗小行星因其偶尔接近地球而广为人知。它将在10年零287天内距离地球300万英里以内。这和通常的每37年距离13 000 000英里的周期运动不同。因此，它很有可能落在地球上。因此，我建议你们计算一下这件事的细节！"

当欢呼声结束时，每个人都回家了，这并不意味着兴奋已经平息——不，一点也不。每个人都在疯狂计算：有些是合理的，有些是不合理的。但菲利普爵士只是在他的书房里冷静地写着，比平时写得更多，但没人知道他在想什么。

　　他阅读了关于爱因斯坦和相对论的畅销书，并意识到自己需要学习比学校教的更高级的数学，于是向科学出版社索取他们的目录。他的母亲终于察觉，儿子对数学的兴趣正在变成一种痴迷。15 岁那年的圣诞节假期，戴森从每天早上六点到晚上十点，有条不紊地解决了皮亚乔（H. T. H. Piaggio）《微分方程组》（*Differential Equations*）一书中的七百道题。同年，他得知 I. M. 维诺格拉多夫（I. M. Vinogradov）的一本关于数论的经典著作只有俄文版，感到非常沮丧，于是自学了俄语，并亲自把整本书翻译成英文。在圣诞节假期结束时，母亲和他一起去散步，并以古罗马剧作家泰伦提乌斯的话语告诫他："我是凡人，我不与世俗为敌。"她继续给他讲歌德的《浮士德》故事的第一部和第二部，讲到浮士德如何沉浸在书中，如何对知识和权力充满渴望，如何牺牲了可能得到的爱。多年后，当戴森偶然看到《公民凯恩》这部电影时，他哭了，因为他发觉母亲讲过的浮士德的故事在银幕上又一次出现了。

　　战争开始后，戴森进入剑桥大学三一学院。在剑桥，他跟随英国最伟大的数学家哈代、利特尔伍德和贝西科维奇学习。在物理学领域，狄拉克最有名气。戴森在战争期间的经历与费曼截然不同。英国的战争组织部浪费了他的才能，把他分配到白金汉郡森林中的皇家空军轰炸机指挥部，他在那里做了一些统计学研究，当这些研究与官方意见相悖时，注定会被忽视。他深感这项工作徒劳无益。他和作战研究部门的其他人了解到，与轰炸机指挥部的基本主张相反，轰炸机机组人员的安全并没有随着经验的增加而得到保障；应急舱口太窄，飞行员无法在紧急情况下使用；炮塔拖慢了飞机的速度，扩大了机组人员的规模，却没有增加面对敌方战斗机时幸存下来的机会；而且，整个英国的战略性轰炸行动是失败的。数学一再揭示了经验之谈的错误，特别是当经验之谈受到烘托，鼓动年轻人参与飞行时。

　　戴森在飞行任务结束后的照片中看到了散落的炸弹，看到了德国人在平民区的废墟中保持工厂运转的能力。他参与了 1943 年汉堡和 1945 年德累斯顿的对德轰炸计划，感到自己正在堕入道德的地狱。在洛斯阿拉莫斯，美国军事官僚机构与思想独立的科学家的合作比以往任何时候都要成功。而戴森的经历则体现了官僚主义在小事乃至不太小的事上不够诚实的惯例，而轰炸机指挥部的科学家们无法挑战它。

人们把科学和机械的结合叫技术，而这一时期正是技术的黑暗时期。英国发明了很多东西，却也容易产生疑虑，机器打破了传统的生活方式。工作场所似乎因此失去了人性。在世纪之交，在英国工业城市的黑烟中，改善工厂残酷的新工作条件比改善农场残酷的旧工作条件更难。美国也有反对工业化的卢德派，但在无线电、电话和汽车时代，很少有人看到技术带来的进步的不良影响。对美国人来说，对技术的厌恶将成为 20 世纪末生活的主题，这种厌恶始于 1945 年战争胜利带来的恐惧。在对戴森影响最大的书中，有一本名为《魔幻之城》的儿童故事书，由伊迪丝·内斯比特在 1910 年创作。书中有一个关于技术的故事，可谓苦乐参半。小主人公菲利普得知在魔法城市里，当一个人求得一台机器时，他必须永远使用它。于是在马和自行车之间进行选择时，菲利普明智地选择了马——当时在英国和美国，如果有人想用一匹马换取自行车、汽车或拖拉机，几乎没有办不成的。在了解到原子弹时，戴森想起了《魔幻之城》，想起了这种新技术一旦获得，就会一直伴随着人类。但没什么是简单的，戴森把 D. H. 劳伦斯一句关于书籍、椅子、瓶子和铁床架（全部由机器制造）的名言铭记在心："我希望有东西能为我的目的服务，这一点已经了完美地实现了……因此，我向机器和它的发明者表示敬意。"广岛的消息在一定程度上让戴森松了一口气。这让他从自己的战争中解脱出来。而他也知道，他参与的战略性轰炸行动所造成的平民死亡人数是原子弹的四倍。几年后，戴森有了一个小儿子，他半夜被痛苦的噩梦吓醒了，把儿子也吵醒了。他梦见一架飞机坠毁了，大火熊熊燃烧。人们就在附近，有人冲进火海试图救人。戴森在梦中动弹不得。

戴森有时给人的印象是害羞或漫不经心的，但他在英国的老师了解到他有很强的自制力。读高中时，他曾研究过纯数论中的拆分问题——一个数的拆分是它可以被分解为整数之和的方式：4 的拆分方式有 1+1+1+1、1+1+2、1+3、2+2、0+4 一共 5 种。随着数字增大，拆分的数量增加得相当快，14 有 135 种拆分方式。增加的速度有多快，这个问题具有经典数论的所有特征。这很容易说明。连孩子也可以算出前几个数。从对它的沉思中产生了一个光辉的世界，具有折纸般的复杂性和美感。戴森沿袭了 20 世纪初印度天才斯里尼瓦萨·拉马努金所走过的道路。在剑桥大学二年级的时候，他得出了一套他无法证明的关于数的拆分的猜想。他并没有把这些猜想搁置一边，而是把失败作为一种美德。他把这些猜想作为他的第二篇论文发表。他在谈到他的一位著名教授时写道："当利特尔伍德教授使用一个代数恒等式时，从不费心去证明它。他认为一个等式如果成立，即便是愚钝到觉得需要验证的人也能用几行证明出来。我的目的……是要驳斥这一论断……"戴森在报告中承诺要列出一些他觉得有趣但不知道如何证明的等式，而且戴森还扬言："要花点时间讨论可能存在的等式，但是我不会证明，我也写不出来……不用说，我非常鼓励读者帮我证明它们，或者是帮我写出可能存在的等式。"看上去，戴森不喜欢传统数学讨论的风格。

有一天，狄拉克的一个助手对戴森说："我要离开物理学，去学数学。我发现物理学很乱，不严谨，难以捉摸。"戴森回答说："我也是出于同样的原因离开数学去学物理学的。"他觉得数学是一个有趣的游戏，但现实世界更有趣。美国似乎是当时唯一适合从事物理学研究的地方。他从未听说过康奈尔大学，但有人告诉他，贝特将是世界上最好的合作者，而贝特就在康奈尔大学。

他像一个探险家，来到了一个陌生的地方，渴望接触这里的动植物和可能有危险的居民。他生平第一次打了扑克。他体验了美国式的"野餐"，令他惊讶的是，还用上了露天烤架煎牛排。他冒险进行了汽车旅行。"我们穿过一些荒凉的乡村。"他在抵达后不久就给他的父母写信——这里所说的荒凉的乡村位于伊萨卡和罗切斯特之间的纽约郊区。他与一位叫理查德·费曼的理论家同行："这是我遇到的第一个罕见'物种'——美国本土科学家。"戴森在信中写道：

> 费曼对量子力学已经有了自己的理解……总的来说，他总是有很多新想法，其中大多数很精彩，却用处不大，而且一个想法几乎还没有走得很远，就被一些新的灵感掩盖了……当他带着他最新的想法冲进房间，然后用最豪迈的声音和挥舞的手臂来阐述它的时候，生活至少不枯燥了。

虽然戴森在名义上只是个研究生，但作为他的第一个任务，贝特交给他一个活生生的问题：一个来自谢尔特岛的兰姆移位的版本。贝特本人已经在兰姆实验所提出的理论问题上取得了第一个快速突破。在回家的火车上，他用一张废纸做了一个快速、直观的计算，很快就让他的十几个同事说："假如我也能想到……就好了。"当火车到达斯克内克塔迪时，他给费曼打了个电话，确保他的初稿能在一周内送到奥本海默和其他谢尔特岛的同行手中。这是个粗略的估计值，就像在洛斯阿拉莫斯时所做的那样 [7]，忽略了相对论的影响，并回避了无穷大的问题。贝特的突破肯定会被施温格正在进行的那种更严格的计算所取代。但它给出了正确的数——几乎是精确的，而且这个数使人们相信，正确的量子电动力学将解释新的、精确的实验。

现有的理论"解释"了原子中不同能级的存在。它为物理学家提供了唯一可行的计算方法。不同的能量来自关键量子数、电子围绕原子核运行的角动量，以及电子围绕自身旋转的角动量的不同组合。方程中的某种对称性使得所产生的一对能级自然地完全重合。但在威利斯·兰姆的实验室里，它们并没有重合，所以一定缺少了什么，正如贝特所猜测的那样，这个东西就是理论家们的老难题——电子的自相互作用。

这个额外的能量或质量是由电子与其自身场的衔尾蛇式的相互作用产生的。这个量在理论上是无穷的，但在实验上曾经可以忽略不计，是一个可以容忍的麻烦。现在它在理论上是无穷的，在实验上是真实的。贝特想到荷兰物理学家亨德里克·克拉默斯在谢尔特岛提出的建议。理论家们倾向于把电子的"观测"质量看作一个基本量，而它应该被看作另外两个量的组合，即自能和"内禀"质量。内禀质量和观测质量也被称为"裸"质量和"着衣"质量，是一个奇怪的组合。内禀质量永远无法直接测量，而观测质量也无法根据第一原理计算出来。克拉默斯提出了一种方法[8]，理论家可以从实验测量中提取一个数字，并对其进行修正，或者说是"重正化"——贝特就是这样做的，虽然粗糙，但很有效。同时，随着质量的增加，电荷也随之增加——这个从前不可约的量也必须重正化。重正化是一个调整方程的过程，将其中的无穷量变成有穷量。这几乎就像通过一个可调节的透镜看一个巨大的物体，然后转动旋钮使看到的物体缩小，同时观察转动旋钮对其他物体（包括旋钮本身）的影响。这需要非常小心。

从一个角度看，重正化相当于从无穷中减去无穷，同时默默祈祷。通常，这样的操作可能毫无意义：无穷（整数，0, 1, 2, 3, …）减去无穷（偶数，0, 2, 4, …）等于无穷（剩下的奇数，1, 3, 5, …），而且这三个无穷是一样的。与之不同的是，比如实数集明显是更大的无穷。理论家们暗中希望，当他们写下无穷 - 无穷 = 零时，自然界会奇迹般地使其成为零。如果他们的愿望实现了，这将说明这个世界的一些重要情况。有一段时间，人们并不清楚这些情况到底是什么。

贝特给戴森布置了一个精简的、玩具版的兰姆移位，要求他计算一个没有自旋的电子的兰姆移位。对戴森来说，这是一个快速解决最重要、最紧急的问题的方法，也是贝特自己继续探索的方法。戴森看出，贝特发表的计算结果既是一个骗局，也是一个杰作：一个糟糕的近似值，却不知怎的得出了正确答案。戴森与费曼的交流越来越多，他也越来越了解费曼。他看着这个狂野的美国人从贝特家的餐桌上冲下来，和贝特五岁的儿子亨利一起玩耍。费曼对他朋友的孩子确实有一种非凡的亲和力。他会用胡言乱语、杂耍把戏来取悦他们，在戴森听来，费曼就像一个单人打击乐队。他可以拿来别人的眼镜，慢慢地戴上、摘下、再戴上来吸引孩子们。费曼会很认真地和孩子说话，他曾问亨利·贝特："你知道吗？世界上的所有数都有两倍于它的数。"

"不可能！"亨利说。

费曼说，他可以证明。"说一个数。"

"100 万。"

费曼说："200 万。"

"27 ！"

费曼说："54。"他不断地用两倍于亨利的数来作答，直到亨利突然发现了问题的关键。这是亨利第一次真正接触到无穷大。

有一段时间，费曼和戴森似乎都没有认真对待工作。戴森给他的父母写信说，费曼"一半是天才，一半是小丑"（他后来对这一描述感到抱歉）。就在几天后，戴森从访问康奈尔大学的魏斯科普夫那里听到了施温格在哈佛大学的进展。他感觉到了这与他从费曼那里听到的截然不同的概念之间的联系。他看到费曼的闪光和野性背后的方法。下一次给父母写信时，他说：

> 费曼的思想很难理解，但贝特的思想相对容易；出于这个原因，到目前为止，我从贝特那里学到的东西更多。但我想，如果我在这里待得更久，就会开始发现，我和费曼在一起合作的机会更多。

未经深思的半视觉图像

从物理学家自己的角度来看，他们的困难在于数学：无限性、发散性、不规则的形式主义。但另一个障碍在于背景，它很少出现在已正式发表或未发表的言论中：可视化的不可能性。一个人如何感知原子或电子的发光行为？何种思想图景可以指导科学家？第一个量子悖论粉碎了物理学家的经典直觉，甚至到 20 世纪 40 年代，他们也很少讨论可视化问题。这似乎是一个心理学问题，而不是一个科学问题。

尼尔斯·玻尔的原子，即一个微型的太阳系，已经成为令人尴尬的假象。1923 年，在玻尔提出构想十周年之际，德国量子物理学家马克斯·玻恩称赞道："认为宏观世界的规律在小范围内能够反映微观世界，这对人类思想产生了神秘影响。"但玻恩和他的同事们已经看到，这幅图景逐渐变成了不合时宜的东西。在角动量和自旋的理论中，以及在标准的高中物理学和化学课程中，玻尔模型仍然存在。但电子绕原子核旋转的图景不再合理。取而代之的是具有共振模式的波、以概率形式消失的粒子、算子和矩阵、具有额外维度的可塑性空间，以及那些完全放弃可视化的物理学家的观点。玻尔已经亲自确定了基调。他在因原子模型而获得诺贝尔奖时说，是时候放弃通过类比日常经验来解释它了。"因此，我们不得不降低要求，满足于形式上的概念，这些概念不提供人们通常要求的视觉画面。"这一进展并非完全没有紧张感。海森堡在 1926 年评价泡利时说："我对薛定谔理论的物理部分思考得越多，就越觉得它令人厌恶。想象一下，旋转的电子，其电荷分布在整个空间，且轴线是四维或五维的。薛定谔所写的关于其理论可视性的文章……我认为是废话。"尽管物理学家很重视他们称为"直觉"的概念化技巧，尽管他们会谈论物理理解和形式理解之间的差异，但他们还是学会了不信任任何与日常经验相似的亚原子现实图景。对量子理论家来说，不再有棒球、炮弹或行星，也不再有空转的轮子或波浪。在费曼讲过很多次的那个故事中，父亲曾问他："我知道当一个原子从一个状态过渡到另一个状态时，它会发射出一种叫作光子的光粒子。这个光子提前存在于原子中吗？如果是，那它从哪里来？它是怎么发射出来的？"没有人对这个问题建立一个思想图景。光的辐射、物质与电磁场的相互作用，是量子电动力学的决定性事件。

在这个图景应该出现的地方，却出现了一个空洞，就像新物理学中不平静的真空一样，充满了可能性。一些物理学家甚至无法让自己的思想在量子的临时图景上得到发展，他们转向了一种新哲学，其特点是矛盾的思想实验和关于现实、意识、因果关系和测量的争论。这种争论逐渐形成了 20 世纪末学术氛围中不可缺少的一部分，它们像烟云和浮尘一样尾随物理学的其他内容，具有争议，无法解决。1935 年，爱因斯坦、波多尔斯基和罗森的论文（这篇论文给了 17 岁的施温格第一次打动拉比的机会）成了一个经久不衰的例子。它提出，两个量子系统（也许是原子）过去被粒子的相互作用联系起来，现在却被很远的距离分开。作者表明，测量这对原子中一个原子的简单行为会影响对另一个原子的测量，而且这种影响是瞬时的——比光更快，因此是可追溯的。爱因斯坦认为，这是对量子力学的批评。玻尔和年轻的理论家们保持着一种更乐观的态度，指出爱因斯坦本人已经把过去和距离归入一类概念，人们不再能以舒适的、经典的确定性来谈论这些概念。同样，薛定谔那只著名的猫也是如此：一只可怜的假想动物坐在箱子里，箱子里有一小瓶连接到探测器上的有毒气体，它的命运就此与同一个量子力学事件，即一个原子的光子发射，紧密相连。薛定谔的观点是，虽然物理学家们此时可以轻而易举地将此类事件计算为一个概率——一半是，一半不是——但他们仍然无法将一只猫想象成活的或死的东西。

物理学家紧张地休战了，因为他们无法为非常小的世界中的事件构建明确的心智模型。当他们使用波或粒子这样的词时（必须同时使用），会有一个沉默的、带有否认含义的星号注释似乎在说"* 并非如此"。

因此，他们认识到，他们的职业与现实的关系已经发生了变化。假设存在一个单一现实，人类的大脑就可以合理、清楚地理解它，科学家也可以解释它，但这种奢侈已经消失了。现在很明显，科学家的工作成果——理论、模型——总是以一种临时的方式解释经验和理解经验。科学家对这种模型的依赖程度，就像人在穿过黑暗的房间时对视觉记忆的依赖程度一样强烈。然而，物理学家们开始明确表示，他们正在创造一种语言——他们仿佛更像文学评论家，而不是调查员。"认为物理学的任务是探知自然的真相，这是错误的。"玻尔说，"物理学的重点在于，关于自然，我们能*说*些什么。"物理学本就如此，只不过物理学家过去从没有被大自然这样取笑过。

然而长远来看，大多数物理学家无法回避可视化。他们发现自己需要想象一种图景。这是一种务实的工作，理论家重视基于视觉和感觉的思维方式。这就是*物理直觉*的含义。费曼对戴森说过，戴森也同意，爱因斯坦的伟大成就源于物理直觉，当爱因斯坦停止创作时，是因为"他不再用具体的物理图像来思考，而变成了一个方程的操纵者"。直觉不仅是视觉的，也是听觉和动觉的。那些在费曼精神高度集中的时刻观察他的人，对这个过程的物理性有一种强烈的甚至令人不安的感觉，仿佛费曼的大脑并没有局限于灰质，而是延伸到了他身体的每一块肌肉上。康奈尔大学宿舍的一个邻居打开费曼的门，发现他在床边的地板上打滚，因为他正在研究一个问题。当他没有打滚的时候，他至少在有节奏地喃喃自语或用指尖敲打东西。在某种程度上，科学可视化的过程是一个将自己置身于自然中的过程——置身于一束想象中的光，置身于一个相对论的电子。正如科学史家杰拉尔德·霍尔顿（Gerald Holton）所说的那样，"存在着一种心灵……和自然规律的相互映射"。对费曼来说，这是一个自然界，其元素与可触及的、多变的、飘动的节奏相互作用。

他自己也在思考这个问题。虽然他对小说或诗歌不感兴趣，但有一次，他仔细地抄下了弗拉基米尔·纳博科夫的诗句："空间是眼睛里的蜂群，时间是耳朵里的歌声。"

他对采访他的历史学家西尔万·S.施韦伯（Silvan S. Schweber）说：

可视化——你一直在重复这个词，我真正想做的是产生清晰的感觉，这其实是一个未经深思的半视觉图像。我会看到抖动－抖动－抖动或扭动的路径。即使是现在，当我谈到影响泛函时，我会看到耦合，而且用这种转折——就像有一大袋东西——试图把它领走，推动它。这都是视觉上的东西。很难解释。

"以某种方法，你看到了答案？"施韦伯问。

当然是答案的特征。我想，这是一种受启发的绘图方法。通常情况下，我试图让图像更清晰，但最终，数学可以接管并更有效地传达图中的想法。

在我解决的某些特定问题中，在数学真正完成之前，有必要继续将图像发展为一种方法。

这个领域本身提出了终极挑战。费曼曾经告诉学生："在任何意义上，我都没有准确的电磁场图。"在想办法分析将无法看到的东西可视化的方式时，他得到了一个奇怪的教训。他每天使用的数学符号与他对运动、压力、加速度的物理感觉纠缠在一起……他以某种方式给抽象符号赋予了物理意义，甚至是在他运用操纵符号的知识来控制自己的原始物理直觉时。

当我开始描述在空间中移动的磁场时，我说到 E 场和 B 场，并挥动手臂，你可以想象我能看到它们。我会告诉你我看到了什么。我看到一些模糊的、朦胧的、扭动的线条……也许有些线条上有箭头——当我仔细看时，箭头就会消失……我严重混淆了用来描述物体的符号和物体本身。

然而，他不能退缩到数学中去。从数学上讲，场是一个与空间中每一个点相关联的数字阵列。他告诉学生，他对此根本无法想象。

可视化不一定意味着图。一个复杂的、半意识的、动觉的物理学直觉不一定适合被表现成棍状图的形式。一张图也不一定能表达一个物理图景。它可能仅仅是一张图表或一种记忆辅助工具。不管怎么说,图在量子物理学的文献中是很罕见的。一个典型的例子是用一组水平线的阶梯来表示原子中的能级概念。

从一个层级到另一个层级的量子跃迁伴随着一个光子的发射,吸收一个光子会带来一次向上的跃迁。对光子的描述没有出现在图中,也没有出现在同一过程的另一个更粗略的示意图中。

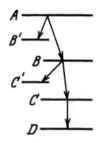

"量子跃迁"被形象化为一组阶梯

费曼从未使用过这样的图,但他的笔记中经常填满另一种图。他回忆起在普林斯顿大学与惠勒的合作成果中的重点,那就是时空路径。他把电子的路径画成直线:在水平方向移动代表在空间中的运动,在竖直方向移动代表在时间中的进展。起初,他也没有把光子的发射放在他的图中:该事件会表现为电子从一个路径到另一个路径的偏转。费曼仍然主要考虑电子与作为场的电磁场之间的相互作用,而不是考虑粒子、光子形式的场。

在 1947 年中,费曼的朋友劝说他(威胁和劝诱轮番上阵)发表他们一直听到的理论观点。他最终这么做了,没有使用图。这项工作是他对他的论文进行的重写,但这也证明了他对量子电动力学问题的掌握越来越成熟和广泛。他毫不掩饰地解释了这一新理论。对一些物理学家来说,这将是费曼所发表的最有影响力的一系列观点。

他说,他已经发展出了量子力学的另一种提法,以补充薛定谔和海森堡在 20 年前提出的两个构想。他定义了**时空路径的概率幅**的概念。在经典世界中,人们只需添加概率:击球手的上垒率等于 30% 的击球率加上 10% 的上垒率，再加上 5% 的失误率……在量子世界中，概率被表示为复数，即有量和相位的数，这些所谓的振幅被平方，进而产生一个概率。这是为了捕捉粒子的波行为所必需的数学过程。波相互干扰，它们可以相互增强或相互抵消，这取决于它们是同相还是异相。光与光结合可以产生黑暗，与亮度带交替出现，就像水波在湖中结合，可以产生双重的深谷和高波峰。

费曼为他的读者描述了他们已经知道的量子力学的经典思想实验，即所谓的双缝实验。对于尼尔斯·玻尔来说，它说明了波粒二象性不可避免的悖论。（例如）一束电子穿过屏幕上的两个狭缝，远处的一个探测器记录了它们的到来。如果探测器足够灵敏，它就能记录单个事件，如子弹撞击；它可能被设计成发出像盖革计数器一样的嘀嗒声。但是，出现了一种特殊的空间图样：电子到达不同地方的概率根据不同的衍射方式发生变化，就像波通过狭缝并相互干扰一样。是粒子，还是波？以量子力学的方式给这个悖论"盖棺定论"，这是一个无法逃避的结论：每个电子都"看到"或"知道"，或以某种方式穿过两个狭缝。传统上，一个粒子必须穿过其中一个狭缝或另一个狭缝。然而在这个实验中，如果狭缝交替关闭，使得一个电子必须通过狭缝 A，另一个电子必须通过狭缝 B，干涉图样就会消失。如果想瞥见粒子穿过一个狭缝或另一个狭缝时的情况，也许要在狭缝处放置一个探测器，但我们又会发现，仅仅是探测器的存在就会破坏这种图样。

概率幅通常与一个粒子在某个时间到达某个地方的可能性有关。费曼说，他将把概率幅与"粒子的整个运动"——路径联系起来。他陈述了其量子力学的中心原则：一个事件可能以几种不同的方式发生，其概率是复数贡献之和的绝对平方，每一种方式都有一个复数。这些复数，这些概率幅，是根据经典相互作用写成的。费曼展示了如何将每条路径的作用量作为一个积分来计算。他证明了这种奇特的方法在数学上等同于标准的薛定谔波函数，尽管在精神上它们是如此不同。

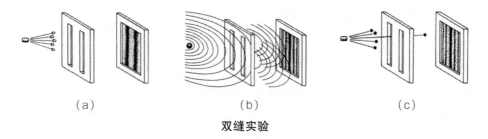

双缝实验

量子力学的核心谜团——所有其他谜团都可以归结于此

（a）一把枪（遵守经典定律）将子弹射向一个目标。首先，子弹必须穿过一个有两个狭缝的屏幕。它们形成的图样显示了它们到达的**概率**在不同的地方是如何变化的。它们最可能直接击中狭缝的后面。这个图样恰好是单独考虑每个狭缝的图样的总和：如果一半的子弹只在左边狭缝打开时发射，另一半只在右边狭缝打开时发射，结果是一样的。

（b）然而，由于存在干涉，对于波来说，结果是非常不同的。如果狭缝每次打开一个，形成的图样将类似于子弹的图样：有两个明显的峰值。但是当两个狭缝同时打开时，波就会同时穿过两个狭缝并相互干涉——在同相位的地方，它们会相互增强；在不同相位的地方，它们会相互抵消。

（c）现在是量子悖论：粒子像子弹一样，每次攻击一个目标。然而像波浪一样，它们创造了一个干涉图样。如果每个粒子都单独穿过一个狭缝，它与什么"干涉"呢？尽管每个电子都在同一个地方和同一时间到达目标，但似乎每个电子都同时穿过了两个狭缝——或者以某种方式感觉到了两个狭缝的存在。

自从费曼差不多十年前的本科毕业论文发表以来，《物理评论》没有刊登过他的任何作品。令他沮丧的是，编辑们拒绝了这篇论文。[9] 贝特帮他重写，告诉他如何向读者说明什么是旧的，什么是新的。费曼试着投稿《现代物理评论》，并终于在第二年春天以《非相对论量子力学的时空方法》为题发表。他坦率地承认，他对量子力学的重新表述在结果方面没什么新的内容，他甚至更直接地说明了他所认为的优势："从一个新的角度来认识旧事物是一种乐趣。而且，在有些问题上，新的观点提供了明显的优势。"（例如，当两个粒子相互作用时，就有可能避免费力地记录两个不同的坐标系。）这篇论文最初的读者不多，他们发现没有花哨的数学，只有这种视觉上的转变，在干净、经典的力学基础上增加了一点儿物理直觉。

很少有人能立即认识到费曼的观点的力量。其中一人是波兰数学家马克·卡茨，他在康奈尔大学听到费曼描述他的路径积分，并立即认识到，这与概率论中的一个问题有密切关系。他一直试图扩展诺伯特·维纳在布朗运动方面的工作，布朗运动是扩散过程中不规则的随机运动，这也是费曼在洛斯阿拉莫斯的理论工作的主要内容。维纳也创造了积分，总结了粒子的许多可能路径，但在处理时间方面有一个关键区别。在费曼演讲的几天后，卡茨创造了一个新的公式，即费曼–卡茨公式，它后来成为最普遍的数学工具之一，将概率论和量子力学的应用联系起来。卡茨后来感觉到，在整个职业生涯中，他作为"F-K"中的 K 最为出名。

即使对于那些习惯了具有复杂哲学意义的理论建构的物理学家来说，费曼的路径总和——路径积分——也显得很奇怪。他们设想，在一个宇宙中，任何势都会被计算；没有东西是潜在的，所有东西都是活的；每一种可能性都在结果中得到体现。

他向戴森表达了自己的构想：

电子可以做任何它喜欢的事情。它随心所欲地以任意速度向任意方向移动，在时间上向前或向后移动，你把振幅加起来，就得到了波函数。

戴森笑着地反驳说他疯了。不过，费曼还是抓住了双缝实验的直观本质，在这个实验中，一个电子似乎知道所有可能性。

费曼对自然的路径积分观点，即他对"历史求和"的看法，也是最小作用量原理和最短时间原理的重生。费曼觉得自己已经发现了深层的规律，几个世纪以来，这些规律曾使惠更斯、费马和拉格朗日发现了力学和光学原理。一个被抛出的球如何知道找到其路径使作用量最小化的特定弧线？一束光如何知道找到时间最短的路径？费曼用图像回答了这些问题，这些图像不仅适用于量子力学的新奇奥秘，而且适用于为初学物理的学生准备的诡谲的练习。

光在从空气进入水中时，角度似乎很整齐。它像台球一样从镜子的表面弹起。它似乎是以直线传播的。这些时间最短的路径是特殊的，因为它们往往是附近路径的相位最接近、最能相互加强的地方。在远离最短时间路径的地方，例如在镜子的远边，这些路径往往会相互抵消。然而费曼表示，光确实会走上每一条可能的路径。看似无关紧要的路径总是潜伏在背景中，做出自己的贡献，随时准备在海市蜃楼、衍射光栅等现象中现身。

光学专业的学生学到了对此类现象的其他解释，如在水和空气中起伏的波。费曼坚决地完全消除了波的观点。波动性被内置到振幅所携带的相位中，就像小时钟一样。他和惠勒曾梦想着消除场本身。这个想法后来被证明是异想天开。场已经深深地扎根于物理学家的意识中。它是不可或缺的，而且是成倍增长的——新的粒子，比如介子，意味着新的场，就像一个新的塑料覆盖层，粒子是它的量子化表现。尽管如此，费曼的理论仍然保留了其最初框架的印记，然而这一框架早已被废弃了。比以往更明确的是，真正的演员是粒子。对求助于可视化的物理学家来说，在一个越来越被粒子的云迹、命名法和行为主义所支配的实验世界中，这个特征很有吸引力。

施温格的荣耀

费曼的路径积分属于一个松散的思想和方法体系，是他收集但未整合起来的私人物理学，很多内容依靠他自己的猜测，或者如他所说，是"半经验主义的把戏"。这都是大杂烩，他只关心结果，即使是对他最有同情心的听众，即贝特和戴森，他也讲不清楚，更不用说证明了。1947 年秋天，他参加了贝特关于兰姆移位的方法的正式讲座。贝特最后强调，需要一种更可靠的方法来使理论有限，即一种能遵守相对论要求的方法，此时费曼意识到，他可以计算出必要的修正。他答应贝特，第二天一早给出答案。

第二天早上，他意识到自己对贝特的电子自能的计算了解得不够，无法将他的修正意见转化为正常的物理学语言。他们一起在黑板前站了一会儿，贝特解释自己的计算，费曼试图阐述自己的方法，而他们能得出的最佳答案产生了很大的分歧。费曼从物理学角度思考了这个问题，确信根本不应该出现分歧。

在接下来的几天里，他又从头开始自学自能。当他用观察到的电子的"着衣"质量而不是理论上的"裸"质量来重新表达他的方程时，修正结果正如他所想的那样，趋向于一个有限的答案。同时，施温格取得进展的好消息经由魏斯科普夫和贝特从剑桥传到伊萨卡。当费曼在秋末听说施温格已经计算出了电子的磁矩（在拉比实验室新发现的另一个微小的实验异常），他也解决了这个问题。施温格精心设计的计算方法让顶尖的物理学家们相信，理论又一次开始前进了。"上帝是伟大的！"拉比以特有的狡黠语气给贝特写道。贝特回信："你的这些实验给一个理论带来了全新的见解，而且这个理论在相对较短的时间内得到了发展，这真是太奇妙了。这就像量子力学的早期一样令人兴奋。"

费曼觉得施温格越来越有竞争力，因而感到越来越沮丧。他相信，他有他的量子电动力学，但所谓的"施温格-魏斯科普夫-贝特阵营"也有自己的量子电动力学。次年1月，美国物理学会在纽约举行会议，施温格是主角。他的纲领并不完整，但他已经将重正化的新思想整合到标准量子力学中，展示了一系列令人印象深刻的推导。他演示了反常磁矩，比如兰姆移位，是如何从电子与其自身场的相互作用中产生的。他的演讲吸引了很多人，人们挤满了大厅。许多物理学家不得不站在走廊上，听着阵阵掌声（以及当施温格最后说"很明显……"时爆发的尴尬笑声）。施温格被匆忙安排在同一天晚些时候在哥伦比亚大学的麦克米林剧院再做一次演讲。戴森参加了。奥本海默坐在前排抽着烟，十分引人注目。费曼在提问环节站起来说，他也得出了这些结果，事实上，他可以提供一个小小的修正。很快，他就后悔了。他觉得自己就像一个小孩，高声嚷着："爸爸，我也做到了。"那年冬天，很少有人意识到他所感受到的强烈竞争，但他对一位女友说了一句苦涩的话，这位女友即使不了解具体的情况，也能理解他的失望。

她回信说："我很抱歉，你长期研究的实验或多或少地被别人'偷'走了。我知道这让你感到不舒服。但是，亲爱的迪克，如果没有竞争，生活又怎么会有趣？"她想知道，为什么他和他的竞争对手不能联手合作。

施温格和费曼并不是仅有的试图得出兰姆移位和电子磁矩的直接实验所要求的计算结果或解释的人。其他理论家们也追随贝特随手写下的粗略方法。他们认为没有必要创建一门不朽的新的量子电动力学，因为他们只需将重正化技术修补到现有的物理学上，就可以产生正确的数字。两组科学家独立取得了成功，他们考虑了质量在相对论速度下膨胀的方式，得出了超越贝特的纲领。在发表之前，魏斯科普夫和研究生布鲁斯·弗伦奇的团队咨询了施温格和费曼，结果犯下了优柔寡断的错误。施温格和费曼沉浸在他们更雄心勃勃的计划中，他们各自警告魏斯科普夫，说他的错误出在一个小因素上。魏斯科普夫认为这些杰出的后起之秀不可能会同时出错，因此推迟了其手稿的发表。

几个月后，费曼打电话道歉，说魏斯科普夫的答案是正确的。

对于费曼自己正在发展的理论来说，他在反物质这个棘手的领域取得了突破。第一个反粒子（即负电子，或正电子）在不到二十年前作为狄拉克方程中的一个负号诞生了——这是正、负能量之间对称性的结果。狄拉克被迫设想出能量海洋中的空洞，并在 1931 年指出："如果有一个空洞，那将是一种新的粒子，对实验物理学来说是未知的。"在接下来的几个月里，加州理工学院的卡尔·安德森在一个为探测宇宙射线建造的云室里发现了一个空洞的踪迹。它看起来像一个电子，但它在一个磁场中向上偏转，而它本应向下偏转。

这些生动的照片，以及一位杂志编辑违背安德森的意愿创造的生动的名字，让正电子具有了理论家们难以忽视的合法性。电子与其反物质的碰撞以伽马射线的形式释放能量。另外，在狄拉克的图景中，真空是一个偶有洞或气泡的充满活力的海洋，我们可以说电子掉进了一个洞并填满了它，因此洞和电子都会消失。随着实验者继续研究宇宙射线照片，他们也发现了一个相反的过程：伽马射线只不过是一个高频的光粒子，可以同时产生一对粒子，即一个电子和一个正电子。

狄拉克的图景有困难之处，就像他的物理学中的其他地方一样，出现了多余的无限问题。对真空最简单的描述，即绝对零度的空空间，似乎需要无限的能量和无限的电荷。而从任何试图写出正确方程的人的实际角度来看，假定粒子的无限性造成了可怕的复杂化。寻求出路的费曼再次转向了他在普林斯顿大学与惠勒的合作研究中提出的时间向前和向后流转。他再次提出了一个时空图景，其中正电子是一个逆时间运动的电子。这个图景的几何十分简单，但它是如此陌生，以至于费曼要努力寻找个比喻。

他写道："假设一根黑线被浸没在一个火胶棉立方体中，然后凝固。想象一下，这条线虽然不一定很直，但从上方延伸到下方。现在，这个立方体被水平切成一层层薄薄的正方形，它们被放在一起，形成连续的运动画面。"每一个切片，即每一个横截面，都会产生一个点，而这个点会移动，显示出线的路径。他说，现在假设线反转，"有点儿像字母 N"。观察者将看到连续的切片，而不是整条线，这种效果将类似于产生一个粒子 – 反粒子对。

在连续的帧中，最初只有一个点，但在反转的情况下将线切下时，这些帧中会突然出现两个新的点。它们三个都会移动一段时间，然后其中两个会走到一起并湮灭，在最后的帧中只留下一个点。

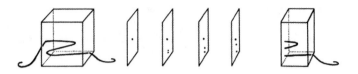

他说，通常的电子运动方程涵盖了这个模型，尽管它确实需要"一个比人们习惯的更曲折的空间和时间路径"。他仍然对那个线的比喻不满意，并不断寻找更直观的方式来表达自己的观点，他捕捉到了看到受时间限制的切片中的路径和看到整体的路径之间的本质区别。一位在战时当过投弹手的康奈尔大学学生给他提了建议，费曼最终发表的投弹手比喻后来变得家喻户晓。

一个投弹手通过一架低空飞行的飞机的轰炸瞄准器观察一条道路，他突然看到了三条路。当其中两条路一起移动并消失时，这种混乱才得以解决，他意识到自己只是经过了一条路的一个长长的反向急转弯。反转的部分在该类比中代表正电子，它首先与一个电子一起产生，然后和另一个电子移动并湮灭。

这就是大体情况。费曼的路径积分法很适合这个模型：他从以前与惠勒的工作中知道，附近路径各相位之和也适用于"负时间"。他还发现了一条捷径，避开了泡利不相容原理导致的复杂问题。泡利不相容原理是量子力学的基本定律，两个电子不能处于同一个量子态。他特许自己不使用不相容原理，理由是在较早的计算中发现了两个粒子，而实际上只有一个，它在一个时间切片中沿着"之"字形来回运动。他在笔记中写道："通常的理论说不行，是因为在 t_y 和 t_x 之间不可能有两个处于相同状态的电子，我们说它是同一个电子，所以泡利不相容原理不起作用。"这听起来像是关于时间旅行的科幻小说，很难让人马上接受。他清楚地知道，他提出的是一个与时间的常识性体验完全不同的概念。他违反了日常的直觉——未来还不存在，过去已经过去。他只能说，物理学中的时间已经偏离了心理学中的时间。物理学的微观定律中似乎不要求区分过去和未来，而且爱因斯坦已经摧毁了绝对时间的概念，时间独立于观察者。然而，爱因斯坦没有想象到，粒子的历史改变了方向，逆流回溯。费曼只能求助于效用论，他写道："在物理学中，同时考虑所有时间内的事件，并想象我们在每个瞬间只意识到我们身后的事件，这可能是有用的。"

我的理论来自遥远的地方

施温格和费曼都在期待，谢尔特岛的精英会议必然会有一个后续。一个新的聚会计划于 1948 年 3 月下旬在宾夕法尼亚州波科诺山的度假胜地举行：同样的田园风光、熟悉的参会人员、深刻的议程。费米、贝特、拉比、特勒、惠勒和冯·诺伊曼都来了，还有奥本海默担任主席，两位战前物理学巨人——狄拉克和玻尔也加入了他们的行列。

1948 年 3 月 30 日，他们聚集在破旧的绿色钟楼下的一个休息室里，从这里可以看到一个高尔夫球场和连绵 50 英里的林地。会议首先介绍了宇宙线簇射和伯克利同步加速器中的粒子轨迹的新消息。伯克利同步加速器拥有 16 英尺的磁铁，承诺在秋天之前将质子推进到拥有 3.5 亿电子伏特的能量，这足以重新创造出大量被称为介子的新基本粒子的爆发，介子是当前最热门的宇宙射线粒子。实验者不再等待宇宙将样本送入他们的云室，而是终于能够制造他们自己的样本。

宇宙射线数据有一个问题，即介子与其他粒子相互作用的预期强度和观测强度之间存在巨大差异。在谢尔特岛会议上，年轻的物理学家罗伯特·马尔沙克（Robert Marshak）提出了一个解决方案，比起后来的几十年，在 1947 年提出这些解决方案需要更多的勇气和智慧：一定有第二种粒子混在第一种粒子中。不是一个介子，而是两个介子——一旦有人敢打破这个僵局，问题就清楚了。费曼高兴地说，他们将把这种新粒子称为"马尔沙克"。随着技术的进步，基本粒子的数量攀升至两位数。在波科诺会议开幕时，实验者通过展示越来越有特色的图片来吸引观众。在图片中，粒子留下了鸡爪印般的痕迹，令人印象深刻。没有人能看到场、矩阵或算子，但粒子散射的几何形状却再生动不过了。

　　第二天上午，施温格上台发言。他首次提出一个完整的量子电动力学理论，正如他一开始就强调的那样，该理论符合"相对论不变性"和"规范不变性"的双重标准。无论粒子选择何种速度或相位，这个理论的计算结果都是一样的。这些不变性保证了该理论不会因观察者的视角而改变，就像从日出到日落的时间并不取决于一个人是否将时钟调到夏令时一样。理论必须确保计算不会与某个特定的参考系统或"规范"挂钩。施温格告诉他的听众，他将考虑一个量子化的电磁场，其中"每一小块空间将被当作一个粒子来处理"——这个粒子比以前的粒子具有更多的数学力量和更少的视觉效果。他引入了一个困难的新符号，并推导出电子与自身场的相互作用等"应用"的特定结果。即便此时台下的这些了不起的听众感觉没有理解，他们也不会像施温格经常遇到的其他听众那么容易被吓倒。玻尔突然插嘴问了一个问题，施温格讨厌这样，并打断了玻尔。最后，他继续讲下去，承诺将在适当的时候把一切都讲清楚。和往常一样，他强调演讲时没有笔记，整场演讲十分正式，他推导出一个又一个方程。施温格的演讲变成了一场马拉松，一直持续到下午晚些时候。贝特注意到，形式数学方法使批评者安静下来，他们只有在施温格试图表达纯粹的物理思想时才提出问题。他向费曼提起这一点，建议费曼也在他的演讲中使用数学方法。费米环顾了一下声名显赫的同事们，满意地注意到，他们已经走神了。他想，只有他和贝特能与施温格待到最后。

　　接下来就轮到费曼了。他感到很不安。在他看来，施温格的演讲虽然是一场精彩的表演，但并不顺利（但他错了，每个人都印象深刻，尤其是奥本海默）。贝特的建议使他改变了演讲计划。他本想尽可能聚集于物理思想。他确实也有数学范式，虽然不像施温格的那样复杂，但也是个人的方法。他可以展示如何从范式中推导出自己的规则和方法，但无法证明数学本身的合理性。他是通过试验和错误得到的结果。他知道这是正确的，因为他已经在许多问题上试过了，包括施温格的所有问题。而且它是有效的，但他不能证明它是有效的，他也不能把它与旧的量子力学联系起来。尽管如此，他还是接受了贝特的建议，从方程开始，说："这是一个数学公式，我现在要告诉你们，它能产生量子力学的所有结果。"

他总是告诉他的朋友，一旦他开始谈论物理学，就不在乎听众是谁。他最喜欢的一个故事是，玻尔在洛斯阿拉莫斯把他看作一个不怕与长辈争论的年轻人。玻尔曾经常通过他的物理学家儿子奥格，不时地私下寻求费曼的建议。尽管如此，他从来没有被费曼与他过分热情的美国式工人阶级风格真正打动过。在漫长的一天即将结束之时，在 26 位伟大的物理学家面前，费曼准备演讲，而玻尔也在其中。即使是在普林斯顿大学，在爱因斯坦和泡利面前演讲时，费曼也没有受到过如此之多的科学界伟大人物的关注。他创造了一种新的量子力学，却几乎没有研读过旧的量子力学，但他有两个例外：他学习过狄拉克和费米的工作，现在，他们都坐在他面前。

他的老师——惠勒和贝特也在那里。奥本海默也在，他已经制造了一枚原子弹，还有特勒，他也在制造下一枚原子弹。他们知道费曼是一个充满希望、无所畏惧的年轻人。还有 7 周就是他的 30 岁生日了。

这是施温格本人第一次听到费曼的理论。尽管他没有说出来，但他认为这令人反感（之后，他们友好地比较了各自的方法，发现几乎完全一致）。他能看出，费曼提供的是猜测和直觉的拼凑——这让他想起工程学中作为建筑基础的工字梁和 T 形梁。贝特意识到，听众对细节感到麻木，于是打断了费曼一次，试图让他回到基本原理上。费曼解释了他的路径积分，这是一个陌生的想法，而他的正电子在时间上向后移动，这甚至更令人不安。特勒抓住了违反泡利不相容原理的漏洞，拒绝接受费曼的无理辩解。费曼突然意识到，每个人都有一个最喜欢的原则或定理，而他正在违反他们所有人的原则。狄拉克问道："它是幺正的吗？"费曼甚至不知道他是什么意思。狄拉克解释：把人从过去带到未来的矩阵必须保持对总概率的精确记录。但费曼没有这样的矩阵。他的方法的本质是对过去和未来的看法：在时间上可以自由地向前或向后移动。他几乎什么也没解释清楚。最后，当他在黑板上勾勒出图示——粒子的轨迹示意图，当他试图展示他对不同路径的振幅进行求和的方法时，玻尔站起来反对。费曼是不是忽略了量子力学二十年来的核心内容？玻尔说，很明显，这种轨迹违反了不确定性原理。他走到黑板前，用手势示意费曼让出位置，然后开始解释。惠勒迅速在笔记本上记下："玻尔提出的问题是，这个观点是否与狄拉克的理论具有不同的物理内容，但它不同的地方是谈论物理定义不明确的事物的方式。"玻尔继续讲了很久。这时费曼知道自己失败了。当时，他很痛苦。后来他简单地说："我有太多的东西要表达。我的理论来自遥远的地方。"

还有一个理论（由费曼提出）……

惠勒组建了一个新闻部门，在当下技术允许的范围内尽可能快地发布信息。在他回到普林斯顿大学的第一天，他就让他的研究生担任抄写员。他们把惠勒的笔记一页一页地誊写到油印机的空白板上，并印了几十份，他们的前臂都染上了红色。几个月来，这份非正式出版的文件被当作新的施温格共变量子电动力学唯一可用的介绍。其中只有几页是关于费曼的，包括他的"替代公式"和令人好奇的图表。戴森热切地阅读了惠勒的笔记。贝特试图给他弄一份去波科诺的邀请函（"你们可以想象，我非常高兴，受宠若惊。"戴森在给父母的信中写道），但奥本海默拒绝接受当前还是学生身份的与会者。

费曼本人被指派为新的物理学家杂志《今日物理》撰写一篇关于波科诺会议的非技术性报告——他希望是匿名的。他按照施温格的方式解释了重正化，并总结道：

　　会议的大部分时间是在听取和讨论施温格的这些成果。(一位与会者说：
"我们没有时间讨论很多东西，因为我们必须抽出时间来学习一些物理学。"
他指的是施温格的这项工作。)

　　还有一个理论(由费曼提出)，在这个理论中，电动力学的方程被人为地
改变了，所以所有的量，包括电子的惯性都变成了有限的。这个理论的结果
与施温格的理论基本一致，但并不那么完整。

　　人们还让费曼帮忙为美国国家科学院颁发的一个新奖项挑选一位获奖者，
该奖项旨在表彰"对光的本质的研究做出杰出贡献"的人。这下，费曼还
是"陪跑者"。当施温格在评委名单上看到费曼的名字时，他正确地推断出，
自己会获得这个奖项。量子电动力学是关于什么的？如果不是光，还能是什
么呢？

　　奥本海默明显被施温格打动了，但他对费曼的感觉很一般。回到普林斯
顿大学，等待着他的是对施温格理论的惊人证实。这是一封来自日本理论家
朝永振一郎的信，信的开头是这么写的："我冒昧地给你寄去了几篇论文和笔
记的复本……"

　　日本的物理学家在 20 世纪 30 年代刚刚开始对国际社会做出重大贡献——
京都大学的汤川秀树首先提出，一种大质量、短寿命、未被发现的粒子可能
充当核力的"载体"，在原子核中将质子结合在一起。即使在战争结束后，通
往日本的渠道被慢慢打开了，但兰姆移位的消息不是通过美国物理学家，也
不是通过期刊传到京都和东京的，而是通过一本新闻杂志中的一篇用来充版
面的小文章。

　　朝永振一郎是东京人，毕业于京都大学，是汤川的同学和朋友，深受狄
拉克的影响，他所在的小团体将狄拉克的著名教科书翻译成了日语。1937 年，
他前往德国向海森堡学习。1939 年战争爆发后，他在纽约短暂停留，参加了
世界博览会。他提出了所谓的"超多时间"理论，其中场内的每一点都有自

己的时钟。他发现这是一个可行的概念，尽管试图操纵无限多的时间变量似乎是荒谬的。在对物理学的思考中，朝永振一郎走过了欧洲和美国同行所涉足的大部分领域，但他的孤独感更强，这种感觉没有因为去德国游学而减弱。他不时在日记里记下自己阴郁的情绪。

晚饭后我又开始了我的物理学研究，但最后我放弃了。确实是糟糕的工作……最近我毫无理由地感到非常难过，所以我去看了一场电影……回到家后，我读了一本关于物理学的书。我对它的理解并不透彻……为什么自然界不能被更清晰、更容易地理解呢？当我继续计算时，我发现积分发散了，结果是无穷的。吃过午饭后，我去散步。空气非常寒冷……我们所有人都站在分界线上，从这里看不到未来。我们不需要对结果太过焦虑，尽管它们可能会与你的预期大相径庭……

在日本投降后的几个月里，他偶尔会感到惆怅。当时，日本食物和住房的短缺问题最为严重。他在东京大学校园里的一个破旧的活动板房里安了家，并设立了办公室。他在房间里铺上了席子。

虽然奥本海默对朝永振一郎的个人情况一无所知，但他知道这个人，也知道洛斯阿拉莫斯的同僚们给日本造成了什么后果，而且他也希望，在面对突然出现的美国霸权时能保持物理学的国际主义。他很难不去欣赏朝永的信——明确的证据表明，一位日本物理学家得到的结果不仅符合施温格工作中的要点，而且预见到了它。朝永振一郎没有发表文章，也没创造出施温格的全部理论，但他是第一个尝试的人。奥本海默立即在给波科诺与会者的一封信中认可了朝永振一郎的工作。他写道："正因为我们能够听到施温格的精彩报告，所以或许能更好地欣赏这一独立的发展。"对戴森来说，在波科诺的后续工作中理解新理论，朝永振一郎的论文所带来的启示正是一种简洁的美感。后来，戴森引用"一位不怀好意的批评家"的话说："其他人发表论文是为了告诉你如何做，但朱利安·施温格发表论文是为了告诉你只有他能做到。"他似乎在努力追求方程与文字的特殊比例，这给《物理评论》的排版人员带来了严峻的挑战。

施温格偶尔会听到一些吹毛求疵的评论，大意是，他是没有灵魂的帕格尼尼[①]，只有闪光和技术，却没有音乐；他更像数学家而不是物理学家；他过于仔细地磨平了粗糙的边缘。施温格后来说："我想我被指责提出了一个精心设计的数学形式，其中所有的物理见解都被删除了，而正是这些见解为数学形式的构建提供了路标。"

他移除了路标。施温格从不喜欢展示自己思维的粗略路径，就像他不喜欢让听众在他演讲时看到自己的笔记一样。然而，如果他缺乏物理学家的直觉，他所有的数学能力就不可能产生相对论和量子电动力学的结合。在形式主义的背后，隐藏着他对粒子和场的性质深刻的、具有理论意义的信念。对施温格来说，重正化不只是一个数学技巧。相反，它标志着物理学家对什么是粒子的理解发生了变化。如果他用折中的日常语言来表达，他的核心物理见解可能听起来像这样：

我们是在谈论粒子还是在谈论波？直到现在，每个人都认为他们的方程——例如，被认为描述氢原子的狄拉克方程——直指物理粒子。现在，在场论中，我们认识到方程涉及的是能级。在实验中，我们关注的是粒子，但旧方程描述的是场。当你谈论场时，你假定自己可以描述，并以某种方式体验在空间的每一个点上每时每刻所发生的事情；当你谈论粒子时，你只是偶尔在某一时刻用测量对场进行采样。

粒子是一个结合体。我们知道，只有当随着时间推移，同一物体一直存在时，我们才得到一个粒子。粒子现象的语言具有空间和时间的连续性，如果我们只在不连续的时间测量，你怎么知道这里有一个粒子？实验只是在大时间尺度上观察了大空间，这是对场粗略的探索。

---

① 意大利小提琴演奏家、作曲家、浪漫乐派音乐家。

重正化的本质是要从一个描述层次过渡到下一个描述层次。当你开始解场方程，在这个层次上，粒子从一开始就不存在。当你解开场方程时，你才看到粒子的出现。但你赋予粒子的性质——质量和电荷——并不是原始方程中所固有的。

其他人说："哦，方程出现了发散，你必须消除它们。"这只是重正化的形式，而不是其本质。本质在于认识到麦克斯韦和狄拉克的理论不是关于电子、正电子和光子的，而是关于更深层次的事物。

与弗里曼·戴森穿越美国

费曼经常在学年末的时候消失，留下未批改的试卷、未评分的测试、未动笔的推荐信。贝特经常在教学和文书工作中掩盖费曼的失误。不过，他在 6 月可能会遭到系主任劳埃德·史密斯的训斥：

你在没有打完成绩的情况下就突然离开伊萨卡，特别是，高年级学生可能会因此无法毕业，这已经给系里造成了相当大的困扰。我已经开始有些担心，因为这是对大学的义务和责任漠不关心的表现。

费曼会记下一些成绩，都是整数，没有高于 85 分的，然后开始涂涂写写他自己的方程。

这年 6 月，他驾驶着他的二手奥兹摩比汽车，以 65 英里 / 小时的速度横穿美国。在副驾驶座位上，戴森欣赏着风景，偶尔希望费曼能慢下来。费曼觉得戴森太优雅了。戴森喜欢充当"美国风景的外国观察员"的角色：这是他扮演托克维尔[①]的机会，从 66 号公路的有利位置观察西部荒野。密苏里州、密西西比河（呈混浊的红褐色，就像他想象的那样）、堪萨斯州、俄克拉荷马州，

[①]　亚历克斯·德·托克维尔（Alexis de Tocqueville），法国思想家、历史学家、外交家，法兰西学院院士，他曾游历美国，并将自己的见闻写成一部名作《论美国的民主》。

这些地方都没有让他觉得很"西部"。实际上，这些地方看起来和他所在的纽约乡村没什么区别。他认为，现代美国类似于维多利亚时代的英国，特别是在关注中产阶级家庭和妇女的方面。他的目的地是密歇根州的安娜堡，他打算去那里找施温格。施温格正在暑期学校的一系列讲座中介绍他的研究成果。与此同时，费曼正前往阿尔伯克基，去解决与他在洛斯阿拉莫斯认识的一个女人的纠葛（她是罗丝·麦克谢里，是他在阿琳死后开始约会的秘书。费曼当时的另一个女友指责麦克谢里是费曼的"影后"。戴森猜测，他会与麦克谢里结婚。）

戴森意识到自己不会直接去安娜堡，但他很高兴有机会与费曼相处。没有人让他如此感兴趣。在波科诺会议之后的几个月里，他开始认为自己的任务可能是找到量子电动力学困难的新理论的综合体——在他看来，这是竞争对手的理论，尽管在物理学界的大多数人看来，这种竞争的结果似乎是一边倒的。戴森曾在非正式的黑板会议上听过费曼的理论，但费曼似乎只是写下答案，而不是以正常的方式解方程，这一点仍然困扰着他。他想了解更多。

他们开车，有时为搭便车的人停下，更多时候是保持恒定的速度。费曼对戴森的倾诉比他成年后对任何朋友的倾诉都多。他对未来的悲观展望吓了戴森一跳。他确信，世界根本不了解核战争的危害有多大。"三位一体"试验的记忆，那时纯粹而热切的喜悦萦绕在他的心头。他在康奈尔大学的同事菲利普·莫里森发表了一篇关于假设在曼哈顿东 20 街发生原子弹爆炸的警示性文章——莫里森目睹了广岛事件的后果，以生动而可怕的过去式时态写下了这篇报道。当费曼在市中心的一家餐馆与母亲见面时，不禁想到了毁伤半径。他无法摆脱这样一种感觉：普通人没有他那被诅咒的知识所带来的负担，对原子弹的了解也很有限，他们生活在一种可怜的幻觉中，就像在巨人的靴子落下之前挖隧道和建造蚁穴的蚂蚁一样。作为唯一清醒的人、唯一看透的人，他感觉这是一个典型的危险信号。戴森突然发现，费曼就像他认识的其他人一样理智。费曼不再是戴森第一次向父母描述的那个小丑，戴森后来写道："当我们开车经过克利夫兰和圣路易斯时，他在脑海中测量着与原爆点的距离、致命辐射的范围、爆炸和火灾的破坏……我感觉自己好像在和《圣经》中的罗得一起走过所多玛和蛾摩拉这两座因罪恶滔天而遭到毁灭的城。"

当他们越来越接近阿尔伯克基时，费曼也想起了阿琳。有时他觉得，她的死可能给他留下了一种人生无常的感觉。俄克拉荷马州大草原上的春季洪水导致公路封闭。戴森从未见过这么大的雨——他想，自然界就像这些直率的美国人一样粗犷。汽车收音机报道了人们被困在汽车里，或被淹死，或被船救起。他们在一个叫维尼塔的小镇下了车，找到一家费曼在周末去看望阿琳时非常熟悉的那种旅馆：二楼有一间"办公室"，一个牌子上写着"本旅馆实施新的管理规定，如果你喝醉了，那就来错地方了"。他和戴森合住的房间门口挂着一块布，房钱每人 50 美分。那天晚上，他告诉了戴森更多关于阿琳的事情，比以往任何时候都多。他们都没有忘记这次对话。

他们谈到了他们对科学的渴望。费曼远没有戴森那么关心他那仍在拼凑中的重正化量子电动力学的计划。他的物理学的历史求和理论才是他的激情所在。在戴森看来，这是一个宏伟且统一的愿景，他认为这太雄心勃勃了。太多的物理学家已经在追求这个圣杯的过程中跌倒了，爱因斯坦也不例外。与任何在波科诺听过费曼的演讲或参加过他在康奈尔大学偶尔举办的研讨会的人相比，甚至与贝特相比，戴森都更了解费曼的野心。他还没准备好承认他的这位朋友可以超越爱因斯坦。他钦佩费曼的勇气，钦佩他的梦想之大，钦佩他暗中试图统一比人类经验中的任何东西都更加遥远的物理学领域。在最大的尺度上，即太阳系和星系团的尺度上，引力占主导地位。在最小的尺度上，仍在等待发现的粒子以难以想象的强大力量束缚着原子核。戴森认为走"中间地带"就够了，这个领域毕竟包括了介于两者之间的一切：生活中的常见事物，以及化学和生物学的基础。"中间地带"，即量子理论统治的地方，扩展到所有可以在没有巨大的望远镜或巨大的粒子加速器的帮助下进行感知和研究的现象。然而，费曼想要的更多。

他对事物的看法具有普遍性,这一点至关重要。它必须描述自然界中发生的一切。你无法想象历史求和的图景对于自然界的一部分是正确的,而对于另一部分则是不正确的。你无法想象它对于电子是正确的,对于引力是不正确的。这是一个统一的原则,要么解释一切,要么什么都解释不了。

许多年后,两个人都回忆起他们在维尼塔的夜晚,戴森表达了他如何毫不动摇地崇敬他的朋友,费曼则展示了他如何将讲故事作为一种调侃朋友策略。戴森写道:

在那个小房间里,雨点敲打着肮脏的玻璃窗,我们聊了一晚上。费曼谈到了他死去的妻子,谈到了他如何照顾她,如何使她最后的日子不那么痛苦,并从中得到快乐,谈到了他们一起对洛斯阿拉莫斯安全人员玩的把戏,谈到了她的笑话和她的勇气。他以一种轻松的语气谈论着死亡,只有那些经历了死亡所能造成的最糟糕的情况,而精神仍未崩溃的人才会有这样的语气。英格玛·伯格曼在他的电影《第七封印》中创造了杂耍者乔夫的角色,他总是开玩笑和装傻,看到别人不相信的愿景和梦想,并在最后死亡带走其他人的时候幸存下来。费曼和乔夫有许多相似之处。

费曼的回忆是:

房间相当干净,有一个水槽,不是那么糟糕。我们正准备睡觉。

他说:"我得去尿尿。"

"卫生间在大厅里。"

我们听到女孩们在外面的大厅里咯咯笑,来回走动。他很紧张。他不想去大厅。

"没关系,那就在水槽里撒尿。"我说。

"但这不卫生。"

"不,没关系。你只要同时把水打开就行了。"

他说:"我不能在水槽里撒尿。"

我们都很累了，便躺下了。天气太热了，我们没有盖毯子。我的朋友因为这里的噪声而无法入睡，我勉强睡了一会儿。

过了一会儿，我听到旁边的地板在吱吱作响，我轻轻地睁开一只眼。在黑暗中，我看到他悄悄向水槽走去。

戴森回忆道：

在维尼塔的小房间里的那个暴风雨之夜，我和费曼并没有展望未来 30 年。我只知道在费曼的想法中隐藏着一个比朱利安·施温格的精心构造更简单、更物理的量子电动力学理论的关键内容。费曼只知道他有比整理施温格的方程更大的目标。因此，争论并未结束，而是让我们各行其是。

他们到达了阿尔伯克基，戴森第一次看到洁净的空气和覆盖着白雪的山峰下的红色沙漠。费曼以 70 英里 / 小时的速度开车驶入镇子，并立即因一连串超速的违法行为而被捕。治安法官告知，他被判处的罚款会记入个人记录。他们分开了——费曼去找罗丝·麦克谢里（他们是不可能结婚的，因为麦克谢里是坚定的罗马天主教徒，而费曼不可能有同样的信仰），戴森找了一辆公共汽车返回安娜堡找施温格。

奥本海默的投降

在贝特的支持下，戴森于 1948 年秋天搬到普林斯顿高等研究院。奥本海默在前一年接任院长一职。戴森渴望给他留下深刻印象，他立即感觉到自己并不孤单。"这周三，奥本海默回来了。"他给父母写道，"前些天，研究院的气氛就像电影《大教堂谋杀案》中的第一幕，坎特伯雷的妇女在等待她们的大主教回来。"

然而，他并没有等到奥本海默的许可，就向《物理评论》邮寄了一份手稿，这是他在夏天最后几天的工作的成果。他自豪地告诉父母，全神贯注差点儿要了他的命。他告诉同事们，灵感是在乘坐 50 个小时的公共汽车前往普林斯顿的途中迸发出来的。（当奥本海默听到这个消息时，他用费马大定理的传说讽刺道："空白处没有足够的空间来写下证明。"）戴森找到了他确信一定存在的数学共同点，他也根据自己的目的创造和重塑了术语。他的主要见解是关注所谓的散射矩阵，或称 S 矩阵，是与从初始状态到给定终点的不同路线相关的所有概率的集合。他此时宣称"这一主题的统一发展"比费曼的理论更可靠，比施温格的理论更好用。戴森的父亲说，费曼－施温格－戴森让他想起了《亚他那修信经》中的一条经文："有不可理解的父，有不可理解的子，有不可理解的圣灵，但并非三个都是不可理解的，只有一个不可理解。"

戴森想到，他急于将发明理论的人尚未发表的理论发表出来，发明者本身可能会感到不快。于是，他拜访了在纽约临时访问哥伦比亚大学的贝特，当太阳从哈德逊河边落下时，他们在河滨公园散了很久的步。贝特警告戴森可能会存在问题。戴森说，这是施温格和费曼自己的错，他们没有发表"任何比较好理解的叙述"。他怀疑施温格是在过度打磨，而费曼则根本不屑于做这些工作。这是不负责任的。他们耽搁了科学的发展。戴森辩称，宣传他们的工作，是在为人类做贡献。他和贝特最后一致认为，费曼不会介意，但施温格可能会介意，而且对于一位雄心勃勃的年轻物理学家来说，激怒施温格是一种糟糕的策略。戴森给父母写信：

> 所以这一切的结果是，我反用了马克·安东尼的策略[①]，在我的论文中多次坚称："我是来赞颂施温格的，而不是来埋葬他的。"我只希望他不会看穿这一点。

但他还是明确了自己的判断。他所做的区分和他描述的方法很快就成了团体中的传统智慧：施温格和朝永振一郎的方法是一样的，而费曼的方法则

---

① 马克·安东尼的原话是："我是来埋葬凯撒的，而不是来赞颂他的。"

截然不同；费曼的方法是原始且直观的，而施温格的方法是正式和费力的。

戴森很清楚，他在向需要工具的人伸出援手。当他展示一个施温格公式，其中的交换子像树枝一样分岔，并说"估值会引起漫长而困难的分析"时，他知道他的读者不会怀疑他夸大了难度。易用性，是他强调的费曼的优势。他解释说，为了"写出某个事件的矩阵元素"，人们只需要取一组特定的乘积，用另一个方程的矩阵元素之和代替它们，以某种形式重新组合各项元素，并进行某种置换。他说，或者可以简单地画一个图。

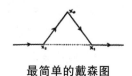

最简单的戴森图

用数学家的话说，图就是由线连接而成的网络。戴森表明，每个矩阵都有一个图，每个图都有一个矩阵——图提供了一种对这些不可替代的概率阵列进行分类的方法。这种华而不实的东西看起来如此陌生，以至于戴森把机会留给读者，让他们在自己的脑中画出这些图形。杂志的编辑们只留出了一个图的空间。戴森把带有方向的实线称为电子线，无方向的虚线称为光子线。他提到，费曼脑海中不仅有矩阵簿记，还有"一幅物理过程图景"。对费曼来说，点代表准粒子的实际产生或湮灭；而线代表电子和光子的路径，不在一个可测量的真实空间中，而是在从一个量子事件到另一个量子事件的历史中。

奥本海默近乎敌意的冷淡态度令戴森感到沮丧。这是戴森最不愿意看到的：失败主义的奥本海默，意兴索然的奥本海默，对新思想充满敌意、不愿倾听的奥本海默。奥本海默曾在欧洲的两个国际会议上总结了理论的现状，说来说去都是"施温格的理论"和"施温格的纲领"。物理学有两大进展，"第一个主要是施温格的工作，第二个几乎完全由施温格完成"。他顺带也会提到"费曼的算法"，语气异常轻蔑。

戴森决定不奖励胆小怕事的人，在他到研究院的头几个星期里，他通过内部邮件给奥本海默发了一份激烈的宣言。他认为，新的量子电动力学有望比奥本海默认为的更强大、更自洽、适用性更广泛。他直抒己见。

来自 F. J. 戴森

尊敬的奥本海默博士：

由于我强烈反对您在《索尔维报告》中表达的观点（与其说是不同意您所说的观点，其实是更不同意您没有提到的观点）……

1. ……我相信费曼理论在使用、理解和教学方面都要容易得多。

2. 因此我相信，一个正确的理论即使与我们现在的想法完全不同，也会包含更多费曼的内容，而不是海森堡－泡利的内容。

……

5. 在我看来，没有理由认为费曼方法比电动力学更不适用于介子理论……

6. 无论上述断言是否正确，我们现在有了一个可以发展到与实验相比较的核场理论，这是一个需要热情接受的挑战。

热情接受的场面并没有立即出现，但奥本海默确实举办了一系列论坛，让戴森阐述他的观点。这是一个合适的时机。贝特从纽约赶来，并给予戴森精神上的支持。随着研讨会的进行，奥本海默的出现令人紧张不已。他不断打断、批评、抨击、挑刺儿。戴森觉得，奥本海默似乎紧张得无法控制，总是接连吸烟，在椅子上坐立不安。费曼在康奈尔大学继续自己的工作，同时远距离关注着戴森的情况。戴森在一个周末去康奈尔大学看费曼，惊讶地看着他在几小时内完成了两个新的基本计算。然后，费曼匆匆写了一封信："亲爱的弗里曼，我希望你不要去吹嘘我计算光的势散射有多快，因为在昨晚看了计算结果后，我发现整个效果是零。我敢说，像奥本海默那么聪明的人，不用算就知道答案。"

最后，贝特让奥本海默改变了想法。贝特公开支持费曼的理论，并让听众知道，他觉得戴森还有更多的话要说。他私下把奥本海默拉到一边，气氛

发生了变化。到了第二年 1 月，这场战争胜利了。在美国物理学会的会议上，
戴森发现自己几乎和一年前的施温格一样是个英雄。他坐在观众席，身边是
费曼，他听着一位演讲者钦佩地谈论"费曼－戴森的精彩理论"。费曼大声
说："博士，你被认可了！"戴森甚至没有博士学位。他兴奋地去巡回演讲，并
告诉他的父母，他已经是一个合格的大人物了。然而，奖励是一张手写的便
条——在那年秋天即将结束时出现在他的信箱里，上面的文字很简短："无异
议。奥本海默。"

戴森图和费曼图

正是那年 1 月的会议上的争议，让费曼看到了他的计算力量有多大。在早
间会议后，他听到走廊里传来一阵交谈声。奥本海默令一位名叫默里·斯洛
特尼克（Murray Slotnick）的物理学家大受打击。斯洛特尼克曾提交了一篇关
于介子动力学的论文。一组新的粒子，一组新的场：那么新的重正化方法是否
适用？随着物理学家把目光投向与束缚原子核的力量有关的高能粒子，介子
理论正在崛起。介子理论中的群落似乎与量子电动力学相似，但二者有重要
的区别，其中最主要的是：光子的对应物是介子，但介子有质量。费曼还没有
学会这个快速发展的领域的任何语言或特殊技术。实验正在传递出关于电子
被中子散射的数据。无穷似乎再次困扰着许多看似可行的理论。斯洛特尼克
研究了两种理论，一种是"伪标量耦合"，另一种是"伪矢量耦合"。前者给
出了有穷的答案，后者则发散到无穷大。

当斯洛特尼克报告完后，奥本海默站起来问道："那凯斯定理呢？"

斯洛特尼克从未听说过凯斯定理，也不可能听说过，因为肯尼斯·凯斯
（Kenneth Case）是奥本海默的研究所的博士后研究员，他还没有发表这个定
理。正如奥本海默所说的，凯斯定理证明，两种耦合方式必须得到相同的结

果，凯斯将在第二天的演讲中证明这一点。对斯洛特尼克来说，这是毋庸置疑的羞辱。

费曼没有研究过介子理论，但他抢先听取了一场汇报，并回到酒店房间开始计算。不，这两种耦合方式不一样。次日清晨，他拉住斯洛特尼克检查他的答案。斯洛特尼克非常困惑。他花了 6 个月紧锣密鼓地完成了计算。费曼到底在说什么？费曼拿出一张纸，上面写着一个公式。

"那里面的 Q 是什么？"斯洛特尼克问。

费曼说那是动量传递，一个根据电子偏转的程度而变化的量。

这又让斯洛特尼克大吃一惊：他在半年的工作中，未曾想过要面对这样一个复杂问题。没有偏转的特殊情况就够有挑战性了。

费曼说，这不是问题。他把 Q 设为零，简化了他的方程，并发现他用了一夜得出的结果确实与斯洛特尼克的一致。他试着不要沾沾自喜，但此刻确实激动不已。他在几小时内就完成了另一位物理学家赌上自己职业生涯的一个计算的高级版本。他知道他现在必须发表文章。当众人只会使用棍棒时，他拥有了一副弓箭。

费曼去听凯斯的演讲。在演讲结束时，他带着准备好的问题跳起来问："斯洛特尼克的计算呢？"

与此同时，施温格发现聚焦在自己身上的"聚光灯"正在悄悄移走。戴森在夏天之前还只是一位热心的学生，现在他的论文非常犀利。此时，大家都在谈论戴森和费曼。正如施温格后来以无比尖刻的口吻说的那样："很多异象好像正以使徒布道的方式被宣扬，他们用古希腊的逻辑把希伯来的神带给外邦人。"

费曼此刻用自己的声音介绍自己的逻辑。他和戴森出现在第三次也是最后一次物理学家的小型聚会上。这次会议在纽约哈德逊河畔的奥尔德斯通举办，这是两年前自谢尔特岛上以来的三次会议中的最后一次。费曼发表了一系列论文（创作持续三年，包含十万字），为下一代物理学家定义了现代物理学的开始。在关于路径积分的论文之后，他在《物理评论》上发表了《经典电动力学的相对论截止》《量子电动力学的相对论截止》《正电子理论》《量子电动力学的时空方法》《电磁相互作用的量子理论的数学形式》，以及《可应用于量子电动力学的算子微积分》。文章一发表，年轻的物理学家们就如饥似渴地阅读。大家读完才发现，戴森的成果只不过是费曼远大思想的一个摘要罢了。费曼所使用的图——从正电子论文中令人难忘的投弹手比喻开始——以及他坚持用物理语言对物理原理进行最简单的陈述的方式，使年轻人感到振奋。

粒子具有的静质量只是在它们被创造出来后，在分离它们时对它们所做的功……

如果一个人的未来会通过移动的现在而逐渐成为过去，这种路径在这个人看来会是什么样子呢？他首先会看到……

任何有抱负的物理学家在阅读这些论文时都会思考什么是空间，什么是时间，什么是能量。费曼正在帮助物理学实现它对其信徒的特殊承诺：这门最基本的学科将使他们面对最原始的问题。然而，最重要的是，对年轻的物理学家来说，图的影响最大。

费曼曾告诉戴森，自己不屑于读他的论文。"费曼和我真的了解对方，"戴森兴高采烈地在家信中写道，"我知道他是世界上唯一一个从我写的东西中学不到任何东西的人，而且他不介意这样告诉我。"然而，费曼的学生有时注意到他对戴森的尖锐评论中隐约有一股愤怒。他听说"戴森图"时觉得很生气。"为什么是图？"他问戴森。是他内心的数学家在装腔作势吗？

除了戴森图之外，费曼的时空方法还有其他的先例。格雷戈尔·文策尔（Gregor Wentzel）在 1943 年出版的一本德国教科书中包含了对 β 衰变中的粒子交换过程的平行描述。文策尔的瑞士学生恩斯特·斯图克尔伯格（Ernst Stückelberg）开发了一种二维图解法，甚至包含了时间逆转的正电子的概念。他用法语发表了其中的一部分，另一部分则被退回（文策尔本人就是那个无动于衷的评审）。他们的图表显露出费曼的可视化风格的端倪。费曼自己的完整版本最终出现在他于 1949 年春末寄出的一篇论文中。"基本相互作用"——这将被烙在下一代场论家的大脑中——展现了两个电子通过交换一个光子相互作用。

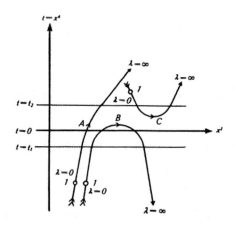

**恩斯特·斯图克尔伯格 1941 年的一篇鲜为人知的论文中的图表，
显示了粒子轨迹中时间逆转的一个版本**

他把电子画成带箭头的实线。对于光子，他使用了没有箭头的波浪线：不需要方向性，因为光子的反粒子就是它本身。"基本相互作用"重新解释了教科书中关于电磁排斥的基本过程。"两个负电荷、电子、排斥。"一幅标准的图片展示了力线或只是两个球互相挤压，它会引出一个实体如何在远处接受另一个实体的力的问题。这意味着力可以瞬间传递，而事实上，正如费曼图自动明确指出的那样，任何携带力的东西只能以光速移动。在电磁学中，它就是光——以逃逸的"虚拟"粒子的形式，其闪现时间足以帮助量子理论家平衡收支。

当然，这些是时空图，在纸上以一个方向表示时间。通常情况下，过去位于底部，未来位于顶部；阅读该图的一种方法是用一张纸盖住它，把纸慢慢往上拉，然后看着历史展开。一个电子在发射光子时改变了方向，另一个电子在吸收光子时改变了方向。然而，即使"前面的事件是发射，后面的事件是吸收"的观点也代表了对时间的偏见。它融入了语言中。费曼强调，他这源于惯常直觉的方法是多么自由：这些事件是可以互换的。

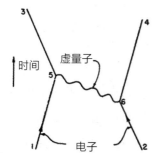

费曼图："基本相互作用"

这是一幅时空图：时间的方向在页面上显示为从下向上。如果用一张纸盖住它，然后把纸慢慢往上拉，那么

● 一对电子相向移动（它们的路径显示为实线）；

● 当到达6时，一个虚拟光子由右边的电子发射出来（曲线），并且电子向外偏转；

● 在5处，光子被另一个电子重新吸收，它也向外偏转。

因此，该图将两个电子之间的普通排斥力描述为光量子携带的力。因为它是一个**虚**粒子，只出现在一瞬间，所以它可以暂时违反影响整个系统的定律——例如，不相容原理或能量守恒定律。费曼指出，认为光子在一个地方被发射，在另一个地方被吸收是武断的：我们可以正确地说，它在5处被发射，在时间上**向后**移动，然后在6处被吸收（更早）。

这幅图有助于可视化。但它主要是作为一种记录工具为物理学家服务。每幅图都与一个复数即一个**振幅**的平方相关联，以产生所示过程的一个概率。

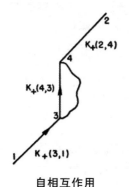

自相互作用

有必要将与许多费曼图对应的振幅加起来——将一个事件可能发生的每一种方式的贡献加在一起。虚粒子不断出现和消失的可能性导致复杂性增加。在这里，一个电子与它自己相互作用，实际上就是在与惠勒一起工作时首次困扰费曼的自能问题。电子发射和吸收自己的虚光子。

事实上，每幅图代表的不是一个特定的路径，有指定的时间和地点，而是所有这些路径的总和。除此之外，还有其他简单的图。费曼通过显示一条返回到产生它的同一个电子的光子线来表示电子的自能（它与自身的相互作用）。正如戴森所强调的，有一种允许的图表语法，与允许的数学运算相对应。尽管如此，图表可能变得任意复杂，虚粒子在复杂的递归网格中出现并消失。费曼为相互作用的电子绘制的第一个 H 形图是唯一带有一个虚光子的图。用两个虚光子画出所有可能的图，显示了排列组合的快速增长。每一种图都对最终的计算有贡献，而更复杂的图则变得难以计算。幸运的是，复杂程度越高，概率就越小，因此对答案的影响也就越小。即使如此，物理学家们很快就会发现自己在一页又一页类似于纽结表的图上苦苦挣扎。他们发现这样的努力是值得的，每幅图都可以取代施温格的计算。

费曼图似乎是在描述粒子，它们产生于专注以粒子为中心的可视化风格的头脑，但它们所扎根的理论——量子场理论——将舞台中心交给了场。从某种意义上说，图中的路径，以及路径积分中的路径，就是场本身的路径。费曼比以往更热切地阅读《物理评论》，并注意引用的内容。有一段时间，所有的文章都是施温格的，一篇论文像一页页象形文字，最后以一个简洁的表达结尾，费曼觉得在他这里，写成一个开头就够了。他确信这种情况不会持续太久——确实如此。费曼的方法、费曼的规则开始占据主导地位。1950年夏天，一份报纸的第一页上出现了一些小幅"费曼图"——"根据费曼介绍的简化方法"。一个月后，又出现了另一篇："一种归功于费曼的技术……使用费曼－戴森方法，可以大大简化矩阵元素的计算。"学生手中图的超凡力量让一些前辈感到沮丧，他们认为物理学家正在挥舞一把剑，却不理解它的力量。

当大量的论文开始引用费曼时，施温格进入了他所描述的隐退状态。他说："就像近年来的硅芯片一样，费曼图把计算带到了大众面前。"后来，那些忽略了这句话中"大众"二字的人，把这说成施温格对费曼有意的赞美。他绝非此意。施温格的意思是，这是"教育学，不是物理学"。

　　是的，人们可以把经验分解成拓扑学的各个部分。但最终人们必须把它们重新组合起来。然后，这种零散的方法就失去了一些吸引力。

量子电动力学因日益精确的计算而闻名于世，这需要在组合学方面进行大量的练习

施温格在哈佛大学的学生们在竞争中处于劣势，其他机构的同事怀疑他们偷偷地使用了费曼图，至少看起来是这样的。这有时是真的。但他们还是尊敬施温格——他那夜猫子般的生活方式、凯迪拉克轿车、无可挑剔的演讲方式。他们模仿施温格的说话方式："我们实际上可以认为……"他们试图构建完美的施温格式句子。研究生杰里米·伯恩斯坦喜欢一个经典句式，开头是这么说的："虽然'一'不是完美的'零'，但我们实际上可以认为……"学生们担心施温格会悄悄出现在他们的餐桌旁，于是一群研究生约定在对话中用暗语来保护自己：施温格其实指费曼，而费曼指施温格。

默里·盖尔曼后来在施温格于剑桥的家中住了一个学期，之后总说他在那里到处寻找费曼图。盖尔曼没有找到任何费曼图，但有一个房间被锁住了。

去往神奇的地方

贝特担心费曼在康奈尔大学工作四年后会变得焦躁不安。他与女性纠葛不断：费曼追求她们，又甩掉她们，或者试图甩掉她们——越来越多的人感到沮丧，即使是本科生也知道，他是最没有教授风范的教授。人们可能会发现他在宿舍的长椅上打节拍，或者躺在他的奥兹摩比汽车下面，一脸油渍。他从未在任何房子或公寓里安家。他以教师身份在学生公寓里住了一年。他似乎觉得康奈尔大学太大又太小就像一个与世隔绝的村庄，在物理系范围之外，人们对科学的兴趣很分散。而汉斯·贝特永远是康奈尔大学的物理学界伟人。

洛斯阿拉莫斯的老熟人罗伯特·巴彻尔结束在新成立的原子能委员会的任职后，转到加州理工学院，负责重建一个看起来已经过时的物理学项目。在北密歇根度暑假时，他正在湖里游泳，突然想到费曼的名字。他急忙回到岸上，通过电话找到了费曼，并在几天内就让他来这里拜访。

　　费曼同意考虑去帕萨迪纳，但他也在考虑更遥远、更有异国情调、更温暖的地方。他想到了南美洲。他甚至学了西班牙语。泛美航空公司向美国游客大规模开放前往这片大陆的航线，从美国纽约到巴西里约热内卢只需 34 小时，票价大约相当于两周的海上航行。流行杂志上都是惹人注目的图片：棕榈树和种植园、炎热的海滩和华丽的晚会。卡门·米兰达 [①] 和香蕉仍然是旅行文章的主题。一直困扰费曼的世界末日般的恐惧又有了新迹象：苏联在 1949 年 9 月成功发射了第一颗原子弹，民众逐渐意识到对核战争的担忧，在美国引发了一场恐慌的民防运动。由此还出现了移民南美洲的反常现象。费曼的一位女友认真地告诉他，他在南美洲可能会更安全。约翰·惠勒为了说服费曼加入研制热核弹的工作，说他估计"9 月之前发生战争的可能性至少有 40%"。

　　当访问普林斯顿的巴西物理学家海梅·蒂欧姆诺（Jayme Tiomno）听说费曼正在学西班牙语时，便建议他改学葡萄牙语，并邀请他在 1949 年夏天到里约的新巴西物理研究中心访问几个星期。费曼接受了邀请，申请了护照，首次离开美国。他确实学了足够多的葡萄牙语，可以用当地物理学家的母语来讲课并与女士搭讪。（夏天结束时，他说服了一位名叫克洛蒂尔德的科帕卡巴纳人来伊萨卡和他一起生活——短暂地。她用悦耳的葡萄牙语叫他"我的小理查德"。）第二年冬末，他冲动地要求研究中心长期雇用他。与此同时，他正在与巴彻尔进行认真的谈判。他总要在轮胎上缠绕防滑的铁链，并因此在寒冷的泥泞中跪很久。加州理工学院对他也很有吸引力。它让他想起了另一所理工学院，一个纯粹的技术型人才的天堂。在康奈尔这种文科大学的四年并没有改变他的观点。他给巴彻尔写道，他已经厌倦了"小镇上的所有逸事和恶劣的天气"，并补充说，"校园里开设了许多人文科目，它们所带来的理论拓展被研究这些学科的人的愚钝和家政学系抵消了"。他提醒巴彻尔注意他的一个弱点：他不喜欢收研究生。在康奈尔大学，"可怜的贝特"必须一次又一次地为他掩护。

---

① 巴西裔歌舞家。

我不喜欢提出问题，并提出解决问题的方法。一个学生在他的妻子要生孩子时，我给他的建议是无法解决他找不到工作的难题的，这时，我会觉得自己有责任。有的方法我不知道能否奏效，而且我能知道它奏效的唯一办法是之前我在家中亲自尝试过，对于这种方法，我是不会建议的。所以我发现，"博士论文就是教授在非常困难的情况下完成的研究"这句老话，对我来说是绝对真理。

他即将迎来休假年，他打算以某种方式逃跑。

一个勤奋的场论学生后来在哥本哈根的尼尔斯·玻尔研究所写道，从前（不是昨天），有一只非常小的鼹鼠和一只非常小的乌鸦，它们听说了一个叫 Quefithe 的神话般的地方，决定去那里看看。在出发之前，它们找到聪明的猫头鹰，询问 Quefithe 是什么样的。

猫头鹰对 Quefithe 的描述令人相当困惑。他说，在 Quefithe，所有的东西都是既向上又向下的。

物理学家需要的不仅仅是思想和方法，他们也需要一个历史视角、一个故事百宝箱来整理他们的知识碎片。所以他们不假思索地创造了关于探究和发现的传奇，把道听途说和假设变成唾手可得的学问。他们发现，如果不给一个纯粹概念披上至少一件"故事"的外衣，就很难讲授它：谁发现了它？需要解决什么问题？从"不知"通往"知之"的道路是什么？一些物理学家了解到，有这样一种物理学家的历史，它必要且方便，但往往与真实的历史不同。Quefithe（即 quantum field theory 的缩写，意为量子场论）的寓言里有一只施温格鼹鼠、一只费曼乌鸦、一只像玻尔一样的猫头鹰，还有一只像戴森一样的狐狸，风趣地调侃了一个故事。这个故事像路径积分和费曼图一样，迅速进入了物理学界用来认清自我的工具箱：

如果你知道你在哪里，就没有办法知道你要去哪里；反之，如果你知道你要去哪里，就没有办法知道你在哪里……

显然，如果要了解 Quefithe 的情况，就必须亲自去看看。这正是他们所做的。

几年过去了，那只鼹鼠回来了。它说 Quefithe 有许多隧道。它进入一个洞，在迷宫中徘徊，隧道分岔又重合，直到找到下一个洞，它才能走出来。Quefithe 听起来是一个只有鼹鼠才会喜欢的地方，没有人想了解更多关于它的消息。

没过多久，乌鸦落地了，它拍打着翅膀，兴奋地叫着。它说，Quefithe 很神奇。有高耸的山峰、险峻的山路和深深的山谷，构成最美丽的风景。山谷的地面上满是小鼹鼠，它们沿着布满车辙的小路奔跑。乌鸦的叫声听起来就像洗了太多泡泡浴一样，很多人听到它的声音都摇了摇头。青蛙不停地呱呱叫着："这不严谨，这不严谨！"……但乌鸦的热情是有感染力的。

最令人费解的是，鼹鼠对 Quefithe 的描述与乌鸦的描述完全不同。有人甚至怀疑鼹鼠和乌鸦是否到达过那片神话般的土地。只有天性好奇的狐狸一直在鼹鼠和乌鸦之间来回跑动，提出问题，直到它确信自己了解了它们两个。而今，任何人都能到达 Quefithe，哪怕是蜗牛。

注释

贝特提供了他拥有的文件。戴森分享了这些年来几封家信的复本〔我对他的描述基于这些内容、他的各种回忆录、布劳尔 1978，以及施韦伯（即将出版）〕。温格收集了关键的科学文本（1958），并给出了自己丰富的观点（1983）。他们和"二战"后量子电动力学发展中的其他核心人物都提供了口述回忆，西奥多·舒尔茨、米歇尔·巴朗格、伊夫琳·弗兰克、阿瑟·怀特曼、亚伯拉罕·派斯和其他人也是如此。保罗·哈特曼（1984）分享了他在康奈尔大学物理系的有趣故事，以及与费曼关于太空飞行的通信。我对科学可视化的讨论得益于阿瑟·米勒 1984 和 1985、布鲁斯·格雷戈里 1988、施韦伯 1986、帕克 1988、杰拉尔德·霍尔顿的论文（及和他的交谈）以及费曼本人的自省。在本章和下一章中，我对费曼与女性关系的描述基于其个人文件中的通信以及我对每一位女性的采访，其中详细描述了与这些女性的关系；然而，出于隐私的原因,我会略去对这些信件和采访的单独引用。

[1] "这完全就像战争期间工作时的紧张。而这所位于偏远地区的大学……正以典型的大学速度……他说话很慢,闲聊天气。"吉布斯致费曼,1945 年 8 月 3 日,加州理工学院档案馆。

[2] 摘自施韦伯 1986a,468;费曼说:"我越来越陷入一种——我也不能说是抑郁的状态,因为我并不抑郁。我是一个活泼快乐的人……"

[3] 后一个版本在二十多年间被口口相传,但有时会与第一个版本不可思议地逐字不差。美国联邦调查局在收集有关费曼的档案时发现,美国征兵局的档案被销毁。

[4] 费曼关心这个历史优先级的细节。他后来在他的诺贝尔奖获奖演讲中强调了这一点:"我以为我是在了解狄拉克的意思,却发现事实上狄拉克所想的是类似的,实际上是相等的。"(《量子电动力学时空观的发展》,10)。然而,施温格在为费曼举行的追悼会上表达了敬意,他巧妙地驳斥了狄拉克可能不理解其论文含义的可能性:"现在,我们知道,狄拉克肯定知道,对于一个恒定的因素来说,'对应关系'……是一种平等……那么,为什么狄拉克没有做出更精确、更不笼统的陈述?因为他只对一个一般性问题感兴趣。"施温格 1989,45。

[5] "在一周之内,这个(餐盘的)旋转问题让我开始担心旋转,然后是关于自旋电子的老问题,以及如何在路径积分和量子力学中表示它,我又开始工作了。它刚刚打开了大门。"查尔斯·韦纳的采访,430。

[6] 不久后,他结婚了,或者正如他所说的:"我放弃了我的单身宿舍,踏上了走遍全国、有人陪伴的怀旧之旅,这会持续一整个夏天。"

[7] 它发散了,但它只对数发散,朝着更高的方向发展,但速度更慢,就像数列 $1+1/2+1/3+1/4+\cdots$ 在 100 万项之后,这个数甚至还没有达到 15,但它从未停止增加。当这一消息传到苏联时,伟大的列夫·朗道用晦涩的斯拉夫民族智慧说道:"鸡不是鸟,对数也不是无穷大。"温伯格 1977a,30;萨哈罗夫 1990,84。

[8] 贝特还与施温格和魏斯科普夫进行了交谈,他们都提出了重正化的形式。

[9] 费曼和其他几个人都记得这件事,但期刊对此没有记录。

第 6 章

加州理工学院

进入 20 世纪 20 年代，加州理工学院在新的财富之城帕萨迪纳繁荣的城市中心以东几十分钟路程的地方，建了一座工程楼、一座物理楼、一座化学实验室、一座礼堂和一片橘子园，校园占地 30 英亩，尘土飞扬，降雨稀少。橘子和玫瑰的香味从门廊式住宅的花园里飘出，这些住宅通常被形容成豪宅，其轻快的西班牙和意大利建筑风格，很快被认作加利福尼亚风格。墙壁涂着灰白的灰泥，房顶则是红色的砖瓦。1932 年，一位评论家说："开上劳斯莱斯，帕萨迪纳距离洛杉矶只有 10 英里。这是美国最美的城市之一，可能也是最富有的城市。"阿尔伯特·爱因斯坦在那里度过了三个冬天，他骑上自行车拍照，这让研究院的管理人员很高兴。正如威尔·罗杰斯所说，他参加了"每一次午餐、每一次晚餐、每一部电影的开幕式、每一次婚礼仪式和三分之二的离婚仪式"。在爱因斯坦最终发现普林斯顿大学更适合自己之前，他一直待在加州理工学院。尽管经济大萧条开始扭转帕萨迪纳的命运，加州理工学院却随着每一次新的科学浪潮不断崛起。加州理工学院的一个新实验室为正在帕洛玛山建造的大型望远镜打磨了巨大的镜头。加州理工学院成为美国系统地震科学的中心，其年轻的毕业生之一查尔斯·里克特（Charles Richter）设计了以他的名字命名的地震震级标度，这一标度在全球通用。学校很快就涉足了航空科学领域，一群热情的业余爱好者在玫瑰碗体育场附近的山上发射火箭，到 1944 年，这个业余组织演变为喷气推进实验室。基金会和企业家们渴望找到东海岸之外的投资目标。一家玉米片制造商出资建造了一栋大楼，成为后来的凯洛格辐射实验室，时任负责人查尔斯·劳里森（Charles Lauritsen）将其发展为美国基础核物理中心。劳里森在 20 世纪 30 年代花了很多时间研究轻元素的核性质，包括氢和氘、氦、锂，直到碳和其他元素，他用一个东拼西凑出来的设备填补了能级和自旋的细节。

1951 年的冬天，劳里森还在凯洛格工作，这时业余无线电里传来了神谕般的消息。巴西的一名接线员大约每周会与加州理工学院的一个学生建立联系。劳里森听到了简短的预测：氦在最低状态下会不会有两个非常接近的能级，而不是只有一个能级？劳里森会检查这些预测，并经常证明它们是正确的。他的巴西神秘"线人"显然有一个理论……

在芝加哥，费米也收到了费曼的消息——一封以"亲爱的费米"开头的长信，在圣诞节前从科帕卡巴纳的米拉马尔宫酒店寄出。费曼正在根据从凯斯与斯洛特尼克的插曲中获得的线索研究介子理论。这很混乱，到处都有发散，但他已经得出了一个大杂烩的结论。"我想冒着风险发表一些评论，因为这些话对美国人来说是显而易见的。"他给费米写道。介子是伪标量的……汤川的理论是错误的。他通过业余无线电听到了一些关于实验的消息，"我在巴西也不是完全不知道"。他验证了部分他想要的预测。他对这些粒子的研究方法，对于原子核的结合如此重要，越来越集中在自旋的一个更抽象的变体上：另一个叫作同位旋的量子数。事实上，费米的方法也是如此。费曼正在重复一部分芝加哥的工作。他们以自己的方式试图衡量一个类似于量子电动力学的理论，却抵制驯兽师最喜欢的鞭子——重正化、微扰论。"不要相信介子理论中任何使用费曼图的计算！"费曼在写给费米的信中这样说。同时，当他们在原子内活力四射地推进时，"二战"前的粒子图景正在他们眼前瓦解。随着一个个新粒子的出现，组成要素数量可控这一梦想逐渐消失。在这个不断细分的世界中，什么是真正的基本单位？

什么是由什么构成的？"原则是，"费曼在他随身携带的小本子上写道，"你不能说 A 是由 B 构成的，或者反过来。所有的质量都是相互作用的。"但这并没有解决问题。云室的照片显示，轨迹中有新的叉子结构和纽结——在人们了解旧介子之前，又产生了新介子。费米在《物理评论》上发表声明，为即将到来的粒子"大发展"奠定了基调。

近年来，已经发现了几种新粒子，这些粒子目前被认为是"基本粒子"，也就是说，它们是最基本的，没有结构。随着粒子数量的增加，所有这些粒子成为真正基本粒子的概率越来越小。

根本无法确定核子、介子、电子、中微子都是基本粒子……

费曼在到达帕萨迪纳后不久就逃跑了。他接受了加州理工学院提供的立即休假一年的建议，逃到了他能找到的最有异国情调的地方。美国国务院补贴了他的工资。自从离开法洛克威以来，他第一次可以在海滩上待上几天，他在那里看着穿着凉鞋和泳衣的人群，凝视着无尽的海浪和天空。他以前从未见过背靠山丘的海滩。到了晚上，卡里奥卡山脉在月光下变成了黑色的山丘。王棕就像盛装的电线杆，比帕萨迪纳的棕榈树要高得多，排列在海岸和里约的宽阔大道上。费曼到海里寻找灵感。费米取笑他说："我也希望能在科帕卡巴纳游泳来更新我的想法。"费曼赞同帮助在巴西物理研究中心建立一个新的物理学基地的想法。15年前，物理学在巴西或南美洲其他地方几乎不存在。一小部分德国和意大利物理学家在20世纪30年代中期带来了物理学，在十年内，他们的学生的学生在工业界和政府机构的支持下创建了新的设施。

费曼在里约的巴西大学给学生们讲授基本的电磁学，学生们令他很失望，他们温顺地拒绝提问，总是死记硬背，在这位自由奔放的美国人面前显得生硬而呆板。这里的课程建设主要受到欧洲的影响。初期的研究生课程还没有什么合格的老师。背诵取代了理解，或者说在费曼看来是这样的，他开始说服巴西的教育机构进行改变。他说，学生们只是记住了名称和抽象的公式。巴西的学生们可以背诵布儒斯特定律[1]："如果光线照射在折射率为n的介质上，且入射角……那么光线发生完全极化，电场方向与入射面垂直。"但当他问到，如果在海湾的阳光下举着一块偏振片，把偏振片转来转去，会发生什么时，学生们就会一脸茫然。他们可以背出"摩擦发光"的定义：晶体在机械力下发出的光。但费曼真希望有教授把他们送进一间黑暗的房间，用一把钳子和一个糖块或一个救生圈来亲自观察微弱的蓝色闪光，就像他小时候那样。"你们懂科学吗？不懂！你们只是用其他词语解释一个词的含义，而没有告诉他们任何关于自然界的东西——当你压碎晶体时，什么晶体会产生光？为什么它们会产生光？……"一道考试题是："望远镜有哪四种类型？"（牛顿望远镜、卡塞格林望远镜……）学生能回答出来，然而，费曼说，望远镜真正的意义被遗忘了，它们是帮助人类开启科学革命的仪器，展示了星星令人类望洋兴叹的浩瀚。

费曼比以往任何时候都更加鄙视这种文字游戏，当他回到美国时，他发现美国教育中也有这种情况，这种思维模式不仅表现在学生的习惯上，而且表现在电视问答节目中，以及必知常识的畅销书和教材的编排上。他希望和每个人分享他对知识的努力态度。他闲坐在咖啡桌前，竖起耳朵听糖撞击冰茶表面时发出的声音，介于嘶嘶声和沙沙声之间，如果有人问这种现象叫什么，哪怕只是询问解释，他就会大发雷霆。他只尊重那些"完全不知道"、从第一原理出发的求真态度：尝试在水中加糖，在温茶中加糖，在已经饱和的茶中加糖、加盐……直到呼呼声变成嘶嘶声。试错、发现、自由探索，这些才是求真的原则。

他痛恨的不仅仅是标准化知识的空洞。死记硬背的学习方式会耗尽他在科学中所珍视的一切：创造精神，寻求更好的方法的习惯。费曼说，他通过实践获得的那种知识，"给人一种世界稳定且现实的感觉，驱除了许多恐惧和迷信"。他正在思考科学意味着什么，知识意味着什么。他告诉巴西人：

> 科学是一种方法，教导人们如何知道某些东西，什么是不知道的，在多大程度上知道这些东西（因为没有什么是绝对知道的），如何应对怀疑和不确定性，证据规则是什么，如何思考事物以便做出判断，如何区分真理、欺诈和假象。

受制于它们所处的历史时代，牛顿望远镜或卡塞格林望远镜既发挥出极大的优势，也有其缺陷和局限性。一个真正的科学家，即使是理论家，也需要了解这一点。

科帕卡巴纳骗子

费曼告诉人们，他是天生的音盲，大多数音乐他都不喜欢，尽管传统的观点认为数学和音乐的能力是并存的。对于古典音乐——欧洲的传统音乐，他觉得乏味，非常不喜欢。最重要的是，他无法忍受听音乐的过程。

然而，那些多年来在费曼身边工作的人都知道，无音调的音乐似乎不断地从他的神经末梢涌出，在他们共同的办公室墙壁上发出咔嗒咔嗒的响声。他一边计算，一边无意识地敲击，他还在聚会上打鼓，吸引了不少人。菲利普·莫里森在康奈尔大学与费曼共用一间办公室，他半开玩笑地说，费曼之所以被鼓声吸引，是因为它是一种聒噪、短促的声音，而且他的手指很长，鼓声还很符合魔术师的身份。但莫里森也注意到，到了 20 世纪，西方古典音乐在某个方面变得很怪异：在世界所有的音乐传统中，西方的音乐传统最果断地抛弃了即兴演奏。在巴赫的时代，精通键盘仍然意味着将作曲家、表演者和即兴演奏者的身份合为一体。即使在一个世纪之后，表演者也可以自由地尝试在协奏曲的中段即兴演奏华彩乐段。19 世纪末，弗朗茨·李斯特给音乐会的听众们带来了一种运动的快感，从中能听到钢琴家以最快的速度现场创作的音乐，听到即兴的变奏和装饰音，听到错误和"死胡同"，而演奏家兼作曲家必须像胡迪尼 ① 一样从中脱身。即兴意味着可能影响听觉效果和出现错音。而在现代实践中，一个管弦乐队或弦乐四重奏如果在一小时内演奏出 6 个错误的音符，就会被判定为不称职。

在抵制了麻省理工学院的西方工程师文化，并拒绝了康奈尔大学的文科文化后，费曼终于在巴西开始了自己的文化适应过程。对包括物理学家在内的大多数美国人来说，旅行仍然要从欧洲各国的首都开始，但费曼从未去那里冒险，他直到 32 岁才第一次去巴黎参加学术会议。在里约的街道上，他发现了自己对第三世界的喜好，特别是对音乐、俚语和艺术的喜好，这些都没

---

① 　哈利·胡迪尼（Harry Houdini），被称为史上最伟大魔术师、脱逃术师及特技表演者。

有被编入书籍或在学校里教授——至少美国学校没有。在他的余生中，他更喜欢到拉丁美洲和亚洲旅行。他很快成为第一批访问日本的美国物理学家之一，在那里，他也会迅速前往乡村。

在里约，费曼发现了一种热闹的音乐传统——以节奏为中心的即兴表演，充满活力。他在《不列颠百科全书》中找不到"桑巴"这个词，但那声音在他海滩旁的窗边响起，全是铜管、铃铛和打击乐器的声音。巴西式的桑巴舞是一种非洲－拉丁美洲贫民窟和舞厅的混合体，由被称为"学校"的俱乐部成员在街头和夜总会表演。费曼成了一名桑巴音乐家（sambista）。他加入了当地的一个学校，名叫"科帕卡巴纳杂耍团"——费曼更愿意叫他们"科帕卡巴纳骗子"。那里有小号和尤克里里、刮板和沙锤、小鼓和低音鼓。他尝试演奏了潘代罗（pandeiro），一种强调精确性和多样性演奏的手鼓；他最终选择了弗利吉得拉（frigideira），一块金属板，在桑巴的主节拍内外发出轻快而快速的叮当声，让情绪从爆炸性的抽象爵士乐转变为无所顾忌的流行乐。起初，他很难掌握当地演奏者绚丽的手腕动作，但最终，他的演奏足以获得工作报酬。他认为自己的演奏在其他音乐家看来具有神秘而迷人的异国风情。他参加了海滩比赛和阻断交通的即兴街头游行。每年桑巴舞的高潮是里约 2 月的狂欢节，在这个用身体来庆祝的喧闹节日，夜晚的街道满是半裸或穿着演出服的卡里奥卡人。在 1952 年的狂欢节上，在彩色皱纹纸和巨大珠宝的映衬下，狂欢者吊在有轨电车上，铃声与桑巴节拍此起彼伏，一位当地版《巴黎竞赛》的摄影师拍下了打扮成梅菲斯特[①]享受狂欢的美国物理学家。

尽管他努力投入里约的生活中，但他在那里是孤独的。无线电发来的信息不足以让他跟上"二战"后物理学快速变化的前沿。几乎没有任何人给他写信，甚至贝特也没有。那个冬天，他喝了很多酒（多到有一天被吓得发誓再也不喝酒了），在海滩上或夜总会里调情。他经常在米拉马尔宫酒店的户外酒吧出没，在那里与一群不同的美国人和英国人交际。他与泛美航空的女乘务员

---

① 德国文豪歌德戏剧《浮士德》中的恶魔。

约会，她们在飞行间隙住在米拉马尔宫酒店的四楼。他很快抛弃了她们，写信向他在康纳尔大学约会过的女子求了婚。

唉，女人的爱啊！

著名人类学家玛格丽特·米德（Margaret Mead）最近报告了许多流行杂志已经注意到的情况：美国文化中的求爱仪式正在发生质变。米德研究了广告牌和电影情节，并宣称："过去的确定性已经消失，到处都有试图建立新传统的迹象……"

每一对恋人，都可能发现自己在两性的亲密关系中希望知道下一步是什么，就像跳芭蕾舞，虽然不再遵循传统的路线，但双方必须在他们前进的过程中调整步伐。当他坚持的时候，她是否应该屈服，以及屈服多少？当她提出要求的时候，他是否应该抵抗，以及抵抗得多坚决？

有时，费曼也会以类似的态度看待自己的交往习惯。自从阿琳去世后，他就一门心思地追求女性，这违背了大多数人对两性关系的（即使不是私人的）顾虑。他与本科生约会，出入风月场所，学习（在他看来是学习）戏弄酒吧里的女孩，并与研究生的年轻妻子出轨。他告诉同事们，他对性道德已经有了一种人人公平的态度，并认为他是在利用女人，因为她们也想利用他。爱情似乎就是一个谎言——一种自我欺骗，一种合理化，或是女人在寻找丈夫时进行的一场赌博。他对阿琳的感觉似乎被他束之高阁了。

女人告诉他，她们爱他，是因为他的思想，因为他的外表，因为他跳舞的方式，因为他确实试图倾听并理解她们。她们喜欢他聪明的朋友们的陪伴。她们理解，工作对他来说是最重要的，她们喜欢他这一点，但罗丝·麦克谢里除外——费曼在量子电动力学工作巅峰期曾写信热烈追求她，他从波科诺会议回来后给这位新墨西哥州女人写信说，工作永远是他的"最爱"，她对此很不满。她说，她永远不会嫁给一个男人就是为了给他做奴隶。有时她担心费曼把女人仅仅当作娱乐。她希望能感觉到，费曼是因为她、为了她才做他的工作。许多女人都想成为他的缪斯女神。

不断变化的规则使费曼的恋人陷入了困境。谈起不正当关系，人们经常用尴尬的委婉语和过时的标签：多情、抛弃、不道德、轻浮。这些标签定义了她们的角色，让她们处于不利地位。在康奈尔大学的第一个夏天，他在斯克内克塔迪遇到的一个女人尽可能含蓄地让他知道她怀孕了，然后终止了妊娠。"我一直很不舒服，这对我来说很不寻常，但我想你无疑已经猜到了原因。"在写信的时候，她知道费曼正在与他的"莎朗玫瑰"重逢。她知道自己应该恨他，但她宁愿不把男人当成"无赖"。她向他保证，她并没有"陷入爱情"：

我几乎要羡慕你在你妻子去世前享受过的无与伦比的幸福。这样的幸福很少有人能体会到，我想知道，它能在人的一生中发生两次吗？

她确实给了他一个警告，讽刺地说，她确信他会认出拜伦的诗：

唉，女人的爱！众所周知
它是一种可爱又可怕的东西；……
她们的报复就像捕虎夹，
致命、快速、惨烈；
然而，真正的酷刑是她们的，她们所施加的是她们的感觉。
她们是对的；
因为男人，不公正的男人，对女人总是如此。

在附言中，她纠正了费曼对她名字的拼写错误。

人们期望女性在劳动力市场上竞争——这是战争带来的另一个趋势，但她们仍处在家庭生活的温馨愿景的中心位置。尤其是在与科学相关的职业中，女性仍然处于后卫地位。一个曾在布林莫尔大学教授本科生物理学十多年的人，在新《今日物理》发表了一篇文章，以冷静的角度总结了在布林莫尔女子学院十多年间教授本科生物理学的现实困难，坊间有首小诗问道：

告诉我，教这些女孩是什么感觉？
你觉得她们有头脑吗？
她们认真学习吗？（请允许我这样问）你认真教她们吗？

编辑们决心保留这篇论文轻松的语气。论文作者不无同情地认为，女性作为物理学家取得成功的唯一严重障碍，是他们自己"倾向于听从高人一等的男性"。同时，雇主们仍然认为，妇女的最终目标是结婚生子。在《物理评论》中，几乎从未出现过女性作者。

在完全是男性的世界里，物理学家甚至比其他美国男人更不可能在两性关系中寻找智力伙伴。在欧洲传统中，教授职位意味着一定的社会阶层和文化基础，妻子往往拥有与丈夫相同的阶层和文化。汉斯·贝特娶了一位理论物理学家的女儿。在美国社会中，科学成了贫困移民子女的上升通道，丈夫和妻子不一定共同拥有学术界的背景。无论如何，费曼在他的大部分工作中都是独自一人，似乎只和很漂亮的女人约会，通常是金发女郎，有时浓妆艳抹，穿着大胆——在一些没和他约会的女人看来是这样的。他似乎不在意自己所追求的女人能否提供职业上的帮助，尽管她们可能会试着这么做。他的一个情人写道："我每天都在学习更多的物理学知识，并意识到还有很多东西要学。不知何故，物理学领域对我有着致命的吸引力。"但她怀疑，费曼已经转投他人怀抱。她和她所有的继任者都有一个不可饶恕的缺陷，她们中的一些人也猜到了：她们不是阿琳·格林鲍姆——费曼的朱丽叶，那份完美的爱情，那个在实现平凡、温馨、日复一日、年复一年的普通日常生活之前就已经死去的女孩，她本能够有时间为浪漫的理想增添柔和的色彩。

　　每隔一段时间，费曼就会感到有一种冲动，想给他与女性的关系带来一定程度的理性。他喜欢制定规则，寻找系统。他厌倦了承诺、讨好和哄骗，他讨厌道歉。他把阿琳最喜欢的原则用于新的目的。在一次混乱的情感遭遇之后，他在纸条上写道：

　　在我看来，你费尽心思，就是为了确保那个女孩不会讨厌你。**你干吗在乎她怎么想？** 你当然可以在乎你是否伤害了她——只要你尽力（如果你坚持）不伤害她——如果事实是你做得还不错，就不要费心去争辩，或试图让她告诉你，你真的很棒……然而，如果你是自私的，只在乎肉体的快乐，那就不要试图说服自己，或者说，不要试图向她解释或说服她。

　　在他最喜欢的酒吧故事中，他逐渐推演出酒吧中的规则：女人与顾客调情，顾客请她们喝酒，女人离开。他说：“一个聪明人进入酒吧后，怎么可能会变成这样一个傻瓜？”在酒吧里，他是个新手，是个天真烂漫的人类学家，甚至连他所受的如何点一杯“黑白狗”威士忌加水的教育都有用。他看着酒吧里的女孩怂恿他买香槟鸡尾酒，作为报复，他学会了一套新规则，主要规则是以无礼的态度对待女性。这是心理战。他对一个女人出言不逊，他花 1.10 美元给她买了三明治和咖啡。他也得到了“奖励”，她还给他买了三明治。一切都很公平。

　　费曼给约会的女人讲过这些故事。尽管这些故事不像是真的，但它们很有说服力，也很有趣，没有人发现过他在撒谎。就像许多人一样，他发现讲故事是一种能够吸引全场观众目光的天赋。他打磨了自己的表演，从不关心人群中是否有以前听过故事的人。大多数时候，她们对此也不关心。他的故事、他的笑声、他的舞蹈，以及他与他人独处时完全集中注意的能力，让他对女性有着强烈的吸引力。尽管他的内心是如此冷漠——一个天才浪子。有时，她们承受着巨大的痛苦。另一位女性委婉地告诉他，她已经堕胎了：“整个过程是可怕的、残酷的和可悲的，大约每两百万次发生一次……我确信你从来没有想过，突然的冲动（我们应该说，冲动的'最短部分'）会带来伤害，但正如我之前提到的，无辜的人必须付出代价……"后来，她要求费曼原谅她所说的刻薄的话。

她们几乎都原谅了他。她们喜欢列举他的优点。一个女人在纸上列出：

1. 英俊（可能吧）；

2. 聪明（他觉得）；

3. 高大（非常）；

4. 衣着讲究（整齐）；

5. 舞者（从墨西哥城的女人那里学来的）；

6 鼓手（哇哦！）；

7. 个性加分（哦，天啊！）；

8. 智慧（说得轻巧）；

9. 健谈（很好）；

10. 体贴（有时）。

在海外出差时，他经常与女人搭讪，甚至东道主也知道他希望能帮他介绍女性。他在伦敦遇到保利娜或贝蒂，在巴黎遇到伊莎贝尔或玛丽娜，在阿姆斯特丹遇到玛丽卡或热妮。他和一个女人约会了好几天，然后把她的告别信和其他人的信一起保存起来。

我是如此爱你，我甚至确信这份爱会给我们俩带来幸福……请永远记住，在你生命中的夜晚……在世界的某个地方有我，我爱你。我将永远记住你，因为你是唯一让我感到完全轻松和情投意合的人。

女人对转瞬即逝的爱情可以有很多种态度。他的情人们会热情地警告他不要太伤心，或者，会祝他的所有项目好运，"不管是金发的、数学的，还是物理的"！她们暗示他，她们可能会出现在他家门口——他的"巫女"可能不知道通往月亮和星星的路，但可以找到美国，或者恳求他"鉴于你的工作，赶快找到一个原子扫帚，在几小时内从欧洲飞到加利福尼亚"。她们会指责他喜欢独处——一种"心灵的自恋情结"。她们不禁问，家对他意味着什么？毕竟，他不是有些孤独吗？

他确实是孤独的。他的朋友们无法理解他为什么最终选择与堪萨斯州尼欧德沙的玛丽·路易斯·贝尔成家，玛丽在康奈尔大学的食堂遇见了费曼，并一路拼命追求他到帕萨迪纳（用朋友的话说，像猫一样），最后接受了他从里约热内卢寄来的求婚信。在费曼的朋友们看来，她是一个银发女郎（在费曼背后，他们起了一个不太友好的绰号："玻璃纸头发的女孩"），穿着白色高跟鞋和紧身白色短裤去野餐。他们认为她比费曼大（实际上，年龄差距只有几个月）。甚至在结婚之前，二人就通过写信争论应该在室内装修上花多少钱，以及他穿旧衣服的样子好不好。她说，她认为科学家通常很无趣。她研究墨西哥艺术和纺织品的历史，这对费曼来说很有异国情调。当他在巴西时，玛丽在密歇根州立大学教授家具和室内装潢历史的课程，主要针对从事酒店或餐厅管理职业的人。"通常情况下，教这门课的女孩会嫁给其中一个人。"她告诉费曼。

1952 年 6 月，费曼从巴西一回来，他们就结婚了。他们在墨西哥和危地马拉度蜜月，他们在玛雅金字塔跑上跑下。他逗她开心，但她认为费曼的脾气很暴躁，让她感到害怕。当他们的车在墨西哥的高速公路上行驶时，她抱怨汽车的遮阳板让她很烦，于是他掏出一把螺丝刀，双手离开方向盘，修理了遮阳板，她不知道该怎么想这件事。费曼的朋友们感到，她并不完全欣赏他。她希望他穿得好一点儿，于是他们发现，可以通过观察费曼是否打了领带来判断她是否在附近。他们想，她一定天天对着费曼唠叨。她喜欢告诉人们，他还没有"进化"到会欣赏音乐，有时她认为自己嫁给了一个没受过教育的博士。

他们从费曼在校园附近的平房公寓搬到了阿尔塔迪纳更大的地方，就在帕萨迪纳的北部边界的另一侧。玛丽拒绝与其他物理学家来往。有一次，他在帕萨迪纳短暂停留时错过了与尼尔斯·玻尔见面的机会。因为他和玛丽坐下来吃晚饭时，她说，她应该告诉过他，那天晚上有人邀请他们去看望一个老家伙。在政治上，她是一个极端的保守派，与费曼的大多数同事不同。当奥本海默安全听证会开始时，她说："有烟的地方就有火。"这激怒了费曼。他至少有一段时间也投了共和党的票。离婚是不可避免的，费曼很早就意识到他们不应该要孩子。他向妹妹倾诉。但在最终分开之前，他们已经一起生活了将近四年。

根据协议，他承认有虐待行为：

> 故意、不公正、无缘无故、毫无理由或借口地造成了严重的身心痛苦……原告遭受了巨大的身心痛苦，并遭受了身体上的神经性休克，导致原告和被告之间的婚姻生活已无法维系。

他同意在未来三年内支付 1 万美元的赡养费。她保留了 1950 年产的奥兹摩比汽车和所有家具。他保留了 1951 年产的林肯大都会汽车、他的科学书籍、"所有的鼓和打击乐器"，以及他母亲送给他的一套餐具。这起离婚案在美国媒体上引起了短暂的喧嚣，不是因为费曼是一个名人，而是因为专栏作家和漫画家不能忽视这些虐待行为的实质：教授在床上打邦戈鼓，做微积分。他的妻子作证说："鼓声太吵了。"还有："他一醒来就开始在脑子里做微积分……他在开车的时候、坐在客厅里的时候、晚上躺在床上的时候，都在做微积分。"

1954 年感恩节前的某一天，南加利福尼亚州的冬天临近，却没有明显的季节变化，烟雾从洛杉矶滚滚而来，冲向环绕着帕萨迪纳的北部山丘，有那么一刻，他们对彼此的不满已经变得无法忍受。费曼给贝特写信，请求恢复他过去的工作。他的眼睛被烟雾熏得生疼，妻子抱怨说她看不到树木的美丽色彩。他说自己愿意接受任何薪水，他无条件投降了。

不久之后，有人急匆匆地跑来告诉他，圣盖博山区威尔逊山天文台的天文学家沃尔特·巴德（Walter Baade）的一项发现表明，遥远宇宙中的恒星的年龄比人们之前确定的年龄大几倍。20 世纪 50 年代，加州理工学院逐渐成为宇宙学发现的国际中心。同一天，一位年轻的微生物学家告诉费曼他的一项发现，证实了 DNA 分子在细菌分裂和再分裂过程中的基本不可还原性。在分子遗传学如火如荼地诞生之时，加州理工学院在该领域拥有以莱纳斯·鲍林和马克斯·德尔布吕克（Max Delbrück）为首的领军人物。同时，尽管贝特对费曼的来信感到非常高兴，但他不得不告诉费曼，康奈尔大学当下最多只能提供一个临时职位。

费曼又改变了主意。同年秋天，恩里科·费米去世，芝加哥大学决定不惜一切代价聘请费曼。其物理科学系主任沃尔特·巴特基（Walter Bartky）和一位年轻的物理学家马尔温·戈德伯格（Marvin Goldberger，后来成为加州理工学院的校长）乘坐"超级酋长号"列车向西出发（巴特基不敢坐飞机），直接从火车站打车到费曼家。费曼拒绝考虑他们的提议，甚至恳求他们不要告诉他能提供多少钱。他说，他担心妻子会因为听到这个数字而坚持要搬家。他已经决定了。他要留在加州理工学院。

与物理学一起前进

在新近被照亮的量子世界中，下一步往哪里走？

理论物理学家共同面临着一个未解决的巨大问题，在这样一个沉重的"结"被解开或切断之前，研究几乎无法向前发展——就在这时，费曼成熟了。既然量子电动力学已经解决了，似乎没有一个问题是普遍令人信服的。大多数理论物理学家转向较小的原子距离和较小的时间尺度——新粒子在这些地方出现。在某种程度上，他们是被过去一个世纪的历史逻辑驱使：向原子核心新迈出的每一步不仅带来了新的启示，也带来了新的简化。元素周期表曾经是一个强大的统一方案，现在它似乎更像一个分类目录，它本身被探索原子内部所揭示的更深层次的原则统一了。物理学家和记者关于物理学的通俗文章中出现了一套说法，其中的关键词是*物质的基本成分*、*自然界的组成部分*、*物质最内层的神秘空间*。这些短语很有诱惑力。其他科学领域也在寻求自然规律，但寻找基本单位似乎处于优先地位。

粒子物理学的声望也随着军事部门慷慨的支持而上升。最明显的是，武器实验室繁荣起来，美国海军研究办公室等机构也资助了具体的军事研究项目。

从电子学到密码学，许多应用科学受益于军事官员的具体兴趣。学术科学家立即看出允许武装力量指导科学研究的潜在危险。加州理工学院的新校长李·杜布里奇（Lee DuBridge）说："当科学仅仅被允许依靠从武器开发桌上掉下来的面包屑时，科学就会进入'军事保密'的令人窒息的氛围中，即使面包屑可以提供充足的营养，这种情况也注定会发生。"然而，军方也认识到了这一点。曼哈顿计划的众多遗产之一是，将军和海军上将们开始相信科学家的教条：让研究人员遵循自己的直觉，他们就会下金蛋。原子弹诞生自官员们的神秘幻想，这一点很清楚。现在，纯物理学家希望对比原子弹中更奇异的力量和粒子进行基础研究，公众和政府热情地支持他们。在像杜布里奇的加州理工学院这样的机构中，即使是粒子物理学的理论研究项目，也因教授们集体申请的巨额政府拨款而得到了发展。政府拨款用于支付工资、研究生报酬、办公室费用和大学管理费。军方积极鼓励（如果不直接资助的话）建设巨大的回旋加速器、电子感应加速器、同步加速器和同步回旋加速器，其中任何一个都比"二战"前的实验者所能想象的消耗更多的钢铁和电力。这些项目与其说是武器开发桌上的面包屑，不如说是被说服的官员开出的空白支票——他们认为物理学能创造奇迹。[2] 谁能说什么是不可能的？自由能源？时间旅行？反重力？1954年，美国陆军部长邀请费曼担任陆军科学顾问团的有偿顾问，费曼同意了，并在11月到华盛顿出差数天。在一次会议后的鸡尾酒会上，一位将军透露，军队真正需要的是一种可以用沙子作为燃料的坦克。

那年早些时候，费曼在帕萨迪纳接起电话，听到美国原子能委员会主席刘易斯·L. 施特劳斯（Lewis L. Strauss）上将说，费曼获得了他的第一个重要奖项——阿尔伯特·爱因斯坦奖，奖励是15 000美元和一枚金质奖章。费曼是继库尔特·哥德尔（Kurt Gödel）和朱利安·施温格之后的第三位获奖者。当施特劳斯告诉他获奖消息时，费曼跟他逗趣说："热狗！"奥本海默作为普林斯顿高等研究院的院长公布了这个消息。费曼慢慢才意识到，施特劳斯正在将奥本海默逐出公共事务。施特劳斯执行了艾森豪威尔总统的命令，剥夺了奥本海默的安全许可，因为J. 埃德加·胡佛（J. Edgar Hoover）收到的一封信中指责他（这也是当年的风气）是一个"顽固的共产主义者"，"很可能是间谍"。美国原子能委员会在4月开始进行为期四周的听证会。许多物理学家公开为这位他们在过去十年中如此钦佩的人辩护。著名的例外是特勒，他对奥本海默产生了破坏性的影响，他抱怨奥本海默没有支持他的氢弹项目，并谨慎地作证说："我觉得，我希望看到这个国家的重要利益掌握在我更了解也更信任的人手中。"在这种情况下，费曼不愿意接受施特劳斯颁发的奖项。但正在访问加州理工学院的拉比建议他接受。他记得拉比说："你永远不该利用一个人的慷慨反过来对付他，即使他犯下很多恶行，他的美德也不该被用作反对他的工具。"[3]

在恐惧的气氛中，原子科学家们开发了一个无形的情报网，询问他们的朋友和童年邻居，煞费苦心地掩盖显而易见的事情，试图探听谁喜欢谁、谁怨恨谁、谁可能会告发谁的传闻。美国联邦调查局针对费曼的文件不断增加。费曼在洛斯阿拉莫斯的朋友克劳斯·富克斯于1950年因为苏联从事间谍活动而被监禁，幸运的是，美国联邦调查局并没有发现富克斯曾经常借给费曼汽车。有人指出，费曼曾在法洛克威的犹太会堂中发表过一次演讲，"当时他谈到了兄弟情谊"。他被描述为一个害羞、孤僻、内向的人。邻居们为他的忠诚度做了担保，不认为他参加过高中的社会主义青年联盟（调查机构将其描述为"一个激进的、亲共产主义的学生团体"）。贝特被美国商务部的一位官员纠缠，要求提供有关费曼"忠诚度"的信息。最后他礼貌地回答："费曼教授是世界领先的理论物理学家之一。他对美国的忠诚是毋庸置疑的。任何进一步的解释都是对费曼博士的侮辱。"

有一次，有关部门发现奥本海默与"芬曼"（Fineman）的联系，并推测"这个'芬曼'实际上是理查德·费曼"。官员们讨论了让他作为针对奥本海默的秘密线人的可能性。他们授权采取谨慎的方法，然后因为他拒绝接受联邦调查局的任何采访，而将费曼列入"禁止接触"的名单。调查员采访了他在洛斯阿拉莫斯的同事，他们都将他描述为一个"性格优秀的天才"。然而，据了解，他有时会吹嘘自己"骗过了"征兵局的精神科医生，骗得 4F 级的评价。一位同事认为他是一个怪人，另一位同事认为他对爵士乐的兴趣与一个物理学教授的举止不相符。然而，据知情人说，他曾投票给艾森豪威尔，注册了独立党（不要与独立进步党混淆），而且"不尊重苏联人"。联邦调查局小心翼翼地抄写了报纸上关于他离婚的报道。除此之外，还有一个奇怪的现象必须报告：

> 费曼已经熟练掌握使用发夹、铁丝等打开样品滚筒和耶鲁式锁……费曼一直在努力学习保险箱锁的工作原理，并表示有志于打开保险箱。

在这第一份报告中，调查员努力理解知情人的无罪辩护："这并不表明费曼有任何犯罪倾向，而只是一个聪明的数学头脑在接受普通人几乎不可能解决的挑战之后的作品之一。"然而，对备忘录、特别调查和秘密电报的匿名作者们来说，"打开装有原子弹机密的保险箱"和"与克劳斯·富克斯交往"这个充满暗示的组合绝对是无法抗拒的诱惑，这让费曼的档案在后来几年里不断增加。

联邦调查局特别监视了另一个事件。苏联科学院邀请费曼参加在莫斯科举行的会议，在那里，他有机会见到了伟大的列夫·朗道和其他苏联物理学家。核物理学是特别敏感的领域，没有列入会议议程。然而，苏联物理学的精英们正在从事一项迅速赶上美国人的武器计划。这一年，苏联人在西伯利亚上空引爆了一枚先进的便携式热核弹（其主要设计师之一、后来的持不同政见者安德烈·萨哈罗夫，在距离原爆点几英里的雪地草原上的平台上观看。在阅读了美国一本名为"黑皮书"的指南手册后，他确信摘下他的黑色护目镜是安全的）。费曼热情地接受了邀请，苏联科学院为他提供了旅费。经过深思熟虑，他给美国原子能委员会认真地写了一封信，征求美国政府的意见。"我想你们会感兴趣，"他说，"因为我在战争期间参与过洛斯阿拉莫斯项目，所以你们必须考虑我可能无法返回的危险，或者公众舆论的态度。"拖延了一段时间后，美国原子能委员会和美国国务院的官员都做出了答复，要求他拒绝苏联的邀请。费曼的出席可能会被用于"宣传目的"。他默许了。他给苏联科学院院长写道："出现了一些情况，我无法参加。"美国政府还迫使弗里曼·戴森拒绝出席会议，警告他根据《麦卡伦移民法》，他可能不会被允许回到美国。然而，戴森并没有这么安静地投降。他告诉记者："这个案例清楚地证明了法律的愚蠢。"

在基本的非武器类研究中，苏联物理学家热切地追求美国和欧洲的最新发展。然而，东、西方之间在观点上的微弱差异已经开始显现。那个时候，原子弹是美国的胜利，为美国赢得了战争，但原子弹还没有牢固地扎根于苏联（尽管政策制定者对军备竞赛很着迷）。虽然一个国际级的同步回旋加速器在杜布诺拔地而起，但苏联没有那么多钱来建造美国现在正在建造的那种巨型粒子加速器。苏联物理学界最有影响力的人物是朗道，他因兴趣遍及理论物理学的所有现象而闻名。他最伟大的工作不是研究基本粒子，而是研究凝聚态：流体动力学、物质的相之间的过渡、湍流、等离子体、声频散和低温物理学。尽管所有这些领域都是基础性的，但在美国，它们的地位在粒子物理学的魅力面前开始略显逊色。苏联则不然，1955 年，那里的物理学家特别渴望见到费曼。作为量子电动力学之后的第一项重要工作，他放下粒子物理学，选择了一个与朗道的研究主题接近的课题：关于超流性的理论，即冷却到接近绝对零度的液氦的无摩擦运动。

量子液体

那时，科幻作家们已经学会了一条有趣的规则：不要让想象力太自由、太广泛，保守一点儿往往更好。为了创造一个奇异的新世界，他们只需改变通常现实中的一两个特征，并让各种意想不到的结果自己发挥出来。大自然似乎也有能力调整单一的规则，从而创造出最奇怪的现象。

超流氦显示了当一种液体在没有摩擦的情况下流动时，会发生什么——不仅仅是低摩擦，而是零摩擦。在一个烧杯中，液体自发地以薄膜形式在杯壁上滑行，显然是无视了重力。它能通过连气体也无法通过的裂缝或小孔。无论一对玻璃板如何被完美地打磨成光滑的表面，无论它们如何被紧紧压在一起，超流氦仍然会在它们之间自由流动。这种液体的导热性比任何普通物质都要好得多，而且无论怎样冷却都不会冻结成固体。

当费曼谈到流体流动时，他知道，他找回了对世界现状孩子般的原初迷恋。观察浴缸里的水或人行道上的泥坑，尝试在暴雨过后给路边的小河筑坝，思考瀑布和旋涡中的运动——他觉得，这些乐趣让每个孩子成为物理学家。在试图理解超流性时，他又一次从第一原理起步。什么是流体？一种不能承受剪切应力的物质，即液体或气体，可在力的作用下移动。流体抵抗剪切应力的趋势就是它的黏度，即它的内部摩擦力——蜂蜜比水黏度更高，水比空气黏度更高。19 世纪的物理学家们在创建第一个流体流动的有效方程时，发现黏度特别麻烦，因为它的后果是不可计算的。为简单起见，他们经常创建忽略黏度的模型——为此，冯·诺伊曼后来嘲笑了他们，建模者总是试图省略不必要的复杂性。但是，经典流体力学家们却忽略了一个似乎必不可少的决定性的性质。冯·诺伊曼讽刺地称他们为"干水"理论家。费曼说，超流氦就类似于理想中那种没有黏度的流体，也就是"干水"。

超流性有一个同样奇怪的孪生兄弟，那就是超导性，即没有耗散或阻力的电的流动。两者都是低温实验中的现象。超导性是在 1911 年被发现的，而超流性则是在 1938 年才被发现的，因为在过冷低温恒温器中观察针头大小的容器中的液体的行为非常困难。虽然它们很神秘，但到了 20 世纪 50 年代，这一对现象已经成为理论物理学中非基本粒子研究领域皇冠上的宝石。对永动机的理解几乎没有进展。在费曼看来，它们就像"两座被围困的城市……完全被知识包围，它们孤立无援又无懈可击"。除了朗道之外，对超流理论的主要贡献者是拉斯·昂萨格（Lars Onsager），众所周知，这位耶鲁大学杰出的化学家的统计力学课程非常难，有时被称为挪威语课 I 和挪威语课 II（暗指昂萨格的口音）。

大自然展示了另一种永动机，这是量子物理学家所熟悉的：原子中电子层面的运动。没有摩擦或耗散使电子减速。只有在原子群的相互作用中，才会出现摩擦的能量消耗。这些超现象是否与经典物质的混乱无关？这是不是量子力学的一个明显例子？波函数、能级和量子态的整个装置是否可以转化到宏观尺度上？这确实是大尺度上量子行为的最基本迹象，来源于氦在任何温度下都不会冻结成硬晶体的事实。在经典力学中，绝对零度通常被描述为所有运动停止的温度。在量子力学中，没有这样的温度。原子运动从未停止。那个精确的零度会违反不确定性原理。

朗道和其他人用少数几个有用的液氦概念奠定了基础。一个强大的想法继续主导着所有固体物理学：新实体——"准粒子"或"元激发"，即穿过物质并相互作用的集体运动，就像粒子一样。量子声波（现在称为声子）是一个例子。另一个例子是：液氦似乎含有被命名为"旋子"的旋转运动单位。费曼试图找出这些想法的含义。他还探讨了液氦表现得像是（此处和其他地方一样，旧式的"是"不得不被永久地替代为临时的"表现得像是"）两种共存物质的混合物，一种是普通液体，另一种是纯超流体。

液氦表现中最奇怪的一个表现展示了这种混合物是如何工作的。一个像自行车轮胎一样的圆形管子里装满了粉末，然后装满了液氦。管子开始旋转，并突然停止。粉末会阻止正常液体的流动，但液氦的超流体成分会继续旋转，不断穿过粉末中的微观缝隙，这实际上忽略了另一种正常液体的存在。学生可以通过感觉轮胎对扭矩的阻力来感知气流，就像旋转的陀螺仪对抗侧向压力一样。而且，一旦开始运动，超流就会像宇宙本身一样持续存在。

1955 年，在纽约举行的美国物理学会会议上，费曼把耶鲁大学的一个小组吓了一跳，他们是昂萨格的学生，描述了自己正在用旋转的"水桶"进行的一项新实验（在低温领域，"水桶"往往指的是戒指大小的玻璃管）。费曼站起来说，一个旋转的超流体桶将充满奇特的涡流——像绳子一样垂下来的旋涡。发言人不知道他在说什么。这个奇特的图景是他对液氦原子行为进行可视化描述的本质。他曾试图想象单个原子如何在流体中一起运动，尽可能直接计算它们之间的力，其中使用的工具可以追溯到他与约翰·斯莱特在本科时期的研究。他看到，其中会出现旋转运动，正如朗道所说的那样；他应用了量子力学的限制，这种运动必须以不可分割的单位出现。有一段时间，他努力寻找超流体中元激发的正确图景。他认为一个笼子里的原子是振荡的。一对原子一个围绕着另一个旋转，形成微小的旋转原子环。这项工作面临的挑战是在不能从正式的数学推理开始的情况下，推动解决量子力学中的一个多粒子问题。[4] 这是一个纯粹可视化的挑战。

一天晚上，他躺在床上，试图想象旋转是如何产生的。他想象一种被薄片——一个假想的不可渗透的膜分割的液体。一边是静止的液体，另一边是流动的液体。他知道如何为两边写出旧式的薛定谔波函数。然后，他想象薄片消失了。如何让波函数结合起来呢？他想到了不同相的结合。他想象了一种表面张力，能量与薄片的表面积成正比。他考虑当一个单独的原子穿过边界时会发生什么——在能量波的上升和下降中的哪一点，表面张力将降低到零，原子将能够自由移动？他开始看到一个表面被分为一些胶条，在那里，原子不能混合，而在其他较窄的条带上，原子能够改变位置。他计算了扭曲波函数所需的能量有多小，直到原子被挡住，并意识到自由运动的条带的宽度将超过单个原子的宽度。然后他意识到自己看到的是线，原子围绕这些涡流线循环。原子环就像孩子们在操场排队玩滑梯形成的环。每当一个孩子滑下来，即波函数从正变为负，另一个就会爬到滑梯的顶端。但流体版本的环不仅是一个二维的环。20 年前，他曾在高中物理俱乐部领导了一次关于烟圈动力学的调查，此时费曼总结说，它还通过第三维度绕了回来，就像一个烟圈。这些量子烟圈，或涡线，会围绕着可以想象的最微小的洞，这个洞只有一个原子的宽度。

在跨越五年创作的一系列文章中，他阐述了自己对这种量子流体中能量和运动的相互作用的观点的结论。涡线是基本单位，是系统中不可分割的量子。它们对流体中能量的变化方式进行了限制。在一个足够薄的管子里，或者在一个足够慢的流动中，这些涡线将无法形成，而流动将只是平稳滑动，不改变、不损失能量，因此绝对没有阻力。他展示了涡流线何时会出现，何时会消失。他展示了它们何时会开始相互纠缠并结成一团，产生另一个在实验室里还没有人看到的意外现象：超流体湍流。加州理工学院聘请了低温实验专家，费曼与他们密切合作。他了解了仪器的所有细节：通过降低蒸汽压力进行冷却的真空泵、确保密封的橡胶 O 形环。不久之后，一个在物理学家们看来"典型的费曼式"实验传开了。微小的机翼连接在一根顺着管子垂下的石英纤维上。超流体被垂直拉过来。正常的流体会像一个小小的螺旋桨一样旋转机翼，但超流体没有发生扭曲。相反，它毫无摩擦地滑了过去。在寻找越来越轻的机翼的过程中，实验者最终用上了苍蝇的翅膀——至少他们声称这么干了。这项调查被称为"苍蝇的翅膀实验"。

那些比费曼在凝体领域工作得更久的物理学家，以及那些在费曼再次离开后仍留在那里的物理学家，都被他的方法和成功震惊了。他没有使用他那些有名的技术手段：费曼图、路径积分。相反，他从头脑中的图景开始：这个电子推动那个电子，这个离子像弹簧上的球一样反弹。他让同事们想起了用三四笔富有表现力的线条来刻画人脸形象的艺术家。然而，他并不总能成功。在研究超流性时，他也在努力研究超导性，但他有一次失败了。（然而，他接近成功了。有一次，在即将出行之前，他写了一页笔记，开头是："可能我明白了超导性的主要来源。"他把注意力集中在特定的声子相互作用和超导性的一个实验特征上，即物质比热的转变。他可以看到，正如他自己所写的那样，"有些东西仍然有点儿不稳定"，但他认为自己将能够解决这些困难。他在这一页上落款："以防我不能回来。R. P. 费曼。"）三位年轻的物理学家——约翰·巴丁、莱昂·库珀和罗伯特·施里弗，强烈地意识到费曼的竞争力，在1957年发明了一个成功的理论。前一年，施里弗仔细聆听了费曼关于两种现象的清晰演讲——他已经解决的问题和失败的问题。施里弗从来没有听过一个科学家以如此可爱的细节概述了导致失败的事件顺序。费曼毫无保留地坦白了每一个错误的步骤、每一个错误的估计、每一个有缺陷的可视化。

费曼说，任何技巧或花哨的计算都是不够的。解决问题的唯一方法是猜测答案的轮廓、形状和质量。

我们不能找借口，说实验不足，这与实验没有关系。我们的情况与介子领域不同，比如，也许还没有足够的线索，甚至一个人的头脑也无法弄清楚什么是模式。我们甚至不应该去看实验……这就像在书后寻找答案……我们无法解决超导性问题的唯一原因是，我们没有足够的想象力。

施里弗负责把费曼的讲话记录下来，以供期刊发表。但他不知道该如何处理不完整的句子和对错误的坦诚，他从未读过如此直白的期刊文章，所以把句子稍微润色了一些。但费曼让他全部改回去。

新粒子，新语言

在新的量子电动力学取得胜利后的短短五年间，高能物理学的文化一次又一次地进行了自我改造。语言、兴趣和机器似乎每月都会发生新的变化。实验者和理论家每年都会聚集在一起，举行"罗切斯特会议"（以其最初的举办地点纽约罗切斯特命名）。这是由已经成为神话的谢尔特岛-波科诺-奥尔德斯通会议衍生而来的，但会议规模更大，资金更充足，先是几十人，后有几百人参加。在 1950 年底的第一次会议上，量子电动力学本身就已经过时了。它在实验上是如此完美，而离新力和新粒子的前沿领域又是如此遥远。这一年出现了一个里程碑：不是在宇宙射线中，而是在一位实验者的加速器中发现了一个新粒子。这是一个中性的 π 介子——"中性"是因为它不带电荷。实际上，实验人员没有检测到 π 介子，而是检测到大量 π 介子迅速衰变而成的一对伽马射线。这种粒子的短暂性使它在桌椅、化学和生物学的日常世界中的影响不如在这个令人兴奋的前沿领域中的影响大：它通常在 10^{-16} 秒的寿命结束后消失。按照 1950 年的标准，这算是很短的时间。然而，标准正在发生变化。在几年内，粒子表将把这个转瞬即逝的实体列入稳定的类别。与此同时，用气球把照相底片送上天空的宇宙射线探索者军团（其中许多是英国人），会发现他们的专业领域正在走下坡路，就像它出现时一样引人注目。"先生们，我们被入侵了，"他们中的一位领导人宣布，"这里有加速器。"

在已经很丰富的"炖菜"中再添加一种粒子，物理学家们先前对此很担忧。此时，他们摆脱了这种担忧。相反，实验者除了创造和发现一个新粒子外，几乎没有更多的渴望。自从电子占据舞台中心的日子以来，测量这些粒子的意义也发生了巨大的变化。从第二代和第三代衰变产物在云室中留下的电弧痕迹来推断一个粒子的质量，并不是那么简单。人们必须容忍一个巨大的误差范围。仅仅是识别这些粒子、为它们命名、写下哪些粒子可以衰变为哪些其他粒子的规则，就已经成为一项严肃而值得的智力挑战。这些规则是简洁的新方程：$\pi^- + p \to \pi^0 + n$，即一个带负电荷的 π 介子和一个质子产生一个中性 π 介子和一个中子。确定研究对象已经很困难了，更别说苛求评估质量了。宣布某个粒子存在或不存在成了一种难以捉摸的仪式，充满了期待和判断，就像宣布一场棒球比赛因下雨而延期一样。

这是实验者的艺术，但随着加速器时代的开始，费曼对方法论和可能陷阱产生了特别的兴趣。他受到贝特的影响，贝特总想把自己的理论建立在他对数字的直觉上；他还受到费米的影响，费米是这个领域最后一位伟大的实验者兼理论家。贝特花了很多时间来计算云室照片中各种错误曲率的概率公式。实验者马塞尔·沙因（Marcel Schein）宣布他在回旋加速器实验中发现了一种新粒子，不出所料，这引起了骚动。贝特对此感到怀疑。这些能量似乎太低了，不足以产生沙因描述的那种粒子。费曼永远记得这两个人对峙的场面：用于观看摄影底片的光桌的光芒把他们的脸照得阴森森的。贝特看了看底片，说云室的气体似乎在旋转，扭曲了曲率。在接下来的一张张底片里，他看到了潜在误差的不同来源。最后，他们得到了一张看起来很干净的照片，而贝特提到了统计学上的错误可能性。沙因说，贝特自己的公式只预测了五分之一的出错率。贝特回答："是的，我们已经看了五张底片了。"在费曼看来，这似乎是典型的自欺欺人：研究者相信他正在寻求的结果，他开始高估有利的证据，低估可能的反例。沙因最终沮丧地说："你对每个案例都有不同的理论，而我有一个单一的假说，可以同时解释所有的问题。"贝特回答说："是的，区别在于我的许多解释中每一个都是正确的，而你的单一解释是错误的。"

几年后，当实验人员兴奋地认为他们发现了一个反质子（一个显然注定要在更高能量下被发现的粒子）时，费曼碰巧到访了伯克利。但费曼认为，在当年仅有的数亿电子伏特下，这是不可能的。正如贝特所做的那样，费曼走进一间暗室检查照片，有十几张可疑的照片和一张看上去绝对完美的照片，这就是发现反质子的基础，它的轨迹像反粒子一样向后弯曲。

费曼说，真空室里的某个地方一定有物质。

实验人员告诉他，绝对没有——那只是两边的薄玻璃墙。

费曼问，是什么把上下两块板固定在一起的。他们说，是四个小螺栓。

他又看了看磁场中弯曲的白色弧线。然后他把铅笔戳到桌子上，离照片的边缘几英寸远。他说，就是这儿，这里一定有一个螺栓。

把从文件中取出的蓝图覆盖在照片上，蓝图显示，他的铅笔找到了确切的位置。一个普通的质子击中了螺栓，并向后散落到照片中。后来，加州理工学院的实验人员感到，费曼的存在对他们的发现和方法施加了某种道德压力。他是个毫不留情的怀疑论者。他喜欢谈论加州理工学院第一位伟大的物理学家罗伯特·密立根著名的油滴实验，该实验通过将电子隔离在漂浮的小油滴中，揭示了电子的不可分割的单位电荷。实验是正确的，但有些数字是错误的——此后实验者的记录成了物理学史上的永久耻辱。他们没有聚在正确的结果周围，而是慢慢地接近了它。密立根的错误产生了一种心理上的压力，就像一块遥远的磁铁迫使实验者的观察偏离了中心。如果一个加州理工学院的实验者告诉费曼经过复杂的数据修正后得出的一个结果，费曼肯定会问实验者，是如何决定在何时停止修正的，以及是否在能够看到修正对结果的影响之前，就已经做出了这个决定。人们很容易落入修正的陷阱，直到答案看起来正确为止。为了避免这种情况，就要对科学家的游戏规则有透彻的了解。这不仅仅需要诚实，还需要为了诚实而付出努力。

然而，随着粒子时代的展开，它对顶级理论家提出了其他要求——与此同时，他们的队伍正在扩大。他们必须在梳理粒子之间的关系时展现出新的天赋。他们竞相发明抽象概念，以帮助组织从加速器中获得的信息。像同位旋这样的新量子数(似乎在许多相互作用中都是守恒的量)就是对称性的新化身。这个概念在物理学家的讨论中逐渐占了上风。物理学家的对称性与儿童用纸剪出的对称性相差无几:当一些东西发生变化时,另一些东西仍然保持不变。镜面对称是左右反射后,图像保持相同的性质;旋转对称是绕轴旋转后,系统保持相同的性质;同位旋对称恰巧是原子核的两个组成部分——质子和中子——之间存在的相同之处,这两个粒子的关系一直密切得出奇,一个带电荷,另一个是中性,它们的质量几乎相同,但不完全相同。理解这些粒子的新方法是这样的:它们是单一实体的两种状态,现在称为核子;它们的区别仅仅在于它们的同位旋,一个是"向上",另一个是"向下"。

新一代的理论家不仅要掌握费曼和戴森提出的量子电动力学,还要用适合新领域的众多方法武装自己。长期以来,物理学家们一直在利用空间概念的奇异变化——虚空间,其中的轴线可能代表物理距离以外的量。例如,"动量空间"允许他们绘制和可视化粒子的动量,好像它只是另一个空间变量。人们渐渐适应了这样的空间,而现在它们正在不断增加。对于理解作用在核子上的强大力量,同位旋空间变得至关重要。

其他概念也必须成为第二天性。对称性表明,各种粒子必须以家族形式出现:成对,或三元组,或(物理学家现在说的)多元组。物理学家试验了他们所谓的"选择规则"——关于在粒子碰撞中必须发生或不能发生的规则,原因是电荷等量守恒。与费曼同龄的物理学家亚伯拉罕·派斯猜测了一条称为"协同产生"的规则——某些碰撞必须产生新的粒子组,保留一些假定的新量子数,其性质尚不清楚。费曼在巴西也有过类似的想法,但他并不喜欢它,所以没有努力去追求这个想法。几年来,协同产生成为一个流行的说法,实验者在寻找前例或反例。从长远来看,这条规则的流行对物理学的主要贡献是让年轻理论家默里·盖尔曼耿耿于怀。他认为派斯错了,而且他感到嫉妒。

默里

　　哥伦比亚文法学校是纽约上西区的一所私立学校，14 岁时，默里被这里的同学们评为"最勤奋"的"奇迹男孩"。但这是他们与默里共度的最后时光，因为默里已经是毕业班的学生了，同年秋天，他进入耶鲁大学。他的姓氏——盖尔曼（Gell-Mann），读起来很费劲，不重读第二个音节（读成 Gelman）是错误的，尽管默里的哥哥贝内迪克特选择了这种更简单的读法。许多人倾向于另一种学究气的欧洲式发音：gel-MAHN，重音在第二个音节上，a 发音时口张大。这也是不对的。后来，他的秘书有时会责备这些读错的人："要知道，他不是德国人。"当然，g 是硬音，尽管人们会不自觉发成"gel"这个词中的软音 g。纽约和其他地区的本地人能区分"man"和"mat"中的 a，他们正确地猜想第二个 a 的发音在这里一定更准确。最稳妥的发音方式是同样重读两个音节。那时，对盖尔曼有所了解的人都知道，他自己对任何语言的名字的发音都是无可挑剔的。据说，他向来自斯特拉斯堡或帕果帕果的访客讲授他们的阿尔萨斯语或萨摩亚语的细节。他坚持区分国家哥伦比亚（Colombia）和美国城市哥伦比亚（Columbia）的发音，以至于同事们怀疑他在关于哥伦比亚大学的谈话中竭力提到的是"那个国家"。从一开始，大多数物理学家就简单地称他为"默里"——毫无疑问指的就是他，从不会弄混。费曼准备在加州理工学院演出的《南太平洋》中客串一个部落首领，他自学了几句萨摩亚语，然后无奈地告诉一个朋友："唯一会知道我发音错误的人是默里。"

　　默里·盖尔曼靠全额奖学金上了哥伦比亚大学文法学院。他的父亲出生于奥地利，学会了说一口完全没有口音的英语，因此在 20 世纪 20 年代初，他决定为移民开办一所语言学校。在他的儿子看来，这是他最接近成功的时刻。学校搬了几次家——据默里回忆，有一次是因为他的母亲担心他的哥哥会被建筑里的人传染百日咳——几年后，学校就歇业了。默里的哥哥比他大九岁，深受父母宠爱，他们教他阅读，并从语言、科学和艺术中获得乐趣。在大自然成为有趣的实践领域之前，本内迪克特就是一个观鸟者和自然爱好者。他在大萧条的高潮时期从大学辍学，让他的父母大为震惊，并给他的弟弟留下了复杂的印象。

尽管默里在许多科目上都很有天赋，但他并没有立即找到自己的物理学之路。当他申请常春藤校盟的研究生院时，他感到非常失望：耶鲁大学只愿接收他入读数学系，哈佛大学只肯接收全额学费学生，而普林斯顿大学根本不接收他。因此，他半信半疑地申请了麻省理工学院，并直接收到了维克托·魏斯科普夫的回信，而盖尔曼从来没有听说过他。尽管有些不情愿，盖尔曼还是决定接受魏斯科普夫的邀请。麻省理工学院似乎很无趣。他后来开了一个玩笑：两个选择的顺序不能交换——他可以先试着去麻省理工学院，然后再去自杀，而换个顺序却行不通。1948 年，他在 19 岁生日的前几天到达麻省理工学院，正好赶上从魏斯科普夫办公室附近的有利位置观看量子电动力学的激烈竞争。魏斯科普夫告诉盖尔曼，未来是属于费曼的。于是，他研究了能找到的预印本。费曼的预印本让他觉得，这是一种狂热的自言自语，尽管它是正确的；施温格的版本让他觉得空洞而浮夸；戴森的预印本粗糙而草率。他已经开始对他著名的物理学家同行们进行粗暴的评价，尽管他暂时对这些评价保密。

盖尔曼自己的工作还没有完全达到他的严格期望，而他终于开始给其他物理学家留下深刻印象。在高等研究院工作一年后，他加入了费米在芝加哥的小组。他来得很及时，努力为理解新粒子而寻找正确的概念、排序原则和量子数。这里既有混乱，也有规律，即关于粒子质量和寿命的实验图中的一致性；既有看似存在的介子，也有看似合理但不存在的介子；还有更神秘的 V 粒子。这些质量巨大的粒子的问题在于，粒子加速器相对容易地产生了大量粒子，但它们没有相应地衰变。它们存在了 10^{-9} 秒。派斯的协同产生方法已经触及一些需要解释的规律的核心。它包含了另一种隐藏的对称性的关键思想，其受欢迎的程度也达到了巅峰：1953 年夏天，派斯在日本的一次国际会议上引起了巨大的轰动，《时代》周刊给他下榻的酒店打了电话。他的室友——费曼接了电话，他在同一个会议上介绍了他的液氦成果。当意识到《时代》周刊对他没有兴趣时，他感到有些嫉妒。盖尔曼在芝加哥感受到的嫉妒更多，尤其是因为，他此时看到了一个更强大的答案。[5]

物理学家们已经学会了轻松地谈论四种基本力：引力、主导所有化学和电学过程的电磁力、束缚原子核的强相互作用力，以及在缓慢的放射性衰变过程中起作用的弱相互作用力。V 粒子快速出现，缓慢消失，这表明它们的产生依赖于强相互作用力，而弱相互作用力则在它们衰变时发挥作用。盖尔曼提出了一个基本量，有段时间他称之为 y。这个 y 就像一种新的电荷。电荷在粒子事件中是守恒的——流入的总量等于流出的总量。盖尔曼认为，y 也是守恒的——但并不总是守恒的。盖尔曼体系的代数逻辑规定，强相互作用会使 y 守恒，电磁相互作用也会使 y 守恒，但弱相互作用不会。它们会打破对称性。因此，强相互作用会产生一对粒子，其 y 必须相互抵消（例如 1 和 −1）。其中一个粒子远离另一个，就不能通过强相互作用衰变，因为不再有可抵消的 y。这就得给较慢的弱相互作用一点儿时间来完成了。

虽然是人为的，但盖尔曼的 y 不仅是一种描述，而且是一种解释。在他所构想的框架中，它是一个组织原则，为他提供了一种看待粒子家族的方式，其逻辑很有说服力：粒子家族显然有缺失的成员。他能够预测——而且在 1953 年 8 月开始发表的论文中确实预测了尚未发现的特定新粒子，以及他坚持认为不可能被发现的特定粒子。他的时机是完美的。实验人员证实了他的每一个正面预测（而且未能反驳反面预测）。但这仅仅是盖尔曼的胜利的一部分。他还将他对语言的迷恋注入暂为混乱的物理学术语中。他决定把 y 称为"奇异数"，把 V 粒子家族称为"奇异粒子"。日本物理学家西岛和彦在盖尔曼之后几个月就独立地提出了同样的体系，他选择了一个相当不友好的名称："η - 电荷"。在所有名字以"-ons"结尾和使用希腊字母的粒子中，"奇异粒子"听起来是异想天开且非正统的。《物理评论》的编辑们不允许盖尔曼在标题中使用

"奇异粒子",坚持让他改为"新的不稳定粒子"。派斯也不喜欢这个名字。他在罗切斯特的一次会议上恳求听众避免使用"奇异"这样的术语。为什么一个心胸宽广的理论家要认为一种粒子比另一种粒子更奇异呢?[6] 这个词很怪异,让人感到疏远:也许这个新结构并不像电荷那样**真实**。但盖尔曼对语言的掌控有一种不可阻挡的力量。"奇异"只是一个开始。

　　在费米去世的那个冬天,也就是在 1954 年圣诞节前,盖尔曼给一位物理学家写了一封信。在他看来,这位物理学家完全真诚,毫无虚伪,不崇尚形式主义和表面现象,他的工作总是有趣而真实的。费曼的一些同事开始认为,他偏离了粒子物理学的主流,但在盖尔曼看来并非如此。相反,二人在几次谈话后,盖尔曼知道,费曼一直在思考所有的未决问题。费曼友好地写了回信。盖尔曼访问了加州理工学院,就他目前的工作做了一次演讲。两人私下会面并交谈了几个小时。盖尔曼描述了他在短距离上扩展费曼的量子电动力学的工作。费曼说,他知道这项工作,并且非常欣赏它——事实上,这是他所见过的唯一一项他自己没有完成的工作。费曼遵循了盖尔曼的思路,并且做了进一步的概括——他表达了他的本意。盖尔曼说,他觉得这非常好。

　　新年伊始,加州理工学院向盖尔曼发出邀请,盖尔曼接受了。他搬到了费曼楼上的一间办公室。加州理工学院此时已经将他们这一代人中的两位顶尖人物安排在一栋大楼里。对于联系紧密的国际物理学家团体(无论它发展得多么迅速,这个世界仍然很小)来说,这些人之间的合作和竞争达成了一种史诗般的效果。在费曼的余生中,无论工作还是争吵,他们一直在一起,在他们涉足的领域中留下印记。两人让同事们花了很长时间思考,即使是在现代理论物理学家的身上,一个聪明头脑选择展现自己的方式,会有多么惊人的不同。

寻找天才

1955 年春天，世间公认的天才在普林斯顿医院去世。他的遗体大部分被火化，化成骨灰，但大脑被保留了下来。该医院的病理学家托马斯·S. 哈维博士，将这最后的残余物移到一个装满了甲醛的罐子中。

哈维对它进行了称重。平凡的 2 又 2/3 磅。又一个反面数据打破了大脑的大小可能意味着普通智力与超常智力之间存在差异的观念——19 世纪的一些研究人员徒劳地建立了这一信念，他们声称已经证明了在智力方面，男人优于女人、白人优于黑人、德国人优于法国人。伟大的数学家卡尔·弗里德里希·高斯的大脑曾被移交给这些科学家，但它让科学家们感到失望。现在，有了爱因斯坦的大脑，研究人员提出了更微妙的方法来寻找天才的秘密：测量周围血管的密度、胶质细胞的百分比、神经元的分支程度。几十年过去了。爱因斯坦大脑的显微镜切片和照片幻灯片在少数解剖学心理学家的圈子里流传，这些人被称为神经心理学家，他们无法放弃这样的想法：使爱因斯坦名满天下的特质或许有迹可循，很可能就存在于这些零碎的战利品中。到 20 世纪 80 年代，这个最著名的大脑已经被切割成灰色的小碎片，保存在堪萨斯州威奇托市的一位退休心理学家的办公室里——这充分证明了被称为天才的特质难以捉摸。

最终，研究结果没有定论，尽管这并不意味着它们不能发表。(一位研究人员统计了大脑顶叶布罗德曼 39 区 ① 中的大量分支细胞。)那些寻找天才的身体要素的人几乎没有可用的研究材料。一位神经心理学期刊的编辑问道："天才有神经要素吗？""当然，作为神经心理学家，我们假设一定有这样的要素，而且不会把天赋的来源归结为'心灵'。目前存在的证据是对爱因斯坦大脑的研究结果……"——这个大脑创造了后牛顿宇宙，将我们从绝对时空的束缚中解脱出来，想象出(在顶叶？)一个可塑的第四维，驱逐了以太，拒绝相信上

---

① 即角回。

帝掷骰子，引领这具亲切、健忘的身躯走遍普林斯顿的林荫道。世上只有一个爱因斯坦。对于学生和神经心理学家来说，他是智力的象征。他似乎（但这是真的吗？）拥有一种罕见而独特的品质，天才是一种本质，而不仅仅是智力钟形曲线上的统计极值。这就是天才的难题。天才真的特别吗？还是说，这只是一个程度问题——就像一个赛跑运动员能打破 3′50″ 纪录而不是 4′10″ 的纪录？（钟形曲线也在变化：昨天的纪录创造者，可能是今天的落败者。）同时，没有人想到要剖析玻尔、狄拉克、费米、弗洛伊德、毕加索、弗吉尼亚·伍尔夫、雅舍·海费兹、伊莎多拉·邓肯、贝比·鲁斯的大脑，或者其他常被冠以天才之名的有创造力的、有直觉的杰出灵魂。

围绕着"天才"一词的定义、分析、分类、合理化和具体化，形成了多么奇怪和令人困惑的文献。评论家将它与（单纯的）天赋、智力、想象力、原创性、勤奋、思维敏捷和风格优雅等特质进行对比，或者表明天才是如何以不同方式由这些特质组合而成的。心理学家和哲学家、音乐学家和艺术评论家、科学史家和科学家本身都踏入了这个巨大的泥潭。他们经过几个世纪的努力，也没有对任何核心问题达成共识。是否有这样一种特质？如果有，它来自哪里？（是布罗德曼 39 区的胶质过剩？或是溺爱的、略显失败的父亲将他的知识野心灌输到儿子身上？还是太早遭遇了可怕的不幸，比如兄弟的死亡？）当清醒的科学家把天才说成魔术师、巫师或超人时，他们是否只是沉浸在文学的幻想中？当人们谈到天才和疯狂之间的界限时，为什么永远不会弄混两者的意思？还有一个很少有人问的问题（即"0.400 击球手在哪里"的问题[①]）：为什么当人口数量从一亿上升到十亿再到五十亿时，像莎士比亚、牛顿、莫扎特、爱因斯坦这样的天才却不再涌现？天才本身成了过去的财富吗？

两百年多前，威廉·达夫（William Duff）在 18 世纪中期的一篇有影响力

---

① 在棒球运动中，击打率超过 0.400 的击球手被认为是最杰出的。1941 年，泰德·威廉姆斯是迄今美国最后一位击打率超过 0.400 的击球手。1986 年，美国科学家斯蒂芬·杰·古尔德在其研究中指出，美国棒球可用人才库在不断扩大，"0.400 击球手"却在消失。

的文章中谈到荷马、昆体良和米开朗琪罗等典范人物，称他们具有"开明、透彻和宽容的头脑"，"天才"这个词的现代含义就此诞生。早些时候，它意指精神、宗教中的魔法精灵（jinni），或者更经常被表达为一个国家的精神。达夫和他的同时代人希望将天才与发明、创造、制造前所未有的东西的神一样的力量联系起来，为此他们不得不创造一种想象力的心理学：想象力具有"奔腾不息的力量"；想象力"永远试图翱翔"，"容易偏离正轨而落入错误的迷宫"。

想象力是一种能力，通过这种能力，头脑不仅反思自己的运作，而且将通过感觉传达给理解力，并把各种想法集合起来，保存在记忆的宝库中，随心所欲地将它们复合或拆分；通过发明新的想法关联，以及将它们与无限的多样性结合起来的可塑性力量，想象力能够呈现出自己的创造，并展示出自然中从未存在的场景和物体。

这些特质在两个世纪后仍然是认知科学家努力理解创造力的中心：心灵自我反思、自我参照、自我理解的能力，概念与联想的动态和快速创造。早期关于天才的论文作者以规范、严谨的态度写作，试图减少并规范一种带有（他们承认的）无法解释的气息的现象，却看到天才轻率鲁莽，甚至不拘小节。天才似乎是天生的、不学而知的、未经雕琢的。亚历山大·杰勒德在 1774 年写道：莎士比亚尽管在诗歌细节方面比不上弥尔顿，但就"天才"一词而言，他比弥尔顿略胜一筹。那些年出现的关于天才的分析和论战的洪流带来了关于排名和比较的言辞，成为这类评论的先驱。荷马与维吉尔相比，弥尔顿与维吉尔相比，莎士比亚与弥尔顿相比。这些结果就像网球联赛中的排名一样，随着时间的推移，并不总会消逝。牛顿与培根相比如何呢？在杰勒德看来，牛顿的发现只不过是填补了培根以更强的独创性所建立的框架，培根"在没有任何帮助的情况下，勾勒出了设计的全貌"。不过，牛顿在数学上的那些创造也值得考虑。经过思考，杰勒德把这个问题留给了后人："牛顿和培根，这两个人中谁是更伟大的天才？"

　　杰勒德和他同时代的评论家这么做是有目的的。通过理解天才，合理解释他，赞美他，并揭示其机制，他们也许可以使发现和发明的过程不那么偶然。后来，这种动机并未消失。比以往任何时候更明显的是，天才作为科学发现的火车头，这一本质成为与国家经济命运息息相关的议题。在大学、企业实验室和国家科学基金会的庞大现代网络中，人们意识到，资金最充足、组织最严密的研究企业还没有学会创造出（甚至不能识别出）改变世界的创意。

　　杰勒德在 1774 年总结道："天才被认为是一个具有重要意义的课题，如果没有这方面的知识，就无法建立起常规的发明方法，而有用的发现必须继续进行，因为迄今为止，它们一般都是偶然被发现的。直到今天也是如此。在我们这个时代，杰勒德仍然得到了科学史家的支持，这一切完全不可言说，让他们感到沮丧。但他们一直试图用理解来取代敬畏。J. D. 伯纳尔（J. D. Bernal）在 1939 年说：

　　研究科学的希望之一是，通过仔细分析过去的发现，找到一种方法，区分良好的组织化的效果与纯粹的运气，并使我们能够利用经过计算的风险，而不是盲目的机会。

　　然而，怎么合理解释天才的灵感这样转瞬即逝、容易发生意外的特质呢？人们喜欢天才的故事，认为他们是超级英雄，拥有超越人类理解的特质，而科学家可能是这世上此类故事最幸福的消费者。一个现代的例子是这么说的：

　　20 世纪 50 年代，一位物理学家在加州理工学院跟随默里·盖尔曼学习量子场论，当时还没有标准教材，他发现了私下流传的理查德·费曼未发表的讲义。学生问盖尔曼，为什么不用费曼的讲义做教材呢？盖尔曼说，不，费曼的方法和这里使用的方法不一样。学生问，那么，费曼的方法是什么？盖尔曼靠着黑板含糊其词地说，费曼的方法是这样的：你把问题写下来，非常努力地思考（他闭上眼睛，用指节轻按额头），然后写下答案。

同样的故事一遍又一遍地出现。这样的故事古今都有。来自 1851 年的一本名为《天才与勤奋》的小册子里有一个故事：

（剑桥大学的一位教授拜访了一位在曼彻斯特当低级职员的数学天才。）"……他们讨论的范围很广，从几何学到对数，再到微分和积分，然后再到最陌生和最深奥的问题。最后，教授向这位可怜的职员提出了一个问题——一个需要数周才能解决的问题。职员立即在一张简单的纸条上得出了答案。教授说："你是如何做到的？给我看看你的规则！……答案是正确的，但你是用不同的方法得出的。"

职员说："我是根据我自己心中的规则得出答案的。我不能向你展示，我自己也从未见过它——它在我的心中。"

"啊！"教授说，"如果你说的是你心中的法则，那我就没法猜透你的心思了。"

又是一个魔术师。正如马克·卡茨所说："……他们的思想工作用任何意图和目的都不可理解。即使我们理解了他们所做的事情，过程也是完全隐秘的。"这一概念将少数人置于其所在群体的边缘——不切实际的边缘，因为科学家的通用做法是可以从一个从业者传给下一个从业者的方法。

如果最杰出的物理学家和数学家相信天才是魔术师，那部分是出于心理上的保护。一个仅仅称得上优秀的科学家在与费曼讨论他的工作时可能会受到不愉快的冲击。这种情况一再发生：物理学家等待机会，以获得费曼对其结果的判断，而他们在这个结果上投入了职业生涯中的数周或数月。通常情况下，费曼会拒绝让他们做出完整的解释，说这破坏了他的乐趣。他会让他们只描述问题的梗概，然后跳起来说，"哦，我知道"……在黑板上写下的不是他的访客的结果 A，而是一个更难、更普遍的定理 X。因此，（原本可能要投稿到《物理评论》的）A 只是一个特例。这可能会刺痛对方。有时，人们并不清楚费曼闪电般迅速给出的答案是来自即时计算，还是来自以前完成但未发表过的知识仓库。天体物理学家威利·福勒（Willy Fowler）在 20 世纪 60 年代参加一次加州理工学院研讨会时提出，类星体——最近在远空中被发现的神秘的炽热辐射源，是超大质量恒星。[7] 费曼立即惊讶地站起来说，这种物体在引力上是不稳定的。此外，他还说，这种不稳定性来自广义相对论。这一说法需要计算星际引力和相对论引力微小的抵消效应。福勒认为他在信口开河。一个同事后来发现，费曼在几年前已经就这个问题做了 100 页的工作。芝加哥天体物理学家苏布拉马尼扬·钱德拉塞卡（Subrahmanyan Chandrasekhar）独立完成了费曼的成果——20 年后，部分因为这项工作，他获得了诺贝尔奖。费曼从未费心去发表成果。有新想法的人总是冒着发现的风险，正如一位同事所说："费曼已经在留言簿上签了字，并且离开了。"

如果一个伟大的物理学家积累了知识，却不发表文章，可能会对他的同事构成真正的危险。往好里说，得知自己有可能推动事业发展的发现在费曼看来却低于值得发表的门槛，是令人不安的；往坏里说，这破坏了一个人对已知和未知的景观的信心。这种习惯引起的故事暗含着不安的潜台词。例如，据拉斯·昂萨格说，访客会询问费曼一个新的结果；他坐在办公室的椅子上，说："我认为这是正确的。"然后他漫不经心地弯腰向前，打开一个文件抽屉，斜视着埋藏已久的一页笔记，然后说："是的，我想是的；这就是正确的。"这并不总是访客们想听到的回应。

一个拥有神秘的非书面知识库的人是一个巫师。一个有能力从大自然中挖掘出秘密的人也是如此，那就是科学家。在现代科学家看来，费曼的探索让人想起古老、神秘的东西：法则、规则、对称性就隐藏在可见的表面之下。有时，这种探索知识的看法变得势不可当，甚至有些压抑。约翰·梅纳德·凯恩斯（John Maynard Keynes）在去世前几年，在剑桥大学一个黑暗的房间里面对一小部分听众，把牛顿说成"这个奇怪的灵魂，他被魔鬼诱惑，相信……他可以通过纯粹的心灵力量得知上帝和大自然的所有秘密——哥白尼和浮士德合二为一"。

为什么我称他为魔术师呢？因为在他看来，整个宇宙以及其中的万物只是一个**谜语**或一桩秘密，纯粹思考某些证据或迹象——这是上帝有意布放在世界中以供哲学家作寻宝游戏的神秘线索——就能把它解读出来……他确实解读了苍穹之谜。并且他相信，运用同样的沉思中的想象力，他也能解读上帝的秘密，解读神明预定的过去与未来事件的秘密，解读从初始未分化的第一物质到各种元素及其构成的秘密……[1]

在他的听众中，年轻的弗里曼·戴森正在专注地理解这些话，他意识到演讲者的冷漠、愁闷和疲惫。戴森开始接受凯恩斯对天才的大部分看法，同时摒弃了其表面的神秘主义。他以最冷静、最理智的方式为魔术师辩护。他写道，没有"神奇的胡言乱语"。"我是说，任何一个杰出的科学家都可能具有普通人眼中的超人特质。"他说，最伟大的科学家是拯救者和毁灭者。当然，这些是神话，但神话是科学事业现实的一部分。

当凯恩斯在剑桥黑暗的房间中把牛顿描述成一个巫师时，他实际上是试图回到对天才的温和看法——因为在18世纪的清醒论述之后，出现了一个疯狂的转折。关于天才的第一批作家在荷马和莎士比亚身上注意到了一种可被原谅的对韵律结构的漠视，19世纪末的浪漫主义者看到了强大、解放的英雄，他挣开枷锁，违抗上帝和习俗。他们还看到了一种可能变得病态的心理倾向。天才与疯狂有关——这是疯狂的。那种神圣的灵感的感觉，那种似乎来自外部的启示的气息，实际上来自内心，在那里，忧郁和疯狂扭曲了大脑。这个观点由来已久。丹尼斯·狄德罗（Denis Diderot）曾写道："天才与疯狂多么相近！……人们把它们囚禁起来，锁在一起，或者为它们建起一座座纪念碑。"这是从以上帝为中心转向以人类为中心的一个副作用。在没有启示者的情况下，启示的概念变得令人不安，特别是对那些曾经经历过它的人来说，弗里德里希·尼采写道："……一些令人震撼、不安的东西突然变得可见、可听，具有难以描述的确定性和精确性。""一个人听——不去寻找；一个人拿——不求

---

[1] 《牛顿其人》，郝刘祥译，《科学文化评论》第1卷第1期 (2004)。

谁给予：一个思想像闪电一样出现……""天才"让人想起夏尔－皮埃尔·波德莱尔或路德维希·凡·贝多芬，他们偏离了正常的道路。威廉·布莱克说，这是"曲折道路"："道路修整后变得平坦，但未经修整的曲折道路才是天才之路。"

切萨雷·隆布罗索（Cesare Lombroso）在 1891 年的一篇关于天才的论文中列出了一些相关症状：退化、佝偻病、脸色苍白、消瘦、左利手。欧洲文化中出现了一种将心灵视为动荡不安的感觉，同时出现了一个经常相互矛盾的心理术语大杂烩，等待弗洛伊德的天才来提供结构和连贯的术语。在此之前使用的是：守旧主义、流浪、无意识。还有更多关于天才的推测线索：感觉过敏、遗忘症、原创性、喜欢特殊的词语。隆布罗索总结道："因此，天才的生理学和疯子的病理学有许多吻合点……"天才命运坎坷，没能避免普通人绕开的错误和弯路。尽管如此，这些"疯子""蔑视并克服了这些让冷静、谨慎的头脑感到沮丧的障碍，在整整几个世纪里加速揭开了真相"。

这一概念从未消失，事实上，它已淡化为一种陈词滥调。天才表现出毋庸置疑的固执，有时甚至近乎偏执。某些类型的天才，比如数学家、棋手、计算机程序员，他们即使没疯，似乎也至少缺乏最明显的社交技能。然而，尽管还有几个如惠特曼和梅尔维尔等作家的例子，但疯子－天才－巫师的印象在美国并没有行得通，这是有原因的。19 世纪末，美国的天才并不忙于创造文化、玩弄文字、创造音乐和艺术，或以其他方式打动学术界，他们正忙着把成果送到专利局。亚历山大·格雷厄姆·贝尔是天才，伊莱·惠特尼和塞缪尔·莫尔斯是天才。让欧洲的浪漫主义者把天才当作情圣（唐璜）或当作殉道者（维特）来颂扬吧！让这些越来越敢于直接表达情感的人来改变定义，与莫扎特之后的天才作曲家并称天才吧！美国的报纸上说，"机器时代"正在到来。完美的天才正是托马斯·阿尔瓦·爱迪生，他为下一代重新定义了"天才"。

　　根据这位"门洛帕克巫师"对自己的形容，他可不是什么巫师。任何对爱迪生有所了解的人都知道，他的天才有百分之九十九是汗水。在那些塑造天才形象的故事中，再没有"牛顿的苹果"式的灵感，而是谈到了详尽、艰苦的反复试验：他尝试了每一种可以想象的灯丝——从人发到竹纤维。爱迪生宣称（当然是夸大其词）："当我说我已经构建了3000种与电灯有关的不同理论时，我没有夸大其词，每一种理论都是合理的，而且显然可能是正确的。"他补充说，他已经通过实验初步推翻了其中的2998种理论。他声称对某一类型的电池进行了5万次单独实验。他接受了当年典型的美国教育：在密歇根州的一所公立学校学习了三个月。那些创造和消耗爱迪生的传说的人，故意对让他发明出留声机、电灯以及拥有其他一千多项专利发明的创造力轻描淡写。这也许是可以理解的，因为经过了几个世纪，理性的科学已经系统地从世界上抽走了魔法，而爱迪生和其他英雄们在机器车间的发明此时正在释放一种具有可怕的变革力量的魔法。这种魔法被埋藏在房屋的墙壁里，或通过空气无形地传播。

　　1917年的一本传记提到：

　　爱迪生先生不是巫师，像所有对文明有巨大帮助的人一样，他的过程是清晰、合乎逻辑且正常的。

　　巫术是超人天赋的表现，因此，这是不可能的事情……

　　然而，爱迪生先生可以让死人发出声音，指挥坟墓里的人在我们眼前经过。

　　"爱迪生不是巫师，"1933年的一篇杂志文章称，"如果他看似拥有魔力，那是因为他与他的环境非常和谐……"在这里，对爱迪生式天才的解释就基本结束了。剩下的就是问（但很少有人问）那些在深夜思考的"如果"问题：如果爱迪生从未活过呢？如果这个自学成才、不屈不挠，而且善于构思新设备、新方法、新工艺的头脑在"洪水"开始爆发时不在那里，会怎么样？这个问题不问自答,因为这场"洪水"正是爱迪生掀起的。电能突然出现在一个接近于机械智慧极限的世界上。理解和控制电子电流的能力突然催生了大量的新机器——电报、发电机、电灯、电话、电动机、加热器、缝纫机、研磨器、电锯、烤面包机、熨斗和吸尘器,所有这些发明都指日可待。1820 年,汉斯·克里斯蒂安·奥斯特注意到电流可以移动罗盘针后,发明家们(不仅仅是塞缪尔·莫尔斯,还有安德烈-马里·安培和其他几人)就开始设想电报。甚至有更多的人发明了发电机,而当积累了足够多的技术,让电视成为可能的时候,却没有一个发明家能和爱迪生这样的人物比肩。

发明家时代对天才的解密塑造了科学文化。直言不讳的实证主义、以实验为导向的技术学校,在 20 世纪二三十年代培养了费曼和他的同时代人,但爱因斯坦更神秘、更直观、明显不那么实用的形象却再次受到青睐。毕竟,爱迪生可能改变了世界,但爱因斯坦似乎通过单一的、不可理解的可视化行为完整地重新发明了一切。他看到了宇宙必须是怎样的,并宣布它是这样的。自牛顿以来,还没有这样的人……

那时,科学群体正在迅速扩大,从业人员不是数百人,而是数万人。显然,他们的大部分工作、大部分科学是普通的——正如弗里曼·戴森所说,这是"诚实的工匠""扎实的工作""合作的努力,在这里,可靠比原创更重要"。在现代,谈论科学变化的过程几乎不能不提到托马斯·S. 库恩,其《科学革命的结构》彻底改变了科学史家的话语。库恩区分了正常的科学和革命——前者包括问题的解决、现有框架的充实、几乎所有研究人员拥有的不足为奇的技艺,而后者是知识前沿在令人眩晕的知识剧变中向前迈进。在库恩的体系中,没有任何东西需要依赖个人的天资来转动革命的曲柄。然而,爱因斯坦的相对论、海森堡的不确定性、魏格纳的大陆漂移等并非如此。新的革命神话与旧的天才神话完美契合——天才,打破了标准方法,看到了新的世界。施温格的量子电动力学和费曼的量子电动力学在数学上可能是一样的,但一个是保守的,另一个是革命性的;一个扩展了现有的思想路线,另一个果断地告别了过去，使其目标受众感到困惑；一个代表了一种结局——一种注定会变得过于复杂的数学风格，对于那些愿意跟随费曼进入一种新的可视化风格的人来说，另一个则是一个开端。费曼的风格是冒险的，甚至是自大的。戴森后来反思了事情的经过，认为自己的目标与施温格的一样，是保守的（"我接受了正统的观点……我在寻找一套简洁的方程……"），而费曼的目标是有远见的。"他在寻找足够灵活的一般原则，好让它们适用于宇宙中的任何东西。"

其他寻求科学创造力来源的方式已经出现。从这种关于发现鼓舞人心的基本观点到神经心理学家寻找的"要素"，而非仅仅谈论"心智"的观点，似乎还有很长的路要走。为什么"心智"对神经心理学家来说成了一个可鄙的词？因为他们把这个词看作一条轻松的逃跑路线，它对一个缺少解释的科学家来说有如神助。费曼自己学习过神经元，在试图理解色觉时，他还自学了一些大脑解剖学；但他通常认为心智是值得研究的层面。心智必须是一种动态模式，与其说是建立在神经基质上，不如说是飘浮在它之上，独立于它。他说："那么我们的心智是什么？这些有意识的原子是什么？"

*上周的土豆！它们现在可以**记住**一年前我的心智中发生的事情——一个早已被取代的心智……原子进入我的大脑，跳了一段舞蹈，然后离开了——总是有新的原子，但总是在跳同样的舞蹈，并记得昨天的舞蹈。*

"天才"不是他惯用的词汇，像许多物理学家一样，他很警惕这个词。在科学家中，用"天才"这个词来形容一个活着的同事，已经成为一种出格的行为，暗示着新手有轻信和失礼行为。对这个词的滥用让它变得廉价。几乎任何人都可以在杂志文章中成为天才。斯蒂芬·霍金，一位受同行尊敬但不被尊重的英国宇宙学家，在一些非科学家眼中被视为爱因斯坦的继承人。霍金患有渐进性退行性肌肉疾病，对他来说，超凡的智慧从枯萎的身体中迸发而出，这种戏剧性更突显了天才的形象。然而，就先天的才华和艰苦的成就而言，他的几位同行并不认为霍金比他们更像一个天才。

在某种程度上，科学家们避开了这个词，因为他们不相信这个概念。在某种程度上，这些科学家之所以回避这个词，是因为他们太相信它了，就像犹太人害怕直呼耶和华的名字一样。一般来说，只说爱因斯坦是个天才是安全的；在爱因斯坦之后，也许是玻尔，他在量子力学的形成时期充当了指引的父亲角色；在玻尔之后，也许是狄拉克，也许是费米，也许是贝特……这些人似乎都配得上这个词。然而，贝特会毫不尴尬、毫不虚伪地引用马克·卡茨有些矛盾的评价：与费曼相比，贝特的天才很普通。"普通的天才是一个你我都会和他一样好的家伙，他顶多比我们好很多倍。""你我都会和他一样好"……很多被认为是天才的人仅仅是优秀，差别只是优秀的程度。费米的一位同事说："在知道费米能做什么后，我并没有感到自卑。你只是意识到，有些人比你更聪明，仅此而已。你不能和某些人跑得一样快，也不能和费米做数学做得一样快。"

结构主义和解构主义的魔咒下的批评，甚至让这种对天才的非魔幻式看法也变得可疑。文学、音乐理论和科学史，不仅不再关注过时的"粉丝"心态，比如维吉尔对荷马的崇拜[①]，而且对天才是某些历史人物所拥有的特质这一想法，也失去了兴趣。也许天才是一种文化心理学的人工产物，是一种特殊形式的英雄崇拜的征兆。毕竟，伟大的声誉来来去去，它是由群体中某个有权力的部门出于社会政治需要而树立的，然后又随着历史背景的重新洗牌而消失。在一些人听来，莫扎特的音乐就是天才的证据，但它并不总是如此——另一个时代的批评家认为它代表着古板和假发，它也不会永远如此。在现代风格中，问及一个人的天才就问错了问题。哪怕问莫扎特为什么比安东尼奥·萨列里"更好"，也是对他的失礼和冒犯。一位现代音乐理论家可能在内心深处对莫扎特有一种未经解构的痴迷，可能感受到古老的不可言喻的狂喜，但他仍然

[①] 维吉尔在罗马上学时读过荷马的作品，因此，他终生的目标就是写一部史诗。其伟大著作《埃涅阿斯纪》就是受到了荷马史诗的巨大影响。

明白，"天才"是过时的浪漫主义的遗物。莫扎特的听众是魔法不可分割的一部分，就像观察者是量子力学方程的一部分一样。他们的兴趣和愿望催生出一种背景，如果没有这种背景，音乐不过是一串抽象的音符，这种说法大致如此。如果莫扎特的天才真的存在的话，它不是一种物质，甚至不是一种心智的特质，而是一种配角戏，一种在文化背景下的相互迁就。

奇怪的是，冷静、理性的科学家明明是最后的严肃学者，但他们不仅相信天资，而且相信天才，他们保留了一个精神上的英雄万神殿，并与马克·卡茨和弗里曼·戴森一起，向这些魔术师俯首听命。

有人说："天才是点燃自己的火焰。"原创性、想象力、自我驱动力，使一个人的思想从陈旧的传统渠道中解放出来。那些试图采用费曼方法的人总是回到原创性上。戴森宣称："他是他那一代中最具原创思想的人。"在他身后的那一代人，即使凭借后见之明的优势，仍然发现他的思维路径没有任何可预测性。如果说，后人发现了什么负面的东西，那或许是他顽固、危险地一心想要无视标准的方法。西德尼·科尔曼（Sidney Coleman）说："我想，如果他不是那么快，人们几乎会把他当作一个聪明的怪人，因为他确实花了大量时间走进那些后来被证明是死胡同的地方。"科尔曼是一位理论家，他在20世纪50年代的加州理工学院第一次认识了费曼。

有些人过于具有原创性，反而对自己不利。如果费曼没有那么聪明，我想他就会因为太有原创性而害了自己。

他的性格中总有一种炫耀的成分。他就像一个赤脚攀登勃朗峰的人，只是为了展现这件事是可以做到的。他所做的很多事情都是为了表明，你不必那样做，你可以用另一种方式做。而事实上，这"另一种方式"并不像第一种方式那样好，而仅仅展现了他是与众不同的。

费曼仍然拒绝阅读当前的文献，他检查了已有的工作，责备了那些以正常方式开始研究问题的研究生。费曼告诉他们，这样的话，他们就会放弃发现原创性的机会。科尔曼说：

我怀疑爱因斯坦也有一部分同样的性格。我确信迪克认为这是一种美德，是高尚的。我不这么想。我认为这是在自欺欺人。其他人并不都是摇摆不定的。有时候，他们最好采用最近建造的机器，不要像重新造轮子一样试图重建它。

我认识一些人，他们其实很有原创性，性格也不古怪，在物理学方面却没有做得更好，因为他们在某个时刻更关心的是原创性而不是正确性。迪克可以逃过一劫，因为他实在是太聪明了。在这里，他真的**可以**赤脚攀登勃朗峰。

科尔曼选择不直接向费曼学习。他说，看费曼工作就像看中国京剧。

当他在工作时，他是以一种完全超出理解范围的方式进行的。你不知道它要去哪里，目前进展到哪里，在哪里推动它，下一步是什么。对迪克来说，下一步会以某种方式从神圣的启示中产生。

许多人观察到了费曼十足的思想自由，然而当费曼谈到自己的方法时，他强调的不是自由，而是约束。费曼认为，那种用全新的、完全自由的东西填满白纸、白板或白画布的想象力不属于科学家。人们无法像某些心理学家一样，通过展示图画并询问会发生什么就能衡量想象力。对费曼来说，科学想象力的根本在于一个强大且近乎痛苦的规则。科学家创造的东西必须符合现实，必须符合已知的东西。他认为，科学的创造力是被束缚的想象力。"在科学中，想象力的整个问题经常被其他学科的人误解，"他说，"人们忽视了这样一个事实：无论我们在科学中被允许想象什么，都必须与我们知道的其他一切相一致……"这是一个保守的原则，意味着现有的科学框架从根本上说是健全的，已经是现实的一面公平的镜子。科学家就像看似更自由的艺术一样，感受到创新的压力，但在科学上，制造新东西的行为包含着矛盾的种子。

创新并非产生于向未知空间迈出的大胆步伐，不仅仅是一些随心所欲的快乐想法，而是必须与我们所知的所有物理定律一致的想法。我们不能允许自己认真地想象那些明显与已知自然规律不一致的东西。因此，我们的想象力是一个相当困难的游戏。

有创造力的现代艺术家们在追求新奇的可怕压力下苦苦挣扎。莫扎特的同时代人希望他在一个固定的、共同的框架内工作，而不是打破传统的束缚。奏鸣曲、交响乐和歌剧的标准形式在他出生前就已经确立，在他的一生中几乎没有改变。对他来说，和弦进行的规则就像十四行诗对莎士比亚一样，构成了一个坚不可摧的牢笼。

对于传统的创造性思维来说，克服牢不可破的限制，在这里巧妙地弯曲一根杆，或在那里滑动一把锁，通过这种方式进行发明，科学已经成为最后的避难所。科学实践的形式和约束不仅取决于实验的基础，而且取决于一个比任何艺术家群体更加同质化且受规则约束的群体的习俗。科学家们仍然毫无顾忌地谈论现实，甚至在量子时代，他们谈论客观真理，谈论独立于人类而构造的世界，他们有时似乎是知识界最后的成员。现实阻碍了他们的想象力，构成已知科学知识体系的定理、技术、实验室结果和数学形式的日益复杂的组合也是如此。那么，天才如何开展一场革命？费曼说："我们的想象力被发挥到了极致，我们不是像写小说一样去想象那些并不存在的东西，而只是去理解那些*存在*的东西。"

这是费曼在 1946 年最阴暗的日子里面临的问题，当时，他正试图从已成为泥潭的量子力学中找到出路。"我们知道得非常多，"他给他的朋友韦尔顿写道，"然后将其归纳为几个的方程，因此我们可以说我们知道得非常少（只有这些方程）……然后我们认为自己有了解释方程的物理图景。"他当时发现的自由不是来自方程，而是来自物理图景。他拒绝让数学形式把自己束缚在任何一条可视化的路线上："我发现方程非常少，很多物理图景可以给出相同的方程。所以我把时间花在研究上——看我能对已知的东西施加多少新的观点。"那时韦尔顿已经掌握了正在成为标准的场论,他惊讶地发现他的老朋友还没有掌握。费曼似乎囤积了无知的影子池,好像在保护自己不受光线影响,就像一个醒来的人又闭上了眼睛,好保存梦中留下的转瞬即逝的影像。费曼后来说:"也许这就是年轻人成功的原因。他们知道得还不够多。因为当你知道得足够多时,很明显,你的每一个想法都是不好的。"韦尔顿也被说服了,如果费曼知道得更多,他可能不会有这么好的创新。[8]

"我希望我拥有不为人知的短语、奇怪的词汇,它们以从没被使用过的新语言构成,没有重复,也不是古人说过的陈词滥调。"在荷马之前一千年,一位埃及抄写员在书写语言诞生之初就把这些话刻在了石头上——他已经厌倦了。现代的批评家谈到了过去的负担和影响的焦虑,当然,创新的需求是艺术家心理的一个古老的部分,但新奇的东西从来没有像20世纪那样对艺术家至关重要。一种新形式或新流派的有效寿命从未这么短暂。要违反如此年轻的传统,艺术家们从来没有感受过这么大的压力。

同时,在他们的眼前,世界对传统的天才来说已经变得太庞大、多变了。艺术家们挣扎着要在潮水中保持自己的头脑。诺曼·梅勒①在出版另一部小说时注意到:"现在已经没有大人物了。我最近一直在研究毕加索,看看他同时代的人是谁:弗洛伊德、爱因斯坦。"他在自己的一生中看到了这种变化,却不了解它。(在寻找天才的人中,很少有人知道它的去向。)他出现在一个如此狭窄的文学舞台上,像詹姆斯·琼斯这样的作家的第一部小说往往让他们看起来有望成为福克纳和海明威的继承者。然而,他慢慢地沉入数百名同样有才华、有创意且努力奋斗的小说家的行列,每个人都有可能被贴上"新晋天才"的标签。艾米斯、贝克特、奇弗、德拉布尔、埃利森、富恩特斯、格拉斯、海勒、石黑一雄、琼斯、卡赞扎斯基、莱辛、纳博科夫、奥茨、皮姆、格诺、罗斯、索尔仁尼琴、索鲁、厄普代克。假如巴尔加斯·略萨、沃、残雪、耶

---

① 美国著名作家、小说家,普利策文学奖得主。

茨、左琴科或任何其他二十几位小说家从未出生，那么梅勒和任何其他潜在的天才都会有更好的机会成为顶尖作家。在一个不那么拥挤的领域，根据更严格的标准，一位小说家会看起来更伟大。他本可以更伟大。就像在生态环境中竞争的物种一样，他本可以探索和占领一个更广泛、更丰富的空间。相反，巨头们迫使彼此挤在知识界的单独角落里。可供他们选择的流派有家庭、郊区、农村、城市、半上流社会、第三世界、现实主义、后现实主义、半现实主义、反现实主义、超现实主义、颓废主义、极端主义、表现主义、印象主义、自然主义、存在主义、形而上学、浪漫主义、新浪漫主义、流浪汉小说、侦探、戏剧、讽刺，还有其他不计其数的小说流派——就像海洋生命被细分为海鞘、盲鳗、水母、鲨鱼、海豚、鲸、牡蛎、螃蟹、龙虾，以及无数海洋生物，而海洋曾经在几十亿年里只与蓝绿藻类为伴。

　　演化生物学家史蒂芬·古尔德（Stephen Gould）在 1983 年的一篇与传统相悖的文章中写道："巨人并没有给凡人让路。相反，边界……被限制了，边缘被磨平了。"他不是在谈论藻类、艺术家或古生物学家，而是在谈论棒球运动员。0.400 击球手在哪里？为什么职业棒球所需的技术能力、身体条件和人数都得到了提高，但 0.400 击球手却留在了神话般的过去？他的答案是，棒球巨头们已经逐渐减少，变成了一个更加统一的图景。标准已经提高了。最好与最差的击球手之间的差距，以及最好与最差的投手之间的差距在逐渐缩小。古尔德通过统计分析表明，0.400 击球手的消失只是极端现象普遍减弱的一个更明显的方面：0.100 击球手也已经消失。最好的和最差的数据都更加接近平均水平。很少有球迷愿意看到泰德·威廉姆斯会在现代大联盟中退步到平均水平，或者体重过重、酗酒的贝比·鲁斯将无法压制体格经过科学打造的后辈竞争对手，或者今天几十个无名的年轻盗垒者能超过泰·柯布，但这是不可避免的。田径爱好者不能像棒球迷那样怀旧，他们的统计数字衡量的是运动员与自然的关系，而不是运动员与运动员的关系，数十年来的教训已经很清楚了。有这样一种东西，那就是进步。怀旧掩盖了它，同时放大了过去的天才。一个怀旧的音乐爱好者会放上一张劳里茨·梅尔基奥尔的一盘有杂音的 78 转黑胶老唱片,并叹息再也没有瓦格纳风格的男高音了。然而实际上,音乐家群体的表现可能并不比其他领域的人差。

难道只有怀旧才会使天才看起来属于过去吗?地球上确实出现过巨人——莎士比亚、牛顿、米开朗琪罗、迪马吉奥;在他们的阴影下,今天的诗人、科学家、艺术家和棒球运动员像侏儒一样匍匐在地。似乎没有人会再创造出《李尔王》或连续五十六场安全击球。然而,天才的原材料(无论本土人才和文化机会的组合是什么)几乎不可能消失。在一个拥有数十亿人口的星球上,具有爱因斯坦潜力的基因"包裹"一定会不时出现,而且可能比以前出现得更频繁。在一个比以往任何时候都更富裕、受教育程度更高的世界上,其中一些"包裹"必须像爱因斯坦那样得到良好的培养。然而,现代的准莫扎特必须与某些数据抗衡:18 世纪维也纳的全部受教育人口能轻松地住进纽约的一座公寓,但在某一年,美国著作权局登记了近 20 万件"表演艺术作品",内容涵盖广告曲到史诗般的音调诗。现在,作曲家和画家从一个几乎有无限种可供选择或反抗的宇宙中醒来了。莫扎特不需要选择观众或风格。他的受众就在那里。后世的莫扎特们还没有诞生吗?还是说,他们都在周围,相互碰撞,争夺文化碎片,努力成为新的莫扎特,因此,他们的地位差距不可避免地一直在缩小?

在奥林匹克运动会上取得胜利的赛跑运动员,将自己暂时置于所有运动员的金字塔顶端,仅以几秒的差距领先于一千名次优的竞争对手。最好和第二好,甚至最好和第十好之间的差距如此之小,以至于一阵风或一双不同的跑鞋都可能导致成绩的差距。在衡量尺度变得多维和非线性的地方,人类的能力更容易脱离尺度。推理、计算、操纵符号和逻辑规则的能力——这种并非与生俱来的天赋也必须处于最边缘的位置,在那里,原始天赋的微小差异会产生巨大的后果,在那里,一个还不错的物理学家必须敬畏戴森,而戴森敬畏费曼。仅仅是用 158 除以 192,就到了大多数人的思维极限。要掌握(正如现代粒子物理学家必须掌握的）群论和电流代数、微扰扩展和非阿贝尔规整理论、自旋统计和杨－米尔斯的机制，就是在一个人的头脑中维持一个奇妙的纸牌屋，既坚定又脆弱。操纵这个框架，并在其中进行创新，需要一种过去几个世纪的科学家所没有的精神力量。现在，迎接这一脑力挑战的物理学家比以往任何时候更多。然而，其中的一些人担心"爱因斯坦们"和"费曼们"无处可寻，怀疑天才们已经逃到了微生物学或计算机科学领域——一时忘了他们遇到的个别微生物学家和计算机科学家在总体上似乎并不比物理学家和数学家更聪明。

天才会改变历史。这是他们神话的一部分，也是最终的检验，这比杰出科学家留下的逸事和同行的赞美更可靠。然而，科学史不是一部个人发现的历史，而是一部多重的、重叠的、共同的发现的历史。所有的研究人员都对这一点心知肚明。这就是他们急于发表任何新发现的原因，他们知道竞争对手不会远去。正如社会学家罗伯特·K. 默顿（Robert K. Merton）所发现的那样，科学文献中到处都是被抢先或受阻挠的人，他们本可能成为天才——"那些无数的脚注……懊恼地宣布：'自从完成这个实验后，我发现伍德沃思（或贝尔，或米诺，视情况而定）去年就得出了这个相同的结论，而琼斯在 60 年前也是如此。'"默顿认为，天才的力量可能在于，一个人有能力完成可能几十个人才能完成的工作；或者，它也许在于（特别是在这个爆炸性的、多变的、信息丰富的时代）一个人能够全面地看待他的科学，像牛顿那样拼成一幅巨大、统一的知识织锦。费曼本人在进入四十岁后，准备进行这项工作：汇集和重新制定所有已知的物理学。

科学家们仍然在问"如果"的问题。如果爱迪生没有发明电灯会怎样？这项发明要多花多长时间才能问世？如果海森堡没有发明 S 矩阵呢？如果弗莱明没有发现青霉素呢？或者，如果爱因斯坦没有发明广义相对论会怎样（这堪称此类问题中的"王者"了）？费曼写给一位提出这种问题的记者："我总是觉得这样的问题……很奇怪。"科学往往是在需要时才被创造出来。

他说："我们并不比彼此聪明多少。"

弱相互作用

到了 20 世纪 50 年代末 60 年代初，随着新粒子的发现变得更加普遍，物理学家们发现更难猜测什么可能，什么不可能。"动物园"这个词进入了他们的词汇表，他们的科学直觉有时似乎被一种令人恶心的审美染指。魏斯科普夫在一次会议上声称，如果有人发现一个带双电荷的粒子，那将是一种耻辱。奥本海默补充说，他个人讨厌看到一个自旋大于二分之一的强相互作用的粒子。这两个人很快就失望了。大自然可没有这种"洁癖"。

就在几年前，以场论之名集合起来的方法（面对那些仍然令人不安的无穷大，直接计算粒子的相互作用）失去了许多人的青睐。量子电动力学的成功并不容易延伸到其他粒子领域。在四种基本力——引力、电磁力、束缚原子核的强相互作用力，以及在放射性衰变和奇异粒子衰变中起作用的弱相互作用力中，重正化似乎只对电磁力有效。有了电磁力，最简单的费曼图可以解释大部分情况。在数学上，弱相互作用力在更复杂的图表中越来越不重要（出于同样的原因，如果 n 是 1/100，像 $1+n+n^2+\cdots$ 这类级数中的后几项就会消失）。有了强相互作用力，费曼图的森林对任何计算都有无尽的贡献，使得真正的计算无法进行。因此，对于更神秘的力来说，量子电动力学在精确的动力学预测方面所取得的成功似乎无法复制。相反，对称性、守恒定律和量子数提供了抽象的原则，物理学家至少可以据此组织实验者的数据。他们寻找模式，组织分类法，填补漏洞。数学物理学家的一个不同分支继续追求场论，但大多数理论家此时发现，在寻找一般原则的粒子数据中进行筛选是有利的——这些数据正逐渐大量出现。寻找对称性意味着不要将自己局限于粒子行为的微观动力学上。对于理论家来说，拘泥于一种特定的动力学或尺度上似乎是不道德的，或者，至少是很愚蠢的。

　　理解对称性，也变成了理解对称性的不完美，因为随着对称性定律开始占主导地位，它们也开始被打破。引领研究方向的是最明显的一种对称性：左右对称。正如现代物理学家所说，这种对称性被偏离中心的心脏和肝脏，以及更细微或更表面的差异"打破"了。人们通过内化对左右差异的认识，学会自己打破对称性，尽管有时这并不容易。在加州理工学院一间实验室的咖啡壶旁，费曼自己曾向聚在那里的一群人承认，即使是当下，当他想确定左右时，也会盯着他左手背上的痣。早在麻省理工学院的兄弟会时代，他就对镜面对称的经典谜题感到困惑：为什么一面镜子可以左右颠倒，而不是上下颠倒？也就是说，为什么书上的字母是反过来的，而不是倒过来的？为什么镜子背后另一个费曼的"右手"上会有一颗痣？他喜欢问，是否有可能对镜子的作用给出**对称**的解释——一种对上下和左右没有区别的解释？许多逻辑学家和科学家都对这个难题进行了辩论。对此有许多解释，其中一些是正确的。费曼的解释是一个清晰的典范。

　　他建议，想象自己站在镜子前，一只手指向东边，另一只手指向西边。挥动东边的手，镜子里的图像就会挥动东边的手。头是向上的。西边的手指向西边。脚是向下的。费曼说："一切都很正常。"问题出在垂直于镜子的轴上。你的鼻子和你的后脑勺是相反的：如果你的鼻子指向北方，镜子中你的鼻子指向南方。现在的问题是心理上的。我们把自己的镜像看作另一个人。我们无法想象自己从前到后被"压扁"，所以我们想象自己被左右掉转，就像我们绕过了一片玻璃，面向另一个方向。正是在这种心理上的翻转中，左和右被掉转了。书的情况也是如此。如果字母是左右颠倒的，那是因为我们把书绕着一个垂直轴转到了镜子前。我们也可以很容易地把书从下往上翻，在这种情况下，字母会倒过来。

　　我们自己的不对称性——我们的痣、心脏、利手——来自大自然在建立复杂的生物体过程中做出的偶然选择。生物学中对左右的偏好最终体现在有机分子的水平，既可能是左边，也可能是右边。糖分子具有这种内在的螺旋性。

化学家可以任意改变它们的"利手性"，但细菌只能消化"右利手"的糖分子，这正是甜菜产生的糖分子类型。地球上的甜菜，为了进化，本来可能选择一条"左利手"的道路，就像工业革命本可能选择左旋螺纹而不是右旋螺纹的螺丝。

在更微观的尺度上，即在基本粒子相互作用的层面上，物理学家假定自然界不会区分右和左。我们无法想象物理学定律会随着镜子的反射而改变，就像它们在不同的地方或不同的时间进行实验时发生变化一样。像粒子这样普通的东西怎么可能表现出开瓶器或高尔夫球杆的利手性？左右对称性已经以一种叫作宇称的量的形式被纳入量子力学。如果一个给定的事件宇称守恒，正如大多数物理学家自觉（或不自觉）地假设它必须宇称守恒，那么它的结果就不取决于左右方向。相反，如果自然界确实有某种与生俱来的利手性，那么实验者可能会找到宇称不守恒的事件。当默里·盖尔曼还是麻省理工学院的一名研究生时，一个标准问题就是通过数学逻辑推导出宇称守恒，将左手坐标系转为右手坐标系。盖尔曼花了一个漫长的周末来回转换坐标系，但没有证明任何东西。他回忆说，他告诉老师这个问题是错误的：宇称守恒是一个物理事实，取决于特定理论的结构，而不是不可避免的数学真理。

宇称，让理论家们对1956年加速器中出现的一个最活跃的经验问题感到不安，即奇异粒子θ介子和τ介子的问题（在盖尔曼意义上的奇异）。这是物理学家在对加速器产生的混乱数据进行分类时遇到的典型问题。当θ介子衰变时，出现了一对π介子。当τ介子衰变时，它变成了三个π介子。然而，在其他方面，τ介子和θ介子开始显得极其相似。来自宇宙射线和加速器的数据使它们的质量和寿命看起来无法区分。一个实验者在1953年绘制了13个数据点，到1956年罗切斯特会议召开时，他已经有了600多个数据点。而理论家们正试图面对显而易见的事实：也许τ介子和θ介子是同一个粒子。问题是宇称不同。一对π介子具有偶宇称，三个π介子具有奇宇称。假设一个粒子的衰变宇称守恒，物理学家不得不相信 τ 介子和 θ 介子是不同的。直觉遭到了严格考验。罗切斯特会议结束后，亚伯拉罕·派斯写下一张纸条："特此记下，在从罗切斯特回纽约的火车上，杨振宁教授和我跟惠勒教授各赌一美元，赌 θ 介子和 τ 介子是不一样的粒子。结果，惠勒教授赢了两美元。"

每个人都在打赌。一个实验者问费曼，他会对一个测试不可思议的违反宇称性的实验给出多大的赔率，费曼后来很自豪地说，他只出了 50 比 1。[9]实际上，他在罗切斯特提出了这个问题，说他在那里的室友——一位名叫马丁·布洛克的实验者，曾想过为什么宇称性不能被违反（事后，盖尔曼毫不留情地嘲笑他没有以自己的名义提出这个问题）。有人紧张地开玩笑说，不妨用开放的思维来考虑疯狂的可能性，而官方记录员却记录道：

为了追求开放的思维方式，**费曼**提出了布洛克的一个问题。[θ] 和 [τ] 会不会是同一个粒子的不同宇称态，而这个粒子没有明确的宇称，即宇称是不守恒的。也就是说，自然界是否有唯一的办法定义右利手或左利手？

两位年轻的物理学家——杨振宁和李政道说，他们已经开始研究这个问题，但没有得出任何确定的结论。与会者极度厌恶违反宇称性的想法，以至于一位科学家提出了另一种未知粒子——这次是一种没有质量、没有电荷、没有动量的粒子，只是像环卫工人运走垃圾一样，带着"一些奇怪的时空转换特性"离开了人们的视线。盖尔曼站起来，建议大家对其他不太激进的解决方案保持开放的心态。根据记录员所写的，讨论一直持续到"主席"——奥本海默"觉得是时候停止我们的幻想了"。

但在费曼的试探性问题中，答案已经出现了。李政道和杨振宁对证据进行了研究。对于电磁相互作用和强相互作用，宇称守恒定律有一个真实的实验和理论基础。如果没有宇称守恒，一个根深蒂固的框架将被撕碎。但对于弱相互作用来说，这似乎并不正确。他们翻阅了一份关于 β 衰变的权威文献，重新计算公式。他们研究了近来关于奇异粒子的实验文献。到 1956 年夏天，他们意识到，就弱相互作用力而言，宇称守恒是一个自由漂浮的假设，不受任何实验结果或理论依据的约束。此外，他们还意识到，盖尔曼关于奇异性的概念提供了一个先例：对称性在强相互作用力下保持不变，在弱相互作用力下瓦解。他们很快发表了一篇文章，提出宇称性在弱相互作用下不守恒，并提议用实验来检验问题。到了那年年底，由他们在哥伦比亚大学的同事吴建雄领导的团队已经开展了一个棘手的实验：在接近绝对零度的温度下，探测钴的放射性同位素在磁场中衰变。根据磁线圈排列形成的上下方向，衰变的钴要么左右对称地释放出电子，要么表现出某种偏向。在欧洲，泡利在等待结果的过程中加入了打赌的行列。他写信给魏斯科普夫："我不相信上帝是个软弱的'左撇子'，我准备赌一大笔钱，实验会得到对称的结果。"过了十天，他知道自己错了。过了一年，杨振宁和李政道以史上最快的速度获得了诺贝尔奖。尽管物理学家们仍然不理解，但他们欣赏这一发现的重要性，即大自然从根本上就区分了左和右。其他对称性立即被牵扯进来——物质和反物质之间的对应关系，以及时间的可逆性（例如，如果一个实验的影片被倒放，它可能看起来在外观上是正确的，只是右成了左，左成了右）。正如一位科学家所说："我们不再试图戴着厚厚的手套在黑暗中拧螺丝。我们将螺丝整齐地排列在一个托盘上，每个螺丝上都有一个小探照灯，指示其头部的方向。"

　　费曼在高能物理学家的会议上是一个奇怪的存在。他比盖尔曼那一代聪明的年轻科学家要年长，比奥本海默那一代手握诺贝尔奖的"参议员"要年轻。他既没有退出讨论，也没有在讨论中占据上风。他对热点问题表现出强烈的兴趣——就像他最初对宇称问题的试探一样，却让年轻的物理学家们觉得他与最新的观点脱节，尤其是与盖尔曼形成鲜明对比。在 1957 年的罗切斯特会议上，至少有一位与会者认为，费曼应该亲自将他的理论才能用于他在一年前提出的问题上，而不是将这个问题留给杨振宁和李政道。（这个人还注意到，一个修正主义的炼狱正在形成：从狄拉克到盖尔曼，理论家"忙着解释他们个人从未认为宇称是什么特别的东西",而实验者则回忆说他们一直想做像吴健雄那样的实验。)在公开场合,费曼一如既往地平静。而在私下,他为自己没有找到正确的问题而苦恼。他想避开人群。他知道自己没有跟上盖尔曼和其他高能物理学家发表的工作,但他无法忍受坐下来阅读那些每天送到他桌子上、堆在他书架上的期刊或预印本。他收到的每篇论文都像一部把最后一章印在开头的侦探小说。他只想读到足够的内容来理解问题,然后用自己的方式解决问题。在物理学家中,几乎只有他一个人拒绝为期刊推荐论文。[10] 他不能忍受沿着别人的轨迹从头到尾地重新解决一个问题。(他也知道,当他打破自己的规则时,他可能会极其残忍。他在总结一篇文章时写道:"比尔德先生非常勇敢,他大量引用了其他书目,因为如果一个学生真的看了其他书,我相信他不会再回来继续读比尔德了。"然后敦促编辑为他的评论保密——"毕竟比尔德先生和我是好朋友"。)他对其他人的工作一贯采取批评的方法,甚至冒犯了他想恭维的理论家。他会欣赏在他人看来次要的发现,或坚持在他人看来不切实际或巴洛克式的替代观点。一些理论家努力与同事合作,并为整个集体奠定基础、设立议程。盖尔曼就是其中之一。费曼似乎缺乏这种雄心壮志——尽管当代物理学家都乐于使用费曼图。但他还是很沮丧。

他有时会向他的妹妹琼倾诉,琼也开始了自己的科学生涯,在雪城大学获得了固体物理学博士学位。她仍然住在雪城,费曼去罗切斯特时看望了她。他向妹妹抱怨,他无法工作。琼提醒他,他最近与她分享了所有想法,却拒绝花足够长的时间来写一篇论文。"你已经一次又一次这么做了,"她说,"你告诉我,布洛克可能是对的。而你对此却毫无行动。当你有这样的东西时,你就应该把它写出来,大声宣布出来。"她还提醒费曼,他曾提到过一个关于弱相互作用的普遍理论的想法——把 β 衰变和基于弱相互作用力的奇异粒子衰变联系在一起。最后,她敦促他看看这会产生什么。

在其经典形式中,β 衰变将一个中子变成一个质子,释放出一个电子和另一个粒子——一个中微子，它是无质量、无电荷、难以探测的。电荷是守恒的：中子没有电荷，质子携带一个单位正电荷，电子携带一个单位负电荷。类似地，在介子家族中，一个质子可以衰变为 μ 子（像一个重电子）和一个中微子。一个好的理论可以预测这种过程中的衰变率，以及流出的粒子的能量。这里有一些复杂的问题。粒子的自旋必须一致，特别是对于无质量的中微子，在计算适当的自旋时出现了"利手性"问题。所以，对费曼、盖尔曼，以及其他人来说，关于宇称破坏的新理解立即改变了弱相互作用的图景。

在对各种粒子相互作用进行分类时，理论家们创建了一个分类方案，含有将一种波函数转化为另一种波函数的五种不同变换。从一种意义上说，这是对典型的代数技术的分类；从另一种意义上说，根据可能的自旋和宇称，这是对相互作用中产生的虚拟粒子类型的分类。为了速记，物理学家使用了 S、T、V、A 和 P 作为标签，分别代表标量、张量、矢量、轴矢量和赝标量。不同种类的弱相互作用有明显的相似性，但这种分类模式带来了一个问题。正如李政道在 1957 年的罗切斯特会议上所指出的，大多数关于 β 衰变的实验都证明了 S 和 T 的相互作用，而新的宇称破坏实验则倾向于认为介子衰变涉及 V 和 A。在这些情况下，同样的物理定律很难奏效。

在阅读李政道和杨振宁为会议准备的预印本时，琼唯一一次命令费曼像学生一样坐下来，一步一步地阅读，他看到了另一种表述宇称破坏的方法。李政道和杨振宁描述了中微子自旋的限制。费曼非常喜欢这个想法，以至于他从另一位发言者那里求来 5 分钟，向观众提到了这个想法。他回溯了量子力学的起源——不仅回到了狄拉克方程本身，而且还回到了他和韦尔顿还是麻省理工学院本科生时发现的克莱因－戈尔登方程。利用路径积分，他再次向前迈进，推导出（或"发现"了）一个与狄拉克方程略有不同的方程。这个方程更加简单：它有两个分量 [11]，而狄拉克方程有四个分量。费曼说道：

> 现在我要问这个问题，假设历史上 [我的方程] 是在狄拉克方程之前被发

现的会怎样？它肯定与狄拉克方程有同样的结果。它可以用同样的方式使用图表。

当然，β衰变的图示增加了一个与电子场相互作用的中微子场。当费曼对他的公式做了必要的修改时，他发现：

我当然不能那样做，因为这个项是宇称不对称的。**但是——**β衰变不是宇称对称的，所以它现在是可能的。

当时有两个困难。一个是他提出了相反的自旋符号：他的中微子的自旋方向与李政道和杨振宁的预测相反。另一个是在他的公式中，必须是 V 和 A 耦合，而不是所有人都认为正确的 S 和 T 耦合。

与此同时，盖尔曼也考虑了创建弱相互作用理论的问题。费曼和盖尔曼也不是孤军奋战：罗伯特·马尔沙克在 1947 年的谢尔特岛会议上提出了最初的双介子思想，他和年轻的物理学家 E. C. G. 苏达山（Sudarshan）也倾向于 V 和 A 耦合。那年夏天，由于费曼在巴西旅行，马尔沙克和苏达山在加利福尼亚与盖尔曼会面，并描述了他们的方法。[12]

费曼在夏天结束时回来了，这一次，他决心赶上实验进展，并将他的弱相互作用的想法进行到底。他参观了吴健雄在哥伦比亚大学的实验室，并要求加州理工学院的实验人员向他提供最新的信息。数据似乎一塌糊涂，到处都是矛盾。加州理工学院的一位物理学家说，盖尔曼甚至认为关键的耦合可能是 V 而不是 S。正如费曼事后经常回忆的那样，这在他的头脑中触发了一个想法。

那一刻，我从椅子上跳了起来，说："那我就全都明白了。我全都明白了，我明天早上会向你们解释。"

他们认为我说这句话的时候是在开玩笑……但我没有开玩笑。从认为是 S

和 T 的统治中解脱出来，正是我所需要的，因为我有一个理论，如果 V 和 A 是可能的，V 和 A 就是正确的，因为它是一个整洁、漂亮的东西。

几天之内，他就起草了一篇论文。然而，盖尔曼决定，他也应该写一篇论文。在他看来，他有自己的理由专注于 V 和 A，他希望这个理论是普遍的。电磁学依赖于矢量耦合，而奇怪的粒子更倾向于 V 和 A。令他不高兴的是，费曼似乎在不经意间否定了他的想法。

在他们之间的紧张关系加剧之前，系主任罗伯特·巴彻尔介入他们之间，要求他们写一篇联合论文。他不希望看到在加州理工学院的物理学小组中出现同一发现的竞争版本。同事们听到费曼和盖尔曼在走廊或餐厅桌旁全神贯注地讨论。尽管他们的语言特征存在着差异，但他们还是互相激励：费曼听起来是在说"你拿着这个，把它从这里穿过，然后从这里出来，像那样把它们拉到一起"，盖尔曼则说"你把它们替代到那里和那里，像这样整合起来"……他们的文章在 9 月递交到《物理评论》，几天后，马尔沙克在意大利帕多瓦的会议上提出了他和苏达山的类似理论。费曼和盖尔曼的理论在几个有影响力的方面更进一步。他们提出了一个大胆的扩展，将基本原理从 β 衰变扩展到其他类型的粒子相互作用；多年后，实验才完全跟上，可以看出，他们两人多么有先见之明。这一理论还提出了一个想法，即一种新的流（类似于电流，是电荷流的量度）应该守恒；对流的概念的新扩展成为高能物理学的一个核心工具。

回忆这段往事时，费曼倾向于这是他们一起写的论文。盖尔曼有时对它不屑一顾，尤为抱怨双分量的形式——他觉得这是一个可怕的符号。[13] 它确实有费曼的印记。费曼应用了量子电动力学的表达方式，这可以追溯到他在 1948 年关于路径积分的第一篇论文。盖尔曼允许他深情地写道："作者之一对这个方程情有独钟。"然而，说他们处理违反宇称的方法"有一定的理论依据"，这句话不太可能是费曼写的。盖尔曼尽可能地使理论统一且具有前瞻性的努力同样显而易见。如果费曼、盖尔曼、马尔沙克或苏达山没有在 1957 年提出这一发现，其他人很快也会提出这一发现。然而对费曼来说，这和他职业生涯中的其他成就一样纯粹：揭示自然规律。他的模型一直是狄拉克的神奇发现——电子方程。在某种意义上，费曼发现了中微子的方程。他说："有那么一刻，我知道了大自然是如何运作的，它优雅而美丽，在闪闪发光。"对其他物理学家来说，"费米相互作用理论"仅有 6 页长，就像文献中的一座灯塔，熠熠生辉。这篇论文似乎宣告了两个伟大而互补的思想之间强大合作的开始。他们占据了一种独特的理论优势，反复谈到普遍性、简单性、保持对称性和未来的广泛应用。他们从一般原则而不是特定的动力学计算出发。他们对新类型的粒子衰变做出了明确的预言。他们列出了与他们的理论相矛盾的具体实验，并宣布这些实验因此一定是错误的。没有什么比这更能醒目地宣布理论家们至高无上的地位了。

走向家庭生活

两件式"比基尼"泳衣的名字取自 20 世纪四五十年代被原子弹和氢弹炸毁的一处太平洋小环礁。在 1958 年，这种泳衣还没有占领美国的海滩，但费曼在日内瓦沙滩上看到了一位身穿蓝色比基尼的女子，并在她身旁放下了沙滩巾。当时，他正在瑞士日内瓦参加一个关于和平利用原子能的联合国会议。他正准备以自己和盖尔曼的名义做总结发言，告诉大会：

我们清楚地意识到我们现有的知识的脆弱性和不完整性，以及多种推测的可能性……在所有这些相互关联的对称性、局部对称性和不对称性的背后，其意义或模式是什么？

一年一度的罗切斯特会议也就此改变了地点。费曼在会上讨论了弱相互作用理论，用肢体语言来证明适当的自旋和利手性，给听众留下了深刻印象。

他当时刚满四十岁。那是在春天，穿着蓝色比基尼的年轻女子主动说日内瓦湖的湖水很冷。费曼说："你会说英语!"她叫格温妮丝·豪沃思（Gweneth Howarth），来自英国约克郡的一个村庄，她离开家乡，作为互惠生来到了欧洲大陆。那天晚上，费曼带她去了酒吧。

报纸和杂志简要地刊载了宇称破坏。对于那些希望从科学中获得对宇宙本质的一般性理解的读者来说，左右对称性被打破可能是高能物理学中出现的最后一个真正有意义的教训，尽管它被局限在某些非常短暂的粒子相互作用领域。相比之下，虽然一年后弱相互作用的普遍理论吸引了理论家和实验者的注意力，但用 V 和 A 取代 S 和 T 在文化意识中没有产生任何涟漪。那时，美国公众正忙于吸收 20 世纪 50 年代最令人震惊的科学发展，这条新闻将再次在公众心中确立"科学就是力量"这一真理。

1957 年 10 月 4 日，一个被称为"斯普特尼克 1 号"的沙滩球大小的铝球开始绕地球运行。它出人意料地出现在头顶上，它的哔哔声一次又一次地在美国电台和电视中播放，掀起了一股自原子弹以来前所未有的焦虑。那天晚上，费曼带着一个灰色的小无线电接收器来到生物学家马克斯·德尔布吕克家的后院野餐，这个接收器看起来像是他自己制作的。他要来一根延长电线，迅速调好接收器，举起手指示意保持安静，当哔哔声在人群中响起时，他咧嘴笑了。《时代》周刊称，"美国上空的红月亮"立即宣布了"历史的新时代"和"冷战严峻的新篇章"。《新闻周刊》称其为"红色征服"——"它掌握了地球上人类的大小事务"。为什么美国没有建立类似的太空计划？一脸担忧的艾森豪威尔总统在一次新闻发布会上说："好吧，让我们把话说清楚，我不是科学家。"美国物理研究所所长利用这个机会说，除非美国的科学教育赶上苏联，否则"我们的生活方式注定要失败"。这一呼声得到了回应：斯普特尼克卫星使人们迅速对科学教育做出了新的承诺。杂志对美国物理学家给予了新的关注。在年轻一代科学家中，《时代》周刊挑选出了费曼——

他卷发、英俊，不打领带，不穿大衣，是一个非常投入的冒险家……迷上了桑巴舞的节奏……打邦戈鼓，破译密码，撬锁……

和盖尔曼——

他提出了"奇异数理论"，即为新发现的粒子的行为赋予物理意义。在加州理工学院，盖尔曼与费曼在弱耦合方面密切合作。在黑板上，两人的想法就像从磨盘上迸出的火花，交替地对着对方的简化拍打脑门，争论着细节问题。

但在那个秋天，最受公众关注的物理学家是爱德华·特勒。他的发言与冷战的步调一致。斯普特尼克卫星使他宣称（尽管有与之相反的证据）"科学和技术的领导权正在从我们手中溜走"。苏联可能对美国发起直接攻击，但他看到了一个更大的威胁。他说："我认为，这不是他们打败我们的最有可能的方式。"他预言，苏联将获得对自由世界的广泛技术优势。"他们将在科学上进步得非常快，把我们远远甩在后面，他们的做事方式将成为唯一的方式，而我们对此将无能为力。"

到了冬天，兴奋几乎没有减弱，面对这种风潮，《读者文摘》刊登了一篇题为《没有时间歇斯底里》的文章，一位美国国务院官员告诉加州理工学院，该部门希望以费曼和盖尔曼的名义在日内瓦会议上发表演讲，以制衡苏联科学可能在那里获得的地位。[14] 费曼默许了，尽管宣传和科学混在一起让他感到不安。

他拒绝让美国国务院为他预订酒店，他在一家名叫"城市酒店"的地方找到了一个不带电梯的房间。这让他想起了他在阿尔伯克基以及与弗里曼·戴森在旅行中住过的那些小旅馆。他曾希望带一个女人一起来，他和这个女人有过一年断断续续、风波不断的恋情——她是一个研究员的妻子。她曾在前一年夏天陪同他旅行，当时他正在研究弱相互作用。此时，她同意之后在英国和他见面，但拒绝来日内瓦。然而就在这时，他在海滩上遇到了格温妮丝·豪沃思。

她告诉费曼，她正在环游世界。她24岁，是英国里彭登镇一个珠宝商的女儿。她先是当过图书管理员，每周工资三英镑，然后在一家棉纺厂当纱线检测员，后来觉得在约克郡的生活太沉闷了。她告诉费曼，她现在有两个男朋友，一个是苏黎世的半职业赛跑运动员，一直在训练中，另一个是德国萨尔布吕肯的眼镜师。费曼立即邀请她来加利福尼亚为他工作。他说，他需要一个女管家，他将在移民局为她担保，每周付给她20美元。在她看来，他不像是一个40岁的人，也不像她见过的其他美国人。她说她会考虑的，于是一场不寻常的求爱开始了。

"我终究还是决定留在这里。"那年秋天她给费曼写了信。约翰——她的男友之一，已经决定和她结婚，她怀疑是出于嫉妒。

所以，你看你帮了我一个多大的忙……我们谈了好几个小时，规划我们的生活。我们可能会开始婚姻生活，住在一个房间里……你真的希望我去吗？……你只需要再婚，或者找一个可靠的中年女管家，这样人们就不会说闲话了。

同时，他的风流韵事进展不顺。同一星期，另一个女人来了一封信，明确表示他们的关系已经结束。她向费曼要500美元："坦率地说，你在一年内拿回所有钱的概率是零。"她以前曾以流产为借口向费曼要过钱，但这时她说那是一个诡计。她实际上用这笔钱买了家具和刷房子的油漆。

你就是一个"花花公子"。但是，当和我在一起，你的其他女友给你打电话时，她们对你的影响让我感到既尴尬又好奇。有时当你放下电话后，还在浑身发抖，大发脾气……我认识到了你的卑鄙，并害怕我对你的爱和感情在你眼里变得廉价，所以我想补偿这种可怕的感觉。

她知道太多他在离婚后交往的女人。她说出了其中四个人的名字，并描述将写给"现任"怎样一封匿名信。

肮脏、该死的费曼在和你约会，他永远不会和你结婚的，告诉他你怀孕了，你会很快赚到 300 到 500 美元。

她听闻在物理学家之间流传的关于费曼与女人们、"梅毒"的肮脏流言，这让她伤心欲绝。她说，费曼应该结婚。

你所说的卑鄙是因为你没有结婚。你试图观看歌舞表演、进出夜总会等来转移你的欲望。这些对健康的人来说很有趣，但对不满足的人来说只是一种逃避。我对此很清楚，因为去年你在里约很满足，结果产生了 β 衰变……

给自己找一个真正的伴侣吧，找一个你能真正爱和尊重的人。然后趁着新鲜和不由自主的时候抓住爱情……

有一次，她带着费曼获得的爱因斯坦奖章走了。她提醒费曼，她还保留着这枚奖章。

费曼恳求格温妮丝重新考虑。到了 11 月，她和约翰关系破裂，已经开始通过苏黎世的美国领事馆办理移民手续。费曼咨询了一位律师，律师警告说，出于不道德的目的运送妇女是有危险的，并建议他找到第三方雇主。加州理工学院的一位朋友马修·桑兹（Mattew Sands）同意以他的名义签署所需文件。费曼计算了票价（格温妮丝注意到，这比约克郡图书管理员一年的工资还多）：飞到洛杉矶 394.10 美元；或者先飞到纽约 290.10 美元，然后从纽约到洛杉矶的巴士票含税 79.04 美元。

她很兴奋，但没有把握。"如果你决定再次结婚，或者有任何其他理由不让我去，你可以写信告诉我吗？"她希望费曼意识到，她还有其他可能性——在滑雪时遇到的阿曼多，或者在语言课上一直关注她的人（"回家途中，他和我一起走了一段路……我希望这是一种柏拉图式的友谊，但我猜他不想要这样的友谊。"）。然而总有迹象表明，费曼渴望未来的家庭生活——她正在照顾"一个漂亮的婴儿，我希望我能有个和他一模一样的孩子"。恩格尔伯特——一个新朋友正在为她买滑雪板；同时，她已经可以用合适的酱料烹饪野鸡、鸡、鹅和野兔（"我在进步，不是吗？"）。费曼也不断收到之前那个女人的来信。她向她的丈夫坦白了一切。他们已经离开加利福尼亚去了东海岸。她想要更多的钱。她觉得自己被利用了。费曼让她知道自己有多生气。她告诉费曼："虽然你在自己的特殊工作方面很聪明，但你在人际关系方面非常愚蠢。"她向费曼保证，他的爱因斯坦奖章是"安全的"；还有他的奥马尔·卡亚姆的《鲁拜集》副本，其中的画是很久以前由阿琳精心绘制的。

费曼求她再来见他。他写道："我只是提到了我内心的复仇之情等，来解释为什么很难向你承诺你要的东西。"他仍然想和她结婚。

我知道是非——但情感，如愤怒、仇恨和报复等，就像木桶里的一群蛇——只有理性和善良的心才能挡住它们……令人恐惧和不确定。不过，值得一试。

她拒绝了，尽管温暖的回忆又浮现在她眼前：在海滩上堆沙堡，周围是一群小男孩；在约书亚树国家纪念碑的星空下露营，费曼在那里高兴地捣鼓他闪闪发亮的绿色科尔曼炉。在一个喝醉酒的周日晚上，他给她看了一个破旧的手提箱，里面有阿琳所有的信件和照片。有一次，他突然发怒，破口大骂，这是他以前用过的一种残忍的语言武器。她写道："而且，我确实很喜欢我的老板和我的工作。"

她丈夫的记忆可不那么温暖。在一次聚会上，他听人讲了一个关于费曼的故事，脱口而出说他知道一个更好的故事，但他没再说下去。过了几天，他给费曼写了一份正式要求补偿的信。他写道："你利用你的地位和薪水，无情又无耻地引诱一个没有判断力的女孩离开她的丈夫。"难道费曼不记得他自己第一段婚姻中的艰难时期了吗？"你疏远了我和妻子的感情。你用殷勤和礼物取悦她。你为激动人心的假期制定了秘密的计划……我认为你应该为放纵自己的私欲而付出代价。"他要求赔偿 1250 美元，费曼拒绝了。

格温妮丝写信说，恩格尔伯特带来了白兰地和巧克力来庆祝她的 25 岁生日。她决定提高她的速记和打字水平。（"你确实需要有人来照顾你，不是吗？"）费曼给苏黎世的领事馆寄了一份宣誓书，为她担保（"她是个聪明的女孩，性格很好，是个出色的厨师和家政服务员"），并保证在必要时为她提供经济支持。格温妮丝感谢他，提到她遇到了一个阿拉伯男孩，很有礼貌，而且他们已经在密切交往了。她不得不避开恩格尔伯特，因为她已经无法掩饰。她正在办理移民手续：有几页的问题，确认她的政治立场和操守品行——这让她感到愤怒。美国当局是站在什么道德制高点上，用什么官僚逻辑要求她对她的品行发誓？

与此同时，费曼试图平息前情人丈夫的怒气："……原谅她，让她幸福……你们的爱会因为原谅而更加深刻，也会因为你们知道对方所经受的痛苦而更加伟大。"

"好主意，"丈夫反驳道，"既然你和她已经在一起这么久，你为什么不把它用在自己身上呢？……不要给我讲你父母的教诲、社会经历等故事，我可不吃这一套。"他聘请了律师，律师代表他发出了威胁信。但费曼的律师建议他不要和解，他们猜测这件事会自行平息。他的情人最后写道：

我希望你和你的女管家在一起很开心。现在你将永远拥有你的亲密关系。我想我开始明白你说的"良好的关系"是什么意思了……但我不明白你为什么如此害怕婚姻？对你来说太枯燥了吗？我曾经认为，没有爱的性是不会令人满意的，只有双方都渴望对方的幸福，毫无保留地付出完全的信任、真实和爱，才会有满足感。我想，没有这几点，一切与情欲或动物交配并无二致——或许正因如此，你与女人的关系才有了如此大的转变。

半年后，她终于归还了费曼的奖章。

他在得知格温妮丝的签证申请终于通过了领事馆的审核后非常兴奋，这让她大吃一惊。他写道："好了，终于到了！听到你终于要来了，我高兴得不得了。"

我比以往任何时候都更需要你……我期待着更多的快乐……你知道的，我也必须照顾你。你一到这里，我就有责任看到你快乐，而不是害怕。

费曼以极简主义的方式压缩了日常生活中的家务事，尽量不占用他的精力。1959 年夏天，当格温妮丝·豪沃思终于来到这里时，她发现这个男人有五双相同的鞋子，一套深蓝色的哔叽西装，以及在脖子处敞开的白衬衫（她偷偷地故意分阶段加入彩色衬衫，从最浅的粉色开始）。他既没有收音机也没有电视。他把笔放在一个标准的滑入式衬衫口袋的保护套里。他学着把钥匙、票据和零钱放在同一个口袋里，这样他就永远不用惦记它们了。

起初，除了几个亲密的同事，费曼对她的存在保密。她按照承诺负责家庭事务。他陶醉于他美丽的英国家庭女管家。费曼教她开车，并尝试让她当司机，他自己则坐在后座上。她担心费曼认为她头脑简单。事实上，他发现她很与众不同，很独立。她想方设法找男人约会——一个贝弗利山庄的股票经纪人取代了德国眼镜商，但费曼的朋友们逐渐意识到，他们之间的关系开始变得浪漫。他们会一起出现在聚会上，然后摆出一副分别离开的样子，好像他们之后有不同的地方要去。在第二年春天，他意识到自己多么满足，但他不确定如何做出下一步的决定。他在日历上提前几周标注了一个日期，并告诉自己，如果到那时他的感觉还没有改变，他就向格温妮丝求婚。随着这一天的临近，他几乎等不及了。前一天晚上，费曼让她不要睡觉，一直等到半夜，没有告诉她原因。接下来，他求婚了。他们于 1960 年 9 月 24 日在帕萨迪纳的大亨廷顿酒店结婚。他把他的车藏了起来，这样就不会有人把锡罐绑在保险杠上，在招待会结束后不久，汽车就在帕萨迪纳高速公路上耗尽了汽油。他高兴地告诉格温妮丝：他们就这样开始一起生活了。几年前，默里·盖尔曼娶了一位在高等研究院认识的英国女人，他认为费曼在追赶自己——现在费曼也有了一位英国妻子和一只小棕狗。

费曼夫妇和盖尔曼夫妇在校园北部的阿尔塔迪纳买了房子，彼此相距不远，坐落在高高的山丘上，那里笼罩着从洛杉矶飘来的烟雾。理查德花了很长时间教这只名叫"奇异果"（Kiwi）的小狗玩越来越多的花样。费曼的母亲为了离儿子更近，搬到了帕萨迪纳，她对孩子会面临的挑战发表了有趣的评论。格温妮丝开始打理一个充满柑橘香味和异国情调的花园，这种花园不可能挺过英国约克郡的冬天。1962年，儿子卡尔出生；六年后，他们收养了一个女儿，米歇尔。理查德的朋友们一下子就明白了他是多么想要孩子。盖尔曼和他的妻子玛格丽特不时来做客，他们之间的友谊从未像此时一样温暖。在盖尔曼的记忆中，他的朋友把一叠又一叠报纸扔进壁炉里点燃，就像做一个热情洋溢的游戏，因为他让每一个平凡的动作都成了游戏。小狗在他的指挥下到处奔跑，他高兴地叫着格温妮丝，盖尔曼在他这里感受到了魔力。

从 QED 到遗传学

嗨，甜心，

默里和我一直在争论，毫无睡意，直到我们困到难以忍受。我们醒来时正飞过格陵兰的上空……

他们一起去比利时布鲁塞尔参加一个会议，主题是"量子电动力学的现状"，部分是回顾性质的。狄拉克也在那里，费曼再次与他的老英雄交谈——狄拉克仍然完全不同意重正化方案，因为它回避了困扰他的旧理论的无穷大。重正化似乎是一个丑陋的噱头，是一个任意且不符合物理学的手段，只是为了在方程中抛弃不方便的量。对大多数物理学家来说，狄拉克的疑虑听起来像是旧思想在面对新思想时的排斥——在狄拉克自己的理论失效的地方，这些思想却获得了成功。他让人们想起了爱因斯坦，后者出了名地不肯接受量子力学；但也像爱因斯坦一样，狄拉克很难被漠然置之。诚实的物理学家至少能理解他的疑虑，即使他们最终将这种疑虑归结为上一代人的直觉僵化。年龄不是物理学家的朋友。智慧算不上什么。费曼敏锐而痛苦地意识到狄拉克自创的一首小诗中所表达的真理，多年来，它不时地出现在加州理工学院的办公室门上。

当然，年龄是每个物理学家
都必须害怕的热病。
一旦过了 30 岁，
他宁愿一死。

费曼比他任何一个现代方法的共同发明者都同情狄拉克对重正化的疑虑。量子力学已经成为理论物理学的非凡胜利。当年，费曼和施温格在他们的第一次和第二次近似中花了数小时甚至数星期才完成的计算，如今有了电子计算机和数百个费曼图，已经可以扩展到更精确的水平。有些理论家和他们的研究生在计算上花了数年之久。他们不断向无穷级数中增减了几百个项。其中一些人突然感到，这是一项令人极不满意的工作：与最终的结果相比，无论正负，一些项是巨大的。但它们可能最终会被抵消，留下一个小而有限的数。这种计算的数学状态仍然不稳定。在数学上，不确定这些计算是否会收敛。但对于量子电动力学的实际计算来说，它们似乎总是会收敛，而且，将越来越精确的结果与越来越敏感的实验结果相比较时，它们是吻合的。为了表达实验和理论多么一致，费曼会说，这就像把纽约与洛杉矶的距离精确测量到误差只有一根头发那么细一样。然而，计算过程的非物理性质使他感到不安，修正来修正去，根本不知道下一个修正必须是大还是小。他在布鲁塞尔的主题演讲中说："我们一直在计算项，就像一个盲人在探索一个新房间。"

与此同时，其他理论家也开始使用"可重正性"这一概念，作为区分量子电动力学不适用的神秘粒子的可能理论的一种方式。戴森首先认识到，作为一种判断标准，以这种方式思考可重正性可能富有成效。从实践角度来讲，可以利用可重正化理论进行计算。物理学家和历史学家西尔万·S. 施韦伯说："注意理性的狡计。"曾经，这些分歧被看作灾难，如今却成了宝贵的资产。盖尔曼和年轻的理论家真正成功地应用了这个概念。史蒂文·温伯格多年后说："我们非常需要像重正化这样的指导原则，以帮助我们从无穷无尽的可想象的量子场论中挑选出真实世界的量子场论。"然而，他意识到自己是在苦苦询问一个问题："为什么？"为什么正确的理论应该是可计算的理论？为什么自然界要让人类物理学家的事情变得简单？费曼本人仍然和狄拉克一样不舒服。他继续说，重正化是"不切实际的"，它是一个"骗局游戏"和"骗人把戏"。

到了 20 世纪 60 年代，费曼似乎已经从高能物理学最深奥的前沿领域退出了。量子电动力学已经得到解决，达到了平静的地位。作为一个实用理论，它已经进入了像电气工程这样的固态应用领域，例如，量子力学在这里产生了微波激射器，即一种用于创造强相干辐射束的装置，以及在它之后的激光器。有一段时间，费曼曾沉迷于微波激射的理论，用他的路径积分为此奠定了部分基础。他还坚持不懈地研究另一个固体物理问题，即所谓的极化子问题，它是一种在晶格中移动的电子。电子扭曲了晶格，并与它自己的畸变云相互作用，正如费曼所意识到的那样，这创造了一种用于研究粒子与场的相互作用案例。他的图表和路径积分又一次找到了肥沃的土壤。然而，这只是次要的工作，而不是一个已被视为传奇的人特别的思想迸发（尽管每年秋天，似乎有更年轻的人赢得诺贝尔奖）。

他找不到合适的问题来研究。他在加州理工学院的薪水超过了两万美元，是学院里薪水最高的成员。他开玩笑地告诉人们，对于理论物理学来说，那是一大笔钱，是时候做一些真正的工作了。他的学术休假年就要到了。他不想去旅行。他的朋友马克斯·德尔布吕克原本也是一个物理学家，后来变成了遗传学家，他总是试图吸引物理学家进入自己在加州理工学院的小组，并声称现在有趣的问题在于分子生物学。费曼告诉自己，他要前往一个不同的领域，而不是一个不同的国家。

在生物学中，理论家和实验室工作人员大多仍然是同一个人。1960年夏天，费曼开始学习如何在平板上培养细菌菌株，如何将溶液滴入移液管，如何计算噬菌体——感染细菌的病毒，以及如何检测突变。他起初计划开展实验，自学技术。德尔布吕克的实验室主要研究微生物——这些微小、高效的DNA复制机器的遗传学。当费曼来到丘奇楼地下室的第一层时，最受欢迎的病毒是一种叫作T4的噬菌体，它生长于常见的大肠杆菌菌株上。

詹姆斯·沃森和弗朗西斯·克里克阐明DNA的结构还不到十年。DNA是携带遗传密码的分子，"密码"是这种信息存储的一种说法；遗传学家们还从地图和蓝图、印刷文本和录音带的角度来思考，其机制还很不明确。众所周知，突变是DNA序列的变化，但没有人理解生长中的生物体如何在实际中"阅读"改变后的地图、文本或录音带。有没有一种生物学上的复制、剪接和折叠？在地下室的实验室里，费曼开始有了自在的感觉。他从周围的一切都由物质构成的知识中得到了安慰。他觉得自己很熟悉评估实验的本质——正如他所说的："了解一件事何时是真正已知的，何时不是真正已知的。"他一眼就能看出离心机是如何工作的，以及紫外线吸收如何显示出试管中还残留多少DNA。生物学比较混乱——事物在生长和摆动，他发现很难如自己所愿准确地重复实验。

他专注于T4病毒的一个特殊突变，称为rII。这种突变体有一个有用的特点，即在大肠杆菌的菌株B上大量生长，而在菌株K上则完全不生长。因此，研究人员可以利用这些突变体感染菌株K，并观察T4的迹象。如果出现任何迹象，那一定意味着rII突变体发生了什么变化——据推测，它已经恢复到原来的形式。这种"回复突变"相对罕见，但当它发生时，使病毒有能力在菌株 K 中再次生长，它可以以极高的灵敏度被检测到，比例低至十亿分之一。费曼把发现 T4 回复突变比作在某个国家找到一个有象耳、紫斑而没有左腿的人。他收集了这些病毒，将其分离出来，然后注射到菌株 B 的细菌中，看它们会如何生长。

奇怪的噬斑出现了。在正常的、回复突变的 T4 中，他开始看到噬菌体没有像它们原本那样生长。费曼称它们为"白痴 R"。他只能猜测在 DNA 自身的层面上可能发生了什么，从而产生了"白痴 R"的现象。他认为有两种可能性：DNA 链中 rⅡ 突变的部位可能发生了第二次进一步的突变，或者第二次突变可能发生在不同的部位，以某种方式部分抵消第一次突变的影响。

当时，还不存在逐个字母、逐个碱基对直接检查基因序列的工具。但通过不厌其烦地将"白痴 R"与原始病毒交叉，费曼能够证明他的第二个猜测是正确的：两个在基因上彼此接近的突变，正在相互作用。此外，他表明第二个突变与第一个突变具有相同的特征；它是另一个 rⅡ 突变。他发现了一个新现象，即同一基因内的突变相互抑制。他在实验室的朋友称这些突变为"费子"（Feyntron）[15]，并试图说服他把他的工作写出来发表。其他地方独立发现的这一现象被称为基因内抑制。费曼无法解释这种现象。加州理工学院的生物学家们没有明确的模式来理解遗传密码是如何被读取的，以及 DNA 中编码的信息如何实际转化为工作的蛋白质和更复杂的生物体。费曼作为遗传学家的时间结束了。他迫切地想回到物理学中去。当他不在研磨微粒体的时候，他一直在越来越专注地研究引力的量子理论。

在不知不觉中，费曼已经走到了现代遗传学的下一个重大突破的边缘。专家们毕竟更有优势：一年后，英国剑桥的弗朗西斯·克里克团队将基因内抑制的发现作为解释遗传密码如何被读取的试金石。他们正确地猜测到，突变实际上是增加或删除了一个 DNA 单元，从而使信息向后或向前移动。一次突变使信息暂时失去了相位，下一次突变则使其重新回到相位上。这种解释表明了(或者说,克里克已经想到了)最简单但又最奇怪的基因解码机械模型:基因的信息是以线性方式读取的,一个碱基对接一个,从头到尾。到了1966年,克里克宣布:"遗传密码的故事现在已经基本完整了。"

幽灵和蠕虫

引力问题有最优秀的血统,它直接传承自爱因斯坦最伟大的工作,但它处于20世纪60年代早期的高能理论物理学的主流之外。当接近广义相对论诞生50周年时,一些相对论者和数学物理学家继续与试图创建引力的量子理论的自然问题做斗争——将引力场量化,正如与其他力相关的场被量化一样。这是一项错综复杂的工作。正如盖尔曼所说,爱因斯坦引力的量子场论意味着"时空的量子力学涂抹"。没有实验证据要求引力必须被量子化,但物理学家不希望在一个世界中,有些场服从量子力学定律,而其他场不服从。

从实验者的角度来看,困难在于,与其他力相比,引力是如此之弱。一小撮电子就能产生明显的电磁力,而像地球一样大的质量才能产生引力,让一片树叶离开树。"这些力之间的数量级超出想象,给试图调和它们的理论家带来巨大的数学困难。"差值是 10^{42},这个数字甚至让费曼找不到类比来说明。"引力非常弱。"他在一次会议上介绍自己量化引力方面的工作时说。"事实上,它弱得要命。"就在这时,一个扩音器如在恶魔的驱使下一般挣脱了天花板,坠落在地上。费曼几乎没有犹豫地说:"弱,但不可以忽略不计。"

他从爱因斯坦的理论出发,简单地开始计算,就像他在电动力学中做的那样。他以独创的方式进入问题的不同角落。在20世纪50年代末,相对论专家对引力辐射的性质感到困惑,他们所要求的高水平的数学严谨性阻碍了他们获得正确的近似。在费曼看来,引力波真实存在,这是毋庸置疑的。他又一次从一个明显的物理直觉开始向前冲。他找到了相对论者所争论的问题的答案——他相信这是决定性的，这个问题是：引力波是否携带能量？（他证明了是的。）引力波能否通过波长内的小尺度测量来探测？（他反对说：不能。"只有在波长之外才能找到波的明确证明。"当他听说老朋友对他的引力工作感兴趣时，他给维克托·魏斯科普夫写道："我还没有看到此类实验的任何计划，疯子才会这么做。"）至少是为了争论，他拒绝完全放弃引力终究不能量子化的可能性。"也许引力是量子力学在远距离上失效的一种方式。生活在我们这个时代，有如此美妙的谜题可以研究，这不是很有趣吗？"他画出了费曼图，并计算了积分，他可以看到，他得出的答案不可能是正确的。概率加起来不等于 1。然而，他意识到，结合物理和图表的直觉，如果用上一个招数，他可以一下子弥补这些缺陷。他必须添加"幽灵"，这些虚构的粒子会在费曼图上绕圈，出现的时间刚好足够形成循环，然后再一次从数学中消失。这是一个奇特的想法，但它确实奏效了，1962 年 7 月，费曼在波兰华沙的一次关于引力的会议上对此做了报告。

这个主题正处于重生的前夕，届时天体物理学家的发现和相对论者的理论带来了黑洞、白矮星、类星体和其他宇宙学宝藏。费曼本人多年来一直在坚持引力方面的工作。他应用了被称为杨-米尔斯的规范对称性机制。他做出了有影响力的贡献，但没有形成足够完整的理论来整体发表。就目前而言，相对论者的集会与他暂时逃离的高能物理学会议一样，他没有从中发现更多的快乐。其中一位发言者严肃地说："自 1916 年以来，我们有一个缓慢而相当痛苦的微小技术进步的积累。……我认为，继续获得这种微小进步的尝试构成了数学物理学中合理而迷人的部分。如果出现了真正令人兴奋的东西，那就太好了……"美国物理学家与他们的苏联同行不自在地聚在一起。他们互相取笑各自在房间里寻找小麦克风。实际上，费曼拆开了在饭店房间里的电话，并认为如果里面没有窃听器，波兰人就是在浪费电线。有人听到他在休息时诘问一个苏联人："伊万年科，你在物理学领域做过什么？"

"我和索科洛夫写过一本书。"

"我怎么知道你对它有什么贡献? 伊万年科,从负无穷到正无穷, e 的负 x 次方的积分是多少?"一阵沉默。"伊万年科,一加一等于几?"

费曼对会上所提供的内容感到沮丧。他自己的陈述几乎没有立即引起注意,尽管他的"幽灵"由其他理论家扩展,后来成为现代理论的关键。"我什么都没学到。"他沮丧地给家里写信,他给格温妮丝分析了自命不凡的科学所实行的严格分类法。

这些"工作"总是: (1) 完全无法理解, (2) 模糊且不确定, (3) 一些明显且不言而喻的正确的东西, 经过长期而困难的分析, 作为一个重要的发现被提出, 或者 (4) 基于作者的愚蠢, 声称一些多年来早被接受和检验的明显且正确的事实, 实际上是错误的 (这是最糟糕的: 没有论据能够说服傻瓜)。 (5) 试图做一些估计不可能的事情, 但肯定没有什么用处, 最后才发现是失败的, 或者 (6) 只是纯粹的错误。最近有大量的"实地活动", 但这种"活动"主要是表明别人以前的"活动"导致了一个错误, 或产生了没有任何用处或希望的东西。

他从来没有喜欢过科学界的人群。"就像很多虫子为了挤出瓶外, 试图从彼此身上爬过去。"

尽管费曼仍然不满意, 但他在华沙的演讲标志着他开始转向路径积分——这将是解决最深层次宇宙学问题的基本方法。他和其他理论家都没有在 20 世纪 50 年代末的高能物理学中依赖过这一观点。然而, 后来一些物理学家将路径积分应用于时空结构本身。他们试图在某种意义上总结所有可能的宇宙, 来统一其可以想象的拓扑结构。盖尔曼本人推测, 费曼的路径积分可能被证明不仅是一种方法, 也不仅是一种等价的替代表达法, 这可能是"量子力学的真正基础, 从而也是物理理论的真正基础"。

底部的空间

现代物理学似乎很少致力于人类尺度的世界。高能理论家已经远远跳下了大小的阶梯，越过了单纯的微观世界，进入了一个难以想象的微小而短暂的领域。"微型化"这个词在当时颇为流行，但微型对工程师和生产者来说，比对粒子物理学家来说更为温和。仅在十年前，贝尔实验室研制出的晶体管逐渐成为一种商品。晶体管意味着收音机，由电池供电，塑料外壳很脆，小到可以放在手里。研究人员开始考虑如何进一步缩小像录音机这样的手提箱大小的设备。占满大房间的电子计算机现在可以挤进比一辆汽车小的柜子里。费曼想到，工程师们还没有开始想象这种可能性。1959 年底，美国物理学会在加州理工学院举行年会时，费曼说："他们告诉我，市场上有一种设备，你可以用它在针尖上写下主祷文。但这算不了什么……"费曼敦促他们向原子前进。"底部是一个小得惊人的世界。"

如果百科全书在每个方向上缩小为 1/25 000 的话，同样的针尖可以容纳 24 卷《不列颠百科全书》，包括图片和所有内容。考虑到构成半色调照相凸版的几乎看不见的点仍然包含几千个原子，这算是一个适度的缩小。为了书写和阅读这本微型的《不列颠百科全书》，他在当代技术范围内提出了工程技术，例如翻转电子显微镜的透镜，将离子束聚焦到一个小点上。在这种规模下，世界上所有书籍中的知识都可以装进一本小册子中随身携带。但他继续说，直接还原是粗略的。电话和计算机产生了一种新的信息思维方式，就原始信息而言——每个字母允许有六或七个"比特"，每个比特允许有一百个原子——世界上所有的书都可以写在比一粒灰尘还小的立方体中。他的听众原本不习惯在美国物理学会会议上的这种讲座，却被他迷住了。"不要跟我讲缩微胶片！"费曼宣称。

费曼有几个理由思考原子世界的力学。虽然他没有说，但他一直在思考热力学第二定律以及熵和信息之间的关系；在原子尺度上，他的计算和思想实验达到了临界点。新的遗传学也让这些问题浮出了水面。他谈到了 DNA（每一位信息有 50 个原子），谈到了生物体建立微小机器的能力，不仅仅是为了信息存储，也是为了操纵和制造。他谈到了计算机：如果给予它们数百万倍的能量，它们不仅会计算得更快，而且其能力会显示出质的变化，例如它们会拥有做出判断的能力。他说："在物理定律中，我看不到有什么东西能说明计算机元件不能比现在小得多。"他谈到了润滑问题，并谈到了量子力学法则将接管的领域。他设想的机器将制造更小的机器，而每个机器又将制造更小的机器。[16] "你看，它不需要花费任何材料。因此，我想建立十亿个小工厂，彼此互为模型，同时制造、钻孔、冲压零件，等等。"他在演讲的最后提供了两个一千元的奖项：一个用来奖励发明第一个在每个方向上缩小为 1/25 000 的显微镜可读的书页，另一个用来奖励发明第一个边长不超过 1/64 立方英寸的电动机。

加州理工学院的《工程与科学》杂志刊登了费曼的演讲内容，并被其他地方广泛转载（《大众科学月刊》将这篇文章重新命名为《如何建造一辆比点还小的汽车》）。20 年后，费曼一直试图有所发明的领域有了一个名字：纳米技术。纳米技术专家部分是受到启发，部分是出于疯狂，制作了微小的硅齿轮，带有精心刻蚀的轮齿，并在他们的显微镜下自豪地展示它们；他们还想象了一种自我复制的微型机器人医生，会在人的动脉中游动。他们视费曼为"精神之父"，然而费曼本人从未回到这个主题上来。在粗略的力学意义上，从 1959 年远望，微型机器似乎是遥远未来的特征。物理学的力学定律意味着摩擦力、黏度和电力并不像费曼设想的十亿个小工厂那样整齐地缩小。车轮、齿轮和杠杆往往会把自己粘在一起。微型机器初露端倪，存储和处理信息的效率比他预测的还要高。但它们是电子的，而不是机械的；使用量子力学，而不是与之对抗。直到 1985 年，费曼才不得不为微型书写支付一千美元：斯坦福大学的一名研究生托马斯·H. 纽曼（Thomas H. Newman）花了一个月，几乎完全按照费曼所描述的技术将《双城记》的第一页缩小到硅上。

微型电动机并没有花这么长时间。费曼低估了当年现有的技术。当地的工程师威廉·麦克莱伦在 2 月读了《工程与科学》的文章。到了 6 月，他没有再听到更多的消息，决定不如自己来制作这个电动机。他花了两个月的业余时间，使用钟表匠的车床和微型钻床，钻出看不见的小孔，包裹 1/2000 英寸的铜线。用镊子就太不精密了。麦克莱伦使用了一根削尖的牙签。结果制作出了一个百万马力的电动机。

11 月的一天，麦克莱伦拜访了正在加州理工学院实验室里独自工作的费曼。麦克莱伦把他的设备放在一个大木箱里。他看到费曼的眼睛在发亮。许多人带着可以捧在手心里的玩具汽车发动机来找他，但麦克莱伦打开他的箱子，拿出了一个显微镜。

"哦哟。"费曼说。他忽略了兑现奖金的事儿。后来，他给麦克莱伦寄了一张个人支票。

他的所有知识

他不能放过这些简单的问题。他一生中的大部分时间在为世界如何运作、原子和力如何结合在一起形成冰晶和彩虹而努力。在幻想一个微型机器的世界时，他继续研究"长寿"的分子，而不是"短命"的奇异粒子。他使自己成为理论物理学界的一员，接受了他们的目标和言辞：他曾怀着歉意告诉美国物理学会，微型化不是"基础物理学（在'什么是奇异粒子'的意义上）"。事实上，他所在的群体将自己的智力优先赋予了只能在粒子碰撞的不到一瞬间被观察到的现象。但他仍然倾向于给根本性的东西下一个不同的定义。他在写给一位印度记者的信中说："我们所谈论的东西是真实的、唾手可得的：那就是大自然。"他认为这位记者花了太多时间阅读关于深奥现象的内容。

尝试用其他想法来理解简单的事情，借此来学习，是纯粹和直接的方法。是什么让云层上升？为什么我不能在白天看到星星？为什么颜色会出现在油腻的水面上？是什么让从壶中倒出的水面上呈现线条？为什么吊灯会来回摆动？——可以是你在周围看到的无数小东西。当你了解了什么是真正的解释后，就可以继续研究更微妙的问题。

加州理工学院本科教育的第一个板块是两年的基础物理学必修课。到了20世纪60年代，学院行政部门认识到了一个问题：该课程已经变得陈旧，满是古老的教学法。聪明的年轻新生从美国各地的高中来到这里，准备解决相对论和奇异粒子的奥秘，并陷入正如费曼所说的"髓球和斜面"的研究。这门课程还没有讲师，主要由研究生来讲授。1961年，行政部门决定自下而上地修改课程，并要求费曼承担一年的教学任务。他必须每周讲两次课。

加州理工学院不是个例，物理学也是如此。现代科学的变革步伐已经加快，而大多数大学的教学大纲已经僵化。大学再也不可能像前一代那样，把本科生带到物理学或生物学等领域的最新前沿。如果量子力学或分子遗传学不能被纳入本科教育，那么科学就有可能沦为一个历史学科。许多大一的物理学课程确实是从讲历史开始的：古希腊的物理学、埃及的金字塔和苏美尔的历法，从中世纪的物理学到19世纪的物理学。几乎所有课程都从某种形式的力学开始。一门典型课程的大纲是这样的：

1. 物理科学的历史发展

2. 物理科学的现状

3. 运动学：对运动的研究

4. 动力学定律

5. 运动定律的应用：动量和能量

6. 弹性和简谐运动

7. 刚体的动力学

8. 刚体的静力学

不一而足。直到最后几周，该课程将讲到

26. 原子和分子

以便及时跟上核物理学和天体物理学。加州理工学院仍在使用自家名人罗伯特·密立根编写的前一代老课本，该课本仍深陷于18世纪和19世纪的物理学中。

费曼从原子开始讲起，因为那是他自己对世界的理解开始的地方——不是量子力学的世界，而是充满浮云和在含油水中闪烁的颜色的日常世界。1961年秋天，近两百名新生进入大厅听他的第一次讲座，这位笑容可掬的物理学家在舞台上来回走动，他们听到费曼说：

那么，我们对世界的总体看法是什么？

如果在某次大灾难中，所有的科学知识都被摧毁，只有一句话传给下一代的生物，那么什么话能以最少的字数包含最多的信息？我认为是原子假说（或原子事实，随便怎么称呼它），即所有的物质都由原子构成——这种小微粒一直在运动，彼此分开时会相互吸引，但在被挤压时会相互排斥。在这句话中，只要稍加想象和思考，你就能找到大量关于这个世界的信息。

他说，想象一滴水。他带着学生们沿着长度尺度向水滴内看去，将水滴放大到40英尺宽，再到15英里宽，然后再放大250倍，直到大量的分子出现在眼前，每个分子都有一对氢原子，像圆圆的手臂一样粘在一个更大的氧原子上。他讨论了将分子聚集在一起和迫使它们分开的相反力量。他把热描述为运动中的原子……压力……膨胀……蒸汽。他描述了冰，其分子保持在一个刚性的晶体阵列中。他描述了空气中的水面，吸收氧气和氮气，并释放出蒸汽，他立即提出了平衡和不平衡的问题。他不像亚里士多德和伽利略那

样，也没有用到杠杆和射弹，而是在建立一种关于原子如何创造我们周围
的物质，以及物质为什么会有这样的行为的有形感觉。溶液和沉淀，火和
气味——他一直在前进，展现原子假设不是一个简单化的终点，而是一条
走向复杂性的道路。

假如水不过是些小水滴，在地球上绵延千百里。如果它能够形成波浪和
泡沫，并在流经水泥时产生急促的声音和奇怪的图案；如果所有这些，即一股
水流的所有生命，只不过是一堆原子，还剩下多少可能？在你面前来回走动、
与你交谈的这个"东西"，是否有可能是原子以非常复杂的排列方式组成的一
个巨大球体……？当我们说我们是一堆原子时，并不是简单地说我们是一堆
原子，因为并非简单重复的这堆原子很可能就是你在镜子里看到的自己。

他发现，自己比从原子弹项目以来的任何时候都工作得更努力。教学只是
他的目标之一。他还意识到，他希望整理自己全部的物理学知识，把它翻个
底朝天，直到他能找到所有在他看来未理清头绪的相互联系。他觉得自己在
制作一张地图。事实上，他曾考虑过要画一张图表，正如他所说的一张"困
惑指南"。

由加州理工学院的物理学教授和研究生组成的一个团队争先恐后地跟上步
伐，周而复始地设计问题集和补充材料，因为费曼的"困惑指南"已经成形。
每次讲座结束后，他们都会在午餐时间与费曼会面，拼凑起他在一张纸条上
写下的内容。尽管费曼的声音十分亲切，强调的是思想而不是技术，但他的
速度很快，物理学家同事们不得不努力跟上他的一些跳跃。

就像每门物理学课程都会重述该学科的历史一样，费曼的课程也是如此。
但在第二堂课上，他没有回顾苏美尔人或古希腊人，而是选择了总结"1920
年之前的物理学"。不到半小时后，他就开始快速介绍量子物理学，然后讲到
盖尔曼与西岛的核和奇异粒子。这正是许多学生想听的内容。然而，他并不

想让学生们轻松察觉，在这里，即微观层面上存在着最基本的规律或最深刻的未解问题。他描述了另一个问题，跨越了划分科学学科的人为界限："这不是寻找新的基本粒子的问题，而是很久以前遗留下来的东西。"

这是对循环或湍流流体的分析。如果观察一颗恒星的演变，我们就会在某一点推断出它将开始对流，此后就不能再推断出应该发生什么……我们不能分析天气。我们不知道地球内部会有哪些运动模式。

没有人知道如何从原子力或流体的第一原理中推导出这种混沌。他告诉新生们，简单的流体问题只会出现在教科书中。

我们真正做不到的是处理在管道中流动的实际的湿水。那是我们有朝一日应该解决的核心问题。

费曼把他的课堂设计为自成一体的戏剧。他从来不想在结束时说："好了，时间到了，我们下次继续讨论……"他规划了他的图表和方程，使之填满滑动的两层黑板，甚至最后的粉笔字图像似乎从一开始就在他的脑海中。他选择了宏大的主题，触及科学的每一个角落：能量守恒、时间和距离、概率……在一个月之前，他介绍了物理规律中对称性这一深刻而及时的问题。他对能量守恒的处理方式很有启示意义。这一原则从未远离工作中的理论物理学家的意识，但大多数教科书对它一带而过，出现在关于机械能或热力学的章节末尾。一开始，他们会注意到机械能不是守恒的，因为摩擦力会不可避免地消耗机械能。直到爱因斯坦提出质能等价，这一原则才完全发挥出其作用。

费曼把能量守恒作为讨论一般守恒定律的起点（结果，在谈及速度、距离和加速度的几周前，他的大纲中就设法介绍了电荷、重子和轻子的守恒）。他提出了一个巧妙的类比。他说，想象一个孩子有28块积木，每天晚上，他的母亲都会对积木进行计数。她发现了一个基本规律，即积木数量是守恒的：总是有28个。

有一天，她只看到了 27 块积木，但经过仔细查找后，她发现地毯下面有一块。又有一天，她数了 26 块，但有一扇窗户是开着的，有两块在窗外。后来，她发现只剩下 25 块，但房间里有一个盒子，在称了盒子和单个积木的重量后，她推断盒子里面有 3 块积木。故事仍在继续。积木消失在浴缸的脏水之下，需要进一步计算，以便从上升的水位推断出积木数量。费曼说："随着她的世界里的复杂性逐渐增加，她发现了一系列术语，表述了如何计算在她目不能及之处有多少块积木。"他警告，有一点不同：在能量的情况下，没有块状物，只有一套越来越复杂的抽象公式，最终一定总能让物理学家回到起点。

随着生动类比和大型主题的出现，计算工作立即展开。在关于能量守恒的同一节课上，费曼让学生计算引力场中的势能和动能。一周后，当他介绍量子力学的不确定性原理时，他不仅传达了对自然的描述中这种"固有的模糊性"的哲学戏剧性，而且还突破了未受干扰的氢原子的概率密度的计算。他仍然没有得到关于速度、距离和加速度的基本原理。

难怪他的同事们在试图编写问题集时会觉得神经十分紧张。还不到半年，他就在教授相对论时空几何学的一个折中版本，其中包括粒子图、几何变换和四维矢量代数。对于大学新生来说，这很难。除了数学，费曼还试图传达他是如何将这些问题可视化的——将他的"大脑"放入图表中，就像爱丽丝穿过望远镜一样。他试图让学生们想象一个物体表面上的宽度和深度。

这两个量取决于我们如何看待它们。当我们移动到一个新的位置时，我们的大脑会立即重新计算宽度和深度。但是，当我们高速移动时，我们的大脑不会立即重新计算坐标和时间，因为我们没有有效地体验过几乎像光一样快的速度，无法理解时间和空间也具有相同性质的事实。

学生们有时被吓坏了。然而，费曼也回到了物理入门级课程的标准上。当他讲到质心和旋转的陀螺仪时，有经验的物理学家意识到，他教给学生的不仅仅是数学方法，还有独到的物理理解。为什么一个旋转的陀螺会直立在你的指尖上，然后随着重力将其轴线向下拉动，慢慢地绕圈？当听到费曼解释陀螺仪开始"下坠"一段小得难以察觉的距离时，甚至连物理学家都觉得他们第一次知道了原因……（他不想让学生认为陀螺仪是一个奇迹："它是一个奇妙的东西，但不是一个奇迹。"）

对费曼来说，科学领域之间没有边界。在咨询了其他领域的专家后，费曼做了两个关于眼睛生理学和色觉生理化学的讲座，在心理学和物理学之间建立了深刻的联系。他描述了从超前位势和推迟位势中产生的时间和场的观点，这是他在研究生时与惠勒的工作。他发表了关于最小作用量原理的特别演讲，从他在高中时对老师巴德先生的回忆开始（球是如何知道要走哪条路的？），到量子力学中的最小作用。他用整整一节课讲了一个最简单的机械装置，即棘轮和棘爪，这个锯齿状的装置使手表的弹簧不至于松动，但这是一堂关于可逆性和不可逆性、无序性和熵的课。在他完成研究之前，他已经将棘轮和棘爪的宏观行为与发生在其组成原子水平上的事件联系起来。他表明，一个棘轮的历史也是宇宙的热力学历史。

棘轮和棘爪只朝一个方向运转，因为它与宇宙的其他部分有一些根本联系……因为我们使地球冷却并从太阳获得热量，所以我们制造的棘轮和棘爪可以朝一个方向转动……在我们对于宇宙历史起源的奥秘的理解中，只有当猜测的成分进一步减少，直至成为科学理解时，我们才能完全理解这一点。

这门课程是一项巨大的成就：甚至在结束之前，它就已经在科学界声名远扬。但这门课不适合新生。随着时间的推移，考试结果让费曼感到震惊和沮丧。不过，当这一年结束时，行政部门恳求他第二年继续授课，教同一批学生，他们此时已升入大二。他照做了，并试图教授一门深入的量子力学辅助课程，再次颠覆了传统的顺序。另一位加州理工学院的物理学家戴维·古德斯坦（David Goodstein）在很久之后说："最近我和一些学生谈过，经过模糊的回忆，每个人都告诉我，两年间从费曼本人那里获得的物理学知识是终生难忘的经历。"现实却不同。

随着课程的开展，听课的学生开始大量减少，但同时，越来越多的教师和研究生开始参加，所以教室一直是满的，费曼可能从来都不知道他正在失去他原本的目标听众。

这就是费曼眼中的世界。自牛顿以来，还没有哪个科学家如此雄心勃勃、另辟蹊径地记录下他关于世界的所有知识——他自己的，还有他所在群体的。经过罗伯特·B. 莱顿（Robert B. Leighton）和马修·桑兹等物理学家的精心编辑，这些讲座汇集成著名的"红皮书"——三卷本的《费曼物理学讲义》。世界各地的高等院校都试图采用它们作为教科书，然后却不可避免地放弃了它们，转而选用更容易上手且不那么激进的替代教材。然而，与真正的教科书不同，费曼的书在一代人之后仍然畅销。

每卷书的封面上都有一张费曼穿着衬衫，高兴地敲着邦戈鼓的照片。他对这一点感到遗憾。"这很奇怪，"他在听到有人再次把自己介绍为邦戈鼓手后说，"但当我偶尔被邀请在正式场合打邦戈鼓时，介绍人似乎从未发现有必要提及我也从事理论物理学。我认为这可能是因为我们更尊重艺术，而不是科学。"而当一家瑞典的百科全书出版社要求一份照片复本，希望"以人性化的方式来介绍理论物理学所代表的困难问题"时，他爆发了。他写道：

亲爱的先生，我打鼓这件事与我从事理论物理学毫无关系。理论物理学是人类的努力，是人类更高层次的发展之一，而这种总想通过展示从事理论物理学的人做与众不同的事情（比如打邦戈鼓）的样子，来证明他们是人类，是对我的侮辱。

我是人类，我有足够的人性来咒你下地狱。

探索者和游客

费曼曾说："当你学会了什么是真正的解释时，就能继续研究更微妙的问题了。"

物理学逐渐靠近哲学。什么是解释？科学和科学家已经掌握了解释的实践部分，但他们把理论部分大多留给了哲学家——"为什么"似乎属于哲学家的领域。马丁·海德格尔[①]说："哲学以这个问题开始，以这个问题结束。只要它以伟大的方式结束，而不是以无能为力的方式衰落。"费曼认为，在支持哲学家的学术界，无能为力的衰落正在持续。他意识到，必须发展一种观点，讲明什么能构成解释，什么使解释合法化，以及哪些现象需要或不需要解释。

他对解释的理解并没有远离现代哲学的主流，尽管现代哲学中的术语"说明项"（explanan）和"被说明项"（explanandum）对他来说是一种陌生的语言。像大多数哲学家一样，费曼发现当需要一个概括性的基本"规律"时，解释是最令人满意的。一件事之所以是这样，是因为其他同类事物都是这样。为什么火星会以椭圆的轨道围绕太阳运行？1964年，费曼在康奈尔大学的一个系列特邀讲座上进行了解释，并深入了哲学领域。他首先从字面意义上讲了万有引力定律。实际上，他的主题是"解释"本身。

所有的卫星都在椭圆轨道上运行。为什么？因为物体在没有外力的作用下倾向于做直线运动（惯性定律），而这种保持不变的运动状态与引力施加在重心的效果相结合，运动轨迹就形成了一个椭圆。是什么证明了万有引力定律？费曼融合了实用主义和美学，表达了科学家的现代观点。他告诫说，即使如此美丽的定律也是暂时的：牛顿的万有引力定律让位于爱因斯坦的定律，甚至到现在，物理学家还没有发现必要的量子修正。

---

① 德国哲学家，20世纪存在主义哲学的主要代表。

我们所有的其他定律也是如此，它们并不精确。总有一个神秘的边缘，总有一个地方还需要我们做一些手脚。这可能是，也可能不是自然的属性，但它肯定是我们今天所知的所有定律的共同点。

然而，在其未完成的形式下，万有引力定律解释了很多东西。对一个实用科学家来说，这就相当于验证了它。同样的这一小部分数学还解释了第谷·布拉赫在 16 世纪对行星的夜间观测，以及伽利略对在斜面上滚动的球的测量——他是用自己的脉搏来计时的。牛顿推断，行星正在坠落；月球感受到的力与从地球上发射的物体所感受到的力相同，这个力随着距离的平方而减弱。定律不是一个原因——哲学家们仍在纠结于其中的区别——但它也不仅仅是一种描述。它先于被解释的事物，不是在时间上，而是在普遍性或深刻性上。这个定律也解释了地球的对称膨胀潮汐，潮汐既朝向月球又远离月球，以及新测量的木星卫星的轨道。它还提出了新的预测，科学家们可以通过对小心悬挂在实验室里的球进行实验，或通过观察大一百万亿倍的庄严地旋转着的星系来证实或反驳它。费曼说这是"完全相同的定律"，在努力寻找措辞后，他补充道：

大自然只用最长的线来编织它的图案，所以织物的每一小块都揭示了整段织锦的组织。

同时，为什么一个物体倾向于永远在一条直线上运动？费曼说，没有人知道。在某个深层阶段，解释必须结束。

阿尔弗雷德·诺思·怀特海（Alfred North Whitehead）曾说过："科学否认哲学。换句话说，它从未想过证明其真实性或解释其含义。"费曼的同事们喜欢把他们心中那位说话粗鲁、直言不讳的实用主义英雄看成一位完美的反哲学家：放手去做，而不辩解。费曼的话语鼓励了他们。他对那时流行的"现实是什么"的猜测缺乏耐心，这些猜测来自量子力学悖论。然而他不能否定哲学，他必须找到方法来证明他和他的同事们所追求的真理。现代物理学已经排除了发现一个将结果与原因明确联系起来的规律系统，或者一个从逻辑一致性中推导出并与之紧密联系的规律系统，或者一个植根于人们可见、可感的物体中的规律系统的可能性。在哲学家看来，上述都是解释规律的可靠标志。但现在，一个粒子可能会衰变，也可能不会；一个电子可能会通过屏幕上的缝隙，也可能不会。像最小作用量原理这样的最小值原理可能来自力和运动的规律，但这些规律也可能取决于这个原理：谁能在逻辑上肯定地下结论？而科学的基本内容已经不可避免地变得更加抽象。正如物理学家戴维·帕克所说的那样："今天出现在基本物理理论中的实体，没有一个是感官能感受到的。更有甚者……有些现象显然无法用在实验室中定义的空间和时间内运动的事物，甚至是不可见的事物来解释。"随着所有这些传统优点被剔除——更糟的是，有时被剔除的部分仍有一部分必要性——科学需要对解释的性质建立一种新的理解。或者说，费曼认为：哲学家们自己总是落后于时代，就像在探险家们离开后涌入的游客。

科学家们有自己的盲目性。费曼自己曾说：人们常说，在量子力学时代，对一个理论唯一真正的检验标准，是它产生与实验相符的好数字的能力。20世纪初的美国实用主义带来了像麻省理工学院的斯莱特那样的前卫观点："关于理论的问题，如果不影响其正确预测实验结果的能力，在我看来就是文字上的争论。"然而，费曼此时感受到了"理论对科学家来说意味着什么"的纯实践性观点中的空洞。他认识到，理论带有精神包袱，事实上，他称之为哲学。他很难定义什么是"对规律的理解"，以及"一个人在头脑中持有规律的方式"……哲学不能像一个实用主义科学家可能建议的那样被轻易抛弃。

他建议，以一个玛雅天文学家为例。（在墨西哥，他对破译伟大的古代法典产生了兴趣，这些象形文字手稿采用由长条形和点状构成的表格来记录关于太阳、月亮和行星运动的复杂知识。密码、数学，还有天文学——最终，他在加州理工学院开了一场关于玛雅象形文字破译的讲座。费曼说，之后，默里·盖尔曼进行了"反击"，开了六场关于世界语言的系列讲座。）玛雅人有一套天文学理论，使他们能够解释自己的观察，并对未来进行长期预测。这是一套具有功利主义现代精神的理论：一套相当机械的规则，只要遵循它就能产生准确的结果。然而，它似乎缺乏一种理解。他说："他们计算了某个数，然后减去一些数，如此反复。他们没有讨论过月亮是什么，甚至没有讨论过它会绕转的想法。"

现在，一个"年轻人"带着一个新的想法找到了这位天文学家。如果在遥远的地方，有一些岩石球在力（就像把岩石拉到地面上的力）的作用下运动，那会怎么样？也许这将让计算天体运动的不同方式成为可能。（费曼当然记得，作为一个年轻人如何用半成型的、全新的物理直觉来面对前辈们。）

"是的，"天文学家说，"那你能多准确地预测日食呢？"他说："我还没有把这个东西发展得很完善。"然后，天文学家说："好吧，我们可以比用你的模型更准确地计算日食，所以你一定不要理会你的想法，因为显然数学方案更好。"

在科学家的工作哲学中，替代理论可以合理地解释相同观察结果的概念已经滑入一个中心位置。哲学家们称它为经验等价性，当他们开始追赶时。近期的量子力学史是以海森堡和薛定谔版本的经验等价性为中心的。正如戴森为费曼和薛定谔的量子电动力学所展示的那样，看起来非常不同的理论的经验等价性可以用数学来证明。科学家们通常不加思索就会知道，尽管有数学和逻辑，在经验上等同的理论可能有不同的结果。

特别是对费曼来说，替代理论之间的紧张关系有一种创造力，是产生新知识的源头。从哪些原理中可以得出什么模型，从哪些模型可以得出其他模型，也许比起任何当年在世的物理学家，没人比费曼更擅长学习这一点。令戴森惊讶的是，1948年的一天，费曼站在黑板前，打断了他们对量子电动力学的热烈讨论，并给戴森展示了一些不一样的东西。费曼迅速画下草图，从新的量子力学中倒推出了19世纪的麦克斯韦场方程组——这是对电和磁的经典理解。爱因斯坦从麦克斯韦方程组开始，然后转移了观察者的视角，得出了他的相对论；费曼则以一种非历史性的反常行为反其道而行之。他从一个空洞开始，没有场或波，没有相对论的概念，甚至没有光本身的概念，只有遵守量子力学奇怪规则的单一粒子。在戴森的眼前，他带着不确定性和不可测性的谜题，在数学上从新物理学回到了 19 世纪令人欣慰的精确性。他表明，麦克斯韦的场方程组不是基础，而是新的量子力学的一个结果。戴森在惊愕之余，也大受震撼，他敦促费曼发表文章。费曼只是笑着说："哦，不，这不是认真的。"正如戴森后来所理解的那样，费曼一直试图在"常规物理学框架之外"创建一个新理论。

他的动机是发现一个新的理论，而不是重塑旧的理论……他的目的是尽可能广泛地探索粒子动力学的宇宙。他想尽可能少做假设。

费曼认为，当需要改变理论的时候，一个能够在头脑中玩弄不同理论的理论家具有创造性的优势。量子力学的路径积分表述可能在经验上与其他表述相当，但鉴于人类物理学家并非无所不知，他们或许会在尚未探索的科学领域找到更自然的应用。费曼说，不同的理论往往会给物理学家带来"不同的猜测思路"。而 20 世纪的历史表明，即使像牛顿的理论一样优雅而纯粹，这些理论也必须被取代，轻微的修改是不够的。

为了得到会产生稍微不同的结果的东西，它必须是完全不同的。在陈述一条新的定律时，你不能对一个完美的东西进行修改；你必须要有另一个完美的东西。

他对解释的理解就像外科医生对手术刀的理解一样。他有一套实用的测试方法，即启发式方法。当他对物理学中的一个新想法做出判断时，他就会应用这些方法：例如，它是否解释了与最初问题无关的东西。他对一个年轻的理论家发出质疑："你能解释什么你本不打算解释的东西？"他知道，"为什么"是一个没有尽头的问题，我们对事物的认识与我们所使用的语言是密不可分的。我们用来建立解释的词语和类比，与被解释的事物之间有着不可推卸的联系。说明项和被说明项终究是密不可分的。英国广播公司的一位采访者克里斯托弗·赛克斯曾经要求费曼解释磁铁。"如果你拿着两块磁铁，并推动它们，你可以感觉到它们之间的推力……那么这两块磁铁之间的感觉是什么？"

"你是什么意思？感觉是什么？"费曼低声吼道。他的头发向后高高地在头顶梳成夸张的灰色波浪状，浓密、卷曲的眉毛上方露出雕像般高耸的额头。他的淡蓝色衬衫领口敞开，他胸前的口袋里一如既往地放着一支笔和一个眼镜盒。在镜头之外，采访者的声音中出现了自我辩护的语调。

"嗯，那里不是有些什么东西吗？感觉是，当你把这两块磁铁推到一起时，那里有什么东西。"

"听好我的问题，"费曼说，"你说有一种感觉，是什么意思呢？当然，你会感觉到它。现在你想知道什么？"

"我想知道这两块金属之间发生了什么。"

"磁铁相互排斥。"

"但那是什么意思？或者说它们为什么要这样做？它们是如何做到的？"费曼在他的安乐椅上晃了晃，采访者补充说："我必须说，我认为这是一个完全合理的问题。"

"这当然是一个合理的——是一个很好的问题，好吗？"费曼此时很不情愿地踏入了形而上学。粒子理论家们正在研究一个"自举"模型（bootstrap model），在这个模型中，没有一个粒子位于最深的层次，但所有粒子都相互依赖。自举模型这个名称是向必须从所有其他粒子中构建每个基本粒子的悖论循环致敬。费曼明确表示，他相信解释基于一种自举模型。

你看，当你问为什么某事会发生时，一个人如何回答为什么某事会发生？

例如，米妮姨妈在医院里。为什么？因为她在冰上滑倒，摔伤了臀部。这个解释让人满意。但它不会让来自另一个星球、对事物一无所知的人满意……当你解释一个原因时，你必须处于一个已允许某些东西为真的框架内。否则，你就永远在问为什么……你在各种方向上越走越深。

为什么她会在冰上滑倒？嗯，因为冰是很滑的。每个人都知道这一点——没有问题。但是，如果你再问为什么冰是滑的……那么你就会与一些东西产生联系，因为不是所有东西像冰一样滑……一个如此滑的固体？

就冰而言，当你站在上面时，他们说，压力瞬间将冰融化了一点儿，这样你就有了一个即时的水面，你能在上面滑行。为什么是在冰上而不是在其他东西上？因为水结冰后会膨胀。因此，压力试图消除膨胀并将冰融化……

我不是在回答你的问题，而是在告诉你这个问题有多难。你必须知道你被允许理解的是什么……以及你不能理解的是什么。

在这个例子中，你会注意到，我越是问为什么，过一会儿，问题就越会变得有趣。这是我的想法，一件事越深入，它就越有趣……

现在，你问为什么两个磁铁会相互排斥，这个问题有许多不同的层次。这取决于你是一个物理学学生还是一个什么都不知道的普通人。

如果你什么都不知道，我所能说的就是有一种磁力使它们相互排斥。而且，你感觉到了这种力。好吧，你说这很奇怪，因为我在其他情况下没有感觉到这样的力……当你用手推椅子的时候，它也把你往后推，你一点儿都不会感到奇怪。但我们通过观察发现，那是同一个力……事实证明，我想用来解释这些事情的磁力和电力，是我们用来解释其他许多事情的更深层的东西……

如果我说相互吸引的磁铁是用橡皮筋连接起来的，我就是在欺骗你，因为它们不是用橡皮筋连接起来的……如果你足够好奇，你会问我为什么橡皮筋会拉回到一起，而我最终会从电场力的角度来解释——这正是我用橡皮筋来解释的东西，所以你看，我深深地欺骗了你。

因此，关于为什么磁铁会相互吸引，我无法给你一个答案。除了告诉你，它们确实如此之外……我真的做不到——哪怕一点儿——用你更熟悉的东西来解释电磁力，因为我不了解它与你更熟悉的其他东西的关系。

他向后一坐，咧嘴笑了。

对于专业人士来说，费曼的思考不是哲学，而是一种迷人的、天真烂漫的民间智慧。他既在他的时代之后，也在他的时代之前。学术认识论仍在与不可知性做斗争。鉴于科学的相对性和不确定性，在严格的因果关系和普遍存在的已验证的可能性之间，他们会选择放弃谁呢？不再有确定性，不再有绝对真理。哈佛大学的哲学家 W. V. 奎因（W. V. Quine）说："我认为，为了科学或哲学的目的，我们能做的最好的事情就是放弃知识的概念，因为它无济于事……"无知有它的可笑之处，也有它的乐趣。对于哲学家来说，这是一个"后学术时代"，正如后来的物理学家约翰·齐曼所说："当时似乎必须通过分析（或解构）科学知识（或理论／事实／数据／假设）所依据的论据，来证明（或证否）其特殊的（非）现实性。"在知识领域，科学家们没有使用这种话语模式。从结果来看，尽管存在量子悖论，他们对自然的理解似乎比以往更丰富、更有效。他们毕竟把知识从不确定性中拯救了出来。费曼说："科学家对无知、怀疑和不确定性有很多经验……我们想当然地认为，不确定是一种常态——很有可能生而无知。但我不知道是否每个人都意识到这是真的。"

费曼给同事们的礼物是一个信条，这个信条随着时间的推移不断累积，在各种讲座和 1965 年的《物理定律的本性》等书中以正式和非正式的方式传播，他的观点和立场似乎自然地构成了一种哲学。

他相信"怀疑"的首要地位，它不是对我们认识能力的玷污，而是认识的本质。不确定性的替代品是权威，而科学已经与之斗争了几个世纪。有一天，他在记事本上写道："令人满意的无知哲学的巨大价值……教导人们如何不必惧怕怀疑，而是接受怀疑。"

他认为，科学和宗教是天然的对手。爱因斯坦说："没有宗教的科学是跛子，没有科学的宗教是瞎子。"费曼发现这种调和是不可容忍的。他重申了传统的上帝："那种个人的上帝具有西方宗教的特点，你向他祈祷，他参与创造宇宙、指导道德。"一些神学家已经从把上帝视为一种超人的概念中退了出来——天父、天主，他是一个为所欲为、白发苍苍的男人。任何可能对人间事务感兴趣的上帝对费曼来说都太拟人化了——在科学所发现的越来越不以人为中心的宇宙中，这显得愈发不合理。许多科学家同意这个看法，但他的观点很少被表达出来。1959 年，一家地方电视台觉得有必要撤下一次采访，因为在这次采访中，费曼宣称[17]：

我不认为这个奇妙的宇宙、这个巨大的时空、不同种类的动物，以及所有不同的行星、所有这些原子及其所有运动，等等，所有这些复杂的东西可能只是一个舞台，以便上帝观看人类的善恶斗争——这是宗教的观点。对这场戏来说，这个舞台太大了。

宗教意味着迷信：转世、神迹、童贞产子。它用确定性和信仰取代了无知和怀疑，而费曼很乐意接受无知和怀疑。

没有科学家喜欢"主日学"故事中的上帝或"填补空缺的上帝"（God of the gaps）——这是对无法解释之事物的最终解释，历来被用来填补现有知识的漏洞。那些将信仰作为科学的补充的人，更喜欢更宏大、不那么刻板的神，正如从高能物理学家转为圣公会牧师的约翰·波尔金霍恩（John Polkinghorne）所说："那些一次次寻求理解（这是科学家的天然本能）的人就是在寻求上帝，无论他们是否提起他。"这些人的上帝并没有填补进化论或天体物理学的特殊空白——"宇宙是如何开始的？"这个问题却徘徊在整个知识领域：伦理学、美学、形而上学。费曼承认科学范围外存在真正的知识。他承认有一些问题是科学无法回答的，尽管他不情愿：他看到了将道德指导与难以接受的神话捆绑在一起的危险，就像宗教所做的那样。而且他憎恨一种普遍观点，即科学及其无情的说明和解释是欣赏美感的敌人。他在一个著名的脚注中写道：

诗人说科学夺走了星星的美——说它们仅仅是一团气体原子。我也能在沙漠的夜晚看到星星，并感受到它们，但我看到了更少或更多吗？天空的浩瀚延伸了我的想象力——在这个旋转木马上，我这双渺小的眼睛可以捕捉到一百万年前的光线。这是一幅巨大的图景，我是其中的一部分……图景是什么，意义是什么，原因是什么？对它略知一二并无大碍。因为事实远比过去的任何艺术家所想象的要奇妙得多。为什么现在的诗人不谈论它呢？如果他是一个人，那么什么人是可以谈论木星的诗人？但如果他是一个由甲烷和氨组成的旋转球体，就必须保持沉默吗？

费曼也相信，道德信仰独立于宇宙机制的任何特定理论。如果一个道德体系依赖于信仰警惕且睚眦必报的上帝，那么它不可避免是脆弱的，当怀疑开始破坏信仰时就容易崩溃。

他认为，不是确定性，而是免于确定性的自由使人们有能力判断对与错——知道自己永远只可能暂时正确，但还是能够采取行动。只有了解不确定性，人们才能学会评价狂轰滥炸的各种伪知识：读心术、用意念使勺子弯曲、载有外星访客的飞碟。科学永远无法反驳这些说法，就像它不能证明上帝一样。它只能设计实验，探索替代解释，直到获得一种常识性的肯定。费曼曾说："我曾与很多人争论过飞碟，我对这一点很感兴趣：他们一直争论说这是可能的。没错，它是可能的。他们不明白，问题不在于证明它是否可能，而在于它是否正在发生。"

人们如何评价奇迹疗法、占星预测或轮盘赌上心灵感应的胜利？正是用科学方法对它们进行评估：找出没有经过祈祷就痊愈的白血病患者；在"通灵者"和轮盘赌桌之间放置玻璃板。他说："如果这不是一个奇迹，科学方法就会摧毁它。"了解巧合和概率是至关重要的。值得注意的是，飞碟传说提及的飞碟种类比生物种类还要多得多："橙色的光球、在地板上反弹的蓝色球体、消失的灰色雾气、蒸发到空气中的丝状流，从这个薄而圆的扁平物中走出一些形状古怪的东西，像人一样。"他指出，外星访客以接近人形的样子出现，而且正好是在人们发现太空旅行可能性的历史时刻，这简直不可思议。

他对其他形式的科学和近似科学进行了同样的审查，如心理学家的测试、公众意见的统计抽样。他开发了一些针对性的方法来说明，当实验者允许自己不那么严格地持怀疑态度，或者当他们未意识到巧合的力量时，实验就会贬值。他描述了一个常见的经验：一个实验者在多次操作后注意到一个奇特的结果，例如，迷宫中的老鼠交替地向右、向左、向右、向左转；实验者计算了如此不寻常的事情的概率，断定这不可能是一个意外。费曼会说："我有一个最了不起的经历……我在来这里的路上，看到号码为 ANZ 912 的车牌。请为我计算一下，在所有的车牌中，这有多大概率……"他还会讲一个他在麻省理工学院兄弟会里的故事，结局令人惊讶。

我正在楼上打字，写一个关于哲学的主题。我完全沉浸其中，除了主题，什么都不想，突然间，一个念头以一种极为神秘的方式掠过我的脑海：我祖母去世了。当然，我稍微夸张了一点儿，就像在所有这类故事中人们会做的那样。我只是有点儿半信半疑……紧接着，楼下的电话响了。我清楚地记得这一点，我这就告诉你原因……这通电话是找别人的。我的祖母非常健康，没有任何问题。现在我们要做的是积累大量的此类事件，以对抗可能发生的少数情况。

费曼曾经因他在除物理和数学之外所有科目考试中获得的低分而震惊普林斯顿大学的招生委员会。他确实相信科学在所有知识领域中的首要地位。他不认同诗歌、绘画或宗教能够触碰到不同的真理。所谓不同却同样有效的真理，对他来说是现代版的伪善的空话，是对不确定性的另一种误解。

任何特定的知识，例如量子力学，一定是暂时且不完善的，但这并不意味着竞争的理论不能被判断为更好或更坏。他不是哲学家们所说的现实主义者。

现实主义者的一个定义是：某人在断言电子的存在时，会"拍着桌子、跺着脚喊'真的！'"。尽管电子看起来很真实，但费曼和一些物理学家认识到，它们是一个永远不完美、总是在变化的"脚手架"的一部分。电子真的会逆时间移动吗？那些纳秒级的共振真的是粒子吗？粒子真的会旋转吗？它们真的有陌生感和魅力吗？许多科学家相信一个直截了当的现实。其他人，包括费曼在内，认为在 20 世纪末没有必要也不可能给出一个肯定的最终答案。最好把自己的模型小心翼翼地放在脑中，权衡其他观点，让假设四处闪现。但对物理学家来说，"脚手架"并不是全部。它确实意味着一个内在的真理，人类可能永远朝着这个方向努力，无论多么不完美。费曼并不像许多哲学家那样，认为科学似乎很容易发生现在著名的"概念革命"或"范式转变"，如爱因斯坦的相对论取代了牛顿的动力学——相当于用一种社会风气取代另一种，就像裙摆年复一年地变长或变短。像他所在团体的大多数成员一样，费曼无法忍受哲学家阿瑟·法恩（Arthur Fine）所说的"20 世纪分析哲学和大陆哲学的伟大教训，是没有一般的方法论或哲学资源来决定这种事情"。科学家确实有方法。他们的理论是临时的，但不是任意的，不仅仅是单纯的社会建构。他们用了一个特殊策略：不承认任何真理都可能同样有效，从而成功阻止这种情况发生。他们对待知识的方法与对待其他领域（宗教、艺术、文学批评）的方法都不同，因为他们的目标从来不是一揽子同样有吸引力的现实。尽管无论如何接近它，目标总是在他们面前消失，但这个目标已是共识。

瑞典奖

当爱因斯坦于 1921 年获得诺贝尔奖时，并没有引起轰动。虽然爱因斯坦仅凭公开演讲就能上《纽约时报》的头版头条，但获奖细节却给编辑们留下了深刻印象，报纸上只刊登一句通知，把他和次年的获奖者相提并论，那是一位相对不出名的教授，而且还拼错了人家的名字：

诺贝尔委员会将 1921 年的物理学奖授予了德国的阿尔伯特·爱因斯坦教授，他提出了相对论，而 1922 年的物理学奖则授予了哥本哈根的纳尔斯·玻尔教授[①]。

渐渐地，这项大奖的地位越来越高，其设立时间久远也是原因之一：世上还有其他奖项，但富有远见的阿尔弗雷德·诺贝尔——炸药的发明者——率先确立了他创立的奖项的地位。科学家的特殊贡献越来越难以向非专业人士描述，而颁发这样一个杰出的国际荣誉则成了一个有用的参照标准。20 世纪末，一位物理学家的讣告几乎必须以"因……而获得诺贝尔奖"或"从事原子弹研究"等字样开头，或两者兼有。颁奖委员会小心翼翼地做出判断——当然犯过错误，有时是严重的错误，但通常反映了许多国家的杰出科学家的保守共识。科学家们开始觊觎这个奖项，尽可能地压制自己的欲望。然而，从科学家们讨论或不讨论这个奖项的方式中，可以感受到他们的兴趣。任何潜在的获奖者都表现得极不愿意提及它的名字。那些差点儿就获奖的杰出科学家有种孤独的习惯，那就是在他们的余生中，一直复述挡在他们与该奖之间的微小意外——关键时刻犹犹豫豫，将一篇论文推迟发表了几个月；心生胆怯，没能加入非常有希望的实验团队。即使是获奖者也通过一些细微的举止表现出他们的关切，比如盖尔曼等人开玩笑的委婉用语——"瑞典奖"。获奖者形成了一个精英群体，但"精英"这个词太弱了。一位社会学家在评估该奖的地位时发现，她不得不大量使用最高级的词汇："作为科学界的最高荣誉，诺贝尔奖不仅将获奖者提升为科学精英，而且是顶级的科学超级精英，即精英阶层顶端的薄薄一层，他们表现出了极大的影响力、权威或权力，通常在一个声望卓著的集体中拥有最高威望。"物理学家总能知道他们的同事中谁获了奖、谁没有。

在爱因斯坦之后，很少有（甚至可能没有）科学家能超越诺贝尔奖的威力，为这个奖的地位增色，就像它给他们的地位带来的影响一样大。1965 年，几

---

① 原文中玻尔的名字 Niels 被拼写成了 Neils。

位活跃的物理学家似乎至少有把握成为未来的获奖者，这主要是因为他们在社会上的主导地位，而不是因为他们的特殊成就。费曼、施温格、盖尔曼和贝特是其中的主要人物。诺贝尔委员会传统地认为，确定有价值的候选人，比确认他们有价值的特殊成就更容易。最臭名昭著的是，爱因斯坦是因其在光电效应方面的工作而获奖的，而不是因相对论而获奖的。当贝特最终在1967年获奖时，该奖项特别提到了他对恒星中热核反应的分析。这是一项重要的工作，却是从他几十年来异常广泛且有影响力的职业生涯中任意选择的。如果液氦工作是费曼唯一的成就，那他很可能为此而获得诺贝尔奖。每年秋天，随着获奖名单公布的临近，费曼意识到了这种可能性。[18] 他和盖尔曼可能会因为他们的弱相互作用理论而获奖，但盖尔曼已经转向了更全面的高能粒子物理模型。诺贝尔奖委员会发现奖励特定的实验或发现更容易，而且实验家往往比理论家更快地赢得奖项。广义的理论概念，如相对论，是最难获奖的。即便如此，奇怪的是，诺贝尔委员会还没有认识到量子电动力学和重正化在20年前达到的理论分水岭。实验家威利斯·兰姆和波利卡普·库什早在1955年就因其对量子电动力学的贡献而得到了认可。

诺贝尔奖最多可由三人分享。这条规则可能使量子电动力学的情况更加复杂。已有两个人了——费曼和施温格。尽管朝永的版本不够全面，但与施温格的理论精髓相吻合，或者说，朝永预见到了施温格的理论精髓。问题在于戴森。他的贡献是最数学方面的，而诺贝尔奖厌恶数学。一些物理学家强烈认为，戴森所做的不过是分析和推广别人创造的工作。戴森在普林斯顿高等研究院定居后，渐渐远离了理论物理界。他对粒子物理学的复杂性没有兴趣。他通过参与各种富有远见的项目，终身沉迷于对太空旅行的热情。他对核武器的全球政治和生命的起源越来越着迷。有影响力的美国物理学家（他的老对手奥本海默也在其中）的诺贝尔奖推荐可能遗漏了戴森，尽管在知识渊博的少数人看来，在现代量子电动力学动荡的诞生过程中，似乎没有人能够比他更广泛地理解这个问题，或者更深刻地影响这个群体。

就这样，西联公司的电传在 1965 年 10 月 21 日上午 9 时送抵，其中提到了费曼、施温格和朝永，因为他们"在量子电动力学方面的基础工作对基本粒子物理学产生了深刻影响"。那时，费曼已经醒来五个多小时了。在斯德哥尔摩宣布结果后不久，美国广播公司的一名记者在凌晨 4 点打来了第一个电话。费曼翻了个身，告诉格温妮丝这个消息。起初她以为他在开玩笑。电话一直在响，直到最后，他们把电话听筒摘掉。他们睡不着了。费曼知道他的生活将不一样了。美联社和当地报纸的摄影师在日出前就来到他家。他在黑暗中与他没精打采的三岁孩子卡尔一起在户外摆出姿势，并在闪光灯爆闪时把电话听筒放在耳边。

此时，新闻界必须首次对量子电动力学做出说明，所以费曼迅速学会了如何应付在他看来是单一问题的一连串问题变体。"你能不能告诉我们，你为什么而得奖——但不要真的告诉我们！因为我们不会懂。"真正的问题是无法回答的："这篇论文在计算机行业有什么应用？""我还想请你评论一下，你的工作是把关于奇异粒子的实验数据转变为坚不可摧的数学事实的说法。"还有一个他能够回答的问题。"你是什么时候听说获奖的？"在私下，《时代》周刊的一位记者提出了建议，他非常喜欢——简单地说："听着，伙计，如果我能在一分钟内告诉你我做了什么，那就不值得获得诺贝尔奖了。"他意识到，他可以想出一句关于物质和辐射的相互作用的套话，但他认为这是一种欺骗。他确实说了一句严肃的话，而且重复了一整天，反映了他对重正化的内心感受。问题是要消除计算中的无穷，他说："我们设计了一种方法，好把它们扫到地毯下面。"

朱利安·施温格打来电话，他们分享了这个快乐的时刻。施温格仍在哈佛大学，在他的理论物理学中追求越来越孤独的道路，但与费曼不同的是，他培养了一大批杰出的研究生，致力于高能物理学的前沿研究。十年前，当费曼获得爱因斯坦奖时，他写信给母亲："我以为你会很高兴，我终于把施温格打败了，但事实证明，他在三年前就得到了这个东西。当然，他只得到了一半的奖章，所以我想你会很高兴。你总是把我和施温格做比较。"现在，他们的竞争已经结束——就算他们没把这事儿忘了。费曼给在日本的朝永打电话，然后用漫画式的场景向一位学生记者讲述了获奖当天两人的电话交流。

> 费曼：祝贺你。
> 朝永：你也一样。
> 费曼：成为诺贝尔奖得主的感觉如何？
> 朝永：我猜你知道。
> 费曼：你能用通俗的语言向我解释一下，你到底做了什么而获得这个奖吗？
> 朝永：我很困。

到了那天下午，学生们在思鲁普楼的穹顶上拉起了一个巨大的横幅，上面写着："大赢家，RF。"

在接下来的几周里，数百封信件和电报纷至沓来。他听到了近四十年未曾谋面的儿时朋友的声音，还有来自船上的电报和来自墨西哥的模糊不清的电话。他告诉记者，他计划用 55 000 美元奖金中属于他的那三分之一来支付他的其他收入的税款（实际上他用这笔钱在墨西哥买了一栋海滨别墅）。他觉得自己感受到了压力。他一直对荣誉保持怀疑态度。他喜欢调侃浮华，谈论他的父亲——那个教会他透过制服看人的制服销售员。现在他将前往瑞典，拜见国王。仅仅是想到要买一件燕尾服，他就感到紧张。他不想在外国君主面前鞠躬。几个星期以来，他一直有一个奇怪的想法。从礼仪上来说，不可背对着国王，因此在领奖后，领奖人必须退到一个台阶上。他决定要发明一种从没有人使用过的方法，于是他练习向后跳上台阶，双脚同时着地。他计划提前检查实际的台阶并进行排练。一个朋友开了个玩笑，寄给他一个汽车后视镜；费曼因此以为其他人也知道这个规则。瑞典大使给他打了一个礼节性的电话，费曼趁机表达了他的担心。大使向他保证，他可以朝任何方向走下台，没有人会反着爬楼梯。

在颁奖典礼上，他打上了白色领带，身穿燕尾服，把头发梳理得整整齐齐，从戴着眼镜的国王古斯塔夫六世·阿道夫手中接过奖状时，他咧嘴一笑。获奖者们在瑞典华丽的宫廷式建筑中欢度了一周，参加了宴会、舞会、正式酒会和即兴演讲。他们从斯德哥尔摩到乌普萨拉，又从乌普萨拉到斯德哥尔摩，在小酒馆里与学生们一起狂欢，与大使们和公主们交谈。他们领取奖章、证书和银行支票，发表诺贝尔演讲。费曼意识到，他从未读过他人的诺贝尔演讲稿，尤其是科学家们的演讲，似乎自然而然更加晦涩难懂。朋友们告诉他威廉·福克纳在 1950 年的著名演讲（《人类不但会生存下去，他们还能蓬勃发展》）。他认为自己写不出如此宏大的文章，但他想说一些令人难忘的东西，他不想给出量子电动力学的简述，毕竟他的共同获奖者可能也会选择这个主题。

他认为，历史学家、记者和科学家本身都参与塑造了科学的写作传统，这种传统掩盖了科学工作的真实性，掩盖了科学作为一个过程而不是一系列正式结果的意义。真正的科学是混乱和怀疑，是野心和欲望，是在迷雾中前进。过后，经过润色的故事往往会对时间的推理和发现强加一种事后逻辑。费曼知道，在科学文献中出现的一个想法，和同一想法在群体中的实际传播，可能会有很大的不同。他决定写一篇个人逸事，他声称这个版本未经加工，以此说明自己通向量子电动力学的时空观的路线。"我们有一个习惯，即为使工作尽可能完成，要撰写文章并发表在科学期刊上，"他说道，"这是为了掩盖所有的痕迹，不去担心死胡同，或描述你是如何先有错误想法的。"

他描述了电子的自相互作用中无穷大的历史困难。他承认自己作为研究生时的秘密愿望是完全消除场——以便产生一个电荷间直接作用的理论。他讲述了他与惠勒的合作："我有多愚蠢，惠勒教授就有多聪明。"他试图让听众感受到一种新的哲学立场（即后爱因斯坦时代的物理学家愿意接受悖论，而不会停下来说："哦，不，这怎么可能？"），并分享了对自己的物理观点演变方式的回忆。他重复了他对重正化的看法："我认为，重正化理论只是把电动力学的发散困难扫到地毯下的一种方式。当然，我不确定这一点。"

费曼指出了这个故事中一个显著的讽刺之处。在走向诺贝尔奖的过程中，他所孕育的许多想法都被证明是错误的：他关于电荷不应该作用于自身的第一个概念、整个惠勒－费曼的半超前半滞后的电动力学。他说，即使是他的路径积分和关于电子在时间上向后移动的观点，也只是帮助猜测，并不是理论的本质部分。

因此，这里使用的方法，即用物理术语进行推理，似乎是极其低效的。在回顾这项工作时，我只能对大量的物理推理和数学再表达感到遗憾……

但他也相信，即使是现在，这种低效率、对方程的猜测和利用其他物理观点是发现新规律的关键。他最后给学生们提出了建议：

真理极可能位于时兴的方向。但是，万一它在另一个方向——一个从场论过时观点来看显而易见的方向——谁会发现它呢？只能是那些敢于牺牲自己，从一个奇特、过时的观点——一个他可能不得不自行发明的观点——来自学量子电动力学的人。

费曼离开斯德哥尔摩前往日内瓦，在欧洲伟大的新加速器中心——欧洲核子研究中心，他在一群欢呼雀跃、充满敬意的观众面前再次发表了演讲。他穿着新的礼服站在他们面前说，新的获奖者们一直在谈论他们能否回到正常生活中去。诺贝尔生理学或医学奖得主雅克·莫诺（Jacques Monod）曾宣称，一个生物体因经验而改变，是一个生物学事实。"我发现了一个巨大的困难，"费曼狡黠地笑着说，"我以前在演讲时总是脱掉我的外套，可我现在就是不喜欢脱掉它。"他接着说："我改变了！我已经改变了！"观众爆发出笑声和口哨声。他脱掉了外套。

他再次表示，他将作为一个老人与年轻科学家对话，并敦促他们脱离群体。在欧洲核子研究中心，正如在所有高能物理实验室一样，群体正在迅速壮大。每个实验都需要庞大的团队。《物理评论》上的文章作者名单逐渐占据了页面中的一大部分，让人觉得有些可笑。

费曼说："以原创的方式思考，不会对你造成任何伤害。"他提出了一个概率论证。

你的理论事实上是正确的，而每个人都在研究的一般问题都是错误的，这个概率很低。但你，小施密特，成为解决问题的人的概率并不低……很重要的一点是，我们不要都遵循相同的方式。因为虽然有90%的可能性，答案就在盖尔曼正在做的工作中，但如果答案不在那里，会发生什么？

他补充道："如果你给理论物理学投更多的钱，只会增加追踪彗头的人的数量，这不会带来任何好处。所以我们需要增加多样性……唯一的办法就是恳求你们几个人冒着失去生命、从此音讯全无的危险，进入那片蓝色苍穹，看看你们能不能找到答案。"

大多数科学家知道一条不那么有趣的铁律：获得诺贝尔奖标志着一个人多产生涯的结束。当然，对于许多获奖者来说，这一结局早就到来了。对另一些人来说，名望和荣誉往往会加速减弱他们作为科学家的能力，这种能力赋予了他们从事创造性工作时所需的短期强化的、狂热的专注力。还有一些获奖者进行了反击。弗朗西斯·克里克构思了一封直截了当的信：

克里克博士感谢你的来信和盛情邀请，但很遗憾他无法接受

请他签名

协助你的项目

提供照片

阅读你的手稿

治愈你的疾病

发表演讲

采访

参加会议

广播谈话

担任主席

出演电视节目

成为一名编辑

餐后讲话

写一本书

写推荐信

荣誉学位

此时此刻，费曼收到的信件中充斥着上述大多数请求（除了来找他的记者更喜欢"听我的宇宙理论"而不是"治愈我的疾病"）。成熟的科学家成了实验室负责人、部门主席、基金会官员和研究所所长。维克托·魏斯科普夫是差点儿获奖的人之一，此时，他担任欧洲核子研究中心的主任，他认为费曼也会被无可奈何地推入官方机构。他怂恿费曼接受打赌，并在证人面前签了字："如果在未来十年内的任何时候（即在 1975 年 12 月 31 日之前），费曼先生担任了一个'负责人职位'，他将向魏斯科普夫先生支付 10 美元。"他们对以下含义没有异议：

就上述打赌而言，"负责人职位"一词应被视为一种职位，由于其性质，该职位迫使其持有人向其他人发出指示以执行某些行为，尽管持有人对其指示上述人员完成的任务一无所知。

费曼在 1976 年获得了这 10 美元。

他试图避免打扰，仿佛每一次邀请、荣誉、职业会员资格或敲门都是围绕着他的创意中心的另一根藤蔓。当他获得诺贝尔奖时，他已经试着提出从美国国家科学院辞职五年了。这项简单的任务还衍生出了一个完整的故事。费曼一开始在会费账单上潦草写道：他付了 40 美元，但他辞职了。差不多一年后，他收到了美国国家科学院主席、生物学家德特勒夫·W. 布朗克（Detlev W.Bronk）的亲笔信（费曼在普林斯顿大学读书时，读过他关于单一神经冲动的原始论文）。费曼觉得有必要写一个礼貌的解释：

我提出辞职只是个人愿望，这并不意味着任何形式的抗议……我有一个特点：我觉得从心理上来说，评判人们的"功绩"是非常令人厌恶的事。因此，我无法参与挑选成员的主要活动。成为一个团体的成员，其重要活动之一是选出那些被认为值得成为该团体成员的人，这让我感到困扰……

也许我没有解释清楚，但这段话足以说明，作为一个自我维持的荣誉群体的成员，我并不快乐。

那是 1961 年。布朗克把费曼的信搁置了几个月。然后，他故意迟钝地回答：

感谢您愿意继续成为学院的一员……我已经尽力弱化在选举时对"荣誉"的重视……请您至少在我担任主席的最后一年里继续担任会员，对此我表示感激。

八年后，费曼仍在努力。他再次提出辞职。候任主席菲利普·汉德勒（Philip Handler）回答道："我想，我们真的别无选择了，因为科学院肯定会满足您的意愿。"他巧妙地将费曼的辞职信解读为虚拟式：

我认为您的辞职确实是一件令人悲伤的事……我写信希望您能重新考虑……我不愿支持这样的做法……在处理您的请求之前，我相信内政大臣办公室已经以某种方式准备好了这一程序，我非常希望您能让我们进一步了解您的情况……

费曼又尽可能清楚地写了一封信。汉德勒答复：

我领会了您多少有点隐晦的意思……我们正想增进学院的重要作用……您

不愿意与我们一同努力吗？

最后，到了 1970 年，费曼的辞职甚至在学术界看来也已成定局，尽管他仍会收到科学家的来信，询问他是否会证实流言，并对此解释原因。

费曼拒绝了芝加哥大学和哥伦比亚大学提供的荣誉学位，因此最终守住了他在普林斯顿大学获得博士学位那天对自己做出的承诺。他毫不客气地拒绝了数百项其他提议，甚至连他的秘书都印象深刻。一位图书出版商邀请他"向一个相当沉闷的领域引入新鲜空气"，他写道："不，先生。这个领域已经因为有太多热空气而变得闷热了。"他拒绝签署请愿书和报纸广告；越南战争此时激起了许多科学家的反对，但费曼不会公开加入他们的行列。诺贝尔奖得主费曼发现，即使是取消杂志订阅，也需要写一整封信。《今日物理》（该杂志第二期曾刊登了费曼关于 1948 年波科诺会议的文章）的编辑在一封长信的开头写道：

亲爱的费曼教授，您在随我们五月号的问卷发回的评论中（"我从来没有读过您的杂志。我不知道为什么这杂志要出版。请把我从您的邮寄列表中删除。我不想要。"）给我们提出了一些有趣的问题……

400 字之后，编辑没有放弃：

我很抱歉再占用您的时间，但如果您能向我们详细说明一下先前的评论，《今日物理》的所有工作人员都将非常感激。

所以费曼解释了：

尊敬的先生，

我不是"物理学家们"，我只是我。我不看您的杂志，所以我不知道里面有什么。也许它不错，我不知道。别寄给我。请按要求将我的名字从邮寄列表中删除。无论其他物理学家需要或不需要，想要或不想要，都与此无关……我无意动摇您对贵刊的信心，更无意建议贵刊停办，只是希望您停止把它寄到我这里。请照做行吗?

费曼的保护壳更加坚固了。他知道自己看起来很冷漠。他的秘书海伦·塔克(Helen Tuck)保护着他,有时会在费曼躲在门后时送走访客。或者,他会对一个满怀希望的学生大喊大叫,让学生离开——他正在工作。在加州理工学院,他几乎从未参与过自己部门的事务:决定任期、申请拨款或其他任何对大多数科学家来说是"时间开销"的行政琐事。加州理工学院的各个部门就像每一所美国大学的科学院系一样,其大部分资金是通过美国能源部、国防部和其他政府机构的高度结构化申请流程而获得的,其中有团体申请和个人申请,以支付工资、学生、设备和管理费用。例如,在加州理工学院,一位高级教授可以要求空军支付部分工资,他会得到一笔可自由支配的款项,用于旅行、购买计算机或资助研究生。费曼在加州理工学院独来独往,在物理学领域也几乎独自一人,他对自己拒绝参与这一过程感到心情愉快。在一些同事看来,费曼似乎很自私。然而,科学史家杰拉尔德·霍尔顿想到,费曼可能在当"苦行僧"。霍尔顿说:"这样生活肯定很困难。决心保持纯粹并不容易。从定义角度看,文化令人心向往之。他是大都市里的鲁滨逊,这并不容易做到。"拉比曾说过,物理学家是人类中的彼得·潘,费曼不肯放弃不负责任和孩子气的特质。他在自己的档案中引用了爱因斯坦关于"探究的神圣好奇心"的一句话:"这株娇嫩的小植物,除了刺激之外,主要需要自由;没有自由,它无疑就走向腐烂和毁灭。"他保护自己的自由,就像保护大风中快要熄灭的蜡烛。他不惜冒着伤害朋友的风险。在费曼获得诺贝尔奖后的第二年,汉斯·贝特年满60岁,费曼拒绝以自己的名义按照庆贺惯例为纪念论文集投稿。

他吓坏了。在获奖后的几年里,他感到自己没有创造力了。1967年初,他的加州理工学院同事戴维·古德斯坦与他一起前往芝加哥大学,古德斯坦将在那里向本科生发表演讲。古德斯坦认为,费曼看起来非常沮丧和担心。当古德斯坦下楼到教师俱乐部吃早餐时,他发现费曼已经在那里了,正在和一个人交谈,古德斯坦认出那是DNA的共同发现者詹姆斯·沃森。沃森给了费曼一份暂定命名为《诚实的吉姆》(*Honest Jim*)的手稿。如果按照后来的标准,这会是一本枯燥的回忆录,但当它以不同的标题《双螺旋》(*The Double Helix*)出版时,引起了巨大的轰动。它以一种令沃森的许多同事震惊的坦率,描绘了真正科学家的野心、竞争力、失误、误会和原始的兴奋。费曼没有去参加为他庆祝的鸡尾酒会,却在芝加哥教师俱乐部的房间里读了这本书,他觉得很感动。后来,他给沃森写信:

> 不要让任何没有读到结尾的人批评这本书。它表面的小毛病和琐碎的逸事都有着深刻的意义……那些"说科学不是这样完成的"的人是错的……当你描述你脑子里发生的事情时,真相会断断续续地扑面而来,并最终被完全认识,你就是在描述科学是如何完成的。我知道,因为我也有过同样美丽而可怕的经历。

那天深夜,在芝加哥,费曼把书塞进古德斯坦的手里,告诉他必须要读这本书,吓了古德斯坦一跳。古德斯坦说他会很期待这本书的。费曼说,不,你必须现在就读。古德斯坦照做了,一页一页,直到天亮,而费曼在他身旁踱步,或坐下来在一张纸上涂涂写写。在某一刻,古德斯坦评论道:"你看,尽管与其所在领域的所有人做的事不同,沃森却做出了这一伟大的发现,这太令人惊讶了。"

费曼举起他一直在涂写的那张纸,在潦草笔记和装饰图画中,他写了一个词:"忽视"(DISREGARD)。

他说:"这就是我所忘记的。"

夸克和部分子

1983年,通过回顾自从如今可称为"历史性"的谢尔特岛会议以来粒子物理学的发展，默里·盖尔曼毫无争议地表示，他和他的同事们已经发展出了一种"可行"的理论。他用一句精心斟酌的话概括了这一点（比"万物皆由原子构成……"更为精练）：

当然，这是一个基于色 SU（3）和电弱 SU（2）U（1）的杨 - 米尔斯理论，它有三个自旋 1/2 轻子和夸克的家族、它们的反粒子，以及一些位于弱同位素自旋二重态和反二重态中的无自旋希格斯玻色子，将电弱群分解为电磁的 U₁。

盖尔曼的听众从"当然"开始就认出了他。对于"盖尔曼迷"来说，他的行话中有一首诗歌，其中大部分是盖尔曼亲自创作的。他比以往任何时候都更热爱语言。和往常一样，在接下来的一个小时里，他在自己的物理学中穿插了一系列深奥难懂的双关语："顺便说一句，有些人用另一个名字来称呼"higglet"[举起一盒 Axion 牌洗涤剂]①，如果是这种情况，那么在任何超市都很容易发现它。""……许多物理学家——季莫普洛斯（Dimopoulos）、纳诺普洛斯（Nanopoulos）和伊利奥普洛斯（Iliopoulos），为了我的法国朋友的利益，我要加上拉斯泰波波罗斯（Rastopopoulos）②。""……奥拉弗蒂（O'Raifertaigh）（顺便说一句，他的名字是简化形式，'f'其实应该是'thbh'）。"等等。

有些人（那些被他纠正了名字的人）觉得他的风格令人不快，但这不足挂齿。与 20 世纪六七十年代的任何其他物理学家相比，盖尔曼都更擅于定义费曼提醒自己要"忽视"的物理学主流。在许多方面，这两位科学偶像看起来截然相反——就像理论物理学界的阿道夫·门吉欧和沃尔特·马修③。盖尔曼喜欢知道事物的名字，并且发音准确，以至于当盖尔曼说像"蒙特利尔"这样简单的词时，费曼会误解，或假装误解。与盖尔曼对话的人经常怀疑，他热衷晦涩发音和文化典故是为了让他们占下风。而费曼会把"大杂烩"（potpourri）读成"pot-por-eye"，听起来非常有趣，就好像它有四个音节，而且他鄙视

---

① 双关语，higglet 和 axion 均为轴子。

② 比利时漫画《丁丁历险记》中的反派人物。

③ 20 世纪美国家喻户晓的演员。

各种命名法。盖尔曼是一位热情而颇有成就的观鸟者。而费曼的父亲有一个经典故事，讲了一个道理：鸟的名字无关紧要。这一点对盖尔曼来说毫无意义。[19]

物理学家不断寻找新方法来描述两人之间的对比。他们会说，默里会让你知道他是一个多么非凡的人；但迪克根本不是一个人，而是一种更高级的生命形式，他会假装自己是人类，来打消你这种想法。默里对几乎所有东西都感兴趣，但对高能物理学以外的科学分支都不感兴趣，他公然藐视那些东西；迪克认为所有科学都属于他的领地——他的责任，但对其他一切一无所知。一些著名物理学家对费曼的不负责任表示不满，毕竟，这是对他在学术界的同事不负责任。更多人不喜欢盖尔曼的傲慢和刻薄。

总有更多故事可讲。迪克穿着长袖衬衫，默里穿着粗花呢西装。默里在教师俱乐部的"雅典娜"餐厅吃饭，而迪克在自助餐厅"the Greasy"吃饭。（这话只对了一半。有时这两个人都可能在这两个地点出现，尽管在"雅典娜"餐厅仍有须佩戴领带、身着外套的着装要求时，费曼会只穿着衬衫出现，并要求携带最花哨、最不合身的备用物品，以备不时之需。）费曼用双手交谈——事实上还会用上全身。而正如物理学家兼科学作家迈克尔·赖尔登（Michael Riordan）所观察到的那样，盖尔曼"平静地坐在桌前的一把蓝色毛绒转椅上，双手交叠，从未举起手做手势……信息是用文字和数字交换的，而不是用手或图片"。赖尔登补充道：

他们的个人风格也渗入他们的理论工作中。盖尔曼在其所有的工作中都坚持数学的严谨性，常常以牺牲理解性为代价……盖尔曼不屑于那些只能为真正的解决方案指明方向的模糊的、启发式的模型，费曼却陶醉其中。费曼认为，一定程度的不精确性和模糊性对沟通**至关重要**。

然而，他们对物理学的态度并没有那么不同。那些最了解他们的物理学家认为，盖尔曼和费曼一样，不可能隐藏在形式主义的背后，或者用数学作为物理理解的替身。那些认为盖尔曼在语言和文化典故上自命不凡的人也会觉得，一回到物理学，他就和费曼一样诚实和坦率。在漫长的职业生涯中，盖尔曼的远见不仅易于理解，而且令人难以抗拒。两人都坚持不懈地追求新的想法，能够全神贯注，愿意尝试任何事情。

在一些敏锐的同事看来，两人都向世界展示了一副面具。西德尼·科尔曼说："默里的面具是一个很有文化的人。迪克的面具是自然先生[①]，是一个来自乡下的小男孩，他能看穿城里人看不透的东西。"两人都戴上了面具，直到现实和伪装变得无法分辨。

作为博物学家、收藏家和分类学家，盖尔曼很好地诠释了 20 世纪 60 年代爆炸的粒子宇宙。加速器中的新技术——液氢气泡室和用于自动分析碰撞轨迹的计算机——似乎已经打开了一个巨大的帆布袋，从中滚落了近百种不同粒子。盖尔曼和以色列理论家尤瓦尔·内埃曼（Yuval Ne'eman）在 1961 年分别独立找到了一种方法，将自旋和奇异性的各种对称性组织成一个单一图景。用数学家的话来说，这是一个被称为 SU(3) 的群，尽管盖尔曼很快就风趣地将其称为"八重道"[②]。它就像一个复杂的半透明物体，在光线的照射下，会呈现出 8 个或 10 个，甚至 27 个粒子的家族。它们尽管重叠，却是不同的家族，这取决于人们选择的观察方式。八重道是一个新的周期表——19 世纪在分类领域取得了成功，从而揭示了类似数量的不同"元素"中隐藏的规律。但它也是一个更具活力的对象。群论的运作就像用特殊方法洗牌或者转魔方。

SU(3) 有这样的力量，很大程度上因为它体现了一个对高能理论家的工作方式越来越重要的概念：不精确对称、几乎对称、接近对称，或者，最终胜出的术语——对称性破缺。粒子世界在其对称性上充满了侥幸事件，这是一个危险的问题，因为当预期的关系不匹配时，它似乎允许有一条临时的逃跑路线。

---

① 20 世纪 60 年代美国漫画《自然先生》中的主人公。

② 暗喻佛教中的八正道，也称八重法。

对称性破缺意味着一个过程，一种状态改变。当水结冰时，水的对称性就被打破了，因为从各个方向看，系统都不一样了。磁铁体现了对称性的破缺，因为它选择了方向。在粒子物理学中，许多对称性破缺似乎都是宇宙在从热混沌凝聚成较冷物质时做出的选择，因为它有着如此多生硬的、不对称的偶然事件。

盖尔曼再一次相信，因为对称性破缺，他的计划足以预测到一个迄今未见的粒子。这就是 Ω^-，于 1964 年正式出现，一支 33 人的实验团队不得不收集了总长度超过一百万英尺的照片。五年后，盖尔曼获得了诺贝尔奖。

他的下一项著名发明，是给八重道的成功描述增加解释性理解。SU（3）应该有一个最基本的三人家族，还有八人家族、十人家族等其他家族。这似乎是一个奇怪的遗漏。然而，群的规则要求这三个成员携带分数电荷：2/3 和 −1/3。由于除了单位电荷外，从未出现过任何粒子，因此即使以现代标准来看，这似乎也不可信。然而，1963 年，盖尔曼和年轻的加州理工学院理论家乔治·茨威格（George Zweig）分别独立提出了这一建议。茨威格称他的粒子为"艾斯"①。盖尔曼再次赢得了这场语言之战：他选择了夸克（quark）——一个无意义的拟声词。他在小说《芬尼根的守灵夜》中发现了"向麦克老大三呼夸克"（three quarks for Muster Mark）这句话，为这个术语添加文学渊源，但物理学家口中的"夸克"其实一开始是与"软木"（cork）押韵的。

盖尔曼和其他理论家花了好几年才造出所有人工概念，好让夸克彻底行得通。其中一个发明是叫作色的新特性，它是纯粹的人工产物，与日常的色彩无关。另一个是味：盖尔曼决定夸克的味会被称作上、下、奇。此外，必须有反夸克和反色。一种叫作胶子的新介导粒子必须将色从一个夸克带到另一个夸克。所有这些都让其他物理学家持怀疑态度。朱利安·施温格写道，他认为这种粒子会因"它们颤动的嗡嗡声、吱吱声、呱呱声和夸克"而被探测到。

---

① Aces，即扑克牌中的 A。

茨威格比盖尔曼脆弱，他觉得自己的职业生涯受到了损害。夸克理论家们不得不面对一个事实：他们的粒子从未在任何地方出现过，尽管人们确实开始专门在粒子加速器和海底淤泥中的宇宙射线沉积物里进行搜索。

这是一个现实问题，明显比电子等更熟悉的实体所带来的问题更为严重。茨威格对夸克有一个具体的动态观点，但对于一个早在海森堡时代就学会只关注可观测量的群体来说，这种观点太机械化了。盖尔曼对茨威格的评论是："具体的夸克模型——傻瓜才信。"盖尔曼对任何一种关于夸克是真实的断言所造成的哲学和社会学问题都持谨慎态度。对他来说，夸克最初是一种制造简单玩具场理论的方法：他会研究理论的性质，抽象出适当的一般原理，然后抛弃理论。他写道："如果夸克是有限质量的物理粒子（而不是具有无限质量的纯粹数学实体），那么推测夸克的行为方式会很有趣。"看样子，它们仿佛是物理粒子；又一次，它们仿佛是数学的便利。他鼓励"寻找稳定的夸克"，但又补充了一点，这"有助于让我们确信真正的夸克是不存在的"。在随后的几年里，评论家们一再引用他最初的警告。一位物理学家给出了一句典型又残忍的解释："我一直认为这是一条密码信息。它似乎在说：'如果没有发现夸克，请记住，我从未说过它们会被发现；如果它们被找到了，请记住，我是第一个想到它们的。'"对盖尔曼来说，这成了痛苦的永久来源。[20]

与此同时，费曼忽视了这十年来的高能物理学，他不得不制定一个长期的追赶计划。他试图更关注实验数据，而不是理论家的方法和语言。他一如既往地阅读论文，直至理解问题，然后自己解决问题。这些年来，他告诉一位历史学家："我一直采取这样的态度：我只需要解释自然规律，而不必解释我朋友们的方法。"他的确避开了一些过时的风尚。尽管如此，他在外漂泊后还是回到了一个群体，毕竟他必须学习群体中的共享方法。他再也不可能以局外人的身份来处理这些日益严峻的问题。他本已经停止教授高能物理学，在20世纪60年代末，他又重新开始教授。起初，他的教学大纲中没有夸克。

到了 20 世纪 60 年代末 70 年代初，加利福尼亚州北部斯坦福大学附近的丘陵地带安装了一个新的加速器，在强相互作用实验中占据了主导地位，这些实验对夸克的研究至关重要。斯坦福直线加速器中心（SLAC）的加速器长两英里，贯穿绿草如茵的草地。在地上，奶牛在吃草，穿着牛仔裤和衬衫的年轻物理学家们（约有 100 人）——坐在野餐桌旁，或在 SLAC 的建筑群中进进出出。在地下，在一个刀口形真空铜管内，一束电子流向质子的目标。电子所获得的能量远远超过了理论家们能处理的范围。他们在一个像巨型飞机库一样的终端站内击中目标，然后幸运地进入了一个混凝土碉堡内的探测器，碉堡内衬铅砖，铅砖架在铁轨上，向天花板倾斜。有时高速摄影机会记录下结果，而在实验室的其他地方，人类扫描仪团队会引导一台自动数字化仪，在给定的一个月实验期限中，从拍摄的数亿张图像中读取粒子轨迹。粒子束末端的一个气泡室在其五年半的使用寿命中发现了 17 种新粒子。

这是一种探索所谓强相互作用的工具。在原子核的区域内很短的距离上，强相互作用必须克服电磁斥力来束缚质子和中子（强子现在是感受到强相互作用的粒子的统称）。费曼一直在思考如何理解强子与其他强子碰撞时产生的强相互作用。这很复杂：在当年可用于研究短距离的高能条件下，强子－强子碰撞产生了极其杂乱的飞溅碎屑。强子本身既不是简单的，也不是点状的。它们有大小，而且它们似乎内部有组成部分——一大群强子。正如费曼所说，强子－强子碰撞的工作就像把两块怀表砸到一起，看着碎片飞溅，产生出一块怀表。然而在 1968 年夏天，他开始定期访问 SLAC，并看到了电子－质子碰撞产生的相互作用是多么简单，电子像子弹一样将质子撕裂。

费曼和妹妹住在一起；她搬到了斯坦福地区，为一家研究实验室工作，她的房子就在 SLAC 的沙山路的另一边。那年夏天，那些聚集在户外露台上听他讲故事的物理学家们会看到他张开双手，砰的一声合起，生动地证明了他的一个新想法。他说的是"煎饼"——扁平的"粒子煎饼"，里面嵌入了坚硬的物体。

与加州理工学院的联系对 SLAC 的实验者来说很重要，到了 20 世纪 60 年代末，这种联系意味着"盖尔曼"，而远非"费曼"。盖尔曼创造了当代代数的科学亚文化，即围绕着他的夸克的数学框架，这让 SLAC 的理论家们想到，他们可以试着将这些工具推广到更小的距离和更高的能量。在 SLAC 这样的加速器中，大多数想法集中在最简单的反应上——两个粒子进入，两个粒子离开，尽管大多数实际碰撞产生了更多粒子的巨大闪光。实验者希望得到尽可能精确的数据，而对于这些迸发出的碎屑，精确是不可能的。费曼选择了不同的观点。他引入了一种范式，可以观察 20 个、50 个或更多粒子的分布。不必测量每个粒子的动量，实际上，人们能总结所有的可能性。斯坦福大学的理论家詹姆斯·D. 比约肯（James D. Bjorken）也一直在思考类似的问题。电子撞击质子，一个电子伴随着一股无法测量的碎片出来了。出现的电子是一个共同的因素。比约肯决定先不管这些杂乱的飞溅碎屑，而是简单地绘制出在多次撞击中，平均的能量分布和新电子的角度。

他在数据中发现了一个显著的规律，他称之为"缩放"现象——在不同的能量尺度下，数据看起来都是一样的。他不知道如何解释这一点。他有各种各样的猜测，大多是用当代代数的语言来描述的。当费曼到达时，比约肯正好不在；费曼看到了图表数据，却没有听到对其来源的明确解释。然而，他突然认出了它，并一直计算到深夜。这可以被看作其"煎饼理论"的一个图表，整个夏天他都在独自摆弄这个理论。

他决定加入一种被他称为"部分子"的神秘的新成分，来打破质子碎片无法估量的混乱。部分子（parton）这个名字是以 part（部分）这个词为基础的，看上去并不优美（最后，费曼在《牛津英语词典》中有了属于自己的词条 [21]）。费曼几乎没有对自己的部分子做出任何假设，除了以下两个：一，它们是点状的；二，它们彼此没有发生有意义的相互作用，而是在质子内部自由浮动。它们是一种抽象概念，一种物理学家们不希望依赖的可观测实体，但它们在本质上却具有诱人的视觉效果。它们就像钉子，将某种陈旧的、易处理的场论与具有波函数和可计算的概率幅钉在一起。作为类比，量子电动力学也有部分子：裸电子和光子。

费曼表明，与膨胀的整个质子不同，与质子内部的这些硬块碰撞会以自然的方式产生标度关系。他选择不决定它们携带或不携带什么量子数，也坚决决定不去担心自己的部分子是否是盖尔曼和茨威格的带分数电荷的夸克。

当比约肯回来的时候，他发现理论界到处是部分子。费曼拉住了他。自从在斯坦福大学上了一门过时的、历史悠久的量子电动力学课程后，比约肯就一直崇拜费曼。他说："当费曼图出现时，就像太阳冲破了云层，空中布满彩虹和金子。太棒了！既物理又深刻！"此时费曼亲临，用新的语言和新的视觉形象向他解释比约肯自己的理论。正如他立即看到的，费曼的基本见解是再次将自己置于电子中，看看电子在光速下会看到什么。他会看到质子向他闪烁，于是它们"相对地"被压成薄饼。事实上，相对论也减慢了它们的内部时钟，从电子的角度来看，部分子被冻结在静止状态。他的图景将电子与不同粒子雾的杂乱相互作用简化为电子与粒子雾中出现的单个点状部分子的更简单的相互作用。比约肯的缩放模式直接来自这幅图景中的物理原理。实验人员立刻捕捉到了它。

部分子模型过于简化。它没有解释比约肯无法解释的东西，尽管比约肯的解释似乎没那么根本。部分子需要大量手势。然而，物理学家却像抓住救生艇一样紧紧抓住了它们。三年过去了，费曼发表了一篇正式论文，而在物理学家的意识中，又过了许多年，他的部分子才最终与夸克完全融合。

茨威格的艾斯、盖尔曼的夸克和费曼的介子成了去往同一目的地的三条道路。物质的这些组成部分充当了一个新场的量子，最终使强相互作用的场理论成为可能。夸克没有作为更古老的粒子被直接发现或探测到。尽管如此，它们还是变成了现实。费曼在 1970 年与两名学生一起进行了一个项目，收集了大量的粒子数据，试图判断一个简单的夸克模型能否成为这一切的基础。他再次选择了一个非常规模型，使用的数据让他能够根据上一代的电磁场理论思考，而不是根据大多数理论家感兴趣的强子撞击数据。无论出于什么原因，他被说服了——如他所说，他转变成了一个夸克主义者，尽管他继续强调任何一种模型都是有意义的。这篇论文总结道："夸克图景最终可能会遍及整个强子物理学领域。关于夸克模型的悖论，我们没有什么要补充的，或许除了通过展示一个特殊模型的神秘的良好拟合，让这些悖论更加尖锐。"年轻的理论家学会了用一种随距离快速增长的力来解释禁闭——夸克无法作为自由粒子出现，这与引力和电磁力形成了奇怪的对比。夸克之所以成为现实，不仅是因为巧妙的实验间接观察了它们，还因为理论家们越来越难建立一个他们没有考虑到的连贯模型。它们变得如此真实，以至于它们的发明者——盖尔曼不得不忍受事后的批评，因为他没有完全相信它们。他一直不明白为什么费曼创造出了自己的替代夸克，并有着最终消失的区别。他一有机会就将费曼的粒子称为"put-ons"。和多年前的施温格一样，他不喜欢大张旗鼓地宣传他认为过于简单的图景 [22]——简单到任何人都可以使用。

　　夸克是真实的，至少对 20 世纪末的物理学家来说如此。部分子最终却不是真实的。什么是真实的？费曼努力不让这个问题消失。在由他的讲义汇编而成的著作《光子 – 强子相互作用》中，他总结道：

　　　　我们搭建了一座非常高的纸牌屋，一个接一个地做出了许多弱推测……即使我们的纸牌屋会幸存下来，并被证明是正确的，我们也没有因此证明部分子的存在……另外，部分子会是一个有用的心理指导……如果它们继续以这种方式服务于产生其他有效的期望，它们当然会开始变得"真实"，可能会像其他描述自然的理论结构一样真实。

　　费曼再次将自己置于现代理论物理学的中心。他的语言、他的框架，在高能物理学家的话语中占据主导地位达数年之久。他告诉自己，他想继续前进。他在发表第一篇关于部分子的论文不久后对一位历史学家说："我有点儿沮丧。"

我厌倦了同样的想法。我需要思考点儿别的东西。因为我被卡住了——如果它能继续下去就好了，但它很难得到任何新的结果……部分子太成功了，我也变得时髦了。我得找一件不时髦的事来做。

费曼一贯拒绝推荐同事获得诺贝尔奖，但他在 1977 年打破了自己的规则——虽然盖尔曼已经获得过一次诺贝尔奖，费曼还是悄悄地因夸克的发明提名了盖尔曼和茨威格。[23]

教育儿女

理查德：[轻声哼着] Jee-Jee-Jee-ju-ju。Jee-Jee-Jee-ju-ju。[他正在工作。早餐桌上的盘子正在被清理。一台录音机在旁边"窃听"时发出微弱的嗡嗡声：一位朋友带来了这台录音机，并让它持续运行，希望能捕捉到有关费曼过去的故事。] Jee-Jee-Jee-ju-ju。[突然停下来。] 这里有个傻瓜犯了一个错误。某个大傻瓜在这里犯了一个错误。

米歇尔：可能是你。

理查德：我？你什么意思，我？[停顿] 某个白痴犯了错误。[唱了起来] 我这里有一个犯了错误的白痴。

米歇尔：是的，就是你！

理查德：米歇尔，亲爱的，说话要小心。毕竟你父亲是一个好人，他不想惹这种麻烦。[停顿] 他犯了一个错误。你要知道，错误时有发生。你知道的。你不希望你爸爸是一个坏孩子。[用手指敲打] 这当然是错误的！傻瓜都看得出来。

费曼的孩子们花了好几年才意识到，他们的父亲不像其他父亲。他似乎会经常分心，躺在狗咬过的躺椅上，或躺在地板上，在笔记本上写字，在难以打破的专注中自言自语。他很宠爱他们，给他们讲奇思妙想的故事。在一个连续不断的传奇故事中，他们成了一个庞大家庭世界的小小居民。例如，费曼会描述在他们周围生长的棕色无叶树木的森林，直到孩子们突然猜测这些是地毯的纤维。或者费曼会把他们抱在膝上说："你们知道什么了？你们知道混凝土、橡胶、玻璃……"费曼向他们传授了他认为的经济学基础知识：当价格上涨时，人们会减少购买；制造商制定价格，以实现利润最大化；还有那些经济学家知之甚少的事。有时，他们认为费曼来到世上主要是为了让他们在公共场合难堪——他会假装用报纸打他们的头，或者用模仿来的意大利语和服务员交谈。他一直是米歇尔眼里那种吵闹的人，唱歌，吹口哨。当他在房子里走来走去时，他会轻声编出押韵的句子——"我要做啥子，我要拿鞋子。"可如果问他刚刚说了什么，他却无法重复刚才所说的话了。后来孩子们才明白，并不是所有朋友都能在百科全书中找到自己父亲的名字。费曼的母亲还在世，在母亲面前，他似乎又变成了一个孩子。露西尔会说："理查德，我很冷，请你穿件毛衣好吗？"当《全知》(Omni)杂志称费曼为世界上最聪明的人时，露西尔说："如果他是世界上最聪明的人，请上帝救救我们。"

卡尔早早展现出了科学天赋，这让费曼非常高兴。当卡尔12岁时，费曼给他看了一张他从加拿大实验室带回家的奇怪照片——卡尔猜对了，这张照片"很可能是来自方形孔规则图案的激光衍射图案"。费曼忍不住向朋友吹嘘："我本可以再折磨他一下——我不敢问他所用镜头的焦距！"他尽量不去盲目地催促孩子们，他告诉自己，只要孩子们快乐并擅长所做的工作，他们选择任何职业，他都会感到高兴（"吹小号、社会工作者、合鳃动物学家——或者任何职业。"卡尔写道）。然而，当卡尔升入麻省理工学院时，他发现，只有一个职业抱负一定会打破他作为父亲的心理平衡。费曼写道："经过努力理解，我开始逐渐接受你要成为哲学家的决定。"但他没有做到。他觉得自己被背叛了，就像一个商界老板发现孩子想当诗人。

我问过你："你怎样才能成为一个好的哲学家？"我现在明白了，就像作为诗人的儿子从不考虑金钱一样（因为他希望他的老子付钱），你选择了哲学，而不是清晰的思想（所以你的老子要继续他的清晰的思想），这样，你就能超越常识，飞得更高，到达更美的智慧层面。

"好吧，"他讽刺地补充道，"能做到这一点一定很好。"教育孩子们让费曼重新思考了教学的要素和他父亲教过的课程。卡尔四岁时，费曼积极游说，反对加利福尼亚的学校准备采用的一本一年级科学课本。这本书以一只发条机械狗、一只真正的狗和一辆摩托车为主题的一系列图片开始，每张图下都有同样的问题："是什么让它运动？"书中给出的答案是"是能量让它运动"，这激怒了他。

他认为这是同义反复，即一个空定义。费曼一生以理解能量的深层抽象为职业，他说，科学课程最好以拆开一只玩具狗为开始，展现精巧的齿轮和棘轮。他说，告诉一年级学生"是能量让它运动"并不比说"是上帝让它运动"或"是可动性使它运动"更有用。他提出了一项简单的测试，来判断一个人是在教授思想还是仅仅是定义：

你应该说："不用你刚刚学会的新单词，试着用你自己的语言重新表述你刚刚学过的东西。不要用**能量**这个词，告诉我，你现在对狗的运动有什么了解。"

其他标准的解释也同样空洞：重力使其下落，或摩擦使其磨损。在尝试向加州理工学院新生传授基础知识后，他认为，向小学一年级学生传授真正的知识是可能的。"皮鞋会磨损，是因为它会与人行道相摩擦，人行道上凹凸不平的地方会抓住碎片并将其扯下来。"这就是知识。"简单地说，直接说'这是因为摩擦'是可悲的，因为这不是科学。"

费曼在加州理工学院的职业生涯中教了 34 门正式课程，大约一年一门。大多数是名为"高级量子力学"或"理论物理学主题"的研究生研讨会。课程的名字通常代表着他当前的研究兴趣：研究生有时会听到另一位物理学家本应发表的第一份也是最后一份实质性工作报告，却浑然不觉。在将近二十年里，他还教授了一门没有列入目录的课程，名为"物理学 X"：每周有一天下午，本科生们会聚集在一起，提出他们想提的任何科学问题，而费曼则会即兴发挥。他对这些学生的影响是巨大的。离开劳里森实验室地下室的时候，他们经常感觉，有一条通往粗犷神谕的隐秘通道。他认为，面对学科日益深奥的问题，真正的理解意味着一种清晰。一位物理学家曾经要求他用简单的术语解释一项标准的教条，为什么自旋 1/2 粒子遵循费米－狄拉克分布。费曼答应就此向大学一年级的学生准备一次演讲，但这一次，他失败了。几天后，他说："我没能把它降低到大学一年级的水平，这意味着我们真的不理解它。"

然而，正是他自己的孩子让他形成了他对教学的态度。1964 年，他罕见地决定加入一个公共委员会，负责为加利福尼亚的小学选择数学教材。传统上，这个职位是一个闲差，能私下从教科书出版商那里收到各种各样的好处。费曼发现，很少有委员真正读过很多教科书，但他决定全部读完，并把几十本教科书带到了家里。这是美国儿童教育史中所谓"新数学"的时代：引入集合论和非十进制数系统等高级概念。这种现代化的数学教学法备受争议。"新数学"以惊人的速度席卷了全美国的学校，《纽约客》(*New Yorker*) 的漫画中捕捉到了家长的紧张情绪。"爸爸，你看，"画中的小女孩解释道，"这个集等于你赚的所有美元，你的支出是它的一个子集，其中的一个子集是你的扣除额。"

费曼没有站在现代化的一边。相反，他将一把刀插进了"新数学"的泡沫中。他向其他委员们争辩说，改革者的教科书中所呈现的集合是最阴险、迂腐的一个例子：为了定义而做的新定义，完美体现了只引入词语却不引入思想的做法。一本被推荐使用的入门教材如此指导一年级学生："判断这个棒棒糖集合中的数量是否和这个女孩集合中的数量相等。"费曼将这描述为一种疾病。它消除了清晰性，没有给正常的句子增加任何精确性："看看女孩们是否有足够的棒棒糖。"他说，专门的语言应该等到需要的时候再用，而集合论的独特语言永远都不需要用。他发现除了定义以外，集合论真正开始发挥贡献的其他领域的任何相关内容，新教材反而都没有触及，例如，集合论对不同程度的无穷的理解。

这是一个使用词语的例子——用新单词给出了新定义，但在这个特殊的情况中，这还是一种最极端的例子，因为它没给出任何事实……学习过这本教科书的大多数人可能会惊讶地发现，符号∪和∩分别表示集合的并集和交集……而这些书中给出的集合的所有详细符号几乎从未出现在理论物理学、工程、商业、算术、计算机设计或其他使用数学的领域的任何著作中。

费曼如果不进入哲学，就无法表达他真正的观点。他认为，区分清晰的语言和精确的语言至关重要。在费曼看来，教科书重新强调了精确的语言，例如区分"数字"和"数值"，并以现代批判的方式区分"符号"与"实物"。但对小学生来说，这未免太咬文嚼字了。他反对一本试图教孩子区分"球"和"球的图片"的书，这本书坚持使用"把球的图片涂成红色"这样的语言。

"我怀疑，每个孩子都会在这个特定的方向上犯错误。"费曼冷冷地说。

事实上，不可能做到精确……尽管之前没有困难。球的图片包括一个圆圈和一个背景。我们是应该将球的图像所在的整个方形区域涂上红色吗？……只有从一开始就毫无疑问、毫无困难的情况下，才能在一个特定角度上通过咬文嚼字来提高精确性。

他再次指出，在现实世界中，绝对精确是永远无法达到的理想。当产生怀疑时，好的区别应该被保留。

费曼对改革儿童数学教学有自己的想法。他建议一年级学生在学习加减法时，就像他计算复杂积分的方法一样，可以自由选择任何适合当前问题的方法。一个听起来很现代的理念是，**只要你使用正确的方法，答案是什么并不重要**。对费曼来说，没有哪种教育哲学比这更错误了。他说，答案是最重要的。他列举了一个已经学会计数的孩子在学习做加法的过程中可以使用的一些技巧。孩子可以将两组合成一组，只需计算合并后的组：将 5 只鸭子和 3 只鸭子加在一起，可以数出 8 只鸭子。孩子还可以掰手指，或在心里一个个数：……6、7、8。人们可以记住标准组合。更大的数可以通过分组来掌握，例如，将一堆硬币分成 5 枚一组，然后数出有多少组。人们可以在一条线上标记数字，并计算间隔数，费曼指出，这一方法在理解度量和分数方面非常有用。人们可以把更大的数排成一列，算出大于 10 的和。

对费曼来说，标准教材似乎太死板了。计算 29+3 被认为是三年级的问题，因为它需要用到高阶的进位方法。然而费曼指出，一年级学生可以通过思考 30、31、32 来掌握这个问题。为什么不给孩子们简单的代数问题（2 乘以什么加 3 等于 7 ？），并鼓励他们通过试错来解决这些问题？真正的科学家就是这样工作的。

我们必须消除僵化的思想……必须给思想留下自由，让它在试图解决问题时徜徉……实际上，成功的数学使用者是在特定情况下发明能得到答案的新方法的人。即使一些方法是众所周知的，发明属于自己的方法（一种新方法或一种旧方法）通常比通过查找再得到它容易得多。

与其用某一种正统的方法，不如用一些眼花缭乱的技巧。这就是他在辅导家庭作业时教育自己孩子的方式。米歇尔知道他有一千条捷径，而这些捷径往往会让她在算术老师那里遇到麻烦。

你认为你能永远坚持下去吗?

虽然费曼从不喜欢体育活动,但他努力保持健康。自从他在芝加哥被马路牙子绊倒,摔碎了膝盖骨后,他开始慢跑。他几乎每天都在阿尔塔迪纳山中,他家高处的陡峭小路上跑上跑下。他有一套潜水衣,他经常在用诺贝尔奖金购置的墨西哥海滨别墅游泳。(当他和格温妮丝第一次看到这座房子时,四处一片狼藉。费曼告诉她,他们不想买下它。她看着玻璃墙,面对着从北回归线吹来的暖流,回答说:"哦,不,我们想买它。")

1977年夏天,他在瑞士阿尔卑斯山旅行时,突然跑到他们下榻的小屋的卫生间里呕吐——他在成年后从没有这样过,这吓坏了格温妮丝。那天晚些时候,他在缆车上晕倒了。那一年,他的医生两次诊断出"病因不明的发烧"。直到1978年10月,才发现是癌症:他的腹部后侧长出一个甜瓜大小的肿瘤,重6磅。当他站直的时候,腰间的凸起清晰可见。他忽视了这些症状太久了。他还有其他担忧:就在几个月前,格温妮丝自己也接受了癌症手术。费曼的肿瘤将他的肠道挤压到一边,破坏了他的左肾、左肾上腺和脾脏。

这是一种罕见的软脂肪和结缔组织癌——黏液性脂肪肉瘤。经过艰难的手术,他出了医院,看起来很憔悴,同时开始查找医学文献。他发现其中不乏概率估计。肿瘤复发的可能性很高,尽管他的肿瘤看起来边界清晰。他阅读了一系列个案研究,没有找到像他那么大的肿瘤。一份期刊在总结中提到:"根据报告,五年生存率是0%到11%,其中一份报告为41%。"几乎没有人活过十年。

他返回到工作中。一位年轻的朋友在一段打油诗①中写道:

"你老了,费曼老爹,
你的头发变得花白;

---

① 作者是物理学家托马斯·费贝尔,改编自刘易斯·卡罗尔《爱丽丝漫游奇境记》中的一首小诗。

你却不断迸发思想的火花，

在你这个年纪，是多么不光彩！"

大师甩了甩长发："在我年轻的时候，

我非常喜欢画草图，

我画了许多图，大多数人认为很深刻，

可有些人只觉得很迷人。"

年轻人打断了智者的话："是的，我知道，

你曾经如此聪明；

但现在该用铬制作夸克香肠了。

你认为你能永远坚持下去吗？"

包括盖尔曼在内的年轻物理学家已经退出了研究前沿，但费曼转向了量子色动力学（QCD）的问题，这是场论的最新综合，因夸克的色的中心作用而得名。他与博士后理查德·菲尔德（Richard Field）一起研究了夸克喷注的高能细节。其他理论家已经意识到，夸克从未自由出现的原因是它们受到一种不同于物理学所熟悉的力的约束。大多数力——例如引力和磁力随着距离而减小。这一点似乎显而易见，但夸克的情况恰恰相反。当它们靠在一起时，它们之间的作用力可以忽略不计；当它们被拉开时，力变得极其强大。正如费曼和菲尔德所理解的，喷注是副产品。在高能撞击中，在夸克脱离这些键之前，力会变得如此之大，以至于会产生新的粒子，将它们从真空中拉出来，以同一方向运动（即形成喷注）。

起初，菲尔德每周会有一天下午与费曼会面。费曼没有意识到，菲尔德几乎在醒着的每时每刻都在为他们的会面做准备。他们采用了非常适合实验者的语言来进行预测。这不是深奥的理论，而是实验者应该看到的现实指南。费曼坚持认为，他们只计算尚未进行的实验，他说，否则他们将无法信任自己。渐渐地，他们发现自己的预测能够比实验提前几个月，并提供了一个有用的框架。当加速器达到更高的能量时，费曼和菲尔德所描述的那种喷注就出现了。

同时，理论家们仍在努力理解夸克禁闭：夸克是否在任何情况下都必须被禁闭？禁闭是否可以从理论中自然推导出来？维克托·魏斯科普夫也敦促费曼对此进行研究，他说他在文献中所能看到的只是形式数学。"我没有从中得到任何物理知识。你为什么不去解决这个问题？你正是解决这个问题的合适人选，你会发现 QCD 限制夸克的根本物理原因。"费曼在 1981 年做出了独创性的努力，在一个二维玩具模型中解析地解决了这个问题。正如他所指出的，量子色动力学已经成为一种内在复杂性的理论，通常哪怕是最快的超级计算机也无法产生能与实验比拟的特定预测。他写道："QCD 场理论包含夸克的 6 种味、3 种色，每种色由 4 个分量的狄拉克旋量表示，并包含 8 个四维矢量胶子，这是一种量子振幅理论，在空间和时间的每一点上，每一个组态都是 104 个数字。""要从性质上想象这一切太难了。"因此，他试图去除一个维度。结果证明，这是一条死胡同，尽管在一些理论家略过其结论很长一段时间后，其方法的新颖性使这项工作一直在他们的阅读清单上。

1981 年 9 月，肿瘤复发，这一次缠绕在费曼的肠子上。医生们尝试了阿霉素、放射治疗和热疗法的组合。然后他接受了第二次大手术。辐射使他的组织呈现海绵状。手术持续了 14 个半小时，途中，他的主动脉破裂了——医生委婉地称其为"血管事件"。加州理工学院和喷气推进实验室发出了紧急献血请求，献血者排起了长队。费曼需要 78 品脱[①]血液。之后，当加州理工学院院长马尔温·戈德伯格走进他的病房时，费曼说："我宁愿待在这里，也不要待在你那里。"还说，他仍然不会按照戈德伯格的要求做任何事。在肉眼可见的痛苦中，他用新的故事来招待医院的来访者。手术前，加州大学洛杉矶分校医学中心的外科医生唐纳德·莫顿（Donald Morton）带着一群住院医生

---

① 　1 品脱≈568 毫升。

和护士出现。费曼问他生还的机会有多大。他回忆起外科医生的话："谈论单个事件的概率是不可能的。"而他回答说："根据不同教授，如果这是未来的事件，那么这是可能的。"

加州理工学院在物理学方面的影响力已经减弱。它吸引了同样一群聪明、天真、瘦高而青涩的本科生，他们都认为自己在大三时会修读研究生课程。然而，最好的研究生去了其他地方。物理研讨会成了固定活动——费曼像磁铁一样坐在前排，总能主导每一场会议，观众们都知道，这可能很有趣也可能很残酷。他会让一个粗心大意的演讲者掉眼泪。他对前辈维尔纳·海森堡口出狂言，让同事们瞠目结舌，他让年轻的相对论者基普·索恩（Kip Thorne）浑身不舒服——这些故事让年长的物理学家想起了泡利的"完全不对"。人工智能领域的先驱侯世达（Douglas Hofstadt）就类比的巧妙用法发表了一场不同寻常的演讲。他首先要求观众说出英国"第一夫人"的名字，并以为会等到如玛格丽特·撒切尔、伊丽莎白女王或丹尼斯·撒切尔这样的答案。"我的妻子。"前排传来大喊声。为什么？"因为她是英国人，而且她很棒。"在演讲的后半部分，侯世达似乎觉得费曼仍在以"乡巴佬"的方式质问。他仍是一位名人，风头不亚于以往，但基本粒子物理学的重心再次向东漂移，流向哈佛、普林斯顿和其他大学。电磁学和弱相互作用的结合理论产生了规范理论，将强相互作用结合在同一把量子色动力学伞下。量子理论的复兴也带来了对费曼路径积分的新认识，因为路径积分被证明对规范理论的量化至关重要。此时看来，费曼的发现不仅是一个有用的工具，而且是自然界最深层次的组织原则。然而，他自己并没有追求路径积分的新含义。站在最前沿的是史蒂文·温伯格、阿卜杜勒·萨拉姆（Abdus Salam）、谢尔登·格拉肖（Sheldon Glashow）等理论家，以及年轻的同行们，他们从未将费曼和盖尔曼看作一对磁铁。加州理工学院的物理学家们担心失去他们部门的卓越地位，有时会责怪费曼没有充分参与招聘，而盖尔曼却参与得太多。

自从费曼带着他的部分子模型回归高能物理学以来，他一直在抗拒作为背后推手的元老地位。1974 年，他对一次标准的部门调查写了一句毫无必要的评价：“我今年在研究方面没有取得任何成就！”两年后，当朋友西德尼·科尔曼将他列入维尔纳·埃哈德（Werner Erhard）的基金会主办的量子场论会议与会者名单时，费曼用格劳乔·马克斯的方式回答，总结了他对自己内部和外部身份的矛盾情绪：

> 邀请费曼干什么？据我所知，他没有赶上其他人，什么也没有做。如果你精简一下邀请名单，只邀请核心人物，我可能会开始考虑参加。

科尔曼正式将他从名单上除名，费曼出席了会议。

20 世纪 60 年代，研讨会沾染上一种自欺欺人的想自我提升的风气，尽管这些研讨会充斥着费曼一贯鄙视的伪科学术语（正如科尔曼所说：“这再次证明，我们生活在愚蠢盛行的时代。”），但费曼并不在意参与其中。“埃哈德的组织和其他 60 年代后的研究机构被量子理论所吸引，因为量子理论似乎被（误）认为是一种神秘的现实观，他们认为，这让人联想到东方宗教，而且无论如何，它比过时的观点，即事物或多或少都是看起来的样子，更引人入胜。这些组织在 20 世纪 60 年代挣扎着成为持续发展的商业机构，它们试图招揽量子物理学家，借力于他们的名望。与此同时，费曼被埃哈德和其他“怪人”（格温妮丝指的是他的一些新朋友）所吸引，部分原因在于好奇和不服从一直是他自己的标志。20 世纪 60 年代的青年运动找上了他。他的风格被追捧为时尚——不打领带、不修边幅的外表，他和卡尔私下称之为“好斗的麻醉状态”。他留着一头灰白的浓密长发。尽管他对组织心理学大加抨击，因为在他看来，其实验科学的形式和方法靠不住，但他喜欢内省、自我审视的心理学。他不仅让维尔纳·埃哈德，还让海豚和感觉剥夺箱爱好者约翰·李利（John Lilly）成为他的朋友。他试图忽略的李利的“神秘的恶作剧”，但仍然沉浸在自己的箱子里，希望产生幻觉，就像四十年前他曾努力观察自己的梦境一样。他常常思考死亡。他从脑海中恢复了能回忆起来的最早的童年记忆。他尝试了大

麻（他对此感到十分尴尬）。他耐心地听着巴巴·拉姆·达斯〔Baba Ram Das，
原名理查德·阿尔珀特（Richard Alpert），前哈佛大学教授〕指导他如何获得
灵魂出窍的体验。他进行了练习，却不愿意相信神神秘秘的这一套，但他很
高兴并有兴趣想象自我四处飘浮，在他自身之外，在房间之外，在这个让他
极为失望的 65 岁的身体之外。

物理学家不是天生的嬉皮士。他们只是在创造反主流文化所反对的技术
崇拜、核阴影文化方面发挥了太大的作用。当费曼谈到他在曼哈顿项目中的
经历时，他比以往任何时候都更爱讲他曾经如何破解保险箱和激怒审查人员。
他更像是一个反叛者，而不是一个野心勃勃、高效的领袖。他在 1975 年的圣
巴巴拉演讲开始时说，其他人，即"高层人士"，做出了决定。[24] "我不操心
重大决定。我总是在下面跑来跑去。"他不是技术的敌人；尽管厌恶科学中的
官僚主义，但他也不是所谓的军工复合体的敌人。他一直拒绝在加州理工学
院向联邦资助机构提出的拨款建议中附上自己的名字，因为联邦资助机构要
求所有大学物理系都有偿付能力。尽管如此，他还是会从李利的感觉剥夺箱
里钻出来，在淋浴时冲洗掉泻盐，穿上衣服，然后开车去军事承包商休斯飞
机公司做物理演讲。他不再像过去那样吝惜自己的时间。偶尔，他为休斯公
司和其他几家公司担任顾问；他在美国国防部赞助的神经网络项目中为休斯公
司提供建议，并与 3M 公司的工程师就非线性光学材料进行了商谈。在不到四
个小时的谈话中，他赚了一千五百美元。这些都是分散的工作，他没有特别
考虑过。费曼的许多同事更仔细地安排了他们的咨询，赚了更多的钱。费曼
的客户似乎更因为见到他时的兴奋而感到感激，而不是因为他所做的任何特
殊技术贡献。他知道自己不是商人。他与盖尔曼是加州理工学院薪酬最高的
教授，但加州理工学院拿走了《费曼物理学讲义》的所有版税。他的老朋友
菲利普·莫里森给他发了一则广告——"两位物理学巨擘的十七场精彩演讲"，
节目可在时代生活电影频道收看。费曼想知道莫里森是否收到了版税。"我倒
是没有，"费曼说，"我们是物理巨擘，还是商界侏儒？"

20 世纪 80 年代初，他最喜欢的校外赞助人是加利福尼亚海岸大苏尔的埃萨伦研究院，那里有许多自我实现、自我充实和自我成就的形式：罗夫疗法、格式塔疗法、瑜伽、冥想。在俯瞰太平洋的悬崖上，大树下是原始的热水浴，使用天然的硫黄矿泉。埃萨伦为它的众多赞助人提供了一种昂贵的放松方式，正如汤姆·沃尔夫所说，这是一种"心灵的润滑油"。费曼将其描述为反科学的温床："神秘主义、扩大意识、新型意识、超感官知觉，等等。"他成了常客。他泡在热水浴缸里，兴高采烈地盯着正在晒太阳的年轻女性，还学会了按摩。他做了一些标准的演讲，并根据听众的心理状态进行了调整。他赤着脚，卡其色的短裤下露出两条瘦腿。他开始了"微型机器"的演讲：

这与能制造多小的机器有关。懂吧？这就是主题。因为我听到周围的人在浴池里说："微型机器？他在说什么？"我对他们说："就是说，非常小的机器。"[用拇指和食指夹住一个看不见的微型机器]但他们还是搞不懂[暂停了一下]。

我指的是非常小的机器。懂了吗？

然后他继续讲，偶尔会听到观众喊"懂了！"在提问期间，对话总是会转向反重力装置、反物质和超光速旅行——不是在物理学家的世界里，而是在精神世界里。费曼总是冷静地回答，并解释超光速旅行是不可能的，反物质是正常的，反重力装置也不太可能——他说，除非"枕头和你身下的地板会长期有效地支撑你"。几年来，他举办了一个关于"特殊思维"的研讨会。埃萨伦的宣传册承诺让人"心灵平静和享受生活矛盾"，并补充道："我们邀请您带上节奏乐器。"

1984 年春天晚些时候，在前往帕萨迪纳去取一台首批可用的 IBM 个人计算机的路上，他激动地跳下车，在人行道上绊了一跤，头撞到了建筑物。一位路人告诉他，他身上有一道血淋淋的伤口，得去医院缝针了。有几天，他感觉迷迷糊糊，但他告诉自己没有什么问题。

又过了一些天。格温妮丝觉得他的行为很奇怪。他在夜里醒来，在米歇尔的房间里闲逛。一天，他花了 45 分钟寻找汽车，而车就停在屋外。在他所画的一个模特家里，他突然脱下衣服，想去睡觉；模特慌忙地告诉费曼，他不在自己家。最后，在一次开始课堂演讲后，他突然意识到自己说的是杂乱无章的废话。他停下来道歉，然后离开了教室。

对他的脑部扫描显示出一个巨大的硬脑膜下血肿，颅内缓慢出血，对脑组织造成了巨大压力。医生们将他直接送入手术室，立即进行标准程序的手术：在颅上钻两个孔，以排出液体。到了第二天凌晨，格温妮丝发现他正常地坐着说话，这让她松了一口气。他不记得过去的三个星期了。随后，影像专家又扫描了一遍，以排除复发。他忍不住仔细查看了费曼大脑的这张非常详细的图像，那是一块复杂的灰色组织，包裹着的神经纤维束（"但你看不到我在想什么。"费曼告诉他），寻找与他扫描过的其他 65 岁大脑不同的迹象。血管变大了吗？医生并不确定。

别逗了！

费曼在获诺贝尔奖期间开始有写自传的想法。历史学家来记录他的回忆，把他的笔记当作非常重要的文物，不能堆放在箱子里，也不能散落在他在地下室建造的家庭办公室的书架上。书架上放着一本《实用者算术》，这是他童年的"遗物"。他仍然有一本青少年时期的笔记本，在重新发明早期量子力学的过程中，他曾与 T. A. 韦尔顿互相来回寄送这本笔记。采访者们摆好录音机，以记录下他几十年来讲给来访朋友的每一个故事。

麻省理工学院历史学家查尔斯·韦纳（Charles Weiner）说服他合作，这是他经历的最深入、最严肃的一次采访。有一段时间，费曼考虑与韦纳合作撰写传记。他们坐在费曼被遮挡的后院里，卡尔在附近的树屋玩耍。他不仅讲述了自己的故事，还向韦纳展示了这些故事。他告诉韦纳："好的，开始计时。"然后，在他们交谈了 8 分 42 秒之后，他打断了自己的话，说道："8 分42 秒。"过了几个小时，对话有时变得私密起来。他翻箱倒柜，拿出了一张阿琳的照片，她几乎全裸躺着，只穿着半透明的内衣。他快要哭了出来。他们关掉录音机，沉默了一段时间。即使直到现在，这些记忆中的大部分也藏在费曼自己的心中。

他开始在工作时记录自己的科学笔记，这是他以前从未做过的事情。韦纳曾随口说起，他的新部分子笔记是一份"日常工作记录"，费曼对此反应强烈。

他说："我实际上是在纸上工作。"

"嗯，"韦纳说，"这项工作是在你的头脑中完成的，但它的记录仍在这里。"

"不，这不是一个记录，不是的。它是*有效*的。你必须在纸上工作，这就是那张纸。好吗?"的确，他在工作时会写下大量东西——一长串思路，几乎可以立即用作课堂讲稿。

他告诉韦纳，他从未读过自己喜欢的科学家的传记。他认为自己要么会被描绘成一个冷酷的知识分子，要么被写成一个打邦戈鼓的小丑。他犹豫不决，最终打消了这个念头。尽管如此，他还是接受了对法洛克威和洛斯阿拉莫斯感兴趣的历史学家的采访，并为对创造力感兴趣的心理学家填写了问卷。("你在解决科学问题时，是否伴随着以下任何一项?"他在*视觉图像*、*动觉感觉*和*情绪感受*上打了勾，并补充了"(1)声学图像，(2)自言自语"。在"重大疾病"一栏下，他填写道："太多了，无法列举……唯一的不良反应是在恢复期的懒惰。")

几年来，他经常和一位年轻朋友拉尔夫·莱顿（Ralph Leighton），即另一位加州理工学院物理学家的儿子一起打鼓。莱顿已经录下了他们的对话，然后他开始录制费曼将要讲述的故事。他催促着费曼，叫他老大，乞求他一次又一次讲同样的故事。费曼告诉他们：他在法洛克威如何因靠思考来修理收音机而出名，他如何向普林斯顿大学图书馆员索要猫的地图，他的父亲如何教他识破马戏团读心术，他如何战胜画家、数学家、哲学家和精神科医生。或者，他在莱顿听的时候只是东拉西扯。有一天他说："今天我去了亨廷顿医学图书馆，"他剩下的肾脏出现了问题，"但一切都很有趣，肾脏是如何工作的，还有其他一切是如何工作的。你想让我告诉你一些有趣的事情吗？该死的肾脏真是世界上最疯狂的东西！"

渐渐地，一份手稿开始成形。莱顿转写了这些录音带，并将其交给费曼编辑。费曼对每个故事的结构都有很强的看法。莱顿意识到，费曼养成了即兴表演的习惯，他知道每一次大笑的顺序和节奏。他们有意识地关注关键主题。费曼谈到，阿琳用一盒刻着"亲爱的理查德，我爱你！猫咪"的铅笔让他难堪。

理查德：第二天早上，懂吧？第二天早上，在邮箱里，有一封信，没错，这张明信片的开头是："把铅笔上的名字切下来，如何？"

拉尔夫：[大笑]哦，好家伙！[大笑]

理查德："你干吗在乎别人怎么想？"

拉尔夫：哦，这是——是的，这是一个很好的主题。

理查德：嗯？

拉尔夫：这是一个很好的主题，因为这里面有一个主题，你看：别人怎么想……

他们知道，他们有一个了不起的中心人物，一位科学家并非为自己在科学方面的成就感到骄傲（但这些成就仍然存在于背景中），而是为他有能力识破欺诈和伪装，以及掌控日常生活感到自豪。他以夸张的谦逊态度强调了这些品质；他用一个小男孩的口吻称呼成年人为先生、夫人，礼貌地问一些危险的问题。他就是现实中的霍尔顿·考尔菲德[①]，一个有话直说的人，试图弄明白为什么那么多人都是骗子。

费曼说："自大的傻瓜们——他们是傻瓜，到处都是，说着咒语，让人们印象深刻，仿佛有多么棒，我无法忍受！""一个普通的傻瓜不是骗子，一个诚实的傻瓜没问题。但一个不诚实的傻瓜很可怕！"

在这些故事的世界里，他最喜欢的胜利来自日常生活中的聪明才智，比如，他在一场相对论者的会议上迟到了，当他抵达美国北卡罗来纳州机场时，想出了如何从出租车调度员那里得到帮助。

"听着，"我对调度员说，"大会从昨天开始，所以有很多人已经到场了，他们肯定是昨天来的。让我来给你描述一下：他们会把头悬在空中，互相交谈，不在意他们要去哪里，跟彼此说一些像'鸡母牛，鸡母牛'（G-mu-nu）这样的话。"

调度员的脸亮了起来。"啊，明白了，"他说，"你是指教堂山！"

费曼选择了艾森哈特夫人在他在普林斯顿大学第一次喝茶同时要奶油和柠檬时说的一句奇怪的话作为书名："别逗了，费曼先生！"这句话在他脑海中萦绕了四十年，提醒自己人们是如何用礼仪和文化让他感到渺小的，现在他想要报复。W. W. 诺顿出版社以一千五百美元的预付款购买了这部手稿，这笔钱对于一本商业书来说微不足道。出版社的编辑根本不喜欢费曼提供的书名，他们建议用"我要了解这个世界"或"我有一个想法"（编辑说，这有"布鲁克林风格，还带有一点儿双重含义"）。但费曼不会让步。诺顿出版社于1985年初出版了《别逗了，费曼先生！》，首印量不大。这本书很快脱销，在几周

[①] 《麦田里的守望者》中的小主人公。

内就成了该出版社令人惊讶的畅销书。

有一位读者不太高兴，那就是默里·盖尔曼。他注意到费曼描述了1957年发现弱相互作用的"新规律"的喜悦："这是我职业生涯中第一次，也是唯一一次知道一个别人都不知道的自然规律。"盖尔曼的愤怒响彻劳里森实验室，他告诉其他物理学家，他要起诉。在后来的平装本中，费曼补充了一句免责声明："当然，这不是真的[25]，我后来发现，至少默里·盖尔曼、苏达山和马尔沙克也提出了同样的理论，但这并没有破坏我的乐趣。"

《别逗了，费曼先生！》还以另一种方式冒犯了他人。费曼一如既往地肆意谈论女性——"一个漂亮的金发女郎，身材匀称""一个壮实土气，看起来很胖的女人"。她们看起来是调情的对象，是他的画作的人体模特，或是被他诱骗的"酒吧女郎"。他知道自己的措辞并非完全没有恶意。费曼早就因性别歧视而惹祸上身，那是在1972年于旧金山举行的美国物理联合会会议上，他当时因对物理教学的贡献而荣获了"奥斯特"奖章。尽管在加州理工学院的男性世界里，在对他眼红的学生看来，费曼的声望就部分来自他对女性显而易见的影响力。他的私人情感经历并不是问题所在，他仍然在聚会上与年轻女性调情，助长了他是个"情圣"的流言。他经常光顾贾诺尼酒吧，这是加利福尼亚最早的脱衣舞酒吧之一——他在那里的纸餐垫上写满了方程组。1968年，他甚至在法庭上为这家酒吧出庭作证，让当地媒体感到十分好笑，但男性研究生们却把他当作英雄来崇拜，从中看到了真正的男子汉气概。

前一年的秋天，费曼收到了一封信，信中暗示他的一些语言倾向于"强化'性别歧视'或'大男子主义'的观念"。例如，费曼讲述了一个科学家的逸事，他"在意识到恒星中一定发生了核反应后的第二天晚上，和他的女朋友出去了"。

她说："看星星多么美丽！"他说："是的，现在我是世界上唯一知道星星为什么发光的人。"

写信人 E. V. 罗思坦（E. V. Rothstein）举了另一个关于"女司机"的故事的例子，并请他不要在科学界引起对女性的歧视。在回答时，费曼决定再激他一把：

> 尊敬的罗思坦：
>
> 伙计，别烦我！
>
> R. P. 费曼

结果，伯克利的一个团体在美国物理学会会议上组织了一场游行，女性们举着标语，分发了写着"PR ♀ TEST"的传单，开头是"理查德·P.（代表猪？）费曼"。

尽管在 20 世纪 60 年代，女性运动已经出现，但无论在话语权上还是人数上，仍然是男性在科学中占了上风。仅有 2% 的美国物理学研究生学位授予女性。加州理工学院直到 1969 年才聘请了第一位女性教职员工，直到她在 1976 年告上法庭，她才获得了终身教职。令一些人文学科的同事感到惊讶和不快的是，费曼是支持她的。费曼在她的办公室里待了很长时间，愉快地朗读了西奥多·罗特克（Theodore Roethke）的《我认识一个女人》（"I Knew a Woman"）："我用身体的摆动来衡量时间……"费曼和物理学界的大多数男性一样，结识了几位女性同行，并认为自己与她们每个人都是平等的。大家对此表示同意。费曼不明白，这还能有什么问题吗？

伯克利的抗议者发现了费曼关于"女司机"的故事，但忽略了其他一些讲话风格问题，比如他曾说，一般来讲，科学家是男性，而自然是女性——它的秘密正等待被揭开。在诺贝尔奖演讲中，费曼回忆起是如何爱上他的理论的："就像爱上一个女人一样，只有你对她了解不多时，你才有可能看不到她的缺点。"他总结道：

那么，我年轻时爱上的旧理论发生了什么？好吧，我想说，她已经变成了一位老太太，她的魅力已经所剩无几了，而现在的年轻人再看她时，也不会心动了。但是，我们可以对任何一位老妇人说，她是一位好母亲，生了一些非常好的孩子。

1965 年，众多男性和女性都可以听这些话，而不会感到被冒犯或听出带有政治色彩的潜台词。1972 年，费曼在登上领奖台时宣称："当今物理学界对女性有着巨大的偏见。这是一件荒谬的事情，应该停止，因为这毫无意义。我热爱物理这门学科，我一直渴望与任何能够理解它的人分享这种快乐——无论男女……"许多示威者为此鼓掌，他轻松地化解了抗议事件。1985 年，在一些女权主义者看来，费曼再次成了男性在物理学中统治地位的象征。现实生活很复杂：一位意志坚强的加州理工学院女专家曾关上门，向陌生人倾吐，即使费曼 60 多岁了，他也是她认识的最性感的男人；另一些人，即同事的妻子，竟然因不加批判地喜爱费曼，而埋怨自己的丈夫。与此同时，女性在物理学界的地位几乎没有改变。

尽管如此，他还是被人们偶尔对《别逗了，费曼先生！》的批评刺痛了。费曼也知道，一些认识他最久的物理学家，因为这样一张比起科学家更像小丑的自画像而感到失望。汉斯·贝特那一代的老友经常感到痛苦或震惊，尽管他们自己也津津有味地重复费曼关于他们的故事，一个细节接一个细节，就好像这是他们自己的记忆，费曼的声音仿佛移植到了他们的脑中。其他人则看透了费曼受人喜爱的本质。菲利普·莫里森在《科学美国人》杂志上写道："一般来说，费曼先生并不是在开玩笑；相反，是我们这些繁文缛节的安排者、伪善标准的制定者、假装关心和理解的人在开玩笑。这本书讲述了一个强大的头脑，无比诚实，尤其擅长直言不讳。"尽管如此，费曼还是指责了那些称这本书为他的自传的人。他在一位科学作家关于现代粒子物理学的手稿页边写道："这不是一部自传。[26] 不是这样。这只是一些趣事。"当他看到一句话，形容他在洛斯阿拉莫斯是"一个奇怪的悲剧小丑"时，他愤怒地涂写："我那时真实的样子，远比你能理解的深刻多了。"

技术灾难

1958 年，"斯普特尼克 1 号"升空四个月后，美国人在佛罗里达州卡纳维拉尔角将"探险者"卫星中的第一颗送入轨道，由此进入了所谓的太空竞赛。"探险者 1 号"的重量相当于一个装满东西的旅行包。1 月 31 日，它被四级木星－C 探空火箭（比在升空时爆炸的美国海军"先锋号"火箭更可靠）抛向天空。它发回的无线电信号与"斯普特尼克 1 号"的非常相似。

"探险者 2 号"携带了一个宇宙射线探测器，使其重量达到 32 磅，在五周后飞向太空，消失在云层中。一支军队团队在韦恩赫尔·冯·布劳恩（Wernher von Braun，在纳粹佩内明德的火箭项目中表现出色的老兵）的指导下观看了升空。他们听到了火箭逐渐减弱的隆隆声，以及传入扬声器的无线电信号不断增强的嘟嘟声。一切似乎都很顺利。发射半小时后，他们举行了一次充满信心的新闻发布会。

在美国的另一端，帕萨迪纳的喷气推进实验室（JPL）是美国陆军火箭研究的主要合作伙伴，一个团队正在努力追踪卫星的运行轨迹。他们使用了一台房间大小的 IBM 704 数字计算机。这台机器反复无常。他们输入了可用于追踪陆军火箭向前投掷的金属罐的原始稀疏数据：无线电信号的频率，随着航线上的速度变化而以多普勒效应的方式发生变化；卡纳维拉尔角观测器消失的时间；其他跟踪站的观测结果。JPL 团队已经了解到，计算机中输入的微小变化会导致输出的巨大变化。实验室年轻的研究负责人艾伯特·希布斯曾向他的加州理工学院前论文导师——费曼抱怨过这一困难。

费曼打赌，如果以相同的速度输入相同的数据，他可以比计算机计算得更快。因此，当"探险者 2 号"在下午 1 点 28 分离开发射台时，他坐在 JPL 的会议室里，周围的工作人员正在为计算机快速整理数据。有一次，加州理工学院院长李·杜布里奇走进会议室来看费曼，费曼吓了一跳，厉声说道："走开，我很忙。"半小时后，费曼站起来，说他已经完成了：根据他的计算，火箭已经坠入大西洋。当追踪器还在试图从他们的计算机中得到一个明确的答案时，他已经离开，去拉斯维加斯度周末。安提瓜岛和加利福尼亚州因约克恩的跟踪站已经说服自己从背景噪声中找到了一颗轨道卫星，佛罗里达州的"人卫监测"小组彻夜观察了天空。但费曼是正确的。美国陆军终于在第二天下午 5 点宣布，"探险者 2 号"未能进入轨道。

28 年后，1986 年 1 月 28 日，"挑战者号"航天飞机从发射架上升起，进入万里无云的天空。升空半秒后，一股人眼看不见的黑烟从航天飞机的两枚固体燃料火箭的一侧喷出。发射曾被推迟了四次。机舱内一如既往，多重重力加速度将机组人员压在座位上：指挥官弗朗西斯·斯科比（Francis Scobee）、飞行员迈克尔·史密斯（Michael Smith）、任务专家鬼冢承次（Ellison Onizuka）、宇航员朱迪斯·雷斯尼克（Judith Resnick）和罗纳德·麦克奈尔（Ronald McNair）、休斯飞机公司的工程师格雷戈里·贾维斯（Gregory Jarvis），以及一位来自新英格兰学校的教师克里斯塔·麦考利夫（Christa McAuliffe），她是美国国家航空航天局（NASA）一项旨在激发儿童和美国国会议员对航天飞机计划的兴趣而举办的公共宣传活动的获奖者，并被选为"太空教师"。货舱足够大，大到可以运载 20 世纪 50 年代的木星-C 探空火箭，其中有一对卫星、一个流体动力学实验和辐射监测设备。冰雪在一夜之间堆积起来，在冰雪检查小组确保它有足够时间融化后，新的命令又要求推迟发射时间。升空 7 秒后，航天飞机以其特有的方式翻滚，然后它似乎悬挂在巨大的一次性燃料箱的后面，向东飞越大西洋，数百平方英里之外都能听到撞击声。微风把烟柱几乎吹弯了。在升空一分钟时，即固体燃料火箭短暂预期寿命的一半，在右侧火箭外壳的一个接头处，出现了一道本不该有的闪光。主发动机达到最大功率，斯科比用无线电说："罗杰，全速前进。"72 秒时，两枚火箭开始向不同方向推挤。73 秒时，燃料箱爆裂，向空中释放液态氢，并在空气中爆炸。航天飞机突然受到一股巨大的推力。一团火焰和烟雾将其笼罩。几秒后，碎片出现了：左翼像一个三角形的帆，划破天际；发动机仍在燃烧；一具六个男人和一个女人的棺椁完好无损地坠入某个地方。与历史上任何其他灾难不同的是，借助早期航天任务成功发射的卫星，电视转播技术让更多人一次又一次地见证了这一事件。

机械失控。NASA 把自己打造成技术实力的象征，把一组组人送上月球，助长了太空旅行是"例行公事"的错觉——这种错觉就体现在航天飞机的名字中。在美国宾夕法尼亚州三里岛发生核事故，以及印度博帕尔发生化学灾难后，航天飞机爆炸似乎最终证实了技术已经脱离了人类的控制。什么都没用了吗？在费曼童年时代的美国，技术的梦想一直占据着主导地位，而此时，这个梦想破碎了：科技是一个祸害，而且是一个没用的祸害。核电站曾经为人们提供取之不尽、用之不竭的电力，现在却成了这片土地上的威胁象征。汽车、计算机、简单的家用电器或巨大的工业机器似乎都是不可预测的、危险的、不可信的。费曼童年时代的美国是一个工程师社会，充满了希望，此时却已经被膨胀和过度自信的技术统治论所取代，在其自身拜占庭式的复杂设备的重压下崩溃了。这就是灾难当天，在数百万台电视的屏幕上重播了数百次的图像所传达的信息——烟云散开，两枚火箭像罗马蜡烛烟花一样四分五裂。

罗纳德·里根总统立即宣布他决心继续执行航天飞机计划，并表示支持NASA。按照政府的惯例，他任命了一个调查委员会，反复强调它是"独立"的。美国政府正式宣布，该委员会是"一个外部专家小组，均为不图私利的杰出美国人"——而事实上，该委员会主要由内部人士和出于象征价值而选择的人物组成：委员会主席威廉·P. 罗杰斯（William P. Rogers），曾在美国共和党政府担任司法部长和国务卿；美国国防部负责航天飞机行动的唐纳德·J. 库蒂纳（Donald J. Kutyna）上将；几位 NASA 顾问和航空航天承包商主管；萨莉·赖德（Sally Ride），美国第一位进入太空的女性；尼尔·阿姆斯特朗（Neil Armstrong），第一位登上月球的人；查克·耶格尔（Chuck Yeager），著名的前试飞员；最后关头的选择是理查德·费曼教授，第二天的报纸上便出现了"诺贝尔奖得主"的称号。阿姆斯特朗在任命当天表示，他不理解为什么需要一个独立委员会。罗杰斯更坦率地说："我们不会以不公平地批评 NASA 的方式进行这项调查，因为我们认为——我当然也认为——NASA 做得很出色，美国人民做得也很好。"[27]

美国政府任命了罗杰斯，并从 NASA 代理局长威廉·R. 格雷厄姆（William R. Graham）提供的名单中选出了委员会的其余成员。事实上，格雷厄姆在三十年前就参加过加州理工学院的课程，并经常旁听"物理学 X"，他记得这是加州理工学院最好的课程。后来，他参加了费曼在休斯飞机公司的讲座。但他并没有想到让费曼成为航天飞机事故调查委员会的成员，直到曾陪他参加过讲座的妻子提到了费曼的名字。格雷厄姆打电话时，费曼说："你毁了我的生活。"直到后来，格雷厄姆才明白费曼的意思：你在消耗我所剩无几的时间。费曼这时患有另一种罕见的癌症——瓦尔登斯特伦巨球蛋白血症，和骨髓有关。这种癌症中，B 淋巴细胞，即一种白细胞变得异常，并产生大量蛋白质，使血液变得黏稠。凝血成为一种危险，血液难以流向身体的某些部位。费曼过去的肾脏损伤是一种并发症。他看起来灰头土脸，面色苍白。他的医生们几乎没有提供什么建议。他们无法解释为什么两种如此罕见的癌症会同时存在。费曼本人拒绝考虑这一猜测：这可能是 40 年前原子弹项目造成的结果。

他立即在帕萨迪纳的喷气推进实验室与朋友们安排了一次介绍会。任命宣布后的第二天，他坐在中央工程大楼的一个小房间里，会见了一批又一批的工程师。该实验室拥有先进的图像处理设施，在航天飞机飞向天空时，测距照相机拍摄的数千张照片的原始底片就在这里。

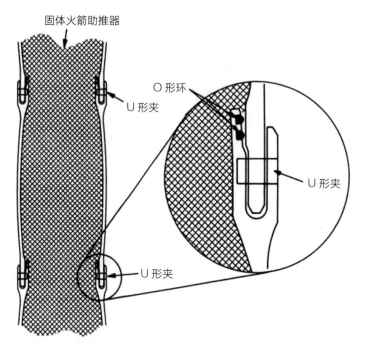

航天飞机的固体火箭助推器是分节制造的，在发射场一个接一个地组装起来。将各部分连接在一起的接头必须密封，防止热气体从火箭内部逸出。成对的 O 形环厚四分之一英寸，周长 37 英尺。气体的压力应将它们紧紧地嵌入接头，形成密封。

　　费曼查看了技术图纸，听取了从事早期设计研究固体火箭助推器和发动机的工程师的意见。他了解到，航天飞机的工程师组成了一个群体，跨越了将 NASA 的各个部门和分包商分隔开来的行政边界，他们都知道每一次发射都有风险。航天飞机发动机的涡轮叶片反复出现裂纹，是发动机技术的最前沿问题。第一天，也就是 2 月 4 日，费曼注意到，将各节长长的固体燃料火箭之间的接头密封起来的橡胶 O 形环存在众所周知的问题。这些环代表了日常工程技术在高科技航天飞机上的拓展应用：它们是普通的橡胶环，比铅笔还细，但长 37 英尺，相当于火箭的周长。它们用于承受热气体的压力，并通过挤压金属接头形成密封。"U 形夹中的 O 形环烧焦了……"费曼用颤抖、苍老的手写下，"一旦烧穿一个小洞，很快就会产生一个大洞！只用几秒就会发生灾难性的失败。"当晚，他飞往华盛顿。

委员会正式而缓慢地开始了调查。罗杰斯在第一次公开会议上宣布，NASA 官员一直在合作，委员会将在很大程度上依靠 NASA 自身的调查。会议开始时，NASA 高级航天官员杰西·莫尔（Jesse Moore）做了简要报告。出乎意料的是，费曼和其他几个专家组成员用尖锐的具体问题打断了他。他们重点关注了天气，因为天气太冷，整个发射台的设备上都结了冰。莫尔对此回应，他没有收到任何关于寒冷可能会造成问题的警告。

然而，当天下午，来自美国阿拉巴马州马歇尔空间中心的另一位官员贾德森·A. 洛文古德（Judson A. Lovingood）作证称，NASA 和固体火箭制造商莫顿·赛奥科公司的管理人员在发射前一晚举行了电话会议，讨论了他所说的"赛奥科公司对低温的担忧"。他说，讨论的重点是 O 形环，赛奥科公司建议继续发射。他还提到了"漏气"的证据——烟灰表明热气体已经烧穿了本应包裹住它们的密封件。不过，他强调，O 形环是成对使用的，而第二个 O 形环似乎一般也能固定住。库蒂纳上将问道："这有什么值得担心的吗?"

"哦，是的，"洛文古德回答道，"这是一个反常现象。"

次日，也就是 2 月 7 日，报纸报道聚焦寒冷天气的问题，并指出 NASA 被这些咄咄逼人的问题打了个措手不及。当莫尔再次面对委员会时，费曼立即开始提出一系列新问题。主席两次要求他推迟提问。但提问很快又回到了密封上。另一位 NASA 目击者作证称，影片显示，在点火后 0.6 秒时，右侧固体火箭侧面冒出一股黑烟。费曼问道："这就是我们所说的异常吗?"目击者阿诺德·奥尔德里奇（Arnold Aldrich）谨慎地回答道："除非我们能找出一段看过的影片，里面记录过这样的情况，否则这就是一个反常现象。"在另一位委员的追问下，他说："我所知道的关于确认密封情况的操作……只是在该接头上进行的认证测试表明，密封件会稍微变硬一些，但在该范围内的所有温度下都足以密封。从未有人想过，该系统不能在结冰条件下发射。"

　　主席安抚奥尔德里奇说："当我们提问和继续提问时，我们并不是想要指手画脚。"然后对莫尔说："我想，今早报纸上这么说，确实有点儿尴尬——我并不认为你真实的意思是，你排除了天气有任何影响的可能性……如果你一开始就排除了这一点，特别是因为罗克韦尔确实打电话给你，并给了你一个警告，你考虑后并决定可以继续进行——假设这个判断是错误的。没有人会责怪任何人。我的意思是，必须有人做出这些决定。"

　　但费曼马上就"可以接受 O 形环漏气的情况，因为第二个 O 形环可以起到代替作用"的观点，对莫尔提出了质疑。

　　费曼说："你说过，我们不希望这种情况也出现在另一个 O 形环上。反过来，你却没想到第一个 O 形环会出现这种情况……当第一个 O 形环漏气时，如果第二个 O 形环也漏了哪怕一点点气，这就是一种更严重的情况，因为此时气体流动已经开始了。"当空军上将库蒂纳在委员会的第一次新闻发布会上与费曼坐在一起时，曾与他友善相待。（"副驾驶员呼叫驾驶员，"他轻声说道，由于担心费曼坐在一位身着威风制服的将军身边会感到紧张，他选择了这个恭敬的短语，"你梳下头。"费曼还是吓了一跳，吼了一声，向库蒂纳要了一把梳子。）现在库蒂纳加入了进来："我补充一点……一旦气体找到路径，就会像乙炔火炬一样燃烧。"

　　费曼说："如果有人想看的话，我这里有一张密封件的横截面照片。"没有人回答。

　　对于费曼、罗杰斯、格雷厄姆、媒体和 NASA 官员来说，2 月 8 日的周末带来了惊喜。

　　费曼身在外地，把自己在洛斯阿拉莫斯的经历当作团体协作紧急技术项目的范本，因此，他不想在周六和周日休假。通过格雷厄姆，他于周六在 NASA 的华盛顿总部安排了一系列非公开简报会。他进一步了解了发动机、轨道器

和密封件。他再次发现，NASA 的工程师早已了解 O 形环长期存在问题；37
英尺长的整段上有两三英寸的节段多次被烧毁和侵蚀；关键问题在于橡胶压入
金属间隙的极限速度——要以毫秒计；NASA 出于一种官僚做法，同时了解而
又忽视了这个问题。他对此前 8 月赛奥科公司和 NASA 管理人员之间的一次
会议总结感到尤为震惊。他们的建议似乎是互相矛盾的：

- 最关键的原因是现场接头中缺乏良好的额外密封，应尽快采取减少接
  头旋转的方法，以降低临界性……
- 对现有数据的分析表明，继续飞行是安全的……

当天在 NASA 总部的其他地方，格雷厄姆得知风暴即将爆发：《纽约时报》
获得的资料显示，NASA 内部在至少四年中针对 O 形环问题发出了紧急警告。
格雷厄姆最近才接手该机构，前任局长詹姆斯·贝格斯（James Beggs）因与
NASA 无关的欺诈指控被起诉。格雷厄姆立即给罗杰斯打电话。

这篇文章出现在周日，引用了比工程师向费曼所展示的还要危急的警告：
密封件的故障可能会带来"金属腐蚀、烧穿以及可能引起火灾和爆燃的外壳
爆裂，导致机身、任务和机组人员的损失"，以及

毫无疑问……密封件的潜在故障已经并正在危及飞行安全，而且众所周
知，发射过程中若发生故障，一定会是灾难性的。

那天早上，格雷厄姆亲自带费曼去了史密森尼学会的美国国家航空航天博
物馆，在那里，他坐在一个空旷的剧院中，观看了一部关于航天飞机的励志
影片。他的情绪如此激动，连他自己都很惊讶。

下午，库蒂纳往费曼的酒店打电话找他。作为军方航天飞机项目的管理
人员，库蒂纳比任何其他委员都更了解航天飞机。他还知道如何管理一个技
术委员会，因为他在此前一年领导了空军对泰坦火箭爆炸的调查。他在工程
师和宇航员中有自己的信息来源——其中有人在这个周末告诉他，赛奥科公司

本就知道，橡胶 O 形环在变冷时可能会失去弹性。库蒂纳希望公开这些信息，又不想损害为他提供信息的人。他邀请费曼在周日去他家吃晚餐。饭后，他们去了库蒂纳的车库——他的爱好是收集二手车，而此刻他正在修理一辆旧欧宝 GT 跑车。它的化油器正巧放在他的工作台上。他告诉费曼："你看，这些东西在天冷的时候会泄漏，所以，你觉得寒冷会对航天飞机的 O 形环产生类似的影响吗？"[28]

罗杰斯于周一召开非公开会议，回应《纽约时报》的爆料。他明确表示，这是对其调查程序的干扰："我认为，《纽约时报》的文章与其他文章毫无疑问造成了一个令人不快、不幸的局面。细究过去是没有意义的。"NASA 的代表被要求做出回应，其中一位说道："文章陈述说，这可能是灾难性的，我认为这么说是夸大了。"罗杰斯对此评论道："嗯，有可能。"固体火箭项目经理劳伦斯·马洛伊（Lawrence Mulloy）证实，O 形环中的橡胶可以在巨大的温度范围内工作：从零下 30 华氏度①到 500 华氏度。然而，他并不知道关于 O 形环在低温下的实际弹性的任何测试结果。

次日早上，马洛伊回来给委员们做了一次简报——库蒂纳认为这又是在"解释哪一头是航天飞机的尖端，因为人们不太了解它"——他带来了十几张图表，让工程术语有声有色——尖钩段朝上、U 形夹朝下、喷砂、溅落荷载和空泡破裂荷载、航带中的伦道夫 2 型铬酸锌石棉油灰——就算委员们能听懂，记者们听了这些也会望而却步。一位委员问道："这些材料、油灰和橡胶是如何受到极端温度的影响的？"

> 是的，先生，特征有变化。随着弹性体变冷，弹性降低，反应能力会——
> 弹性体是什么？
> 就是氟橡胶 O 形环。
> 橡胶？

---

① 华氏温度 = 摄氏温度 × 1.8+32。

费曼追问马洛伊，让他说明弹性为何至关重要：像铅这样的软金属会被挤压到间隙中，在振动和压力变化的情况下无法保持密封。费曼说："假如在一两秒内，这种材料都没有弹性，那就足以造成一种非常危险的情况了吧？"

他在给马洛伊设下圈套。他对这段没有说服力、含糊其词的证词感到愤怒。他通过格雷厄姆正式要求提供测试数据，并收到了一些无关紧要的文件，展示了橡胶在数小时内而不是几毫秒内的反应。为什么 NASA 连这么简单的问题都不能回答？周一在晚餐时，他的目光落在了一杯冰水上，他有了一个想法，他最初认为这可能太简单粗鲁。冰水温度稳定在 32 华氏度（即 0 摄氏度），与发射时发射台上的温度几乎完全相同。周二早上，他早早起床，拦下一辆出租车。他绕了华盛顿一圈，寻找五金店，终于买到了一个小 C 形夹子和钳子。听证会开始时，费曼要了一杯冰水，一名助手给整个委员会拿来了杯子和一个水壶。当一个与实物同等大小的接头横截面被传递给委员们检查时，库蒂纳看到费曼从口袋里拿出夹子和钳子，从模型中拉出一块橡胶 O 形环。他知道费曼想做什么。当费曼伸手去按麦克风上的红色按钮时，库蒂纳把他拉了回来——电视摄像机正在拍其他地方。罗杰斯要求短暂休息，在男厕所里，有人听到他站在尼尔·阿姆斯特朗旁边说："费曼真是越来越麻烦了。"当听证会重新开始时，那一刻终于到来了。

罗杰斯主席：费曼博士想发表一两点意见。费曼博士。

费曼博士：这是对马洛伊先生的评论。我把从你的密封件里取出的东西放进冰水里，我发现，当你给它施加一些压力，然后松开它时，它就不会收缩了。它的大小保持不变了。换句话说，当温度为 32 华氏度时，在少则几秒，多则更长的时间内，这种特殊材料没有弹性。

我认为这对我们的问题有一定的意义。

在马洛伊发言之前，罗杰斯叫来了下一位证人，这位预算分析师写了一份备忘录，构成了《泰晤士报》报道的基础。分析师理查德·库克（Richard

Cook）在一个月又一个月的"预算威胁"清单上注意到了 O 形环问题，并向其上级强调了这一点。当灾难发生时，他确信这就是原因。在航天飞机事故听证会上，主席第一次也是最后一次盘问了一名证人，从上午一直到下午，摆出一副冷酷野蛮的检察官姿态：

我想，你没有试图权衡预算和安全的因素，是吗？

完全不是这样的。

你没有资格这样做吗？

不，先生……

你不认为，权衡这些因素的人没有资格这样做吗？……你不觉得处在你的位子上，就应该决定太空计划必须做些什么吗？

没错。

因此，这份备受关注的备忘录似乎表明，你应该反对那些有资格做出判断的人，但事实上你根本就没有这样做……你是在愈演愈烈的时候写下备忘录的，我猜想，你和全美国其他人一样，对这起事故感到心烦意乱，你在写备忘录的时候就是这种状态。你并不是真的想公开批评你的同事或周围的人，是吗？

然而，很明显，库克已经准确地描述了这些问题。当晚和第二天早上，费曼的演示占据了电视和报纸的报道。在进一步的询问下，马洛伊首次明确承认寒冷降低了密封的有效性，而且尽管从未进行过费曼式的直接测试，但 NASA 早已知道了这一点。4 月，当最终为委员会进行这些测试时，他们表明，冷密封件故障几乎是不可避免的——这不是一个反常的事件，而是材料物理学的结果，正如费曼的演示那样直截了当。弗里曼·戴森后来说："公众亲眼看到了科学是如何进行的，一位伟大的科学家是如何用双手思考的，当科学家问大自然一个明确的问题时，它是如何给出明确的答案的。"

自从费曼登上飞往华盛顿的夜间航班以来，他度过了非同寻常的一星期。

委员会还有四个月的工作要做，但灾难的物理原因已经找到了。

随着 20 世纪 70 年代的开始和最后一次登月的临近，NASA 已经成了一个缺乏明确任务的机构，却保持着庞大的官僚体制，并与美国最大的航空航天公司建立了联系网：洛克希德公司、格鲁曼公司、罗克韦尔国际公司、马丁·玛丽埃塔公司、莫顿·赛奥科公司和数百家小型公司。这些公司都成了航天飞机项目的承包商，项目正式名称为"空间运输系统"（Space Transportation System），最初计划作为一支可重复使用且经济的货物运输舰队，取代过去的一次性火箭。

不到十年，航天飞机就成了被其自身复杂性击败的技术的象征，航天飞机项目也成为政府管理不善的象征。每一个主要部分都经过反复的重新设计和重建，向美国国会提交的每一项成本估算都超出了预算许多倍。非公开审计发现，欺骗和滥用开支的行为造成了数十亿美元的损失。为了航天飞机能重新使用，代价十分高昂：每次飞行后对其进行翻新的成本远远超过了标准火箭的成本。航天飞机几乎无法到达低轨道，高轨道更是不可能的。飞行任务只是计划任务中的一小部分，尽管 NASA 公开宣称事实并非如此，但航天飞机的科技成就微不足道。NASA 在成本和收益方面系统地误导了美国国会和公众。正如费曼所说，出于官僚主义的自我保护，NASA 认为有必要"夸大：夸大航天飞机有多么经济，夸大它的飞行频率，夸大它有多么安全，夸大即将发现的重大科学事实"。在"挑战者号"灾难发生时，该计划正在从内部崩溃：到当年年底时，备件短缺与超负荷的机组人员培训计划都会导致飞行计划暂停。

然而，6 月 6 日发布的总统委员会报告一开始就宣称，这起事故中断了"史上最具成效的工程、科学和探索项目之一"。而该项目的成功有赖于公众对"加强航天飞机项目……的决心"。

当费曼后来谈到自己的角色时，他用上了自己"乡下男孩"的形象："对我来说，这是一个巨大的神秘世界，其中有着巨大的力量……我必须要小心。"他声称自己对政治或官僚主义一无所知。这些都是一个技术人员难以理解的问题。

然而，委员会中只有费曼一人努力扩大调查范围，将他认为自己不能胜任的领域也准确地包含进来：决策、沟通和 NASA 内部的风险评估问题。库蒂纳告诉他，他是唯一没有政治纠葛的委员。尽管罗杰斯表示反对，但费曼坚持自己进行调查，并独自前往美国佛罗里达州肯尼迪空间中心、阿拉巴马州马歇尔空间中心、休斯敦约翰逊空间中心和几家承包商总部去采访工程师。其间，他多次前往华盛顿的一家医院验血，并对恶化的肾脏进行药物治疗。他还与他在加利福尼亚州的医生通了电话，医生对他抱怨了远程行医的困难。他给格温妮丝自豪地写道："我已经下定决心，要找出到底发生了什么事——不计后果！"对于游戏的惊险，他乐在其中，而且他怀疑自己受到了严密的监视。"但这行不通，因为（1）我对技术信息交换和理解的速度比他们想象的快得多，"——毕竟，他是洛斯阿拉莫斯和麻省理工学院机器车间的老手，"（2）我已经嗅到了一些不对劲的地方，这种感觉我不会忘记。"

他试图利用自己的天真。罗杰斯向费曼展示了一份最终建议草案，大力赞扬了 NASA，极尽溢美之词：

委员会强烈建议 NASA 继续得到美国政府和国家的支持。该机构是国家资源，在空间探索和开发中发挥着关键作用。它也是国家自豪感和技术领先地位的象征。委员会赞扬了 NASA 过去取得的惊人成就，并预计它还将取得令人印象深刻的成就……

他犹豫了，表示自己在此类政策问题上缺乏专业知识，并威胁要从这份报告中撤回自己的签名。

他的抗议无效。该措辞作为委员会的"思想总结"而非建议，似乎无懈可击。尽管委员会了解到，发射的决定是在工程师的明确反对下做出的，他们知道 O 形环存在严重危险，但最终报告并未企图让 NASA 高级官员对这一决定负责。有证据表明，1985 年 8 月，O 形环问题的来龙去脉已经被详细报告给了包括 NASA 时任局长贝格斯在内的高级官员，但委员会决定不询问这些官员。费曼自己的调查结果比委员会的调查结果更为犀利，却被单独放在最终报告的附录中。

费曼分析了计算机系统：过时的硬件上运行着 250 000 行代码。他还仔细研究了航天飞机的主发动机，并发现了严重的缺陷，包括关键涡轮叶片上的裂纹，这与固体火箭助推器的问题类似。总的来说，他估计发动机及其部件的运行期限不到预期寿命的十分之一。他还记录下用于证明发动机安全性的标准曾被故意下调：由于在涡轮的预期寿命中发现裂纹的时间越来越早，认证规则被反复调整，以允许发动机继续飞行。

费曼对理解此次灾难最重要的贡献来自风险和概率领域。他表示，尽管 NASA 及其承包商的决策本质在于权衡不确定性，但他们完全忽视了统计科学，并使用了极为模糊的风险评估方式。委员会的官方调查结果只好引用费曼在听证会上的意见，即决策成了

一种俄罗斯轮盘……[航天飞机在 O 形环受到侵蚀的情况下] 飞行，但什么都没有发生。结果，这用来说明接下来的航行风险也没那么高。我们可以把标准降低一点儿，因为上次我们侥幸逃脱了……我们确实侥幸逃脱了，但不该一次又一次地这样做。

科学拥有解决这类问题的工具，但 NASA 没有使用它们。数据点分散，如 O 形环的侵蚀深度，往往被简化为简单的线性经验法则。然而，正如费曼指出的，热气体将橡胶凿穿的物理现象是高度非线性的。评估分散数据范围的方法是通过概率分布，而不是单个数字。"必须将其理解成一种概率的、令人困惑的、复杂的情况，"他说，"这是一个增加和减少概率的问题……重点

不在于它是否有效。"

在温度对 O 形环安全性的影响这一关键问题上,NASA 犯了一个明显的统计错误。有七次航行显示 O 形环有损坏迹象。最严重的损坏发生在最冷的一次航行中——53 华氏度,温度称得上温和——但温度和损坏之间没有普遍的相关性,例如,在 75 华氏度时 O 形环也发生了严重损坏。

错误在于,鉴于 O 形环在有些航行中没发生损坏,问题显得无关紧要,于是它们被忽略了。当这 17 次航行(温度从 66 华氏度到 81 华氏度)被绘制成图时,温度的影响突然清晰显现出来。损坏与寒冷密切相关。这就好像,为了证明加利福尼亚州的城市往往位于美国最西部这一命题,有人绘制了一张该州的地图,却省略了恰恰能凸显这个特征的该州以外的城市。美国国家科学研究委员会为跟进调查委员会的报告而组建了一个统计学家小组,他们分析了相同的数据,并估计在 31 华氏度的温度下,O 形环发生灾难性故障的"赌博概率"为 14%。

费曼发现,一些工程师对相关概率有一个相对现实的看法,比如,猜测每 200 次航行中可能有一次会发生灾难。然而,管理人员们却采纳了不切实际的估计——大约十万分之一。费曼称,他们在自欺欺人。他们综合了荒谬的猜测,将这些数字拼凑在一起,例如,涡轮管爆裂的可能性为一千万分之一。

他在个人报告的结论中说道:"对于一项成功的技术来说,现实必须排在公共关系问题之前,因为大自然不能被愚弄。"他与其他委员一同参加了在白宫玫瑰园举行的一场仪式。然后,他回到家里,他已知道,死亡将要降临。

注释

三部当地历史著作是朱迪斯·古德斯坦的《密立根学校》、安·谢德的《帕萨迪纳：山谷之冠》和凯文·斯塔尔的《创造梦想》，它们提供了有用的背景知识，罗伯特·卡页的论文《科学殿堂》也是如此。我还参考了许多现任和前任加州理工学院教授、学生和管理人员的回忆。关于费曼在巴西的一些信息来自何塞·莱特·洛佩斯（1988 和个人通信）、塞西尔·德威特 – 莫雷特等人的回忆，费曼 1951 年与费米的通信，布劳内尔 1952，费曼的演讲《拉丁美洲物理学教学问题》（1963a），以及巴西中央研究所的出版物。1988 年和 1989 年，我向美国联邦调查局、中央情报局、陆军部和能源部提出了参阅《信息自由法》的要求，其中记录了政府对费曼的秘密审查，以及他与国务院就前往苏联旅行的可行性进行的磋商。美国国务院的一些信件也在加州理工学院档案馆中。在超流体方面，罗伯特·施里弗、汉斯·贝特、迈克尔·费舍尔和拉塞尔·唐纳利特别提供了帮助。唐纳利给几位同事写了回忆录。从苏联的角度来看，安德罗尼卡什维利 1990 是一部非凡的回忆录。20 世纪五六十年代的粒子物理学：罗切斯特会议记录，约翰·波尔金霍恩诙谐的回忆录（1989）和杰里米·伯恩斯坦的"非正式历史"（1989），罗伯特·马尔沙克的记述（1970），布朗、德累斯顿和霍德森的研讨会论文集《夸克先驱：20 世纪 50 年代的粒子物理学》（*Pions to Quarks: Particle Physics in the 1950s*），以及对不同科学家的采访。同样，一些关于私人关系的材料基于信件和采访，出于隐私的原因，我不能特别引用。在费曼 1961 年 1 月和 2 月写给维克托·魏斯科普夫的一封长达 15 页的信（J. A. 惠勒的论文，美国哲学会）和他的法拉第讲座（1961b）中，以及他发表的一篇论文（1965b）和加州理工学院档案馆中的各种讲义中，都可以看到费曼对引力的思考。安德鲁·皮克林（1984）和迈克尔·赖尔登（1987）从不同的角度对夸克和介子的发展进行了详细记录；费曼将这一时期的笔记保存得异常有序（加州理工学院档案馆）；赖尔登和伯顿·里克特在斯坦福直线加速器中心提供了有用的"现场指导"；詹姆斯·比约肯、乔治·茨威格、西德尼·德雷尔、蔡永赐，当然还有默里·盖尔曼提供了尤其有益的回忆。对于费曼的疾病记录，我参考了他的档案中的笔记和信件，以及对 C. M. 哈斯克尔博士、威廉·C. 布拉德利博士和金仁昌博士的采访。对于"挑战者号"事故的调查：委员会报告中公布的听证会记录和文件，费曼的个人笔记和委托备忘录（加州理工学院档案馆和作者获得的个人论文），拉尔夫·莱顿未经编辑的费曼口述笔录（后来在《你干吗在乎别人怎么想？》中公开），采访委员、NASA 官员和工程师以及其他人（尽管我一再要求，只有威廉·P.
罗杰斯拒绝接受采访）。卡尔·费曼分享了费曼在最后一次进医院之前一直在写的论文
的手稿。

[1] 即使在 60 多岁的时候，他仍在继续考虑如何在被他描述为 "WL（Wint-o-green
Lifesavers 牌薄荷糖）和 S（蔗糖）" 的物质中强化这种现象。费曼致 J. 托马斯·迪肯
森，1985 年 5 月 13 日，加州理工学院档案馆。

[2] 正如著名实验家路易斯·阿尔瓦雷茨对物理学家兼历史学家亚伯拉罕·派斯所说："因
为我们非常成功，战争结束后，我们收到了美国军方的一张空白支票。如果不是这
样，我们就会成为恶人。事实上，我们从来不用担心钱。"派斯 1986，19。

[3] 十年后，他对自己的决定感到不舒服。"我知道奥本海默发生了什么，施特劳斯与之
有关系，我不喜欢……好吗？而且我想，我会帮他解决的。我的意思是，我不好。我
不想从他那里拿奖。见鬼。我想：也许我不会获奖。好吗？我很担心，因为在某种意
义上，我觉得这是不公平的。这家伙正在提供钱——你知道的，他想做一些好事，但
并不是因为这件事，因为他以前就这么做过。据我所知，以前有过爱因斯坦奖，或者
其他什么东西……我有点儿困惑。"查尔斯·韦纳的采访，673-74。

[4] "氦问题中最困难的部分是通过物理推理完成的，而不能写任何东西……能够在没有
东西可写的情况下完成这件事，是非常非常有趣的。"查尔斯·韦纳的采访，739。

[5] "嫉妒是另一个原因……我对派斯计划的宣传感到不满，我确信这是错误的！"盖尔曼
1982，399。

[6] 同样，历史学家 J. L. 海尔布伦说道："'奇异'，一个在罗曼语族中几乎没有的词，表
达的是一种只有短暂感受到的惊讶……这个新术语是否表达了粒子理论家对自己的
创造物的怀疑或不屑？"《历史学家对粒子物理学的兴趣》（"An Historian's Interest in
Particle Physics"），布朗等人 1989，53。

[7] 索恩，采访；福勒，1974 年 5 月 30 日，查尔斯·韦纳进行的采访，美国物理联合会
物理史中心，尼尔斯·玻尔图书馆："我只是觉得费曼在信口开河，他的意思可能是什
么？广义相对论与这些物体有什么关系？"

[8] 韦尔顿在采访中说："我说：'迪克，回想一下，如果我教给你我所知道的 Q.E.D.，那
么会发生什么？——你就会知道得太多了，你也就不会有那么多创新。'然后他说：
'你是对的。'"

[9] "我之所以提到这个故事，是因为我对宇称不守恒的想法抱有偏见，但我知道它可

能是不守恒的。换句话说，我不能按 100 比 1 的赔率打赌，只能按 50 比 1。"查尔斯·韦纳的采访，721。

[10] "对我来说，所涉工作是无限的……我不是那样的人。我不能用他的方式思考。我无法遵循并尝试完成所有这些步骤。如果我想担心这个问题，我会阅读论文来解决这个问题，然后可能用其他方式解决它……现在，阅读并检查步骤，我是做不到的。"查尔斯·韦纳的采访，715。

[11]

$$[(p_\mu - A_\mu)^2 + \underline{\sigma} \cdot (\underline{B} + i\underline{E})]x = m^2 x$$

"你不能根据 x 推出 ψ，反之亦然。"：

$$\psi = \left(\frac{(\not{p} - A) + m}{2m} \right) \begin{pmatrix} x \\ x \end{pmatrix}$$

$$x = (1 + i\gamma_5)$$

[12] 随之而来的是一系列令人不快的优先事项。马尔沙克和苏达山关切地指出，盖尔曼在 7 月得知了他们的工作进展；盖尔曼担心地指出，他"这些年来"一直在思考 V-A。4 月，当费曼描述了他的双分量狄拉克方程时，马尔沙克和苏达山错过了在罗切斯特会议上发言的机会，之后发现了他们一直在保持沉默的理由。令他们深感沮丧的是，大多数物理学家引用的是费曼–盖尔曼的论文，而不是马尔沙克–苏达山的论文（苏达山 1983，486；苏达山、马尔沙克 1984，15−20）。他们喜欢引用费曼很久之后的一句慷慨的评论："我们有一个弱相互作用的传统理论，由马尔沙克和苏达山发明，由费曼和盖尔曼发表，由卡比博完成……"费曼 1974b。

[13] 盖尔曼在采访中表示："他用双分量形式撰写了自己的版本，他对此感到非常自豪。我不喜欢这种方法：我觉得它很笨拙，而且没有必要。我在论文中添加了很多材料，有好的，也有不好的，但我没有成功改变对双分量形式的强调。这有些不幸。"

[14] 费曼称："……为了给人留下深刻的印象，美国国务院的人要求把默里的名字也写上。这真是太不幸了。我不介意把默里的名字写在上面，这不是重点，而这是废话。他们打来电话——这么多苏联人要谈论这件事，他们必须让更多的美国人谈论科学……你懂的，把宣传和科学混为一谈。"查尔斯·韦纳的采访，744。

[15] 罗伯特·辛西默致费曼，n.d.，"亲爱的 Feyntron……"加州理工学院档案馆；罗伯特·辛西默起草的"T4D 噬菌体 rⅡ 突变体的相互抑制"（加州理工学院档案馆、查尔斯·韦纳的采访，752）："我知道它们非常有趣且不同寻常，但我没有写出来。"然而，

他确实为《遗传学》(*Genetics*)的一篇小组论文做出了贡献：埃德加、费曼等人 1961。

[16] 科幻小说作家罗伯特·海因莱因曾预想，伺服控制的机器人的手会越来越小，他称之为 waldoes。参见里吉斯 1990，142。

[17]《观点》比尔·斯托特对费曼的采访，采访笔录，加州理工学院档案馆。费曼向电视台抱怨道："有人曾经说过，我的观点可能会引起人们的反感……我认为你拒绝使用与我一起录制的节目是对我所表达的观点的直接审查。"费曼致比尔·惠特利，1959 年 5 月 14 日，加州理工学院档案馆。

[18] "我一直在想，我的意思是，我认为我有可能获得诺贝尔奖，因为我认为，有人可能会认为氦的工作，或者 β 衰变，或者甚至电动力学可能适合诺贝尔奖……每年当诺贝尔奖演讲出现时，你当然都会半信半疑地觉得，这也许是可能的。"查尔斯·韦纳的采访，800–801。

[19] 正如盖尔曼 1989 年在费曼的追悼会上所说的："每个人都知道，理查德认为人们不应该区分一只鸟和另一只鸟的区别……他试图用另一种方式表明，他可以就像不当观鸟人一样，从人群中脱颖而出。"1989 年 1 月 18 日在旧金山费曼纪念馆举行的演讲。

[20] 盖尔曼在采访中说道："27 年来，人们一直故意误解这一点。"

[21] "R. P. 费曼引用了核子的每一种假想点状成分，来解释核子如何非弹性散射高能电子。"《牛津英语词典》补充，279。

[22] "这些东西是夸克和反夸克（有时是胶子），但他不想直呼他们的名字。一开始，他不确定它们是什么，但随着时间推移，事情变得越来越清楚，他仍然不承认自己在谈论夸克，这让我很恼火。最终，一些作者开始谈论'夸克部分子'，但它们似乎在某种程度上不同于当前的普通夸克。

"所谓的部分子模型是对夸克和胶子的近似描述，如果粒子之间的相互作用在短距离内变得微弱（事实证明这是量子色动力学中的情况），则夸克和胶子可以适用于适当的高能极限。迪克描绘了一幅天真的画面，这不仅是对一个未知理论的近似，也是在揭示真相。

"全世界的物理学家都了解了'部分子'的故事，并记住了它，立即开始用它来解释实验。换言之，迪克过分简化了这个图景，以便每个人都能使用它。"盖尔曼，个人通信。

[23] 他们对此一直一无所知。B. 瓦格尔致费曼，1977 年 1 月 26 日，加州理工学院档案馆。盖尔曼、茨威格的采访。

[24] 他将这场演讲命名为"来自南方的洛斯阿拉莫斯"。费曼 1975，105.

[25] 他还将"默里·盖尔曼和我写了一篇关于该理论的论文"改为"默里·盖尔曼比较并结合了我们的想法，并写了一份关于该理论的论文"（232）。盖尔曼仍然称之为"那本笑话书"。他知道费曼并没有故意试图获得不应得的荣誉，但他还是受到了伤害。盖尔曼说："他根本不是一个思想的窃贼，在某种程度上，他甚至非常慷慨。只是他并不总是能够把其他人视为真正存在的人。"

[26] 费曼致罗伯特·克里斯，1985 年 9 月 18 日，加州理工学院档案馆。费曼致克劳斯·斯塔德勒，1985 年 10 月 15 日，加州理工学院档案馆："这表明了对我这本书的本质的完全误解……它在任何方面都不是一本科学书，也不是一本严肃的书。它甚至不是一本自传。它只是一系列简短的、不连贯的逸事，是面向普通读者的，我们希望读者会觉得这本书有趣。"

[27] 在 2 月 10 日委员会的第一次非公开会议上，他强调："这不是一个对抗性的程序。这个委员会在任何方面都不是对抗性的……"报告，IV，244 页。

[28]《你干吗在乎别人怎么想?》，139-40; 库蒂纳，采访。费曼误记成这是一次电话交谈。

尾声

上帝禁止我们用自己的梦来构建世界的模式。

——弗朗西斯·培根

没有什么是确定的。维尔纳·海森堡在20世纪的意识形态中留下了这一信息。数学家库尔特·哥德尔随后提出了一个著名的证明，即任何逻辑系统都不可能是一致和完备的。存在真正知识的可能性似乎消失了。

海森堡狭义地阐述了他的不确定性原理：一个粒子不能既有确定的位置，又有确定的动量。尽管如此"狭义"，哲学家们还是注意到了这一点，其影响似乎涵盖了比原子及其内部结构更广阔的领域。然而，费曼对哲学家不屑一顾（"与其让他们难堪，不如叫他们'鸡尾酒会哲学家'"），他们过度解释了物理定律，比如：

"一切都是相对的，这是爱因斯坦的结论，它对我们的思想有着深远的影响。"除此之外，他们还说："物理学已经证明，现象取决于你的参考系。"我们听到不少这样的话，但很难搞清楚到底是什么意思……毕竟，"事情取决于一个人的观点"这一想法如此简单，肯定没必要为了发现它去经历物理学相对论的所有麻烦。

爱因斯坦的相对论并不涉及人类的价值观。这些价值观是相对的，还是不相对的，当中的原因与物体以接近光速运动的物理学无关。从技术科学中借用隐喻可能是一种危险的做法。不确定性原则是否将其不可避免的模糊性强加给了对自然的所有描述？可能是吧。但费曼与他的许多同事分道扬镳了。

后者用量子不确定性来解释日常人类世界中出现的多种不可预测性：天气的不可预测性，或人类行为的不确定性。一些人推测，量子的不可预测性可能是自由意志和人类意识进入宇宙的微观漏洞。

特别是斯蒂芬·霍金，他写道："不确定性原理宣告了拉普拉斯的科学理论，即一个完全确定性的宇宙模型梦想走向终结……因此，量子力学把无法避免的不可预测性或随机性因素引入了科学。"费曼的观点却不同。在 20 世纪 60 年代，他预见到了现代混沌现象研究中会出现的理解：不可预测性已经是经典世界的一个特征。他相信，一个没有量子不确定性原理的宇宙，在行星风暴系统和人类大脑的尺度上将像我们自己的宇宙一样，表现得不稳定且自由。

人们通常认为，我们无法预测未来的这种不确定性是一种量子力学的东西，据说这还可以解释大脑的行为、自由意志的感觉，等等。但是，如果世界是经典的——如果力学定律是经典的，那就很难说，大脑会不会或多或少感觉不一样。

为什么？因为微小的错误、我们知识中的微小差距，会被复杂系统的相互作用放大，直至大尺度。

如果水从水坝上流下来，就会产生飞溅。如果我们站在附近，时不时会有一滴水落在我们的鼻子上。这似乎是完全随机的……最微小的不规则在水的下落中被放大，所以我们得到了完全的随机性……

更准确地说，给定任意的精度，无论多么精确，人们都可以找到一段足够长的时间，导致我们在这么长的时间内无法做出有效的预测。现在的问题是，这段时间并不是很长……事实证明，在非常非常短的时间内，我们就失去了所有的信息……我们再也无法预测会发生什么！因此，如果说从人类思维表面上的自由和不确定性来看，我们本应该意识到经典的"确定性"物理学永远不可能理解这一点，并接受量子力学作为"完全机械化"宇宙的一种解脱，这么说是不公平的。

这种信念上的差异，即这种与霍金等物理学家更标准的观点之间的微妙分歧，并不是诡辩。它形成了一个支点，随着 21 世纪的临近，人们围绕着这个支点对物理学的成就和未来产生了根本的分歧。

粒子物理学家十分敬畏他们的理论的有效性。他们采纳了"大统一理论"这一说法，这个概念的首字母缩写为 GUT（grand unified theory）。长期以来，科学的进步意味着从前被分开处理的现象走向统一：麦克斯韦的电动力学已经开始把电和光统一起来；史蒂文·温伯格和阿卜杜勒·萨拉姆将电磁和弱相互作用的领域与他们的电弱理论（不得不叫这个名字）统一起来——然而，将这些相距甚远的领域统一起来，似乎更像一部数学杰作，而不是证明了两个领域确实是一枚硬币的两面。量子色动力学也试图拥抱强相互作用，然而，实验性支持似乎很遥远。当物理学家们谈起这件事时，就好像他们能把统一扩展到一切身上，仿佛他们可以设想出一个物理学能够关闭工厂车间、结束工作的时代。他们可以想象到，甚至几乎可以看到"宇宙的终极理论""完全描述了我们生活的宇宙""一个万物的完全统一的理论"。伴随这些夸夸其谈的，是物理学家政治地位的明显转变。原子弹项目成功所带来的光环正在消退。为了进行越来越高能的实验，物理学家需要极其昂贵的机器，而这些项目的资助问题在科学家中引起了政治分歧。

在费曼去世那年，两位实验物理学家发表了一篇简单的声明："50 年的粒子物理学研究已经产生了一个优雅而简洁的亚核能级的粒子相互作用理论。"粒子物理学的外行人可能不会那么慷慨。优雅而简洁？那么，为什么如此多的粒子质量和其他特定的数值参数必须被输入理论中，而不是被读出？为什么如此多的重叠场、如此多的对称性被打破，以至于似乎需要拟合数据？像色和粲数这样的量子数可能是优雅的简化形式，也可能是最后一刻绑在恐怕会松动的接头处的橡皮筋。如果理论家们解释了夸克禁闭，证明了一种永远无法独立存在的粒子，那么他们当然可以解释任何事情。一位评论家挑衅地说，这个理论是否被操纵了？它是"一个精心设计的智力结构，更像是成功的解释技巧和小工具的集合……而不是对经验的连贯表达理解"吗？尽管理论的每一部分可能都经过了实验的检验，但整个理论，以及制定理论的风格，已经变得难以反驳。人们很难想象那些不能用新的对称性破缺、新的量子数或一些额外的空间维度来解释的现象。现代物理学的备件部门也许储备了大量精巧的装置，以至于现在可以设计出一台可使用的发动机，来处理粒子加速器所能提供的任何数据。

这是一个严厉的批评，但不是来自费曼。然而，费曼也谈到了对自然基本规律的探索。这是最后一次：

人们对我说："你在寻找终极物理定律吗？"不，我没有……如果事实证明，一个简单的终极法则可以解释一切，那么，如果能发现它就太好了。如果事实证明它就像一个有数百万层的洋葱……那么它就是这样的。

他认为，同行们夸大了在统一理论上获得的成功，他们所取得的真实成就其实是把完全不同的理论牵强地拼凑在一起。霍金说："我们现在也许已经接近探索自然终极定律的尾声。"许多粒子物理学家对此表示赞同。但费曼没有这样认为。他在另一个场合说："我一辈子看到的都是这样：人们相信答案就在眼前。"

但一次又一次地失败了。爱丁顿认为有了电子和量子力学理论，一切都会变得简单……爱因斯坦认为自己即将有一个统一理论，但对原子核一无所知，当然也就无法猜测……人们认为他们已经非常接近答案了，但我不这么认为……

自然是否有一个终极的、简单的、统一的、美丽的形式，这是一个开放的问题，而我不想说到底属于哪一种。

在 20 世纪 80 年代，弦理论出现了，它是一种在数学上强大，在实验上却无法验证的"统一"尝试，以存在于多个维度上的弦状实体作为基本对象。额外的维度被认为是以一种对称性破缺的方式折叠起来的，这种对称性破缺被称为紧化。弦理论以费曼的历史求和方法（sum-over-histories method）作为基本原理。该理论将粒子事件视为拓扑曲面，并通过对所有可能曲面求和来计算概率幅。费曼没有涉足。有人说，也许他太老了，无法欣赏这种新时尚。弦理论似乎离实验太遥远了。他怀疑弦理论学家没有尽力证明自己是错的。与此同时，他从未采纳 GUT 的说法。这让他很不舒服。他退下舞台，只在问题出现时解决问题。

当一位粒子物理学历史学家在加州理工学院办公室就统一问题采访他时，他拒绝了。采访者说："你的职业生涯跨越了标准模型的构建阶段。"

"'标准模型'。"费曼怀疑地重复道。

"SU(1)×SU(2)×U(1)。从重正化到量子电动力学，再到现在？"

"标准模型，标准模型，"费曼说，"标准模型，是说我们有电动力学，我们有弱相互作用，我们有强相互作用？好的。是的。"

采访者说："把它们拼凑到一起真是一个了不起的成就。"

"它们没有被拼凑在一起。"

"那是在一个理论包中被联系在一起？"

"不是。"

采访者艰难地把他的问题提出来："你管 SU(3)×SU(2)×U(1) 叫什么？"

"三种理论，"费曼说，"强相互作用、弱相互作用和电磁……这些理论之所以联系在一起，是因为它们似乎具有相似的特征……它们在哪里汇集到一起？只有在你加了一些我们不知道的东西时。今天没有任何含有 $SU(3) \times SU(2) \times U(1)$——别管它到底叫什么——的理论是正确的，也没有任何实验来检验……现在，这些人都想把这一切放在一起。他们**试图**这样做，但没有做到，好吗？"

粒子物理学家是费曼所在的群体。他们都是尊敬他的精英，传递了他的传奇，给了他如此多的威望。他很少公开反对他们的标准教条。在此前的二十年里，费曼一直致力于解决他们的问题：尽管他可能会无视，但最终还是接受了他们的议程。

这位历史学家又问道："所以，我们没有比爱因斯坦的时代更接近统一吗？"

费曼生气了："这是一个疯狂的问题！……我们当然更接近了。我们知道的更多了。如果要知道的东西数量有限，那么我们显然必须更接近获取知识，懂吗？我不知道怎么把这变成一个合理的问题……这一切都太愚蠢了。这些采访都毫无用处。"

费曼从办公桌前站起来，走出门，沿着走廊走去，指节在墙上敲击。在他的身影消失之前，这位历史学家听到他吼道："谈论这些东西毫无用处！这完全是浪费时间！这些事情的历史毫无意义！你这是试图从简单而美好的东西中制造出困难而复杂的东西。"

在大厅的另一边，默里·盖尔曼从他的办公室向外望，他说："看来你刚刚见过迪克。"

费曼总为**基本**工作设置了很高的标准，尽管就这个词而言，他所指的含义比许多粒子物理学家的更广泛。在他看来，液氦和其他固体问题与最小尺度的粒子相互作用一样基本。他认为，"基本"就像美貌或智慧一样，是一种多维的品质。他曾试图理解湍流和量子引力。在整个职业生涯中，他经历过痛苦的时期，找不到合适的问题。在后来的几年里，他和同事们看到他们拥挤的领域变得宽松：聪明的年轻学生以自己的方式寻找基本问题，经常转向生物学、计算或混沌和复杂性的新研究领域。当他的儿子卡尔结束了对哲学的迷恋，开始学习计算机科学时，费曼也重新审视了他在洛斯阿拉莫斯帮助开拓的领域。他与加州理工学院的两位计算权威约翰·霍普菲尔德（John Hopfield）和卡弗·米德（Carver Mead）共同开设了一门课程，内容涉及人脑模拟、模式识别到纠错和不可计算性等问题。在几个夏天里，他与麻省理工学院附近的思维机器公司的创始人合作，创造了一种激进的并行处理方法；他作为一名高级技术人员，将微分方程应用于电路图，也偶尔充当年轻企业家中的智者。（"忘掉所有'局部最小值'的东西，只说晶体中有个气泡，你必须把它抖出来。"）他开始在计算和物理学的交叉点上进行特立独行的研究：关于计算机可以有多小、熵和计算中的不确定性原理、模拟量子物理学和概率行为，以及建造量子力学计算机的可能性，其中自旋波包在逻辑门之间以弹道的模式来回漫游。

在很大程度上，费曼所在的群体本着驱使他最初走入物理学世界的那股精神，把问题抛在了脑后。亚原子粒子宇宙和普通现象领域之间的智力距离被拉开了，这是大自然向孩子们展示的魔法。在《费曼物理学讲义》中，他以寓言的方式讲述了彩虹的美。想象有一个科学家看不到彩虹的世界：他们可能会发现彩虹，但他们能感觉到彩虹的美吗？事物的本质并不总在于微观的细节。他认为，看不到彩虹的科学家在某些天气情况下发现，在天空中某个方向上绘制的辐射强度，会显示出一个凸起形状，随着仪器角度的改变，凸起会从一个波长转换到另一个波长。"那么有一天，"他说，"他们的《物理评论》可能会发表一篇技术文章，标题是'在特定天气条件下，辐射强度是关于角度的函数'。"费曼对美——人类的幻觉、我们对辐射现象这一现实的情感投射，没有任何异议。

史蒂文·温伯格表示："今天，我们都是还原论者。"意思是，我们在普通物质的基本粒子中寻求最深层的解释原理。他代表了许多粒子物理学家，却不包括费曼。理解最低层次上的原理（最小的长度尺度）与理解自然是不同的。加速器的领域之外有很多东西，即使它们在某种意义上可以还原为基本粒子。混沌湍流、复杂系统中出现的大型结构、生活本身——费曼谈到了"从这样简单的原理中产生的现象的无限多样性和新颖性"，而这些现象就"在方程中，我们只是还没有找到解决它们的方法"。

科学的考验在于它的预测能力。如果你从未去过地球，你能预测雷暴、火山、海浪、极光和日落的余晖吗？……

人类智力觉醒的下一个伟大时代，很可能会产生一种理解方程定性内容的方法。但今天我们还做不到。今天，我们看不到水流方程中包含旋转圆柱体之间湍流的美发店门口的三色柱结构。今天，我们看不到薛定谔方程是否包含青蛙、作曲家或道德。

物理学家的模型就像地图：永远没有终章，永远不会完整，直到它们变得像它们所代表的现实一样庞大和复杂。爱因斯坦将物理学比作一个人把一个封闭的手表的内部结构组装起来的概念：他可能会建立一个合理的模型来解释有节奏的嘀嗒声和指针的摆动，但他永远无法确定。爱因斯坦说："他可能还相信知识的理想极限是存在的，并且人类的大脑可以接近这个极限。他可能会把这个理想极限称为客观真理。"这是一个更简单的时代。在费曼的时代，知识进步了，但客观真理的理想却在科学视野之外的薄雾中慢慢消失。量子理论使一个不可能的问题悬而未决。一位物理学家选择引用费曼的话来回答这个问题，费曼是"我们这个时代的伟大哲学家之一，我冒昧地以诗歌的形式引用了他对这个问题的看法"：

我们一直很难理解
量子力学所代表的世界观。

至少我是这样的，
因为我已经足够老了，
但问题还没达到
对我来说显而易见的地步。

好吧，我还是很紧张……
你知道，事情总是这样，
每一个新的想法
需要一两代人的时间，直到
显然没有真正的问题……

我无法定义真正的问题，
因此，我怀疑没有真正的问题，
但我不确定
是否有真正的问题。

1987 年 10 月，费曼的腹部出现了另一个肿瘤。医生最后一次尝试通过手术阻止癌症扩散。当《洛杉矶时报》给他寄去讣告的预印本时，他感谢了作者，但表示："我觉得让一个人提前阅读自己的讣告不是个好主意——惊讶感都没了。"他知道自己没有康复。那年他 69 岁。疼痛让他的一条腿备受折磨。他筋疲力尽，没有胃口。次年 1 月，他开始在夜里醒来，全身是汗，浑身发冷。在满是灰尘的办公室里，他在黑板的一角写下了两句自我意识的格言："我无法创造的东西，我无法理解"和"知道如何解决每一个已经解决的问题"。旁边有一张清单，标题为"学习"（"贝特拟设问题，2D 霍尔效应…"）。

物理学改变了。有一次，他和他在洛斯阿拉莫斯的老朋友斯塔尼斯拉夫·乌拉姆谈到了这个问题，乌拉姆一直在注视着几朵白云在新墨西哥州蔚蓝的天空中翻滚。费曼似乎读懂了他的想法。"它真的很像云的形状，"费曼说，"当人们看着它时，它似乎没有改变，但如果你一分钟后回来看看，一切就都很不一样了。"他没有攒下很多东西：一条挂在挂钩上的手工编织围巾，是南斯拉夫的一些学生送给他的；米歇尔与大提琴的合影；一些北极光的黑白照片；他的皮制深躺椅；用狄拉克方程画的草图；一辆画着巧克力棕色费曼图的面包车。2 月 3 日，他再次进入加州大学洛杉矶分校的医学中心。

重症监护室的医生发现他的十二指肠溃疡破裂。他们使用了抗生素。但费曼余下的肾也衰竭了。在进行了一轮透析后，收效甚微。费曼拒绝进一步透析，因为透析可能会将他的生命延长数周或数月。他平静地告诉米歇尔："我要死了。"那种语气就像是在说：我已经决定了。现在，最爱他的三个女人监视和守护着他：格温妮丝、琼，以及曾和他一起住在法洛克威房子里的表妹弗朗西斯·莱温。吗啡止痛和氧气管是他们对药物最后的让步。医生说大约还有五天。他曾经观察过一次死亡，他试着科学地观察了昏迷和断续的呼吸，想象了缺氧时大脑的混浊。他曾预料到自己的死亡——在黑暗的感觉剥夺箱中玩释放意识的游戏。他告诉一位朋友，他已经把他所知道的大部分好东西教给了人们，并与无尽的自然和平相处：

你看，有一件事是，我可以带着怀疑和不确定性生活，却浑然不知。我认为'无知'地活着，比知道可能错误的答案要有趣得多。对于不同的事情，我有大致的答案和可能的信念，以及不同程度的确定性，但我对任何事情都没有绝对的把握，还有很多我什么都不知道的事情，比如提出"我们为什么存在"这种问题，到底有什么意义……

我不必知道答案。我不会因为无知而感到恐惧，也不会因为迷失在一个没有任何目的的神秘宇宙中而感到恐惧。这可吓不倒我。

他逐渐失去知觉。他的眼神变暗了。讲话变得费力。格温妮丝看着他让自己振作起来，拟好了一句话，然后挤了出来："我可不愿死两次。这太无聊了。"之后，他试图通过摇头或捏紧握着他的手来交流。1988 年 2 月 15 日午夜前不久，他的身体呼吸着氧气管无法提供的空气，他在这个世界的空间关闭了。他留下了一个印记：他知道了什么，他是怎么知道的。

致谢

　　我从未见过费曼。我参考了已出版（和半出版）的记录。费曼自己积攒的个人信件、笔记，以及其他文件，是格温妮丝于 1988 年向我公开的。此外还有其他家庭成员和朋友之间的信件，保存在美国帕萨迪纳加州理工学院档案馆的办公文件和其他文件，纽约美国物理研究所尼尔斯·玻尔图书馆收藏的早期材料。我从洛斯阿拉莫斯国家实验室的档案中获得了最近解密的笔记本和论文。其他材料来自以下机构的图书馆和手稿收藏：美国哲学学会（H. D. 史密斯和 J. A. 惠勒的论文）、布鲁克林历史学会、康奈尔大学（H. A. 贝特的论文）、法洛克威高中、哈佛大学、美国国会图书馆（J. R. 奥本海默的论文）、麻省理工学院、普林斯顿大学、洛克菲勒大学，以及斯坦福线性加速器中心。

　　诸多著名物理学家在本书中发挥了重要的作用，同意在采访中讲述自己的回忆，他们是汉斯·贝特、弗里曼·戴森、默里·盖尔曼、朱利安·施温格、维克托·魏斯科普夫、约翰·阿奇博尔德·惠勒和罗伯特·R. 威尔逊。

　　费曼自己的声音在他出版的作品中随处可见，当然，直到他生命的尽头，无论他走到哪里，录音机和摄像机似乎都在运转着。但历史学家和其他人对费曼的几次采访尤其有价值。最深刻、最全面的一次是，查尔斯·韦纳于 1966 年和 1973 年为美国物理研究所撰写的一份长达数百页的口述历史——这是研究费曼最核心的资源；我使用了费曼的抄本，附有他手写的改正和评论。我还查阅了美国物理联合会对贝特、戴森、威廉·A. 福勒、维尔纳·海森堡、菲利普·莫里森等人的口述历史采访。物理学家兼历史学家西尔万·S. 施韦伯亲切地分享了他在 1980 年关于量子电动力学发展和费曼可视化风格的采访录像。莉莲·霍德森（Lillian Hoddeson）对费曼关于她在洛斯阿拉莫斯的技术史进行了一次采访，对我的写作非常有帮助。罗伯特·克里斯（Robert Crease）给了我他与查尔斯·曼（Charles Mann）的《第二次创造》（*the Second Creation*）的采访记录。克里斯托弗·赛克斯让我接触到了他为英国 BBC 电视台 1981 年出品的《发现的乐趣》（*the Pleasure of Finding Things Out*）进行的未删减采访。萨莉·安·克里格斯曼（Sali Ann Kriegsman）给了我她对费曼回忆法洛克威的记录。

拉尔夫·莱顿从费曼那里获悉的往事，后来形成了《别逗了，费曼先生！》和《你干吗在乎别人怎么想？》这两本书，他慷慨地提供了近十年来这些采访的原始录音带。这些都是费曼在一生中反复讲述和完善的故事，大部分是准确的，但经过了强烈的美化。我尽量不过度依赖这些内容，我希望原因已经在本书正文中说明了。

费曼的家人也与我进行了长时间的交谈，他们是格温妮丝、琼、卡尔、米歇尔，以及弗朗西斯·莱温。费曼多年的秘书海伦·J.塔克，向我分享了她宝贵的回忆和敏锐的评论。

费曼的许多其他同事、学生、朋友和观察者，通过接受采访或提供书面回忆来帮助我，有的还提供了信件和日记纸页的复本，其中包括扬·安比约恩、罗伯特·巴彻尔、迈克尔·巴朗热、巴里·巴里什、亨利·H.巴沙尔、玛丽·路易丝·贝尔、罗斯·贝特、杰里·毕晓普、詹姆斯·比约肯、彼得·A.卡拉瑟斯、罗伯特·F.克里斯蒂、迈克尔·科亨、西德尼·科尔曼、莫纳齐·L.卡特勒、普雷德拉格·克维坦诺维奇、塞西尔·德威特－莫雷特、罗素·J.唐纳利、西德尼·德雷尔、伦纳德·艾森巴德、蒂莫西·费里斯、理查德·D.菲尔德、迈克尔·E.费希尔、伊夫琳·弗兰克、史蒂文·弗劳奇、爱德华·弗雷德金、谢尔登·格拉肖、马尔温·戈德伯格、戴维·古德斯坦、弗朗西斯·R.（罗斯·麦克谢里）格雷厄姆、威廉·R.格雷厄姆、朱尔斯·格林鲍姆、布鲁斯·格雷戈里、W.科尼尔斯·赫林、西米恩·赫特纳、艾伯特·希布斯、侯世达、杰拉尔德·霍尔顿、约翰·L. 约瑟夫、丹尼尔·凯夫利斯、尚多尔·J. 科瓦奇、唐纳德·J. 库蒂纳、杰尼琼·拉贝尔、利奥·拉瓦泰利、拉尔夫·莱顿、查尔斯·利费，莱特·洛佩斯、爱德华·梅塞尔、安妮·蒂尔曼·威尔逊·马克斯、罗伯特·E. 马尔沙克、伦纳德·毛特纳、罗伯特·M. 梅、威廉·H. 麦克利兰、卡佛·米德、尼古拉斯·梅特罗波利斯、莫里斯·A. 迈耶、菲利普·莫里森、大贯昌子、保罗·奥卢姆、亚伯拉罕·派斯、戴维·帕克、约翰·波尔金霍恩、伯顿·里克特、约翰·S. 里格登、迈克尔·赖尔登、丹尼尔·罗宾斯、马修·桑兹、戴维·桑格、J. 罗伯特·施里弗、西奥多·舒尔茨、阿尔·塞克尔、巴里·西蒙、西里尔·斯坦利·史密斯、诺里斯·帕克·史密斯、诺维拉·H. 斯佩克特、米勒德·苏斯曼、基普·S. 托姆、蔡永赐、约翰·图基、汤姆·范·桑特、多萝西·沃克、罗伯特·L. 沃克、史蒂文·温伯格、查尔斯·韦纳、西奥多·A. 韦尔顿、阿瑟·S. 怀特曼、简·威尔逊、史蒂芬·沃尔弗拉姆，以及乔治·茨威格。

关于 20 世纪物理学的两部不可或缺的历史书是凯夫利斯的《物理学家》（*The Physicists*）和派斯的《内界》（*Inward Bound*）。

我特别感谢米切尔·费根鲍姆和西尔万·S. 施韦伯在物理学问题方面对我的耐心指导及其敏锐见解。我特别感谢施韦伯让我阅读了他即将出版的量子电动力学史的手稿《QED: 1946—1950: 美国成功公司》（*QED: 1946-1950: An American Success Story*）。感谢普雷德拉格·克维坦诺维奇允许我引用他关于 "Quefithe" 的寓言。克劳斯·富克斯的一位传记作者——罗伯特·查德韦尔·威廉斯，发给我大量与曼哈顿计划相关的档案材料。我从与约瑟夫·N. 施特劳斯和休·沃尔夫关于天才、音乐的讨论中获益匪浅。

谢里尔·科尔伯特向我提供了很多有效的帮助。埃米利奥·米兰分享了他收集的一份有用的剪报和其他文件。

这本书归功于我的编辑丹尼尔·弗兰克和我的经纪人迈克尔·卡莱尔。

和往常一样，我要向辛西娅·克劳森表达我难以形容的感激之情，她除了其他事情之外，长期以来还忍受着我们家中一个奇怪的、持续存在的灵魂。

J. G.

纽约布鲁克林

1992 年 7 月 8 日

站在巨人的肩上

Standing on the Shoulders of Giants

站在巨人的肩上

Standing on the Shoulders of Giants